La prison sous l'œil de la société ?

Sandra Lehalle

La prison sous l'œil de la société ?

Contrôle du respect de l'État de droit en détention en France et au Canada

L'Harmattan

5-7, rue de l'École-Polytechnique ; 75005 Paris
http://www.harmattan.fr
diffusion.harmattan@wanadoo.fr
harmattan1@wanadoo.fr
ISBN : 978-2-343-02031-0
EAN : 9782343020310

Liste des abréviations

ACAT : Association des Chrétiens contre la Torture
AFC : Association française de Criminologie
AI : Amnesty Internationale
AN : Assemblée nationale
AP : Administration pénitentiaire
APT : Association de Prévention de la Torture
ASRSQ : Association des Services de Réinsertion Sociale du Québec
BEC : Bureau de l'Enquêteur Correctionnel
CAT : Comité contre la torture des Nations Unies
CE : Conseil de l'Europe
CEDH : Cour européenne des Droits de l'Homme
CSDH : Convention européenne de Sauvegarde des Droits de l'Homme
CICR : Comité International de la Croix Rouge
CNCDH : Commission Nationale Consultative des Droits de l'Homme
CNDS : Commission Nationale de Déontologie de la Sécurité
COS : Conseil d'Orientation Stratégique
CPT : Comité européen de Prévention de la torture
CR : Croix Rouge
EC : Enquêteur Correctionnel
EF : Elisabeth Fry Society
FIDH : Fédération Internationale des Droits de l'Homme
HRW : Human Rights Watch
JHS : John Howard Society
LDH : Ligue des droits de l'homme
ODD : Office des Droits des Détenus
OIP : Observatoire International des Prisons
ONG : Organisation Non-Gouvernementale
ONU : Organisation des Nations Unies
PRI : Penal Reform International
SCC/CSC : Service Correctionnel du Canada/ Correctional Service of Canada
SPT : Sous-comité des Nations Unies de prévention contre la torture

Remerciements

Je tiens avant tout à remercier toutes les personnes qui, en Europe et au Canada, ont rendu possible ce travail en acceptant de partager leur expertise, leur expérience, leur vécu et leurs espoirs concernant les contrôles des établissements de détention. Qu'ils soient hauts magistrats, parlementaires en campagne électorale ou militants de terrain, leurs témoignages ont donné vie et réalité à cet ouvrage. Ma reconnaissance va, également, à Pierre Landreville et Jean-Paul Céré qui ont contribué par leur expertise et leur soutien à la réalisation de cette recherche. Je remercie les organismes qui ont financé ce travail (Fonds québécois de la Recherche sur la Société et la Culture, Ministère de l'Éducation du Québec, Université de Montréal). Toute ma gratitude va à ma famille et mes amis qui m'ont soutenue et tout particulièrement Maritza de son appui intellectuel et émotionnel de tous les instants.

INTRODUCTION

L'État objet de contrôle à travers ses prisons ?

« Le détenu sous l'œil du gardien,
le gardien sous l'œil du directeur,
la prison sous l'œil du peuple »

Bentham (1791).

La citation précédente résume la problématique de cet ouvrage qui aborde la question des droits des détenus et l'inscrit dans une réflexion plus large sur les rapports entre l'État et la société civile ou pour reprendre les propos de Bentham, l'État et le peuple. L'étude de la prison sous l'angle des rapports entre ses différents acteurs ou sous l'angle de sa vocation et son impact a amené nombre de criminologues critiques à souligner les dysfonctionnements de cette institution et exiger sa réforme ou son abolition. Dans une perspective où la prison est analysée comme étant déviante, une entité au comportement potentiellement inadéquat ou problématique, surgit alors la question du contrôle de la prison. En effet, la nécessité de contrôler et reformer la prison, sous-jacente à ces critiques, permet d'analyser celle-ci plus uniquement comme outil de contrôle social, instrument aux mains du pouvoir pour réguler des comportements inadéquats et déviants, mais bien comme objet de contrôle.

Depuis les années soixante-dix, le droit est considéré comme un des principaux outils pour assurer l'État de droit dans les prisons et les droits des personnes incarcérées ont d'ailleurs connu, en tant que pratique déclaratoire, une expansion notable. En parallèle à ce contrôle du pouvoir basé sur le droit, on retrouve la philosophie humaniste appliquée aux prisons depuis les travaux de Howard (1777). Cette philosophie est surtout aujourd'hui le fondement de la plupart des ONG ou groupes de citoyens qui visent à défendre les plus vulnérables, notamment les détenus, en prenant appui sur les grandes libertés (association, manifestations, presse) pour dénoncer les abus du pouvoir (Lochak, 2002). Ces deux fondements du contrôle du pouvoir seront, dans cet ouvrage, appliqués au contrôle des prisons.

I. L'ÉTAT DE DROIT, LA SOCIÉTÉ CIVILE ET LA SOCIÉTÉ POLITIQUE

Gramsci opère une distinction pertinente entre d'une part, la société politique qui réunit les institutions et les acteurs liés à l'appareil d'État et à la lutte pour son contrôle et, d'autre part, la société civile qui regroupe les institutions non étatiques comme les médias et les associations. En fait, l'État de droit met en action l'État et le citoyen, la société politique et la société civile dans un rapport étroit entre le pouvoir et le droit. La normativité issue des déclarations de droits dépasse, en effet, la fonction instrumentale du droit pour atteindre une dimension symbolique de protection contre le pouvoir. Le droit n'est plus conçu uniquement comme un instrument de domination, mais comme un outil mobilisé au service des plus faibles dans le contrôle du pouvoir de l'État (Sommier, 2003). Le principe de soumission du pouvoir au « rule of law » qui vient s'opposer au pouvoir discrétionnaire de l'État est, notamment, à la base du droit administratif, mais également le fondement de la soumission du pouvoir de l'État au contrôle judiciaire auquel on assigne le rôle critique de préserver l'équilibre entre pouvoir du gouvernement et droits individuels.

L'idée de contrôler le pouvoir est issue du concept de responsabilité de l'État qui a le devoir de rapporter, expliquer et justifier ses actions et ses décisions en raison de l'autorité et du pouvoir qui lui sont délégués par le peuple (Vagg, 1994). L'État et ses organes administratifs et répressifs tirent, en effet, leur force de la délégation de la puissance par le peuple. Cependant, comme le font remarquer Benasayag et Sztulwark (2002), cette délégation est, en réalité, imaginaire et elle constitue un des instruments les plus efficaces des théories du droit pour légitimer l'origine et la permanence de l'ordre social. Le citoyen, la société civile sont représentés par la société politique et l'État auxquels ils délèguent le pouvoir. Néanmoins, la société est composée d'individus difficilement représentables et il existe un certain fossé existant entre société civile et représentation politique (Sue, 2003). Selon Laclau (2000), l'imperfection serait justement inhérente à la relation de représentation puisque le représentant est rarement face à un corps déjà constitué pleinement représentable. Ainsi, la relation de représentation n'est donc pas le reflet d'un objet préconstitué, mais une réduction qui sépare la puissance du corps représenté. Dans cet ouvrage, nous prendrons en compte la relation de représentation en adoptant ce regard critique. Il ne s'agit pas de refuser le concept de représentation, mais le replacer au sein de la multiplicité des pratiques.

Le concept de société civile se compose, en effet, de facettes multiples, celles de la société civile représentée politiquement, mais aussi celles de la société civile active par d'autres formes de représentations (associations, forums, mouvements sociaux). La défense des droits de l'homme n'est donc pas l'exclusivité des seuls juristes ou spécialistes, mais une cause civique où les citoyens ont un rapport de complémentarité et de contestation du pouvoir qui s'exerce justement dans les failles ou faiblesses du contrat social. Il s'agit d'analyser le passage de la notion abstraite de société civile à sa réalité concrète ou autrement dit de la représentation quantitative à la représentativité qualitative (Sue, 2003). Cette même distinction est exprimée par Lochak (2002) sous le vocable citoyenneté politique (actualisée par le vote et la représentation) et citoyenneté sociale (actualisée par la participation et l'implication).

En matière de participation citoyenne, les citoyens interviennent parfois au sein des institutions par le biais du volontariat qui constitue souvent une interface et une solution de continuité entre un public, des adhérents motivés et engagés et des professionnels permanents. Ils viennent ainsi garantir la dimension citoyenne des institutions dans lesquelles ils interviennent (Sue, 2003). Cependant, cette action citoyenne s'exprime, le plus fréquemment, sous la forme d'implication au sein d'organisations non gouvernementales ou d'associations qui possèdent souvent suffisamment de légitimité et de faculté de lobbying pour s'imposer comme entrepreneurs et producteurs de normes (Badie, 2002). Finalement, un dernier mode d'action de la société civile est celui du vigilantisme et de la désobéissance civile. En effet, Locke ([1689] 1970) soulignait déjà que la délégation de pouvoir par la société civile n'est pas absolue et, si des abus de pouvoir sont constatés, les citoyens ont le droit de faire juger ces abus par les tribunaux et, si cela ne suffit pas, d'utiliser des moyens de pression et éventuellement la force pour obtenir le changement voir remplacer le gouvernement. Sommier mentionne à cet effet que « si l'acte de désobéissance civile transgresse publiquement et collectivement une norme juridique et par conséquent la désacralise, c'est au nom de principes moraux supérieurs à l'ordre normatif, mais aussi en vertu de la croyance dans la capacité de changer la société par le droit » (2003, p.242-243). Cette relation complexe entre normes juridiques et principes moraux humanistes vient déjà symboliser la distinction existante entre légalité et légitimité.

II. L'ÉTAT ET LE CONTRÔLE : LA CONCEPTUALISATION DE BERGERON

L'État est, dans cette étude, à la fois un objet d'étude, un cadre théorique et un outil d'analyse. Nous ne prétendons, cependant, pas entrer dans une discussion théorique du concept et de la réalité de ce qu'est l'État. Dans le cadre de cette recherche, nous nous limitons à l'utilisation de la conceptualisation de l'État développée par Bergeron (1993). Cet auteur propose, en effet, une présentation théorique de l'État axée sur la notion de contrôle qui s'avère particulièrement adaptée à notre sujet de recherche. Bergeron soutient que si l'expression de régulation sociale tend à se substituer à celle de contrôle, le concept de contrôle permet mieux d'appréhender les différentes facettes de la problématique. La notion de contrôle apparaît, en effet, plus souple que les notions de pouvoir, autorité, influence, régulation. Bergeron distingue trois niveaux de présentation de l'État : l'État contrôleur, l'État contrôlant et l'État contrôlé. Cette articulation théorique complexe en trois niveaux permet à cet auteur de juxtaposer deux systèmes – le social et le politique – qui communiquent, échangent entre eux et s'influencent réciproquement.

1. L'État contrôlant ou la gouverne

Le premier niveau de présentation de l'État identifié par Bergeron est celui de la gouverne ou l'État contrôlant. Ce niveau est, en fait, l'appareil dynamique central de l'État. La gouverne se compose, en effet, des divers agents étatiques qui constituent les indispensables rouages du fonctionnement de l'État. Ces agents (législateurs, ministres, juges, fonctionnaires…) agissent au niveau immédiatement fonctionnel même s'ils ne gouvernent pas tous au sens fort du terme.

Bergeron conceptualise l'État contrôlant par l'exercice simultané de quatre fonctions centrales : gouvernement, législation, administration et juridiction. En analysant ces quatre fonctions, cet auteur relève que les deux fonctions de gouvernement et de législation s'exercent à un premier degré d'impération[1] des normes tandis que les fonctions d'administration et de juridiction s'exercent à un second degré d'exécution[2] des normes.

Les fonctions de l'État contrôlant sont analysées par Bergeron sous diverses dimensions. La première dimension des fonctions réside dans les règles produites : les fonctions de gouvernement et d'administration produisent des règles primordialement politiques tandis que les fonctions de législation et de juridiction produisent, elles, des règles principalement juridiques. Une autre dimension des fonctions de la gouverne est celle des liens qui les relient les unes aux autres : leurs interfonctionalités[3]. En effet, ainsi conçu, le fonctionnement de la gouverne permet d'établir diverses interfonctionalités (ou type de relations) existantes entre les quatre fonctions de gouvernement, de législation, d'administration et de juridiction. Sans

[1] Bergeron utilise le terme *impération* découlant du latin *imperare* dans le sens de commander-prohiber (décréter quoi faire et ne pas faire).

[2] Signifiant par opposition : mettre en œuvre (forcer à faire ou à ne pas faire).

[3] Employé dans le sens de relations entre les fonctions.

détailler davantage, il est pertinent de relever que les relations existantes entre les fonctions sont analysées par Bergeron comme verticales, horizontales ou obliques, mais surtout selon leurs niveaux de densité et d'importance stratégique variables.

2. L'État contrôlé ou la politie

Le second niveau de présentation de l'État est celui de l'État contrôlé ou la politie. Il s'agit du niveau inférieur du triptyque, celui d'en bas qui est la base des deux autres puisqu'il est la société en tant que « politique », elle-même. La gouverne étant le niveau de fonctionnement de l'État, la politie est donc le niveau infra fonctionnel qui se conçoit et se fonctionnalise donc par rapport au premier niveau. Les relations entre la gouverne et la politie se produisent tout d'abord par des activations descendantes (en pénétration), mais surtout par des activations ascendantes (en représentation). En effet, parmi les rôles et les conduites des citoyens en rapport au fonctionnement de la gouverne, la représentation est la plus fréquente. Elle repose sur l'idée de substitution où quelqu'un prend la place d'une personne absente ou qui ne veut pas être là. En effet, au niveau de la gouverne, les personnes qui représentent les citoyens s'affairent dans l'intérêt présumé de ces derniers. Cependant, comme le souligne Bergeron, réduits à l'état de représentés, les citoyens ont conservé le privilège corollaire d'un droit de regard sur ce que font leurs représentants. Ce droit de regard est la contrepartie de la légitimité des membres de la gouverne à se substituer aux citoyens.

Bergeron souligne qu'il existe quatre moyens d'actions préfonctionalisés pour les citoyens. Le personnel politique, les partis, les groupes d'intérêt et les organismes consultatifs sont les principaux effecteurs des messages et des signaux émis par les citoyens, car ils constituent, en effet, des moyens d'actions politiques déjà tout prêts à les communiquer. L'auteur identifie alors six conduites politiques graduées ; trois consensuelles (la contribution, la participation et l'opposition) et trois dissensuelles (la contestation, la dissidence et la rébellion). Par leurs conduites, les citoyens de la politie adressent, en effet, des messages aux dirigeants de la gouverne. Ces messages se transmuent, via les habilitations ascendantes, en signaux de légitimation de l'État. Bergeron propose alors de distinguer parmi les messages véhiculés par les diverses conduites politiques des citoyens, différents types de signaux de légitimation. Les citoyens qui adoptent la conduite politique de contribution expriment des espérances faibles ou muettes qui constituent des signaux de légitimation latents alors que ceux qui adoptent la participation expriment des aspirations avouées constituant des signaux explicites. Les opposants véhiculent des objections décidées qui s'analysent en signaux implicites et les contestataires ont pour message des dénonciations véhémentes qui constituent des signaux neutralisants. Finalement, la conduite de dissidence formule des accusations formelles et donc des signaux conditionnels tandis que la rébellion adresse des condamnations radicales qui font office de signaux de légitimation retirés.

3. L'État contrôleur ou le régime

La théorisation de Bergeron se finalise avec le troisième niveau de présentation de l'État : l'État contrôleur appelé le régime[4]. Le régime surplombe les activités de la gouverne, il s'agit du niveau « d'en haut » superfonctionel. L'auteur identifie alors deux superfonctions du régime. La première fonction est tournée vers l'intérieur ; il s'agit de la légitimation. La légitimation est ici conçue comme l'ensemble des processus intégrateurs par lesquels l'État manifeste en son sein « un comportement directeur qui, auprès de ses membres humains et institutionnels, le justifie au moins juridiquement dans la totalité de son être politique et lui permet de durer dans son milieu social » (1993, p.87). La seconde fonction du régime est tournée vers l'extérieur ; il s'agit de la sécuration[5] entendue comme l'ensemble des processus auto-protecteurs par lesquels l'État vise à affirmer et assurer son existence individuée dans son environnement politique constitué d'autres États. La légitimation détermine la maîtrise politique dans un milieu social tandis que la sécuration vise l'adaptation à un environnement politique international. Ainsi, la sécuration est, en fait, la complémentarité externe de la légitimation et inversement, la légitimation est la complémentarité interne de la sécurisation.

Les trois niveaux, politie, gouverne et régime sont indissociablement liés. Les deux superfonctions du régime forment dans la présentation de Bergeron, le préalable indispensable aux quatre fonctions de la gouverne. Les deux niveaux supérieurs que sont le régime et la gouverne entretiennent, en effet, des rapports bidirectionnels nommés par l'auteur seuils des habilitations. Ces seuils d'habilitation réfèrent à l'idée que si les gouvernants ou législateurs sont désignés par les citoyens au moyen du processus électoral et à un autre niveau si les administrateurs et les juges sont nommés ou affectés à tel service de l'État, c'est qu'ils avaient tous déjà été habilités[6] à le devenir selon les dispositions du régime lui-même. L'État dit qu'il sera contrôlant tout en acceptant d'être contrôlé dans des limites stipulées par lui-même. Le seuil des

---

[4] Dans le sens premier d'*action de régir*.

[5] Bergeron utilise ce terme dérivé de *sécurité* comme il le fait pour *légitimation* dérivant de *légitimité*.

[6] Habilité selon l'expression courante en droit d'être apte à accomplir des actes légaux ou à détenir des statuts juridiques.

habilitations, selon Bergeron, « confirme le sommet (le régime), rend possible l'animation du milieu (la gouverne) et annonce aussi, par l'implication de la boucle de légitimation en descente-remontée à travers tout le système, l'amorce des contrôles à la base (la politie).» (1993, p.100).

III. DU CONTRÔLE DE L'ÉTAT AU CONTRÔLE DE LA PRISON

La notion de contrôle est primordiale dans la conceptualisation et la réalisation de cette étude. Selon Bergeron (1993), six sens d'intensité graduée peuvent être attribués au concept de contrôle ; en langue française, « contrôle » peut avoir trois sens plus faibles (enregistrement, vérification, limitation), tandis qu'en anglais, le concept recouvre trois sens plus énergiques (limitation, direction, domination). Quel que soit le sens choisi, l'État est souvent considéré comme le plus gigantesque instrument de contrôle social qui n'ait jamais existé (Bergeron, 1993). Brodeur (1984) nous rappelle cependant que la problématique du contrôle a un double sens. Le premier sens réfère bien au contrôle social entendu comme contrôle exercé par des instances appartenant à l'appareil d'État sur ce qui lui est extérieur et qui est constitué par la masse des citoyens. Dans le second sens du contrôle ; il s'agit de l'appareil d'État que l'on s'efforce dans ses diverses composantes de soumettre à un contrôle. Pour cet auteur, ces deux formes de contrôle ont deux directions inverses, mais surtout des réalités opposées. Brodeur (1984) souligne, en effet, que si le contrôle social est un fait, le contrôle de l'État est encore largement un souhait dont les tentatives de réalisation sont encore assez inadéquates. Il rapporte que les lois existantes sont plutôt orientées vers la régulation du corps social que vers celle des appareils de régulation du même corps social. Selon lui, le postulat démocratique de responsabilité de l'État devant le peuple est un impératif vide auquel il serait temps d'accorder une place aussi importante que celle occupée par le contrôle de l'ensemble social.

Du contrôle de l'État au contrôle de la prison, le lien semble évident, quoique rarement fait dans la littérature. Ces deux problématiques font le plus souvent l'objet de deux discours et deux analyses séparés bien que l'emprisonnement soit l'une des fonctions traditionnelles de l'État. En effet, la prison peut difficilement être conçue indépendamment de l'État dans ses rapports avec la société politique et la société civile. Les questions et les problématiques de la prison ne peuvent être posées et résolues en faisant abstraction de l'État, ses missions, ses pouvoirs et ses devoirs, le rôle qu'y joue le droit et la politique et la manière dont le droit et la politique s'expriment à travers les fonctions législative, administrative et juridictionnelle.

Il existe de nos jours une acceptation universelle du fait que l'exercice du pouvoir par l'État sur le citoyen doit être supervisé par des structures externes (Stern, 1998). Cette affirmation devrait donc s'appliquer en prison comme partout dans la machine étatique. S'il existe bien un lieu où émergent avec acuité les dimensions problématiques de la force légitime de l'État, il s'agit des lieux de détention. Comme le soulignent Vagg, Morgan et Maguire : « Prison… where the exceptional nature of the powers taken by the state over confined individuals makes effective external scrutiny of their use a matter or particular urgency » (1985, p.2). Ce caractère d'urgence qui caractérise le contrôle des prisons découle sans nul doute de leur nature d'institutions totales et fermées où tous les aspects de la vie sont sujets à des réglementations détaillées, un code disciplinaire institutionnel et à un pouvoir discrétionnaire important. Dans ces lieux de détention, un contrôle coercitif est exercé sur une population qui bien souvent ne constitue pas un groupe d'intérêt crédible, consulté ou représenté. De plus, les considérations de contrôle et de sécurité qui priment dans tous les lieux de détention dictent un grand degré de secret des activités qui appelle d'autant plus une supervision et un contrôle externe.

Si l'État doit être contrôlé, les prisons, institutions d'État, doivent donc l'être sur les mêmes fondements. Or la prison a été principalement conçue et étudiée par les diverses disciplines et perspectives en tant qu'élément des organismes de contrôle social formel. Foucault (1975) analysait, lui, la prison comme outil de contrôle social, instrument aux mains du pouvoir pour réguler des comportements inadéquats et déviants et ainsi contrôler un groupe de la société. Toutefois, Bentham (1791) en énonçant dans le Panoptique « le détenu sous l'œil du gardien, le gardien sous l'œil du directeur, la prison sous l'œil du peuple » suggère bien une autre manière de la concevoir. La prison, institution étatique, peut être conçue non seulement en tant qu'instrument de contrôle aux mains de l'État, mais également en tant qu'objet de contrôle au même titre que l'État.

Se pose donc la question de savoir si l'acceptation universelle que l'exercice du pouvoir par l'État sur le citoyen doit être supervisé par des structures externes s'applique et s'actualise quand l'on parle des prisons ? Est-ce que la nécessité de contrôler et reformer la prison, sous-jacente aux critiques qui lui sont faites, permet de concevoir celle-ci comme objet de contrôle social ? Est-ce que le contrôle existe et si, oui, comment et par qui est-il exercé ? Des institutions étatiques, indépendantes ou des citoyens ? Quel est le rôle joué d'une part par l'État et la société politique et d'autre part la société civile dans le contrôle des prisons ? Et comment se joue cette dimension politique lorsque l'individu est un détenu dont les droits sont veillés par des représentants de l'État, mais aussi par des organisations non gouvernementales et des groupes de citoyens ?

En quête de découvrir si la prison est un réel objet de contrôle social, cet ouvrage propose une analyse critique du contrôle que la société politique et civile exerce sur les établissements de détention. Cette étude vise, dans un premier temps, à identifier les diverses idées supportant la nécessité de contrôler les établissements de détention pour analyser quels sont les raisons d'être et les objectifs des contrôles. Dans un second temps, nous entreprenons de dresser un portrait complet des divers contrôles existants et notamment de leur fonctionnement et de leurs méthodes d'actions tels que prévus dans leurs statuts, mais aussi tels que mis en œuvre concrètement. Nous cherchons également à évaluer l'efficacité des divers types de contrôle et leur impact sur les décisions affectant le milieu carcéral en comparant les résultats voulus et obtenus par les divers mécanismes. Finalement, nous étudions le positionnement et l'influence des organismes étatiques et des organismes civils sur le contrôle des établissements de détention et plus globalement sur les pratiques et politiques pénitentiaires. Il convient de préciser que nous n'analysons pas, dans le cadre de cette recherche, les contrôles judiciaires procéduraux ni les contrôles internes aux administrations pénitentiaires, mais bien l'autre versant du contrôle des prisons, les contrôles externes non judiciaires. De la même façon, à l'instar de Lemonde (1996), nous utilisons une approche criminologique et non pas uniquement légaliste pour faire état de la question du contrôle et analyser les mécanismes dans leur contexte historique, juridique, social, politique et structurel.

CHAPITRE I

Le droit en prison et son contrôle

La question du contrôle des prisons est étroitement liée à celle des droits des détenus, car ces droits sont souvent la source et l'objet du contrôle. Ainsi, un bref historique des droits des détenus nous permet, par la suite, de mieux appréhender l'évolution du contrôle de la prison et des outils de ce contrôle.

I. L'ÉVOLUTION DU DROIT DES DÉTENUS

1. Affirmation des droits des personnes détenues : une pratique avant tout déclaratoire

Sans remonter à la Magna Carta de 1215, premier texte où un souverain reconnaît une limitation de ses pouvoirs et prévoit des garanties individuelles, il est possible de dresser un bref historique de certains moments-clés du cheminement des droits de l'homme en portant une attention particulière aux droits qui touchent les personnes privées de liberté.

Un premier développement important se produisit au 17e siècle, en Angleterre, lorsque sont rédigés successivement le Petition of Rights, l'Habeas Corpus et le Bill of Rights. Ces textes sont annonciateurs, car ils sont les premiers à garantir des libertés contre des décisions arbitraires concernant les arrestations, détentions, atteintes physiques ainsi que les exécutions (Lochak, 2002). Ce n'est qu'un siècle plus tard que divers États américains adopteront leurs propres déclarations. L'une d'entre elles, la Déclaration des droits de l'État de Virginie servira de référence lors de la déclaration de l'indépendance ainsi que lors de la création du Bill of Rights. Ce dernier énonce les droits fondamentaux des États-Uniens notamment le droit à un procès équitable et l'interdiction de châtiments cruels et inusités. En parallèle, l'époque révolutionnaire française donnera naissance à la Déclaration des droits de l'homme et du citoyen de 1789 laquelle, inspirée de la philosophie des lumières, vient rappeler les droits naturels et imprescriptibles de l'être humain.

Parmi les droits énoncés, on y retrouve des garanties contre l'arbitraire et notamment contre l'emprisonnement arbitraire. La fin de la période révolutionnaire entamera le déclin des pratiques déclaratoires étatiques dans les pays occidentaux à l'exception du Canada qui mettra en place la Déclaration canadienne des droits en 1960 et la Charte canadienne des droits et libertés en 1982.

Un deuxième moment charnière pour le développement des droits de l'homme est celui du renouveau de la pratique déclaratoire au plan international avec les nombreuses déclarations onusiennes rédigées après la Deuxième Guerre mondiale. Pour le domaine qui nous intéresse, les droits des personnes incarcérées, l'importance de la Déclaration universelle des droits de l'homme de 1948 est indéniable. En effet, l'article 5 affirme que « nul ne sera soumis à la torture, ni à des peines ou traitements cruels, inhumains ou dégradants », et les articles suivants proclament, entre autres, la non-discrimination, le droit à un recours effectif, l'interdiction des arrestations et détentions arbitraires, le droit à un procès équitable et la présomption d'innocence. Par la suite, le Pacte international sur les droits civils et politiques de 1966 proclame, à son tour, dans ses articles 7 et 10 l'interdiction de torture et de mauvais traitements ainsi que le droit de toute personne privée de liberté d'être traitée avec humanité et respect pour la dignité inhérente de la personne humaine. Le traitement des prisonniers de guerre a attiré, au sein des Nations Unies, une attention particulière qui s'est manifestée entre autres par les Conventions de Genève de 1949 qui explicitent et affirment des règles de droit international concernant le traitement ces prisonniers. Malgré la spécificité apparente des diverses déclarations et conventions portant sur la torture telle que la Convention contre la torture adoptée par l'ONU en 1984, Rodley (1999) affirme que ces conventions vont aujourd'hui au-delà de cet objectif et s'adressent également au traitement des prisonniers en temps de paix.

Il convient, toutefois, de souligner qu'il y eu, pendant longtemps, absence de convention s'adressant exclusivement au traitement des prisonniers et aux conditions de détention. Une explication possible serait le fait que les conditions de détention ont été perçues pendant longtemps, et peut-être est-ce le cas encore aujourd'hui, comme relevant principalement de la compétence interne des États. La diversité des traditions, des cultures et des standards de vie seraient autant d'éléments importants pour déterminer ce qui est acceptable ou non comme conditions de détention (Rodley, 1999). En 1957, les Nations Unies adoptent finalement un ensemble de Règles minima pour le traitement des détenus. Ces règles, codifiées en 95 articles, ont pour but d'être adoptées et appliquées par les administrations pénitentiaires des pays signataires. Parmi, ces règles, érigées en « socle minimum du droit pénitentiaire », on retrouve le droit à une cellule individuelle, le droit à l'information du détenu à son arrivée, le droit d'exercer des requêtes, etc. Il importe de noter que ces règles n'ont pas force obligatoire et ne sont donc pas un instrument légal, mais davantage un guide pour les États qui s'y souscrivent[7]. Selon Rodley (1999), cet état de fait peut expliquer le bilan mitigé de l'application de ces règles dans de nombreux pays signataires. L'évolution s'est, cependant, poursuivie avec l'adoption, par l'Assemblée générale des Nations Unies, de deux nouveaux instruments internationaux spécifiques au traitement des personnes privées de liberté : le Corps de principes pour la protection de toute personne sous toute forme de détention ou d'emprisonnement en 1988 et les Principes de base pour le traitement des prisonniers en 1990 (Yalden, 1997).

Au niveau régional, les instances européennes ont, en 1953, établi certains standards de protection des droits sans toutefois prévoir de dispositions propres à la situation des personnes privées de liberté. Les premiers travaux du Conseil de l'Europe dans ce domaine débouchèrent, en 1973, sur une résolution qui institue un « ensemble des règles minima pour le traitement des détenus » et mentionne notamment la nécessité d'instituer un contrôle au moyen d'inspections régulières qui auraient pour objectif de s'assurer que les établissements pénitentiaires soient administrés selon les lois et règles en vigueur. Quinze ans plus tard, en 1987, les pays européens établissent les « Règles pénitentiaires européennes ». Ces règles, révisées en 2006, prennent en compte la substance et les conséquences pratiques des dispositions de la Convention européenne de sauvegarde des droits de l'homme et les appliquent au cas des personnes privées de liberté. Elles ont pour objectif de garantir les droits des détenus et insistent notamment sur le respect de la dignité humaine et la nécessité d'un contrôle régulier et impartial de l'organisation et du fonctionnement des prisons. Ces règles n'ont cependant qu'une valeur incitative, elles sont une référence pour les États, auxquels elles ne s'imposent pas. C'est également en 1987 que la Convention européenne pour la prévention de la torture et des peines ou traitements inhumains ou dégradants voit le jour. Cette convention a notamment pour finalité de renforcer la protection des personnes incarcérées en instaurant un mécanisme de contrôle sur lequel nous reviendrons.

---

[7] Malgré le développement de ces instruments internationaux de protection, l'émergence d'un réel discours des droits des détenus apparaît plus tardivement et vient s'inscrire dans le contexte social des mouvements de contestation et de revendication des droits des groupes minoritaires des années 1960. En effet, même si la prison est contestée depuis son origine (Foucault, 1975), c'est seulement à cette époque que des groupes sociaux actifs et militants endossèrent la cause des détenus et entreprirent de sensibiliser l'opinion publique sur les conditions de vie dans la prison présentée comme symbole de l'oppression des classes (Lemire, 1993). Au sein même des prisons, les détenus d'Europe et d'Amérique du Nord commenceront également à revendiquer leurs droits et à alerter l'opinion publique en recourant à des événements spectaculaires tels que des révoltes, des crises et des grèves durant les années 1970.

Le concept de droits de l'homme est donc apparu, au plan international, dans un contexte sociohistorique bien particulier qui est celui de l'après-guerre. Rattaché à l'idée de modernité et de progrès, ce concept s'est, au fil du temps, transformé, enrichi et universalisé. L'histoire des conventions des droits de l'homme est aussi celle de leurs contestations et de leurs critiques. Il est régulièrement reproché à ces déclarations leur absence de caractère obligatoire. Lochak (2002) souligne, cependant, que le fait d'énoncer et affirmer des droits aux individus, notamment ceux privés de liberté, est en soi une première étape importante, car ces déclarations ont tout de même une force morale qui permet de favoriser un rapprochement entre l'idéal et le droit. Si la proclamation des droits ne signifie nécessairement leur applicabilité immédiate, les principes contenus dans ces déclarations se concrétisent et s'inscrivent dans le droit positif à travers le temps. De plus, ce droit déclaratoire est une source importante de références sur laquelle les citoyens et les ONG peuvent appuyer leurs revendications.

Les droits de l'homme se sont basés au début sur une conception libérale et classique des droits selon laquelle leur objectif est de défendre l'autonomie de l'individu pour faire contrepoids au pouvoir. Il s'agit en effet de droits principalement revendiqués contre l'État et garantis par des moyens essentiellement juridiques. Cette conception libérale connaîtra une certaine transformation en réponse aux critiques faites sur leur manque d'applicabilité puisque "les libertés ne valent que si les hommes sont en mesure de les exercer" (Lochak, 2002). Ainsi, aux droits classiques vont être adjoints des droits créances démontrant ainsi l'existence d'une mutation dans la façon de penser les droits de l'homme (et par conséquent les droits des hommes en détention), car ces derniers présupposent et requièrent contrairement aux droits classiques une intervention active de l'État pour leur mise en œuvre.

2. L'État de droit comme condition d'existence et d'exercice des droits des personnes privées de liberté

L'existence des droits humains sous-entend l'existence d'un État de droit et de la démocratie puisque « les droits de l'homme ne peuvent se concevoir ni avoir de réalité en dehors de l'État de droit » (Lochak, 2002). L'État de droit est, en effet, celui où l'autorité s'exerce conformément au « Rule of Law », c'est-à-dire à des règles connues d'avance qui reconnaissent aux citoyens les droits qu'ils peuvent faire valoir à l'encontre du pouvoir. Le concept implique donc la reconnaissance des droits et l'octroi de moyens de les défendre. Si l'on adopte la conception du droit de Jhering, les droits sont des intérêts juridiquement protégés et les tribunaux les lieux où ces droits se réalisent (Serverin, 2000). Cette conception met en premier plan le rôle du législateur comme producteur du droit et celui du juge comme garant des libertés par la défense contentieuse des droits.

A. L'entrée des droits dans le droit positif : le législateur producteur de droits

Au Canada, la Charte canadienne des droits et libertés de 1982 intègre à la Constitution toute une série de droits qui ne distinguent aucunement entre les citoyens et donc s'appliquent aux détenus. Lemonde (1996) relève cependant que, au sujet des droits des personnes incarcérées, l'entrée en vigueur de la Charte n'a guère fait l'objet de production normative et les autorités n'ont en effet modifié les normes que lorsqu'elles y ont été contraintes par les tribunaux. C'est en 1992 que le législateur consacre officiellement les droits des détenus par une réforme majeure de la loi concernant l'incarcération et la libération conditionnelle. La nouvelle loi[8] vient, entre autres, poser les limites à respecter dans le traitement des détenus au niveau fédéral. Cette loi proclame que les détenus jouissent de tous les droits civils sauf ceux expressément exclus dans la loi ; elle formule une liste des droits des détenus et elle affirme clairement les garanties procédurales de ceux-ci.

En France, si les droits de l'homme ont été constitutionnalisés dès 1791, les droits des personnes incarcérées ont pendant longtemps fait l'objet d'aucune création et consécration législatives. Certes, le Code pénal et le Code de Procédure Pénale réglementent certains aspects de l'incarcération, mais ceci ne dissimule pas la carence d'un véritable droit pénitentiaire. « Introduire le droit et la légalité » dans les prisons françaises était le vaste programme du projet de loi pénitentiaire annoncé par le gouvernement Jospin suite à la polémique sur les conditions de détention déclenchée en 2000 (Le Monde, 19 juillet 2001). Après une vaste consultation et le travail d'un conseil d'orientation stratégique, le texte proposait de rendre au détenu sa dignité de citoyen et d'adopter un cadre normatif clair des droits des détenus. Suite à l'opposition des personnels et de nombreux amendements, le texte final prêt en janvier 2002 n'a toutefois pas été présenté à temps avant la campagne électorale et le changement de gouvernement (Le Monde, 6 mars 2002). Il faudra attendre 2009 pour qu'une loi consacrant les droits des personnes détenues soit finalement adoptée. Son article 22 consacre : « L'administration pénitentiaire garantit à toute personne détenue le respect de sa dignité et de ses droits. L'exercice de ceux-ci ne peut faire l'objet d'autres restrictions que celles résultant des contraintes inhérentes à la détention, du maintien de la sécurité et du bon ordre des établissements, de la prévention de la récidive et de la

---

[8] Loi régissant le système correctionnel, la mise en liberté sous condition et le maintien en incarcération, et portant création du bureau de l'Enquêteur correctionnel (C-36).

protection de l'intérêt des victimes. Ces restrictions tiennent compte de l'âge, de l'état de santé, du handicap et de la personnalité de la personne détenue ».

B. Le respect des droits : le juge gardien des droits

Le juge est, sans conteste, la figure centrale, la pièce maîtresse de l'État de droit puisque son rôle est de défendre les libertés contre les empiètements du pouvoir exécutif, mais aussi contre l'oppression possible du pouvoir législatif à travers la création et l'utilisation de certaines lois.

Les tribunaux canadiens, tout comme les tribunaux français, ont longtemps refusé d'exercer un quelconque contrôle de l'univers des prisons. Il s'agissait de la même doctrine du "laisser-faire" où les tribunaux laissaient aux autorités carcérales toute discrétion. Les arguments avancés étaient identiques : l'inexistence de droits reconnus aux détenus, le risque de déclencher des poursuites trop nombreuses et l'inexpérience des magistrats dans ce domaine (Lemonde, 1996). De plus, les tribunaux persistaient à considérer les décisions des autorités carcérales comme des décisions administratives en dehors de leur compétence.

La jurisprudence canadienne se basait alors sur l'arrêt McCaud (1964) qui établissait que les décisions de l'autorité carcérale, étant de nature administrative, ne pouvaient pas être soumises à un quelconque contrôle judiciaire. Au milieu des années 70, la Cour suprême canadienne affirme qu'une décision qui affecte les droits des détenus ne peut plus être considérée comme purement administrative et peut ainsi être soumise au contrôle judiciaire. La Cour a ainsi ouvert la porte au contrôle judiciaire des établissements de détention canadiens. Les principes d'équité procédurale et de contrôle judiciaire sont finalement transposés en droit carcéral canadien par l'arrêt de la Cour Suprême Martineau n°2 en 1980. Cet arrêt énonce que « le principe de légalité doit régner à l'intérieur des murs d'un pénitencier » à défaut de quoi le tribunal se reconnaîtra compétent pour intervenir et sanctionner les décisions contraires au droit. Dans la même année, la Cour statue également sur le fait que les détenus conservent tous leurs droits sauf ceux expressément mentionnés par la loi (Arrêt Solosky vs La Reine, 1980) et donne ainsi compétence aux tribunaux pour veiller au respect des droits. La légalité des décisions prises par les autorités pénitentiaires fait donc dorénavant l'objet d'un contrôle judiciaire. Depuis l'arrêt Martineau n°2, plusieurs décisions ou pratiques carcérales fondées sur le non-respect du principe d'équité ont été contestées devant la division de première instance de la cour fédérale. Si la déférence n'est plus au Canada un obstacle pour les tribunaux, elle reste encore parfois invoquée pour justifier une certaine retenue judiciaire (Lemonde et Landreville, 2002).

En France, le problème s'est également posé en termes de conflit de compétence entre le juge judiciaire et le juge administratif. Le tribunal des conflits avait, depuis 1960, précisé que les conflits relatifs au fonctionnement administratif du service pénitentiaire relèvent des juridictions administratives tandis que ceux relatifs à la nature et aux limites de la peine infligée relèvent du juge judiciaire (Favard, 2000). Cette distinction complexe a été améliorée par la loi du 15 juin 2000 qui est venue clarifier les compétences respectives de chaque juridiction. Certaines décisions touchant de très près les droits des détenus (placement à l'extérieur, libération conditionnelle, etc.) sont donc prises par les autorités judiciaires et susceptibles de recours. Néanmoins, indépendamment du conflit de compétence entre les juridictions, tous les recours ne sont pas sans poser problème. En matière de contentieux administratif, la jurisprudence du Conseil d'État a pendant longtemps rejeté les recours pour excès de pouvoir au motif que l'acte en question (tel que l'isolement ou le transfert) était une mesure d'ordre intérieur exclue du domaine de recevabilité. Ainsi, jusqu'à l'arrêt Marie (CE, 17 février 1995), les détenus pouvaient rarement contester par cette voie contentieuse les procédures ou les décisions dont ils faisaient l'objet durant leur détention. Depuis cet assouplissement de jurisprudence, les détenus ont pu, avec des résultats variables, contester auprès des tribunaux administratifs certaines décisions de l'Administration pénitentiaire leur faisant grief (notamment la plupart des décisions disciplinaires). Cette évolution de la jurisprudence a notamment été marquée par un arrêt de 2003 dans lequel le Conseil d'État a accepté un recours pour excès de pouvoir contre une décision de mise à l'isolement forcé d'un détenu (CE, 30 juillet 2003).

Malgré l'évolution du rôle joué par les juridictions tant au Canada qu'en France, les juges font souvent face à des normes floues qui incitent à une interprétation constructive. La préséance de la jurisprudence permet parfois que l'interprétation faite par le juge compte davantage que le texte de base (Lochak, 2002). Il existe donc entre les mains des juges un certain potentiel d'arbitraire. Ainsi, le juge est central dans l'État de droit, mais il ne constitue pas, pour les droits humains, la garantie maximale ni même la plus efficace. La complexité, la lenteur, le coût et le formalisme des procédures juridictionnelles sont des obstacles à tout individu qui veut défendre ses droits contre quelqu'un plus puissant que lui. La situation du détenu face à l'État ne fait pas exception.

II. Le contrôle du respect des droits des personnes incarcérées

On constate que le passage par le droit a été dans certains pays comme le Canada, « la seule avenue possible » pour les détenus face à leur manque de pouvoir et la difficulté de former des alliances politiques et économiques (Lemonde, 1995). Si certains pays, comme la France, ont tardé à légiférer, il existe bien aujourd'hui un sous-ensemble des règles juridiques qui régit les rapports des acteurs du milieu pénitentiaire forme ce que l'on appelle selon les pays, le droit carcéral, le droit correctionnel ou encore le droit pénitentiaire. Les détenus font donc l'objet de règles protectrices qui ne s'adressent pas à eux, mais à ceux qui en ont la charge : les administrations pénitentiaires et les services correctionnels. La question demeure de savoir qui contrôle le respect de ces règles ?

1. Diversité des acteurs et des mécanismes de contrôle

Face au constat de fragilité de la démocratie, des droits de l'homme et surtout des droits de l'homme en détention (Oreja, 1988), les États ont reconnu le besoin d'instaurer des organismes de contrôle. Ce faisant, ils ont ouvert la porte des prisons à divers organismes et institutions qui surveillent le respect de l'État de droit dans les établissements de détention.

Lorsque l'on s'attache à dresser l'état des lieux du contrôle qui s'exerce sur les prisons, force est de constater la diversité des mécanismes mis en place selon les pays, les régions ou encore les cultures sociales et juridiques. La typologie proposée par Davis (1969) concernant les formes de contrôle auxquels les administrations sont confrontées présente une certaine utilité même si elle ne s'adresse pas spécifiquement aux contrôles de la prison. Dans cette typologie, le contrôle le plus commun est le contrôle par un supérieur qui est, à son tour, contrôlé par son supérieur immédiat suivant la hiérarchie de l'organisation. Le second type de contrôle est celui de l'appel administratif réalisé par un supérieur, un membre de l'organisation, une personne indépendante ou un tribunal. Existe en troisième lieu le contrôle exercé par les législateurs et les comités législatifs ainsi que le contrôle par les ombudsmans, officiers de haut niveau ayant pour fonction de recevoir les plaintes des citoyens au sujet des actions ou inactions de l'administration. Finalement, le contrôle judiciaire est le dernier type de contrôle répertorié dans cette typologie.

Depuis la création de cette typologie par Davis en 1969, nous constatons, en écho au développement des droits humains, une expansion majeure des contrôles. En effet, l'évolution des droits a donné lieu à la constitution de nouveaux corps et organismes qui jouent un certain rôle de contrôle que ce soit sous la forme de comité ou commission onusienne ou européenne, d'organisations non gouvernementales et de regroupements de citoyens. Progressivement, diverses instances de contrôle se sont développées et se sont donné des outils pour inciter les États à se mettre en conformité avec les Règles minimas votées par l'ONU en 1957. D'autres mécanismes, tantôt institutionnalisés, tantôt issus des initiatives de la société civile ont été mis en place. Ainsi, il convient de mettre à jour la typologie de Davis (1969) sur une base empirique et analytique apparaissait donc nécessaire.

Le contrôle extérieur le plus commun prend la forme du contrôle judiciaire. Ainsi, dans certains pays, indépendamment des procédures accessibles aux détenus, les autorités judiciaires sont chargés d'une certaine mission de contrôle. Aux États-Unis, Caroll (1998) constate qu'en 1995, plus de 275 prisons opéraient sous la supervision des tribunaux et que, dans 150 prisons, les conditions sont surveillées par un représentant attitré du tribunal qui s'assure de l'ordre des prisons, des conditions de détention ou du nombre maximal de détenus autorisé. En France, les juges d'application des peines sont chargés de visiter mensuellement les prisons, de conseiller le directeur, de décider des libérations anticipées et ils se doivent d'être au courant des décisions prises par l'administration. Le procureur de la République, le procureur général, le juge d'instruction et le président de chambre disposent également d'un droit de visite. Dans d'autres pays, des membres du corps judiciaire exercent, également, cette mission de contrôle des établissements qu'il s'agisse d'un juge de vigilance pénitentiaire en Espagne ou d'un procureur en Europe Centrale et de l'Est (Stern, 1998).

Le contrôle est parfois assuré par une personne indépendante, un médiateur ou ombudsman qui gère les plaintes formulées contre l'administration. Selon Vagg (1994), la popularité de ce troisième type de contrôle a augmenté depuis les années 70. Au Canada, l'Enquêteur correctionnel est chargé depuis 1973 de recevoir les plaintes des détenus des pénitenciers fédéraux afin de proposer une médiation et de présenter des recommandations. Dans ce même pays, différentes provinces ont institué des ombudsmans qui interviennent dans les situations où les droits d'une personne sont lésés par l'administration. Ils reçoivent à ce titre les plaintes de plus en plus nombreuses des détenus sur leurs conditions de vie en détention. En Angleterre, un inspecteur en chef des prisons indépendant est nommé par le gouvernement depuis 1980 pour exercer, à l'aide de vérificateurs, des missions de contrôles de tous les aspects du fonctionnement de la prison qui concernent les relations entre les détenus et l'administration. De plus, depuis 1994, un ombudsman des prisons indépendant a été institué pour jouer le rôle de visiteur et médiateur indépendant et travailler en lien avec l'inspecteur en chef des prisons.

Il existe également un contrôle de type parlementaire. Qu'il s'agisse de comités parlementaires en Angleterre, des commissions parlementaires en

Allemagne, d'une commission des plaintes aux Pays-Bas, d'un ombudsman parlementaire en Suède ou d'un défenseur du peuple en Espagne, ces corps ont un certain pouvoir de contrôle sur les établissements pénitentiaires notamment par leur droit de visite et leur compétence pour recevoir les plaintes des détenus.

Le contrôle peut aussi être exercé par des instances supranationales. Au niveau européen, le Conseil de l'Europe a instauré un mécanisme de contrôle fondé sur des visites des lieux de détention par un organe de la Convention de prévention de la torture. Ce Comité européen de prévention de la torture (CPT) dispose d'un pouvoir de visites et d'investigation et il rédige des rapports adressés au gouvernement concerné. Les détenus européens jouissent, de plus, d'un droit de plaintes auprès de la Cour européenne des droits de l'homme (CEDH) dans les cas où les droits qui leur sont garantis par la Convention européenne sont bafoués (Stern, 1998). Au niveau onusien, la Convention de prévention de la torture et son protocole additionnel viennent également créer un mécanisme supranational de contrôle des établissements de détention.

Finalement, une dernière forme de contrôle des prisons est celle exercée par les représentants de la société civile. En Grande-Bretagne, chaque prison a un comité de visiteurs, représentatif de la population, qui visite l'établissement et joue un rôle de médiateur (Stern, 1998 ; Canivet, 2000). Aux Pays-Bas, une commission de surveillance composée de représentants de la société est mise en place dans chaque établissement, elle élit en son sein une commission des plaintes qui dispose du pouvoir de modifier les décisions de la direction pénitentiaire (Vagg, 1994 ; Canivet, 2000). En Allemagne, des conseils pénitentiaires, composés de personnalités locales extérieures à l'administration pénitentiaire, siègent dans chaque établissement, aident à l'organisation de la vie carcérale et reçoivent les requêtes (Canivet, 2000). En France un conseil d'évaluation, composé de personnalités locales, dispose du droit de visite des prisons. Au Canada, des comités consultatifs de citoyens ont dans chaque pénitencier fédéral un rôle de conseillers du service correctionnel, d'observateurs indépendants, de contrôleur et de vecteurs d'information. La société civile exerce également un certain contrôle sous une forme non institutionnelle par le biais de nombreuses organisations, associations, groupes d'anciens détenus et défenseurs des droits qui agissent pour protéger les droits des détenus.

Le rôle des membres de la société civile dans le contrôle des prisons et l'évolution des droits des détenus est particulièrement important. Si l'on regarde l'évolution de la lutte pour les droits des personnes incarcérées, on constate qu'elle fut avant tout une histoire d'hommes et de femmes impliqués et militants. Elle n'est pas un pur phénomène institutionnel, mais bien un phénomène humain issu du militantisme de citoyens libres souvent regroupés en associations (Lemonde, 1995). Les prisonniers ont depuis longtemps suscité l'attention de groupes et organismes à but humanitaire, souvent des institutions religieuses. Au Canada, dès 1849, la « Montréal Prison Discipline Association » fut créée afin de visiter et secourir les détenus (Landreville, 1976). En Europe, plusieurs associations militantes se créèrent pour contester et questionner les conditions d'incarcération. Certaines, plus radicales, comme « the National Swedish Association for Penal Reform » en 1966 ou « The Norwedgian Association for Penal Reform » en 1968 visaient la destruction progressive des murs de la prison et l'abolition de l'enfermement. D'autres associations, plus modérées, entreprirent de lutter pour de meilleures conditions de vie et pour promouvoir les droits des détenus. En effet, dans de très nombreux pays, l'absence de contrôles extérieurs ou la perception des carences des contrôles existants a suscité l'émergence de nombreuses organisations non gouvernementales locales, nationales ou internationales (Canivet, 2000). Ainsi, aujourd'hui, des ONG comme Amnesty International, Human Right's Watch et l'Observatoire International des Prisons jouent un rôle essentiel puisqu'elles sont souvent les premières à attirer l'attention sur les violations des droits humains notamment dans les prisons (Canivet, 2000).

La question du contrôle des prisons nous ramène par divers chemins aux concepts de société civile et de citoyenneté. L'historique des droits nous rappelle que si les détenus sont des citoyens, ce statut ne leur a été reconnu que suite à l'engagement militant d'autres citoyens. De la même façon, l'existence de contrôles citoyens nous renvoie à la problématique des relations entre prisons et citoyens et plus largement entre État et société civile. Il apparaît difficile de dissocier les prisons de l'État puisque l'emprisonnement, une des missions traditionnelles de l'État ne peut être analysée en faisant abstraction de ce dernier, ses missions, ses pouvoirs, ses devoirs et ses rapports avec la société politique et la société civile. De notre questionnement de recherche ressort l'intérêt de comprendre les relations que l'État entretient avec ses citoyens que ceux-ci soient détenus ou libres. Quelles sont les relations entre l'État et ses citoyens « problématiques » que sont les détenus ? Quels droits sont conférés en théorie et en pratique aux détenus citoyens dont les actions les ayant conduits en prison sont souvent un questionnement de l'État par le non-respect de ses lois ? Comment l'État entre en relation avec les citoyens libres qui prennent la défense de ces citoyens détenus ?

2. Des contrôles, objets de critiques

La notion de contrôle et les modalités des mécanismes de contrôle de la prison ont fait l'objet de peu de publications scientifiques. Les quelques documents existants se sont davantage attardés à formuler des critiques sur l'efficacité de ces mécanismes.

Nous constatons qu'au niveau international, il est, de façon récurrente, reproché aux contrôles des instances onusiennes ou européennes de ne pas avoir de force obligatoire. L'impact des organismes de contrôle supranationaux et internationaux reste, en effet, limité par le non-octroi de pouvoir contraignant dans leurs recommandations et leurs décisions. Ces instances sont soumises à la volonté de l'État de les reconnaître, de leur donner accès aux établissements de détention avec une véritable liberté d'enquête à l'intérieur de ceux-ci et, finalement, d'accepter et de mettre en œuvre leurs recommandations. Ces instances de contrôle n'auraient ainsi que valeur de code déontologique pour l'administration pénitentiaire (Pedron, 1995). En effet, tous les systèmes carcéraux fonctionnent avec le cadre légal de leur propre pays et les organismes comme l'ONU ne peuvent avoir que l'espoir que les législations nationales soient le plus possible basées sur les règles qu'ils établissent (Stern, 1998). À cet égard, Faugeron (1996a) conclut que les mécanismes de contrôle des instances internationales et les règles européennes ne constituent pas un outil de contrôle de la prison, mais une référence normative dans laquelle les gouvernements peuvent se couler sans peine et même légitimer leurs politiques pénales en s'y référant. Selon un raisonnement identique, Herzog-Evans (1996) qualifie les mécanismes de contrôle internationaux d'« illusion internationale ».

Au niveau national, si les États démocratiques sont soumis aux instances de protection propres à l'État de droit telles que le pouvoir législatif et le pouvoir judiciaire, le contrôle n'est pas nécessairement optimal. En réalité, le pouvoir de contrôler les lieux de détention n'est pas nécessairement accompagné d'une volonté de contrôle ou d'une capacité véritable d'effectuer ce contrôle. Ce constat est également applicable à d'autres contrôles tels que les ombudsmans et les comités de surveillance. Malgré le fait que ces comités impliquent à différents niveaux des membres de la société civile, c'est à travers le développement des ONG qu'apparaît un contrôle véritablement citoyen dans ce domaine. Toutefois, les pouvoirs dont ces associations disposent sont à la fois incertains et plus difficilement perceptibles.

La rédaction actuelle des textes permet donc aux détenus, en théorie, d'entrer en rapport avec de nombreuses autorités et organisations extérieures à la prison investies de la mission de contrôler les conditions de détention. Pourtant, ces contrôles sont exercés de manière imparfaite. En effet, peu, voir aucun des contrôles passés en revue dans cette recherche ne semblent susceptibles de remplir les trois critères d'effectivité identifiés par Faugeron (1996, b) : l'indépendance vis-à-vis de l'administration pénitentiaire ; l'autonomie des décisions ainsi que la possibilité de faire appliquer ou d'en négocier l'application, et finalement, la responsabilité devant une instance de contrôle des contrôles. Ce constat amène Cligman, Gratiot et Hanoteau (2001) à affirmer que c'est seulement lorsque les autorités interviendront convenablement que la société entrera véritablement dans les prisons.

3. Notre étude des contrôles

En visant une compréhension large de la notion de contrôle des prisons, notre recherche porte sur les cas de la France et du Canada. Ces pays ont été choisis en raison de la diversité des expériences et des mécanismes de contrôle dont ils disposent. Comme le souligne Jackson (2002), le Canada est perçu comme un leader international autant au niveau des droits de l'homme qu'au niveau pénitentiaire. La France n'a pas la même réputation et fait l'objet de dénonciations plus fréquentes. Concrètement, certains mécanismes se retrouvent en substance dans les deux pays (notamment le contrôle par l'ONU ou les ONG internationales), mais parfois la nature et l'étendue des contrôles s'avèrent différentes. Rappelons pour exemple, le cas du contrôle par un ombudsman, déjà ancien au Canada et débutant en France. Le contrôle supranational par les instances européennes dont fait l'objet la France ne connaît pas d'équivalent au Canada. Par ailleurs, le Canada a choisi d'instaurer des comités composés purement de citoyens, tandis qu'en France les conseils d'évaluation ont une composition mixte. De plus, ces deux pays présentent des cultures et traditions juridique et citoyenne bien distinctes. La tradition anglo-saxonne avec une culture citoyenne de recours judiciaire et d'actions bénévoles au Canada et la tradition de droit romain avec une culture citoyenne davantage militante et revendicatrice qui caractérise la France sont des éléments qui seront pris en compte dans l'analyse. Étudier ces deux pays offre, donc, un panorama assez complet des divers contrôles des établissements de détention existants pour nous permettre, également, d'entreprendre une réflexion sur la place de l'action de l'État et des citoyens dans ce contrôle. Il s'agit donc d'une comparaison multivariée à la fois dans l'espace et dans les mécanismes étudiés qui transcende les clivages et les territoires constitués et permet un décloisonnement des champs du savoir.

Notre recherche est une étude inductive qui vise premièrement à rendre compte des évènements (la création et le maintien de divers contrôles des prisons autant en termes de niveau de contrôle que d'organismes mis en place à cet effet), des valeurs et des normes (énoncées par ces contrôles et pratiquées par leurs divers représentants) ainsi que des actions (des recours, des gestes, des décisions, des pressions, etc. mises en œuvre par les contrôles et leurs acteurs). Ainsi, nous visons à comprendre les comportements et les évènements qui mettent en relation les diverses entités de contrôle, les personnes impliquées et également l'objet du contrôle ou de leurs actions (les prisons et ses acteurs, les institutions connexes ainsi que tout autre moyen, recours ou acteur utilisé par la prison pour collaborer ou rendre difficile l'exercice du contrôle). Finalement, dans cette étude il s'agit de comprendre le contrôle de la prison non pas de façon statique, mais bien comme un processus : comment ce contrôle a évolué et dans quelle direction il évolue en termes d'effets et impacts ? Quels sont les réaménagements vécus par ces divers contrôles en raison des changements normatifs, réglementaires sociaux, juridiques et même pragmatiques ?

Nous nous attachons, en effet, à décrire et analyser en détail le contrôle de la prison comme situation sociale aussi bien dans sa réalité tangible ainsi que dans sa réalité discursive. C'est, en effet, le point de vue des acteurs eux-mêmes non seulement en tant que représentants des divers organismes, mais également en tant que véhicules du contrôle qui nous permet de comprendre le rôle, les motivations et les fondements qu'ils attribuent à leur action de contrôle, les méthodes de travail réellement employées ainsi que leur perception de l'impact et de l'efficacité de celles-ci.

La question du contrôle des prisons ayant été peu étudiée, nous devions donc, dans un premier temps, dresser le bilan, l'état de la situation pour les deux pays étudiés. L'analyse documentaire représentait, en effet, la base de notre méthodologie. Selon Hodder (1994), la recherche documentaire présente cependant de nombreux avantages tels que, par exemple, l'accès à des informations qui ne sont pas disponibles verbalement et la "persistance" des textes à travers le temps qui permet un aperçu historique du phénomène. Ce même auteur considère que la recherche documentaire nous permet d'entendre des voix différentes et/ou auxquelles nous n'aurions pas accès autrement. Hodder affirme : « The study of material culture is thus of importance for qualitative researchers who wish to explore multiple and conflicting voices, differing and interacting interpretations » (1994, p. 394). Ainsi, l'analyse documentaire est particulièrement adaptée à une étude comme la nôtre qui s'intéresse à l'exploration de voix diverses que réunissent un domaine, des objectifs et des interactions.

Pour atteindre nos objectifs, nous avons principalement consulté les documents officiels et parfois internes, se rapportant aux fondements et aux fonctionnements des divers contrôles exercés sur les établissements de détention canadiens et français (conventions, lois, règlements, statuts, énoncés de mission et de stratégie, manuels de travail, rapports d'activités, entre autres). Nous avons également consulté des documents scientifiques et journalistiques se rapportant aux organismes de contrôle, leur fonctionnement et leur efficacité et ceci afin d'approfondir notre compréhension du contexte d'actions et de réactions des mécanismes étudiés. Notre corpus se composait donc de documents publics archivés (archives onusiennes, européennes, gouvernementales…) ou non (journaux, revues, bulletins…) ainsi que des documents privés (archives et documents de certains organismes privés). Nous avons grandement privilégié les documents émanant de sources primaires dont les auteurs sont acteurs (ou témoins directs) des événements ou prises de positions évoquées dans les documents.

Parmi l'ensemble hétéroclite de documentation analysée, il est possible de distinguer les publications ou rapports produits périodiquement (souvent annuels) par les mécanismes de contrôle et ceux qui sont produits en raison d'activités spéciales ou de préoccupations ponctuelles touchant le sujet des établissements de détention. Nous avons également travaillé sur les bulletins, newsletters ou autres magazines produits et distribués par les mécanismes de contrôle. Dans certains cas, nous avons eu accès à certains documents inédits ou internes qui révèlent les priorités, les projets, les stratégies et les bilans des actions des contrôles. Finalement, nous avons utilisé les documents officiels touchant à la création et le fonctionnement des mécanismes de contrôles qu'il s'agisse de conventions, lois, directives, règlements, jurisprudence ou encore de projets et de propositions formels. Malgré le volume que représente cette documentation, nous insistons sur le fait que, relativement à d'autres objets d'étude, la faible quantité et le contenu succinct des documents concernant le contrôle des établissements de détention dans les deux pays étudiés nous ont permis de consulter la grande majorité et parfois l'intégralité de ceux-ci.

Pour enrichir l'analyse documentaire, près de cinquante d'entrevues ont été réalisées dans les deux pays concernés[9]. Les interviewés ont été choisis et contactés en raison de leur implication dans les organismes de contrôle des pays concernés[10]. Cependant, le nombre d'interviewés ne fut pas également réparti entre les divers mécanismes de contrôle. Le terrain ayant révélé que chaque mécanisme de contrôle étudié se composait d'un nombre extrêmement variable d'acteurs concernés (entre une dizaine et plus de mille), nous avons opté pour une stratégie d'entrevue qui tenait compte de cette variation (d'une à 9 entrevues par contrôle). Ces entrevues nous ont permis de compléter nos

---

[9] Cette recherche s'est vue attribuer un certificat d'éthique par le comité d'éthique de l'Université de Montréal dans le but de protéger les personnes participant à la recherche. Pour les entrevues, nous avons particulièrement porté attention à obtenir un consentement éclairé oral et écrit de nos interviewés. Nous proposions toujours aux interviewés de leur garantir anonymat et confidentialité, mais bien souvent cela leur semblait inutile voir pas souhaitable. En raison de leur rôle institutionnel public et de leur prise en parole en tant que représentant l'organisme concerné, certains interviewés souhaitaient s'exprimer nominément. Il convient de relever que certains cas, malgré l'anonymat respecté dans cette recherche, l'identification des interviewés reste assez aisée pour toute personne connaissant l'organisme concerné.

[10] Il s'agissait de rencontrer des personnes ayant une expérience et une connaissance directes du sujet de recherche. Conscientes de la mise en garde de Becker (2002) sur la hiérarchie des crédibilités, nous n'avons pas pris pour acquis que les membres hiérarchiquement les plus haut placés ont le discours le plus crédible et nous n'avons pas spécialement insisté pour rencontrer les personnes les plus haut placées dans la hiérarchie des organismes étudiés, mais bien les personnes les plus directement impliquées dans l'aspect qui nous intéressait. Nous avons, dans certains cas, pu réaliser des entrevues avec des personnes ayant des positions hiérarchiques distinctes au sein d'un même organisme.

informations, de comparer les discours – oral et écrit – mais surtout d'avoir accès aux informations concernant les difficultés, les valeurs, les stratégies et l'impact de leurs actions en termes de contrôle de la prison et de réalisation de leur mandat spécifique. Instrument privilégié d'accès aux pratiques et expériences des acteurs, ces entretiens sont venus confronter notre analyse documentaire au discours et vécu des acteurs du contrôle et donc de confirmer ou questionner certaines pistes d'analyse.

Finalement, nos données ont été complétées par quelques séances d'observation des activités des contrôles, la plupart ayant lieu dans les établissements de détention. Nous avons donc procédé sporadiquement à quelques observations qui constituent davantage des éléments de compréhension et de contextualisation qu'un véritable outil de recherche. Cependant, les observations réalisées se sont révélées particulièrement riches et nous ont permis une compréhension plus en profondeur des contrôles observés en comparant le discours et les pratiques et donc l'écart qui sépare ce que l'on dit (dans les documents officiels ou lors des entrevues) et ce qui est fait sur le terrain, ce qui est en soi source de données et de pistes d'analyse.

CHAPITRE 2

Les contrôles supranationaux ; le modèle européen en expansion ?

En dirigeant notre regard sur la hiérarchie des normes et des institutions concernées par le contrôle de l'État, notre attention s'est naturellement portée sur le contrôle supranational. Au sommet du contrôle de l'État, apparaissent en effet les institutions internationales par lesquelles les États se contrôlent les uns les autres au moyen de normes et de mécanismes placés sur une sphère supérieure à la sphère étatique. En matière de contrôle des établissements de détention, une institution ressort comme originale et souvent traitée en modèle : le Comité européen de prévention de la torture (CPT). Dans ce chapitre, nous dressons donc le portrait de ce mécanisme novateur de contrôle des établissements de détention en analysant la pratique du contrôle exercé en France. En présentant comment le CPT vient complémenter l'action de la Cour Européenne des Droits de l'Homme et inspirer un développement de l'activité des Nations Unies, nous situons également l'action du CTP dans le cadre des principaux organes de contrôle supranationaux.

I. Le Conseil de l'Europe et les prisons

1. Les conditions de détention et les règles pénitentiaires européennes

Que ce soit en assemblée parlementaire ou en comité des ministres, le Conseil de l'Europe travaille régulièrement sur les questions touchant aux personnes détenues en Europe.

Les premiers travaux de définition des normes pénitentiaires du Conseil de l'Europe datent de 1973, année durant laquelle est élaboré l'Ensemble de règles minima pour le traitement des détenus. Il s'agissait alors d'adapter, au niveau européen, les règles minima déjà établies par les Nations Unies. En 1987, les pays européens ont révisé ces règles pour élaborer les « Règles pénitentiaires européennes » qui actualisent les dispositions de la Convention européenne de sauvegarde des droits de l'homme (CSDH) à la situation des personnes privées de liberté. Ces règles visaient ainsi à garantir les droits des détenus en insistant notamment sur le respect de la dignité humaine.

Suite aux développements des législations et des pratiques pénitentiaires, un travail de refonte des règles pénitentiaires a été entrepris en 2004. Finalement adoptées par le Comité des ministres le 11 janvier 2006, les nouvelles règles pénitentiaires européennes sont désormais la référence européenne de base en matière pénitentiaire (CE, 2006b). En prenant en compte la jurisprudence de la Cour européenne des Droits de l'Homme (CEDH) et les travaux du Comité européen pour la prévention de la torture (CPT), les règles européennes proclament les principes fondamentaux du traitement des personnes détenues. La section consacrée aux conditions de détention évoque aussi bien les mesures d'hygiène, l'aération des cellules que les conditions de travail. Une importance toute particulière est accordée aux questions de santé. Sur le thème du contrôle, les règles pénitentiaires soulignent que les prisons doivent être inspectées régulièrement à la fois par un organisme gouvernemental et par un organe indépendant[11].

Au nombre de 107, ces nouvelles règles, souvent détaillées en sous-sections, ont vocation à être suivies par les États membres dans l'élaboration de leurs législations, leurs politiques et leurs pratiques. Cependant, ces règles ne s'imposent pas aux États membres du Conseil de l'Europe, mais elles ont pour objectif de servir de références et d'incitatifs aux États. Depuis leur première version, la mise en application de ces règles a fait l'objet de diverses propositions de recommandations devant l'assemblée parlementaire (CE, 1993c et CE 1955). Une enquête réalisée en 1993, indiquait déjà que la réglementation française ne remplissait pas toutes les exigences de l'ancienne version de ces règles européennes (ministère de la Justice, 1994). La situation de la France illustrait ainsi d'une part les difficultés d'application des règles européennes et d'autre part leurs divergences avec la législation française en vigueur. Il est donc pertinent de se demander quelle est la situation actuelle de ce pays au regard de ces nouvelles règles. Ce fut notamment le mandat donné à la commission pour l'application des nouvelles règles pénitentiaires européenne créée en 2008. Cependant, le mandat de cette commission ne portait que sur 8 des 108 règles et son indépendance fut entravée à tel point que tous les membres ont donné, en 2011, leur démission collective en signe de protestation contre leur instrumentalisation. Il faudra donc compter sur les observations d'un autre corps européen, le commissaire aux droits de l'homme, pour obtenir des éléments de réponse sur la conformité des prisons françaises à ces règles.

---

[11] Il est intéressant de mentionner à ce sujet qu'une proposition de recommandation (CE, 2003) suggérait d'autoriser les députés européens membres de la commission juridique à visiter, sans, préavis, toute prison située sur le territoire dont ils sont ressortissants.

2. Les visites du commissaire aux droits de l'homme

En 2005, le commissaire aux droits de l'homme du Conseil de l'Europe a entrepris une visite en France qui venait clôturer un tour des lieux de privation de liberté de 32 pays européens. Durant cette visite réalisée du 5 au 21 septembre 2005, Alvaro Gil-Robles s'est notamment rendu dans sept établissements pénitentiaires[12]. Le commissaire a également rencontré divers représentants du gouvernement, du pouvoir judiciaire ainsi que des membres de la Commission nationale consultative des Droits de l'Homme (CNCDH). Il a, de plus, bénéficié de l'aide des organisations non gouvernementales et des associations dans la phase préparatoire de sa visite ainsi que de celle du Médiateur de la République qui l'a accompagné à plusieurs étapes.

À l'issue de cette visite, le commissaire aux droits de l'homme dresse un bilan sombre de la situation française. Dans une entrevue accordée au journal Libération (22 septembre 2005), Gil-Robles témoigne entre autres de l'état répugnant de la prison des Baumettes à Marseille. De façon générale, le rapport sur le respect effectif des droits de l'homme en France, adressé au Comité des ministres et à l'Assemblée parlementaire du Conseil de l'Europe est particulièrement critique à l'égard des prisons françaises (CE, 2006a).

Le commissaire aux droits de l'homme constate qu'en France la mise en œuvre de la législation s'efface parfois devant l'appel à la tradition et aux pratiques habituelles. Cette situation pose, selon lui, un évident problème d'effectivité du respect des droits de l'homme. Ainsi, il relève un fossé parfois très large entre les dispositions des textes et la pratique. Selon lui, « la France ne se donne pas toujours les moyens suffisants pour mettre en œuvre un arsenal juridique relativement complet, qui offre un haut niveau de protection en matière de droits de l'homme » (CE, 2006a, p.6). Gil-Roblès insiste notamment sur la dignité et le respect des personnes incarcérées ainsi que sur le caractère suffisamment punitif de la privation de liberté.

> Je ne pense tout simplement pas que les personnes privées de liberté doivent être traitées moins bien que leurs concitoyens qui n'ont pas commis de fautes... Le fait même de priver la personne de sa liberté, de lui interdire de disposer de ses actes et de sa liberté de mouvement constitue une punition suffisante et très dure. Dès lors, la volonté de certains de faire à tout prix en sorte que les conditions de détention soient dures ne peut s'expliquer que par la volonté de se venger de la personne déjà punie. Dans une société démocratique, de tels agissements n'ont pas lieu d'être. Bien au contraire, de lieu de punition une prison doit devenir celui de la réinsertion

[12] Le centre pénitentiaire des Baumettes à Marseille, celui du Pontet en Avignon, la maison d'arrêt de la Santé à Paris et celle de Fleury-Mérogis en région parisienne, les centres pénitentiaires de Lannemezan dans les Hautes-Pyrénées et de Casabianda en Corse, ainsi que la maison d'arrêt de l'Elsau à Strasbourg.

et non pas celui du durcissement et de la préparation à la récidive (CE, 2006a, p22).

Concernant les prisons françaises, le commissaire se dit frappé par les problèmes de la surpopulation et le manque de moyens nécessaires au fonctionnement des établissements visités. S'il constate que la surpopulation chronique est liée à la fois à l'augmentation du nombre et de la longueur des condamnations et à la fois à un manque de financement pour accompagner cette tendance, il affirme que la situation est néanmoins « inacceptable en soi » et risque de provoquer un effet contraire à celui de réinsertion recherché et visé par l'emprisonnement.

Dans son rapport, le commissaire indique avoir observé, lors de ses visites, des scènes très dures et choquantes qui résultent des problèmes de surpopulation et qui privent un grand nombre de détenus de l'exercice de leurs droits élémentaires. Selon lui, les conditions de vie observées à la Santé et aux Baumettes rendent le maintien de détenus dans ces établissements « à la limite de l'acceptable et à la limite de la dignité humaine » (CE, 2006a, p26).

Ce bilan est dressé à l'issue d'une analyse minutieuse des établissements de détention et de nombreux aspects de la vie en détention. Du coût de la vie et de la location des téléviseurs aux nécessités de politique de réinsertion, en passant par le retard de la mise en œuvre des unités de vie familiale ou la durée excessive du maintien en cellule disciplinaire, le commissaire réalise une étude détaillée de la situation des prisons françaises.

Ne disposant pas de pouvoir d'injonction, le commissaire achève son rapport en formulant de nombreuses recommandations aux autorités françaises. Parmi ces recommandations, le commissaire suggère d'augmenter les moyens alloués aux prisons en général et plus précisément aux structures d'éducation, de santé et d'insertion professionnelle et à l'organisation des soins somatiques et psychiatriques. Il recommande également de construire de nouveaux établissements ; d'améliorer les conditions de vie des détenus ; de diminuer les charges financières des détenus ; de régionaliser les services de transfèrement des prisonniers ; de favoriser les liens familiaux ; de mettre la procédure d'isolement en conformité avec les garanties de l'État de droit et prévoir l'intervention d'une autorité judiciaire dans la procédure ; de traiter les personnes en fin de vie avec plus d'humanisme en appliquant plus largement la suspension de peine pour raisons médicales ou encore d'abroger le port des menottes lors du transport et de l'hospitalisation des détenus.

Lors d'une conférence de presse, le ministre de la Justice a réagi en qualifiant d'injuste le rapport du commissaire aux droits de l'homme (Le monde, 15 février 2006). Il déclare alors que le rapport contient des éléments erronés et dépassés. Le ministre reconnaît cependant que la situation des prisons ne sera conforme à la tradition humaniste française et aux valeurs républicaines qu'une fois le programme immobilier en cours achevé. Les observations officielles du gouvernement français au rapport de Gil-Robles sont plus feutrées. Le gouvernement souligne, en effet, l'augmentation significative du budget pénitentiaire et les améliorations en cours. En réitérant l'attachement de la France au respect des droits de l'homme, les autorités françaises répondent point par point aux observations du commissaire en formulant au futur des promesses d'amélioration.

> Les structures pénitentiaires seront mieux à même d'assurer aux détenus des conditions de vie décentes... En parallèle, la diversité de la population pénitentiaire sera mieux prise en compte par la mise en service de structures spécifiques... Des recrutements importants vont être effectués... (CE, 2006a, p115).

En 2008, le commissaire a effectué une seconde visite en France suite à laquelle il constate des améliorations qualifiées toutefois de bien insuffisantes au regard des règles pénitentiaires européennes. Des conditions minimales d'hygiène non respectées à l'encellulement individuel des prévenus non assuré ; il dénonce un ensemble de « conditions inacceptables de détention »[13]. Ainsi, face à l'absence de pouvoir contraignant des règles pénitentiaires européennes et des recommandations du commissaire aux droits de l'homme, il apparaît pertinent de porter notre attention sur un mécanisme européen plus puissant : la Cour européenne des Droits de l'homme (CEDH).

II. La Cour européenne des Droits de l'Homme : un contrôle répressif

Nous ne prétendons pas dans cette section dresser une analyse approfondie du travail et de la jurisprudence de la Cour européenne des Droits de l'Homme (CEDH) sur la question des établissements de détention. La cour a, en effet, construit une jurisprudence riche sur le sujet à travers divers arrêts touchant de nombreux pays appartenant au Conseil de l'Europe. L'objet de cette recherche n'étant pas d'analyser le contrôle juridictionnel de la CEDH sur les établissements de détention de l'ensemble de ces États, nous référons le lecteur à l'excellent travail de synthèse réalisée par Tulkens (2006). En effet, l'œuvre de cet organe de contrôle juridictionnel sur la question des droits des détenus ne peut s'étudier et surtout s'apprécier dans le cadre d'une étude limitée aux arrêts rendus contre le seul État français. Dans le but de souligner l'existence de ce mécanisme supranational de contrôle et de mettre en lumière ses liens de complémentarité avec le CPT, nous dressons donc un rapide portrait du

[13] CE(2008), Memorandum de Thomas Hammarberg, Commissaire aux droits de l'homme du Conseil de l'Europe, faisant suite à sa visite en France du 21 au 23 mai 2008, Strabourg ; CE.

contrôle exercé par la Cour en soulignant les grandes lignes de l'évolution jurisprudentielle et quelques cas impliquant la France.

3. Une instance juridictionnelle réactive

A. La création et l'évolution de la Cour

La Convention de sauvegarde des droits de l'homme et des libertés fondamentales, élaborée au sein du Conseil de l'Europe a été signée à Rome le 4 novembre 1950. Elle consacre d'une part, des droits et libertés civils et politiques et d'autre part met en place un dispositif visant à garantir le respect de ces droits et libertés par les États contractants. Veiller à l'application de la Convention européenne de sauvegarde des droits de l'homme et établir quels sont les États qui ne la respectent pas est, en effet, le domaine réservé de la Cour européenne des droits de l'homme (Evans et Morgan, 1998). Ce mécanisme prévu par les instances européennes offre, une fois les voies de recours internes épuisées, la possibilité de saisir une véritable juridiction qui peut prononcer à l'égard d'un État une condamnation avec force obligatoire. La Convention instaure donc un contrôle supranational des actes et des organes étatiques, le plus souvent sur l'initiative d'individus érigés alors en véritables sujets de droit international. Il s'agit d'un mécanisme de contrôle juridictionnel qui s'intéresse à des cas individuels.

À l'origine, le mécanisme de contrôle se composait de trois institutions : la Commission européenne des droits de l'homme (instituée en 1954), la Cour européenne des droits de l'homme (mise en place en 1959) et le Comité des ministres du Conseil de l'Europe (composée des ministres des Affaires étrangères des États membres). Les particuliers ne pouvaient saisir directement la Cour, mais se voyaient octroyer la faculté de saisir la Commission. La Commission était alors chargée de l'examen préliminaire des requêtes, de statuer sur leur recevabilité et de transmettre au Conseil des ministres un rapport formulant un avis sur le fond de l'affaire. Seuls la Commission et les États pouvaient saisir la Cour pour qu'elle rende une décision. Dans les cas où la cour n'était pas saisie (sa compétence n'étant que facultative), le Comité des ministres décidait s'il y avait, ou non, violation de la Convention.

Depuis l'entrée en vigueur de la Convention, 13 protocoles ont été adoptés afin notamment d'ajouter des droits, permettre à la Cour de rendre des avis consultatifs, d'organiser les institutions et surtout de restructurer les mécanismes de contrôle. Le nombre croissant d'affaires soumises et l'adhésion de nouveaux États rendaient de plus en plus difficile ce fonctionnement procédural long et complexe et appelaient une réforme du système. Le protocole numéro 11 eut alors pour but de simplifier la structure et de raccourcir les délais en remplaçant les anciennes Cour et Commission par une Cour unique et permanente. De plus, depuis l'entrée en vigueur de ce protocole, le 1er novembre 1998, la compétence de la Cour pour recevoir les requêtes individuelles est devenue obligatoire (art.34 de la Convention révisée). Si l'engagement des États à accepter la compétence de la Cour et de la Commission à être saisies directement par des particuliers était jusqu'alors facultatif ; désormais le recours individuel est une clause obligatoire et existe donc de plein droit.

Depuis cette évolution, la charge de travail de la Cour a connu une augmentation significative. Le nombre de requêtes enregistrées est passé de 5979 en 1998 à 13858 en 2001, soit une hausse de 130% environ (CEDH, 2003).

B. La composition de la Cour

Entrée en vigueur le 3 septembre 1953, la Convention est aujourd'hui ratifiée par les 47 États membres du Conseil de l'Europe. La Cour se compose d'un nombre de juges égal à celui des États contractants (art.20), soit au 1er janvier 2013, 47. Les juges sont élus pour 6 ans par l'assemblée parlementaire du Conseil de l'Europe. Ils siègent à titre individuel et ne représentent aucun État. Il n'existe d'ailleurs aucune restriction quant au nombre de juges possédant la même nationalité. Les juges ne peuvent exercer aucune activité incompatible avec leur devoir d'indépendance et d'impartialité et ils doivent démontrer la disponibilité requise par une activité exercée à temps plein[14].

La Cour élit un président ainsi que deux vice-présidents et deux présidents de section qui président les quatre sections qui composent la Cour. Cette division structurelle de la Cour est de nature organisationnelle et non pas thématique comme le mentionne un juge à la CEDH que nous avons interviewé :

> La cour n'est pas spécialisée, il n'y a pas de sections spécialisées. C'est impossible parce qu'une affaire pose toujours beaucoup de questions en même temps. Une affaire de détention peut poser en même temps une question de droit administratif, savoir s'il y a des recours, une question de droit civil, le détenu ne peut pas voir ses enfants. Donc non, il n'y a pas du tout une division par thème…

La composition de chaque section doit représenter de la façon la plus équilibrée possible les femmes et les hommes, les différentes régions géographiques, ainsi que les différents systèmes juridiques des pays membres. Malgré les défis que cela pouvait représenter, le mélange ne semble pas poser de problèmes majeurs.

---

[14] Article 21 de la CSDH.

Ça se passe bien, ça se passe très bien parce que… les systèmes juridiques sont différents et pas si différents que ça quand même, soyons clairs… nous, notre problème ici ce n'est pas de faire du droit grec ou bulgare ou anglais. Notre grammaire commune c'est la Convention donc c'est ça que l'on examine tous (D[15], juge à la CEDH).

Au sein de chaque section, des chambres de sept juges sont constituées selon un système de rotation. Le juge élu au titre de l'État concerné siège toujours de plein droit qu'il soit ou non membre de la section (art. 27). Dix-sept juges composent la Grande Chambre de la Cour.

C. Le fonctionnement de la Cour : recevabilité et procédure

La Cour européenne présente la possibilité à tout État contractant ou tout particulier qui s'estime victime d'une violation de la Convention par un État contractant de présenter une requête. La Cour exige que les requérants aient épuisé toutes les voies de recours internes, ceci afin de permettre aux États de régler eux même les violations commises dans le respect du principe de subsidiarité. Les requérants individuels peuvent soumettre eux même leurs requêtes, mais l'assistance d'un avocat sera requise par la suite et facilitée par un système d'assistance judiciaire. La procédure est contradictoire et publique. Les mémoires et les documents déposés sont également publics et les audiences, quand elles ont lieu, sont accessibles au public.

Pour chaque requête, une section de la Cour est désignée et un rapporteur procède à un premier examen afin de décider si la requête sera transférée à un comité de trois membres ou une chambre. La chambre examine ensuite les requêtes directement attribuées ainsi que les requêtes déclarées irrecevables par un comité. La procédure est généralement écrite, mais la chambre peut parfois décider la tenue d'une audience publique. S'il s'agit d'une question grave relative à l'interprétation de la Convention, la chambre peut se dessaisir en faveur de la Grande Chambre. La chambre désignée se prononce sur la recevabilité et sur le fond des requêtes par des décisions motivées et publiques. Les chambres statuent à la majorité et tout juge impliqué peut joindre à l'arrêt une déclaration de dissentiment ou l'exposé de son opinion séparée. Un arrêt devient définitif et contraignant pour l'État défendeur concerné après l'expiration d'un délai de trois mois[16]. Le Comité des ministres du Conseil de l'Europe est responsable de la surveillance de l'exécution des arrêts de la Cour. Il est chargé de vérifier si les États jugés coupables de violation de la

[15] Nous avons attribué aux personnes interviewées des noms fictifs afin de respecter l'anonymat et la confidentialité à laquelle nous nous sommes engagées.

[16] Article 44 de la CSDH.

Convention ont pris les mesures requises pour se conformer aux arrêts de la Cour.

4. La jurisprudence de la Cour européenne et les droits des personnes détenues

A. Un recours ouvert aux détenus et fondé sur les droits fondamentaux

Certes la Convention ne contient pas de dispositions spécifiques aux conditions de détention, mais elle permet aux personnes privées de liberté, en ne les excluant pas, d'engager une procédure devant la Cour européenne si leurs droits ne sont pas respectés par un État membre. Fondée sur les droits fondamentaux inhérents à la personne humaine, la Convention s'applique, en effet, à toutes les personnes quel que soit le crime dont elles sont accusées ou condamnées. Le témoignage d'un juge à la CEDH, est, à cet égard, éloquent.

> Moi, le fondement, c'est vraiment, les droits fondamentaux sont les droits qui appartiennent à la personne en tant que personne point. Par le seul fait d'une existence humaine… Souvent les requérants qui se présentent devant nous sont des personnes qui ont été condamnées de manière extrêmement sévère et sans doute à juste titre dans le pays pour des actes… absolument impossibles… que l'on ne peut faire que désapprouver évidemment. Et bien néanmoins les droits de la convention, même l'interdit de la torture des traitements inhumains et dégradants doivent être accordés en raison de la dignité inhérente à la personne humaine, c'est pour ça qu'ils ne sont pas méritoires… au contraire l'honneur des droits de l'homme c'est de les accorder à ceux peut-être qui les ont moins respectés.

À diverses reprises, il a été évoqué la possibilité d'ajouter à la Convention un protocole additionnel qui contiendrait des droits spécifiques aux personnes privées de liberté. Cette idée a fait l'objet, en 1998, d'échanges de travail avec divers interlocuteurs tels que le Comité contre la torture des Nations Unies (CAT), le Comité européen de prévention de la torture (CPT) et des ONG telles que l'Association de Prévention de la Torture, Amnesty International et Penal Reform International. En 2001, Amnesty International a d'ailleurs rédigé un projet de protocole à ce sujet. Le comité directeur pour les droits de l'homme a, finalement, conclu en novembre 2001 qu'un tel protocole n'était pas nécessaire. Les acteurs impliqués ont notamment considéré qu'un tel protocole viendrait fixer la jurisprudence et donc affaiblirait la protection offerte par la Convention. Comme le souligne Tulkens (2003), cela reviendra à codifier la jurisprudence et ne permettrait pas son évolution extensive favorable aux droits des personnes détenues.

B. Des conditions de recevabilité et d'accès souvent difficiles pour les détenus

Comme toutes procédures, le recours devant la Cour européenne des droits de l'homme est soumis à un certain nombre de conditions de recevabilité. Sans entrer dans les détails, il convient dans notre analyse de relever notamment la condition d'épuisement préalable des voies de recours interne. Cette condition de recevabilité est particulièrement difficile à remplir dans le cas des personnes détenues qui rencontrent des obstacles à la fois économiques, sociaux et culturels pour accéder aux recours internes. Ces difficultés existant au niveau national sont encore plus présentes dans le cas d'une voie de recours internationale comme la Cour. De plus comme le souligne un juge de la Cour il est parfois difficile de faire face aux conséquences d'un tel recours sur la vie en détention.

> Est-ce que les détenus sont capables d'introduire les requêtes devant la Cour ? Cela pose beaucoup de questions : il faut d'abord que le détenu introduise une requête, qu'il soit victime bien sûr, personnellement touché, que l'État ne l'empêche pas d'introduire une requête, qu'il ait épuisé toutes les voies de recours... Est-ce qu'il y a des voies de recours internes, lesquelles, est-ce qu'elles sont efficaces, est-ce qu'elles sont accessibles... Est-ce que l'introduction de la requête, elle n'est pas empêchée par les autorités pénitentiaires (et entre nous ça arrive beaucoup plus souvent qu'on ne le pense, beaucoup plus souvent)... Très problématique parce que les détenus qui arrivent jusque chez nous, tant mieux pour eux, mais c'est vraiment pas donné à tout le monde. D'abord parce qu'après ça il faut vivre en prison pendant que l'on a fait ce recours et si ce recours aboutit, il faut vivre en prison avec ça... il y aura évidemment une réaction au sein de la prison.

En ayant conscience des obstacles existants pour les personnes détenues, la question se pose alors de permettre que d'autres personnes puissent introduire des requêtes au nom des détenus. Par le biais d'actions d'intérêt collectif, des associations pourraient, en effet, être habilitées à faire transiter des requêtes. Cette possibilité, qui cristallise des opinions partagées, n'est pas permise par la Cour. Certains juges, minoritaires, sont en principe favorables à ce recours encadré dans des limites précises qui respectent le rôle et la crédibilité de la Cour.

> La limite c'est que... les associations ne peuvent pas venir devant chez nous pour simplement dire de manière générale que la loi est inacceptable dans le pays. Ça, ce serait l'actio popularis et ça on dit non. Mais qu'une association soit un peu la parole des sans voix, moi je trouverais ça légitime... pour les détenus, pour d'autres groupes vulnérables, je n'y verrais pas d'inconvénient. Ma limite est vraiment non pas de venir faire un débat ici, ça c'est un débat que l'on fait au Parlement... ce n'est pas notre rôle, parce que sinon on devient plus crédible. C'est déjà assez délicat un contrôle supranational. (D, juge à la CEDH).

C. Des droits qui touchent divers aspects de la vie en détention

La Convention européenne des droits de l'homme proclame divers droits qui peuvent ainsi toucher de très nombreux aspects de la vie en détention[17]. En effet, tous les articles de la Convention peuvent être invoqués par les détenus et peuvent trouver à s'appliquer aux réalités de la vie en détention.

L'article 2, qui affirme le droit de tout être humain à la vie, touche de nombreuses situations allant du suicide en prison, du meurtre par un codétenu, du décès en raison de défaillance de la surveillance médicale, etc. Dans bien des cas, comme le souligne un juge à la CEDH, ces situations posent à la Cour la question de la responsabilité des autorités et de l'État.

> ...est-ce qu'on pouvait savoir que c'était un détenu à risque ? Quelle est l'ampleur de l'obligation qui pèse sur les autorités pénitentiaires ? Est-ce qu'elles le savaient ? Est-ce que c'était un manque de surveillance ? Évidemment, ce n'est pas l'État qui a tué le bonhomme, mais est-ce qu'il a manqué à son obligation positive de protéger la vie ? Et donc la notion d'obligation positive apparaît. Est-ce qu'il y a une enquête suffisante, une obligation procédurale de garantir le droit à la vie ?

La Cour a dans ce sens condamné l'État français en violation de l'article 2 pour avoir manqué à son devoir de vigilance particulière afin de prévenir le suicide d'un détenu vulnérable (Renold c. France, 16.10.2008 et Ketreb c. France, 19.07.2012).

Le droit au respect de la vie privée et familiale et de la correspondance (art 8) pose, également de nombreuses interrogations sur le maintien des contacts des détenus avec le monde extérieur. Les requêtes déposées touchent donc des problématiques aussi variées que les visites familiales, les placements en détention dans des établissements éloignés de la famille, la présence des bébés en détention, les sorties pour assister à des funérailles ou encore le contrôle de la correspondance (Demirtepe c. France, 21.12.1999 et Frérot c. France, 12.06.2007)). La Cour a plusieurs fois condamné la France pour violation de l'article 8. Dans l'affaire Wisse[18], la Cour déclare, en effet, que l'enregistrement systématique des conversations entre les détenus et leurs proches dans les parloirs constitue une ingérence dans leur vie privée et familiale et nie au parloir sa raison d'être.

Dans un autre domaine, l'article 5 qui affirme le droit à la liberté et à la sûreté est fréquemment invoqué devant la Cour par les détenus au sujet des détentions illégales, mais aussi des détentions de durée indéterminée, automatique, indûment prolongée ou encore des détentions provisoires de

[17] Notre but n'étant pas de réaliser une analyse détaillée de la convention appliquée aux situations concernant les personnes détenues, nous référons le lecteur à la synthèse réalisée par Tulkens (2006).

[18] Wisse c. France (20.12. 2005).

longues durées. La liberté de conscience, de religion, d'expression, etc. sont autant d'autres dispositions invocables à travers lesquelles on peut projeter les multiples situations de la vie en détention. Le droit à un recours effectif de l'article 13 est l'objet de condamnations récentes de plus en plus nombreuses[19] sans toutefois atteindre le niveau de l'article 3, au cœur de la question des conditions de détention.

D. De la torture aux conditions de détention : les recours invoquant une violation de l'article 3

L'article le plus souvent invoqué par les personnes détenues est, en effet, l'article 3 de la Convention qui dispose : « Nul ne peut être soumis à la torture ni à des peines ou traitements inhumains ou dégradants.». Pour tomber sous le coup de l'article 3, un acte de mauvais traitement doit atteindre un minimum de gravité[20]. Dans un arrêt rendu contre l'État français, la Cour est venue affirmer que l'intensité et la multiplicité des coups infligés à un individu pendant sa garde à vue leur confèrent un caractère inhumain et dégradant constituant une violation l'article 3[21]. L'appréciation de ce seuil de gravité est, en fait, relative et la Cour prend en compte, dans son évaluation, des critères tels que le sexe, l'âge et l'état de santé de la victime, la durée et les effets physiques et mentaux du mauvais traitement. En effet, l'article 3 qui interdit la torture et les traitements inhumains et dégradants ne vient pas définir en quoi consistent de tels actes et laisse donc place à l'interprétation de la Cour. Après avoir, dans certains cas, distingué selon le but poursuivi par le mauvais traitement[22], puis dans d'autres, selon le seuil de gravité[23] des souffrances causées, la Cour fait preuve de souplesse et démontre qu'elle peut donc intervenir de façon autonome et évolutive sans être liée par sa jurisprudence antérieure. Cette approche s'illustre notamment dans un arrêt qui concerne l'État français. Dans l'affaire Selmouni contre France (28.07.1999), la Cour retient pour la première fois la qualification de torture et condamne la France. Cet arrêt démontre le caractère évolutif des critères utilisés par la Cour qui affirme :

> …que certains actes autrefois qualifiés de « traitements inhumains et dégradants », et non de « torture » pourraient recevoir une qualification différente à l'avenir… La Cour estime, en effet, que le niveau d'exigence croissant en matière de

[19] Frérot c. France (12.06.2007), Khider c. France (09.07.2009), Payet c. France (20.10.2011), El Shennawy c. France (20.10.2011), Alboreo c. France (20.10.20110 et Cocaign c. France (03.11.2011).
[20] Irlande c. Royaume-Uni (18.01.1978).
[21] Tomasi c. France (27.08.1992).
[22] Affaire grecque (15.04.1970).
[23] Irlande c. Royaume-Uni (18.01.1978).

protection des droits de l'homme et des libertés fondamentales implique, parallèlement et inéluctablement, une plus grande fermeté dans l'appréciation des atteintes aux valeurs fondamentales des sociétés démocratiques.

Quelques années après, dans l'arrêt Mouisel c. France[24], la Cour est venue préciser que les souffrances doivent aller au-delà des souffrances inévitablement impliquées par les exigences légitimes de la peine. Comme le relève Tulkens (2003), cela pose de nombreuses interrogations sur ce qu'est une détention ordinaire et ce que constituent les exigences légitimes de la peine. La question fut posée notamment dans un cas français[25] à l'occasion duquel la Cour a indiqué ne pas exclure qu'une condamnation à une peine perpétuelle incompressible puisse être remise en question au regard de l'article 3.

Sur la question du maintien à l'isolement, une autre affaire française[26] est venue illustrer les tensions existantes entre les juges de la Cour sur l'application de l'article 3. Dans cette espèce où un détenu a été maintenu en isolement pendant plus de 8 ans, la Cour a conclu qu'il n'y avait pas violation de l'article 3. En raison des conditions générales et spécifiques de maintien à l'isolement, des visites reçues par les avocats et les médecins et de la dangerosité hors-norme du détenu, cet isolement n'a pas, selon la majorité de la Cour, atteint le seuil de gravité nécessaire pour constituer un traitement inhumain. Cet arrêt cristallise, en effet, les dissensions de la Cour sur ce point puisque trois juges, parmi les sept qui composaient la Cour, ont exprimé une opinion dissidente sur ce point. Pour les juges Rozakis, Loucaides et Tulkens, le maintien à l'isolement pendant plus de 8 ans constitue bel et bien un traitement inhumain contraire à l'article 3 de la Convention.

Au-delà d'actes de violence ou traitements infligés consciemment par les autorités[27], les conditions de détention ont rapidement fait l'objet de requêtes de la part des personnes incarcérées. L'élément intentionnel généralement requis pour constater une violation conduisait en principe à exclure les recours concernant les conditions de détention telles que surpopulation ou les insuffisances d'hygiène, d'intimité et de soins de santé. La Cour exigeait, en effet, une intentionnalité et le traitement devait avoir pour but d'humilier, d'avilir ou d'abaisser la personne. Cependant, des requêtes questionnant les conditions de vie en détention sous divers aspects ont conduit la Cour à admettre ces recours et opérer ainsi une évolution de jurisprudence. Un des juges de la Cour, interviewé pour cette étude, qualifie cette évolution de « grand tournant » qui a ouvert la porte aux conditions objectives de détention.

---

[24] Mousiel c/ France (14.11.2002), Rev. Trim. Dr. Homm. 2003, p.999, note J.P. Céré.
[25] Einhorn c. France (16.10.2001).
[26] Ramirez-Sanchez c. France (27.01.2005), Rec. Dalloz, 2005, p.1272, note J.P. Céré.
[27] Alboreo c. France (20.10.2011)

La Cour a été amenée à constater, tout d'abord à l'encontre d'autres États, que certaines conditions de détention peuvent constituer une violation de l'article 3[28]. Elle a ainsi eu l'occasion de statuer que la combinaison de conditions telles que la surpopulation, l'isolement prolongé, la lumière limitée, l'absence d'exercices et de contacts avec la famille, entre autres, constitue bien une violation de l'article 3 de la Convention[29].

Certaines requêtes introduites contre l'État français s'inscrivent dans cette évolution jurisprudentielle. La requête introduite par M. Papon contre la France est venue, notamment, soulever la question des conditions de détention des détenus âgés et nécessitant certains soins médicaux. Malgré une décision d'irrecevabilité[30], la Cour a précisé que la détention prolongée d'une personne âgée entre bien dans le champ de protection de l'article 3. Cette requête a ainsi contribué à l'ouverture de ce champ d'application de la Convention. Un an après la requête Papon, la Cour a d'ailleurs condamné la France pour avoir maintenu en détention une personne dans un état avancé de leucémie (Mouisel c/ France, 14.11.2002). Ce maintien en détention causait, en l'espèce, une souffrance allant au-delà des souffrances de la détention et de la maladie et constituait une atteinte à sa dignité et un traitement inhumain et dégradant. En 2003, dans l'arrêt Hénaf[31], une violation de l'article 3 a été prononcée contre l'entrave d'un détenu sur un lit d'hôpital.

Dans les dernières années, la France fut à plusieurs reprises condamnée pour ses conditions de détention en violation de l'article 3. Dans l'affaire Khider c. France (09.07.2009), ce sont 14 transferts, 4 ans de mise à l'isolement et des fouilles répétées sur une période de 7 ans que la Cour analyse, par leur effet combiné et répétitif, en un traitement inhumain et dégradant. La Cour a également conclu à la violation de l'article 3 par la France concernant des conditions de détention en quartier disciplinaire caractérisées par la saleté, la vétusté, des inondations et l'absence de lumière suffisante pour lire ou écrire (Payet c. France, 20.01.2011). Tout récemment, le 25 avril 2013, la Cour a condamné la France à verser 10 000 euros pour préjudice moral à un détenu en raison des conditions de sa détention. Se basant sur l'article 3, elle estime que « l'effet cumulé de la promiscuité et des manquements relevés aux règles d'hygiène ont provoqué chez le requérant des sentiments de désespoir et d'infériorité propres à l'humilier et à le rabaisse » et que donc ces conditions de détention s'analysent en un traitement dégradant (Canali c. France, 25.04.2013).

Désormais, il est donc acquis que les conditions de détention, qu'elles soient générales ou spécifiques à des catégories de détenus (malades ou

---

[28] Peers c. Grèce (19.04.2001); Kalashnikov c. Russie (15.07.2002).

[29] Grèce (5.11.1969).

[30] Papon c. France (7.06.2001), Rec. Dalloz, 2001, p.2334, note J.P. Céré.

[31] Hénaf c. France (27.11. 2003), AJ Pénal 2004, p.78, obs.J.P. Céré.

personnes âgées), entrent donc dans le domaine de protection de l'article 3 de la Convention. Cependant, un certain seuil de gravité est exigé par la Cour et des conditions de détention ne respectant pas les règles pénitentiaires européennes ne constituent pas un traitement inhumain et dégradant. La Cour semble, en effet, sensible au risque de banaliser l'article 3 et son application tout en étant ouverte à son interprétation évolutive. Cette évolution semble bien résulter d'une approche inductive et non pas déductive basée sur une volonté et une idéologie. Comme le mentionne un juge interviewé :

> Ici c'est les cas qui montrent que telle et telle situation et comme on doit donner à ces droits de la convention un contenu concret, on doit les interpréter différemment en fonction de l'évolution des situations qui nous sont soumises. Et c'est bien parce que cela veut dire que c'est une évolution pragmatique… au départ d'une affaire on se rend compte que, par exemple, de subordonner la mise en œuvre de l'article 3 à l'intention n'a plus de sens et donc ça s'ouvre tout à coup parce qu'on ôte les verrous. Et en ayant ôté ces verrous… c'est très clair maintenant, de la jurisprudence de la Cour, y a un renforcement des critères de sévérité, ça c'est évident. Depuis que dans une affaire française de garde à vue, on a estimé que les actes de la police étaient qualifiés de torture et on a un peu élevé le seuil de gravité de l'article 3 et ça on en ressent les effets maintenant. Mais ça se fait comme ça par petites touches, tout à coup une ouverture qui se fait et il y a d'autres situations qui vont apparaître et qui nous obligerons à faire bouger d'autres aspects (D, juge à la CEDH).

E. Les difficultés de preuve en détention

Pour les violations de l'article 3, les actes de torture et surtout les conditions de détention, la question de la preuve se pose souvent avec acuité. La Cour a été, rapidement, confrontée au fait que l'exigence de preuve de mauvais traitements ne tenait pas compte des obstacles rencontrés par les victimes. Les difficultés de réunir des preuves appropriées pour étayer les allégations de mauvais traitement ont conduit la Cour à renverser la charge de la preuve sur l'État. Dans l'arrêt Tomasi[32], la Cour a renversé la charge de la preuve de l'origine des mauvais traitements constatés sur les autorités de police responsables de la détention lors d'une garde à vue. Cette présomption a, par la suite, été transposée et appliquée au contexte carcéral. Le raisonnement, expliqué par un juge à la CEDH, est assez simple : « Vous entrez en prison en bonne santé, vous sortez amoché, qu'est-ce qui se passe ? C'est au gouvernement à nous donner une explication et, à défaut d'explications, on le tient pour responsable ». Il incombe, donc, à l'État d'apporter la preuve qu'il n'est pas responsable des blessures constatées. Dans

---

[32] Tomasi c/ France (27.08.1992).

l'espèce Caloc c. France[33], l'absence d'explications plausibles de la part de l'État français a conduit la Cour à conclure que les agents de l'État étaient responsables et qu'il y avait bien violation de l'article 3. La Cour exige désormais de l'État de mener une enquête sur les allégations de mauvais traitements pour être en mesure de fournir une explication plausible sur l'origine des blessures[34]. L'absence d'enquête peut constituer une violation procédurale, ce qui offre donc une autre approche de l'exigence de preuve :

> L'autre manière d'aborder la question de la preuve, c'est de dire, on a vu ça dans une affaire... un mafioso qui se plaignait de mauvais traitement physique, psychologique... on mettait du savon dans un corridor et les détenus devaient courir nus et donc évidemment tout le monde tombait les uns sur les autres... c'était vraiment une partie d'humiliation. On ne savait pas qui avait raison... mais ce que l'on a constaté c'est qu'il n'y avait eu aucune enquête dans le pays pour déterminer ce qui s'était passé. Et donc là, on a trouvé une violation procédurale. On a dit : « nous on ne peut pas déterminer, mais ce que l'on sait c'est que vous avez empêché toute forme d'enquête sur ces faits litigieux. Et donc si on ne trouve pas une violation quant au fond, on va au moins trouver une violation procédurale disant là... montrez-nous que vous avez fait tout ce qui était en votre pouvoir pour éclairer la situation ». Dans l'affaire de ce détenu qui a été tué par un codétenu, on a aussi trouvé une violation procédurale, on a dit « non seulement vous n'avez pas pris les mesures pour protéger la vie de ce type, mais vous n'avez même pas mené après ça une enquête pour savoir comment ça s'était passé » et donc la violation procédurale est venue.

Concernant les conditions de détention, la question de la preuve pose aussi de nombreux problèmes. Les conditions de détention s'analysent, en effet, en prenant en compte des éléments aussi variés que la densité de population, la taille des cellules, les installations de couchage, de chauffage, de loisirs ou encore les installations sanitaires. Il s'avère parfois nécessaire de se rendre sur les lieux pour faire les constatations nécessaires. Pour ce faire, la Cour dispose de pouvoir d'investigation et peut donc mener une mission d'établissement des faits quand les versions du gouvernement et du requérant sont contradictoires à l'extrême[35]. Dans les faits, cette pratique est exceptionnelle en raison notamment de la longueur des délais entre les faits invoqués et l'examen de la requête (souvent 3-4 ans). Dans certains cas, les constatations faites par le Comité européen de Prévention de la Torture sont prises en considération pour établir les faits. Nous reviendrons sur ce point dans la section suivante, mais relevons à présent que la Cour, à quelques reprises, n'a pas réalisé de visites

[33] Caloc c/ France (2007.2000).
[34] Ribitsch c/ Autriche (4.12.1995).
[35] Valasinas c. Lituanie (24.07.2001).

d'établissement des faits, mais s'est fiée aux conclusions du CPT pour établir la preuve[36].

En fonction des cas et des circonstances, la Cour n'hésite, donc, pas à adapter ses exigences de preuve en contexte carcéral. Les propos de Dominique font clairement état de ces diverses approches : « Ou bien les faits sont clairs ce qui est tant mieux ou bien ils ne sont pas clairs et on peut vérifier sur place, on le fait ; ou alors on fait une présomption, ou alors une violation procédurale ». Sur la question de la preuve, la Cour démontre donc le caractère pluriel et évolutif de son travail de protection des droits de la Convention.

F. Les condamnations de l'État français

Une analyse du contentieux français devant la Cour a conduit Valhié (2001) à qualifier les relations de la France avec cet outil international et ses mécanismes de contrôle d'ambivalentes de difficiles et « constituées d'un mélange d'indifférence et de sursaut d'orgueil lorsqu'une violation est constatée ». Comme le souligne Valhié (2001), la France n'a ratifié la Convention qu'en 1974 et n'a accepté le recours individuel qu'en 1981, soit très tardivement derrière des pays comme le Danemark (1953), l'Allemagne et la Belgique (1955) ou encore le Royaume-Uni (1966).

La France se situe parmi les États d'Europe les plus fréquemment condamnés par les instances de Strasbourg (Valhié, 2001). Selon cette étude sur l'ensemble du contentieux français, la Cour a eu à traiter d'un problème de durée de procédure dans plus de 50% des affaires. Si le reste du contentieux est très diversifié, la question de la détention provisoire est récurrente et constituait 8% de l'ensemble des rapports de l'ancienne Commission. La Cour (sous l'ancienne organisation) a condamné à cinq reprises la France pour des durées déraisonnables de détention provisoire constituant une violation de l'article 5.3. Dans ces affaires, la détention provisoire excédait 5 ans[37], 4 ans[38] et 2 ans[39]. La nouvelle Cour eut également l'occasion de condamner la France à ce sujet[40]. L'étude de Valhié (2001) relève que pour la période 1988-1998, le coût moyen des condamnations de la France s'élevait à 48.500F par requêtes devant la commission et 184.000F devant la cour. Si ces données sont relativement anciennes et ne portent pas spécifiquement sur le contentieux de la détention, elles constituent cependant un indice du coût des condamnations de l'État français.

---

[36] Aydin c. Turquie (25.09.1997), Aerts c. Belgique (30.07.1998), Dougoz c. Grèce (6.03.2001).
[37] I.A c/ France (23.09.1998), Tomasi c/ France (27.09.1992).
[38] Muller c/ France (17.03.1997).
[39] Latellier c/ France (26.06.1991), Kemmache c/ France (27.11.1991).
[40] Debboub (9.11.1999).

5. L'impact de la jurisprudence de la Cour

A. La mise en œuvre des recommandations

La gestion de l'exécution des arrêts de la Cour ne fait pas partie des responsabilités de celle-ci. Si la Cour peut, en effet, indiquer des voies d'exécution, cette phase essentielle relève du Comité des ministres du Conseil de l'Europe et donc des États. Ils doivent vérifier si les arrêts de la Cour sont correctement exécutés par les États condamnés. Un des juges de la Cour relève qu'ils sont alors « dépendants des informations que les États leur donnent ». L'exécution proprement dite est finalement du ressort de l'État condamné. S'il est impossible aux juges de la Cour de suivre l'exécution des arrêts dans tous les pays, ils semblent percevoir que l'exécution est globalement satisfaisante. Dans certains cas, l'exécution rencontre des résistances politiques ou des problèmes reliés à des réformes structurelles longues à venir notamment quand des problèmes d'organisation du système judiciaire sont en jeu.

La Convention est d'applicabilité directe dans l'ordre interne des États contractants (dont la France). Les dispositions normatives de la Convention peuvent donc être invoquées directement devant les juridictions nationales et bénéficier d'une autorité supra législative (Cohen Jonathan, 2002). La portée des droits de la Convention a été façonnée par la jurisprudence de la Cour. Le droit de la Convention est un droit en grande partie jurisprudentiel et évolutif, un instrument vivant dont la Cour opère une interprétation ouverte et dynamique (Tulkens, 2003). Pour atteindre une portée maximale, il est donc nécessaire que les arrêts de la Cour soient grandement diffusés notamment aux juridictions internes. Face à l'ampleur du contentieux, la création de documents thématiques semble une évolution souhaitable.

Il convient également de relever que la Cour a adopté en mars 2011 un nouvel article du Règlement qui clarifie la procédure dite « d'arrêt pilote » qui lui permet d'adresser la question de violations systémiques ou structurelles potentielles des droits de l'homme. Lorsqu'un dysfonctionnement chronique engendre ou est susceptible d'engendrer des recours similaires et répétitifs contre un pays, la Cour peut y accorder un traitement prioritaire et en plus de statuer sur la violation ou non de la Convention, elle adresse à l'État concerné des consignes claires pour y remédier rapidement et éviter des condamnations multiples[41]. À ce jour, deux arrêts pilotes ont concerné les conditions de détention et notamment la surpopulation des prisons italiennes[42] et les conditions matérielles (lumière, douches, toilettes) des prisons russes[43]. Dans

[41] Cette procédure permet à la Cour d'ajourner les recours similaires à condition que l'État concerné prenne rapidement les mesures internes requises pour se conformer à l'arrêt.
[42] Torreggiani et autres c. Italie (08.01.2013)
[43] Ananyev et autres c. Russie (10.01.2012)

ces deux affaires, la Cour a donné un an à l'État concerné pour mettre en œuvre les mesures énumérées dans les arrêts.

B. D'une fonction de contrôle répressif à une fonction évolutive et pédagogique

La Cour européenne des droits de l'homme a une mission clairement établie de contrôle du respect des droits de la Convention dans les États qui l'ont ratifiée et notamment dans les prisons de ces États. Il s'agit d'un contrôle judiciaire répressif qui s'exerce a posteriori. L'examen de cas particuliers laisse place à une dynamique originale de contrôle qui confronte toujours un individu et un gouvernement. Le contrôle reste spécifique au cas par cas et évolue constamment comme le mentionne un juge à la CEDH :

> ...d'année en année presque de jours en, c'est ça le génie de la Convention, c'est qu'on examine pas in abstracto si telle ou telle loi est compatible ou non avec les droits de l'homme ou telle pratique dans tel pays, mais on examine la compatibilité du système juridique des États par rapport aux droits fondamentaux au départ de situations vécues. Et ça c'est vraiment, c'est ça le mécanisme de fond de la Cour Européenne des Droits de l'Homme... c'est l'alchimie assez extraordinaire de ce système de protection.

Certes les droits qui font l'objet du contrôle de la Cour ne sont pas nombreux (10-12), mais leurs applications possibles semblent illimitées. C'est notamment le cas en raison de l'approche évolutive et extensive que la Cour adopte face à ces droits. Comme le montre l'étude de la jurisprudence et les propos d'un juge rencontré, la Cour n'a pas pour rôle de restreindre les droits de la Convention ou même de les appliquer de la façon la plus stricte possible comme un juge interne, mais au contraire de les appliquer de la manière la plus large possible. Cette attitude de la Cour rencontre parfois des résistances souverainistes de la part d'États qui ne veulent pas de cette extension de jurisprudence. Un juge de la CEDH mentionne en effet : « ça fait grincer les dents à beaucoup qui estiment que la Cour Européenne des Droits de l'Homme va trop loin... la vieille Europe n'aime trop se faire juger par ces pays d'Europe centrale et orientale ». Malgré ces résistances, il semble bien que la Cour ait réussi faire de son contrôle répressif un contrôle évolutif en raison même de la nature des droits contrôlés de par nature en constante évolution.

> ... C'est un mécanisme de contrôle et puis ça évolue tout le temps parce que les droits de l'homme... c'est pour ça que ce n'est pas une idéologie... il n'y a pas de grand soir en matière des droits de l'homme, on va pas dire un jour maintenant tout est acquis, c'est toujours à construire en fonction des situations individuelles.... C'est pour ça qu'on ne peut avoir un discours défaitiste « rien ne va », ni un

discours triomphaliste, de part et d'autre, ça n'a pas de sens. Les droits de l'homme c'est une vigilance constante (juge à la CEDH).

Le contrôle de la Cour, conçu comme une vigilance, combine donc des fonctions de répression et d'élargissement des droits desquelles découle inéluctablement une troisième fonction que l'on peut qualifier de pédagogique. En dégageant des principes généraux applicables à travers des cas, la Cour souhaite ainsi inspirer les législations des pays européens. La Cour exerce donc un contrôle répressif au cas par cas dont les implications souhaitées révèlent une dimension pédagogique proche d'un contrôle préventif plus large.

En complémentarité avec un mécanisme judiciaire répressif de la Cour, les instances européennes ont mis sur pied un mécanisme non judiciaire davantage tourné vers l'avenir et la prévention, le Comité européen de Prévention de la Torture.

III. Le Comité de Prévention de la Torture : un contrôle préventif original[44]

Nous aborderons dans un premier temps le Comité européen de prévention de la torture en tant qu'organisme de contrôle, sa création, sa composition et ses méthodes de travail. Dans un deuxième temps, le cas concret de la France sera analysé par le biais des divers rapports de visite du CPT ainsi que les réponses du gouvernement. Finalement dans la troisième partie, nous entreprendrons de dresser un bilan de l'activité et de l'impact du CPT à l'aide de la littérature consultée ainsi que de notre analyse du cas de la France.

1. Un organisme de terrain au mandat préventif

A. La création du CPT

C'est dans le contexte de la lutte contre la torture des années 70 que le banquier suisse Jean-Jacques Gautier eut, en 1977, l'idée de créer un mécanisme de prévention de la torture inspiré notamment de l'exemple du Comité international de la Croix Rouge. Si cette idée mettra plus de 25 ans à se réaliser au niveau des Nations Unies[45], elle sera reprise beaucoup plus rapidement par les instances européennes. Le 26 juin 1987, le comité des

---

[44] Nous tenons à mentionner que certaines sections de ce chapitre ont fait l'objet d'un article (Lehalle, Landreville et Céré, 2006).

[45] Le protocole additionnel à la Convention contre la Torture des Nations Unies a crée un mécanisme similaire que nous approfondirons plus loin.

ministres du Conseil de l'Europe adopte la Convention européenne pour la prévention de la torture et des peines ou traitements inhumains ou dégradants, la CEPT (CE, 1987b). Cette Convention ne vient pas établir de normes nouvelles, comme le font la plupart des conventions, mais elle crée un mécanisme européen de prévention de la torture et des traitements inhumains et dégradants.

Lorsque ce Comité de prévention de la torture a été créé, la question s'est posée de son rôle et ses compétences par rapport aux organes de contrôle de la Convention européenne de Sauvegarde des Droits de l'Homme que sont la Commission et la Cour européenne des droits de l'homme. Malgré cette crainte d'un chevauchement de compétences, le CPT ne peut, en fait, empiéter dans le domaine de la Cour puisqu'il n'est ni une voie de recours ni un organe juridictionnel. Il ne se prononce pas sur des plaintes individuelles, mais se limite à traiter les conditions de détention sur la base de ses observations et des plaintes des détenus. La Commission et la Cour font de la résolution de conflit au plan légal, tandis que le Comité fait lui de la prévention de conflit au plan pratique (Vagg, 1994). Ce mécanisme, le Comité européen de prévention de la torture (CPT) repose, en effet, sur « le postulat que la probabilité de tortures ou de traitements inhumains ou dégradants peut être réduite en soumettant les lieux de détention à une surveillance sous forme de visites impromptues effectuées par des experts internationaux dont les conclusions et les recommandations alimenteront ensuite un dialogue constructif poursuivant le même objectif » (Morgan et Evans, 2002).

B. La composition du CPT

a. Les États parties à la convention

Lors de l'entrée en vigueur de la Convention Européenne pour la Prévention de la Torture et des peines ou traitements inhumains ou dégradants (CEPT) en 1989, seuls 8 des 23 pays du Conseil de l'Europe l'avaient ratifiée. Ce chiffre est passé à 20 États sur 25 dès la première année de fonctionnement du CPT. En 1993, le Comité des ministres adopta le protocole n°1 visant à élargir la CEPT aux États non membres du Conseil de l'Europe (CE, 1993). Les États qui étaient particulièrement visés par ce protocole étaient les pays de l'Europe centrale et orientale. Le Canada, doté d'un statut consultatif au Conseil de l'Europe figurait également parmi les pays visés par ce protocole. Cependant, l'adhésion de la plupart des pays concernés au Conseil de l'Europe lui-même a rendu ce protocole, finalement entré en vigueur le 1er mars 2002, moins pertinent (CPT, 2003). Sur les 47 membres du Conseil de l'Europe, tous sont actuellement liés par la CEPT[46]. La ratification de la CEPT fut même, pour certains États, posée comme condition à leur adhésion au Conseil de l'Europe. La « circonscription naturelle » du CPT est donc totalement représentée à l'exception du Belarus qui ne fait pas partie du Conseil de l'Europe.

b. Les membres du CPT

Le Comité se compose de membres qui représentent les États partis à la CEPT. Aux origines du CPT, il fut envisagé qu'un nombre limité de membres (5, 7, 11 puis 15) seraient élus pour composer le Comité (Cassese 1989). Il fut finalement décidé que le CPT compterait autant de membres que d'États partis à la Convention, mais comme le mentionne un membre interviewé « on n'est pas ici en tant que représentant d'un pays, on est membre du CPT, peu importe le pays auquel on appartient » (H, membre du CPT). Le CPT se compose aujourd'hui de 45 membres, chiffre qui ne reflète pas avec exactitude le nombre d'États partis puisque deux sièges sont actuellement vacants[47].

Les membres sont élus à la majorité absolue par le Comité des ministres selon une liste de noms établie par le bureau de l'assemblée consultative du Conseil de l'Europe. Chaque délégation des États partis propose trois candidats dont deux au moins doivent être de sa nationalité. L'article 4 de la CEPT précise que « les membres du comité sont choisis parmi des personnalités de haute moralité, connues pour leur compétence en matière de droits de l'homme ou ayant une expérience professionnelle dans les domaines dont traite la présente Convention ». Le rapport explicatif de la CEPT mentionne qu'il n'a pas été jugé souhaitable de préciser les domaines professionnels, mais il souligne que les membres ne doivent pas être obligatoirement des juristes et qu'il est souhaitable que certains membres aient une expérience dans l'administration pénitentiaire et dans des domaines médicaux pertinents (Conseil de l'Europe, 1987c).

Le Comité vise cependant à atteindre un melting pot de compétences et d'expériences. Après plusieurs années marquées par une prépondérance d'hommes ayant une formation juridique, des progrès ont été accomplis en termes de genre puisqu'en 2013, 19 des 45 membres du CPT sont des femmes. En termes de domaine professionnel, le Comité se compose principalement de ait en septembre 2005 de 16 membres ayant une formation juridique et 15 membres ayant une formation médicale. Le CPT (2012) relève, dans son 22e rapport annuel, un besoin de combler, avec les prochaines nominations, la

[46] www.cpt.coe.int mis à jour du 09.03.2006.
[47] www.cpt.coe.int, mis à jour du 21.05.2013.

carence de membres avec une expérience pratique du travail des forces de l'ordre, de la détention des mineurs et également de médecins légistes.

Evans et Morgan (1998) soulignent que, plus que le curriculum vitae, les habiletés pratiques des membres choisis sont fondamentales. Avocats ou médecins, la volonté de parler avec les détenus et la capacité de recueillir des informations dans des environnements intimidants sont très importantes. La qualité de composition des membres du CPT est, en effet, un élément essentiel de son efficacité et de sa crédibilité. En pratique, il est très souvent nécessaire de faire appel à des experts pour assister les membres du comité. Il convient de relever que depuis 2003, le CPT a mis en place un système de mentor pour que les nouveaux membres bénéficient des conseils des plus expérimentés (CPT, 2003c)

Le mandat des membres est d'une durée de quatre ans, renouvelable une fois pendant longtemps et désormais renouvelable deux fois depuis l'entrée en vigueur en mars 2002 du protocole N°2 (CE, 1993b). Une restructuration récente permet maintenant que les mandats de la moitié des membres du CPT viennent à expiration à une date fixe tous les deux ans. Le comité se réunit en séances plénières trois fois par an. La majorité des membres exercent d'autres mandats ou occupations et se voient attribuer une allocation proportionnelle au nombre de jours consacrés au CPT. Morgan et Evans (2002) constatent, à cet effet, que la majorité des membres exercent d'autres mandats ou occupations ce qui peut parfois réduire leur disponibilité pour le CPT.

c. Le bureau et le secrétariat du CPT

Lors de la première réunion de 1989, le CPT a établi un règlement intérieur qui prévoit, entre autres, l'élection du bureau du CPT. Le bureau, qui a pour tâche de diriger les travaux du comité, est composé d'un président, ainsi que d'un premier et un second vice-président.

Le secrétariat du CPT constitue une section de la Direction des droits de l'homme et son personnel est fourni par le secrétariat général du Conseil de l'Europe. Installé à Strasbourg, il se compose d'une section centrale pour l'administration, la documentation et l'assistance technique et de trois équipes régionales dirigées par un secrétaire exécutif. Le secrétariat a une fonction étendue qui va de l'organisation et la préparation des visites à la rédaction des comptes rendus de réunions ainsi qu'à l'application des décisions adoptées par le comité, en passant par l'accompagnement et l'assistance administrative pendant les visites. Les agents administratifs accompagnent, en effet, les membres du CPT dans les visites qu'ils ont eux-mêmes organisées. Malgré ses attributions essentiellement administratives, le secrétaire exécutif est, en effet, détenteur d'un certain pouvoir discrétionnaire dans sa mission de sélection des informations reçues comme entrant ou non dans la compétence du CPT.

Comme le mentionne un membre du secrétariat, la recherche d'informations est à la base du fonctionnement du CPT :

> chacun d'entre nous suit un certain nombre de pays de façon permanente, que ce soit donc à travers les informations reçues… à travers les médias… à travers un réseau je dirais très important, donc c'est un travail constant de se renseigner sur l'évolution de la situation dans un pays et aussi naturellement d'être vigilant a des situations qui pourraient brutalement émerger… C'est un travail de recherche, je dirais d'intelligence, qui est fait à partir, d'informations qu'on a des autorités nationales, puisqu'elles sont obligées de par la Convention de nous fournir toutes les informations utiles, de l'expérience tirée de visites précédentes qu'on a pu faire dans le pays, de communications qu'on reçoit de particuliers ; cela peut être des avocats, cela peut être des personnes détenues, privées de liberté puisque dans nombre de pays les détenus ont un accès confidentiel au président du comité ; cela peut être des organisations non gouvernementales comme cela peut être des rapports d'autres organisations internationales par exemple le Comité contre la Torture des Nations Unies. Agnès, membre du secrétariat du CPT).

Le secrétariat dans son ensemble a contribué fortement à l'éthique et l'efficacité du CPT. Analystes (Morgan et Evans, 2002) ou membres du CPT reconnaissent fréquemment les compétences du secrétariat qui réunit à certains égards une plus grande expérience que la plupart des membres individuels ou même de l'ensemble du CPT. Les propos d'un membre du CPT que nous avons interviewé illustrent parfaitement cette position :

> Je trouve qu'une des forces, c'est le fait qu'il y ait deux pôles, en fait, le secrétariat, d'une part, et les membres, d'autre part. Les membres sont issus de milieux un peu divers, certains ne connaissent pas le milieu carcéral, ils y rentrent parfois en arrivant ici pour la première fois ; d'autres, par contre, ont des expériences beaucoup plus nourries, beaucoup plus consistantes… un ensemble pluridisciplinaire… et puis alors vous avez un secrétariat très professionnel, qui est là en permanence, et qui sont, je trouve, vraiment très expérimentés, qui sont bien documentés et qui font, ce travail avec un engagement que je trouve à tout point de vue remarquable… Et je trouve que la combinaison des deux donne un résultat qui me paraît très intéressant, d'autant que, lorsqu'on travaille sur le terrain… on a des tâches identiques, mais en même temps, une fois que la mission se termine, c'est vrai que les tâches du secrétariat sont plus importantes, mais cette combinaison des deux fait qu'il y a une dynamique qui, à mon avis, est propre au CPT et qui est propre à ce fonctionnement en deux pôles, que je trouve tout à fait original. (François, membre du CPT)

d. Les experts sollicités par le CPT

Il est prévu[48] que le CPT puisse avoir recours à des experts et des interprètes afin de « compléter l'expérience du comité » (Conseil de l'Europe 1987c). Il suffit d'analyser la composition des différentes visites faites par le CPT depuis ses débuts pour voir que cette possibilité a très fréquemment été utilisée. Morgan et Evans (2002) soulignent que le besoin de recourir à des experts dépend directement des compétences des membres du comité et que, normalement, le recours à des experts devrait rester exceptionnel. S'il est évident que le recours aux experts doit rester exceptionnel et que ceux-ci ne peuvent pas dominer en nombre les membres du CPT, ce recours extérieur semble, cependant, inévitable pour former une équipe adaptée à chaque visite. L'adjonction d'experts spécialisés aux membres disposant de qualifications générales apparaît à de nombreux égards un bon modèle (Canivet, 2000 ; Morgan et Evans, 2002).

C. Les méthodes de travail du CPT

Le modus operandi du CPT est basé sur des visites des établissements de détention des pays signataires de la Convention, visites qui sont la raison d'être et l'occupation principale du CPT (Morgan et Evans, 2002). Dans un film vidéo réalisé par le CPT, un de ses membres[49] insiste sur le fait que le CPT est bien un comité de terrain et non pas d'un comité de salon. Il précise « son objectif est de recueillir des faits et pas des idées, et ce, sans se soucier du gouvernement ». Un des membres du CPT que nous avons rencontré, compare ce comité à « un Saint-Antoine, qui veut toucher la plaie ».

L'article 2 de la Convention mentionne que : « chaque partie autorise la visite… de tout lieu relevant de sa juridiction où des personnes sont privées de liberté par une autorité publique » (CE, 1987b). Le caractère large de cet énoncé est confirmé par le rapport explicatif du CPT qui mentionne qu'en pratique, le motif, le statut ou le lieu de la privation de liberté importe peu et sont donc concernés aussi bien les prévenus et les condamnés, majeurs et mineurs, suite à un jugement pénal ou militaire, que les personnes retenues administrativement ou internées pour raisons médicales (CE, 1987c). Ainsi, le CPT couvre par son action près de 1.861.246 détenus auquel s'ajoute un nombre incalculable de personnes privées de liberté dans des lieux autres que les prisons (CPT, 2012). Le critère principal semble donc être celui de l'autorité ordonnant la privation de liberté qui doit être une autorité publique, le lieu de détention peut être privé ou public sans différenciation. À titre

[48] Article 7 de la Convention.
[49] Témoignage extrait d'un film documentaire réalisé par le CPT.

d'illustration, un membre du secrétariat nous mentionnait avoir visité « des wagons de chemins de fer qui étaient transformés en lieux de détention ».

Différents types de visites sont faites par le CPT : des visites dites périodiques sont décidées en session plénière par le Comité et des visites ad hoc sont entreprises avec l'autorisation du bureau quand la nécessité d'une visite urgente et rapide voit le jour et que la prochaine session plénière est trop éloignée.

Chaque année, le CPT décide du nombre et des pays qui feront l'objet d'une visite périodique l'année suivante. Le CPT jouit du pouvoir discrétionnaire de décider des pays, du moment et des critères sur lesquels se fonde sa décision (Céré, 2001). Les pays concernés sont informés et un communiqué de presse est publié pour inciter d'une part les États à réunir les informations qui seront demandées et d'autres parts les ONG à communiquer au CPT les informations dont elles disposent. Si le comité doit notifier son intention d'effectuer une visite à l'État concerné, il n'a cependant pas l'obligation de révéler les lieux qui feront l'objet de la visite. Le secrétariat s'occupe alors de l'organisation pratique de la visite : date, durée, composition de la délégation, experts, etc. Il a également pour mission de rassembler les informations permettant de décider de la teneur de la visite (CE, 1989).

Ainsi, la délégation se réunit peu avant la visite pour approuver le programme. Deux semaines avant la visite, le pays est, par l'intermédiaire d'un officier de liaison, informé de la date et la durée de la visite ainsi que de la composition de la délégation. Le secrétariat contacte alors les personnes ou les ONG que la délégation souhaite rencontrer durant la visite. Ce n'est que quelques jours avant la visite qu'une liste provisoire des lieux à inspecter est envoyée à l'État concerné. Selon Morgan et Evans (2002), cette notification intervient trop tard pour permettre aux autorités de modifier les conditions ou le régime de détention, mais permet aux autorités de prendre les mesures pratiques nécessaires, de réunir les informations et de prévoir les rencontres. Le CPT peut, cependant, toujours décider de visiter des lieux qui n'ont pas été notifiés et en pratique, il le fait assez souvent. Quand le CPT décide d'organiser des visites ad hoc, souvent motivées par l'urgence de la situation ou des allégations graves, la procédure est simplifiée, les échéances raccourcies et les stratégies adaptées[50].

Une visite périodique dure entre une à deux semaines tandis que la durée des visites ad hoc est variable et ne dépasse parfois pas plus que trois jours. Une délégation du CPT se compose, en général, de 3 à 15 personnes selon le nombre d'interprètes nécessaires. Chaque délégation est conduite par un membre du CPT (qui souvent siège au bureau) et inclue au moins deux

---

[50] Les membres de la délégation décideront, par exemple de revenir sur les lieux par surprise au milieu de la nuit.

membres du CPT auxquels s'ajoutent généralement deux membres du secrétariat et un ou plusieurs experts. Parmi les membres et les experts, il est fréquent que l'un d'entre eux soit issu du milieu médical. En pratique, dans le but de visiter le plus d'établissements possible, il est fréquent que la délégation choisisse de se diviser (Morgan et Evans, 2002).

La visite débute souvent par des réunions avec les ministres et les fonctionnaires responsables des institutions à visiter ainsi que des ONG ou des particuliers concernés. La délégation se rend ensuite sur les lieux de détention dont le nombre est relativement restreint. Il s'agit le plus souvent d'une demi-douzaine de postes de police, trois prisons, un hôpital psychiatrique, un centre de détention pour mineurs et un centre de détention pour immigrants. Les membres de la délégation examinent alors les conditions de détention, l'attitude du personnel et le registre de détention. Comme l'indiquent les propos de l'un d'eux, l'inspection concerne de nombreux détails contrôlables uniquement par une présence sur les lieux :

> Concrètement, on voit comment les personnes vivent et puis c'est tout un travail après de je dirais passer les lieux qu'on visite au peigne fin pour voir tous les aspects... Ça va de la taille des cellules... est-ce qu'il y a assez de lumière naturelle ? Est-ce qu'il y a assez d'air ?... Est-ce que chacun a son lit ? Est-ce qu'il y a des gens qui sont obligés de dormir par terre ? Si il y a des toilettes en cellules, est-ce que les personnes ont suffisamment d'intimité ou pas ?... Donc, tout est pris en compte la nourriture, combien de calories il y a par jour, ça va jusqu'à aller examiner les stocks dans les cuisines, les dossiers médicaux, et si des personnes allèguent avoir été maltraitées et ils nous disent bon ben, « j'ai encore des marques » et bien nous avons des médecins avec nous y compris des médecins légistes qui sont en mesure d'examiner les personnes... de donner leurs conclusions sur l'état des lésions qu'ils observent, est-ce que ces lésions sont compatibles oui ou non avec les allégations formulées... Quand on me dit qu'actuellement dans l'ensemble du système pénitentiaire du pays, nous avons 1,5 surveillant pour 2 détenus, mais quand on arrive sur le terrain et qu'il y a un gardien pour surveiller une haie de cent à cent cinquante détenus... Qu'est-ce qu'il peut faire comme travail ? Quelles sont alors les conditions ? C'est du concret et le concret ne peut être vu que par la constatation personnelle directe sur place, c'est le principe de toute mission d'inspection. (A, membre du secrétariat du CPT)

Ce souci du détail de l'inspection des lieux apparaît, en effet, être essentiel à la crédibilité du CPT :

> Il faut être tout à fait crédible, jusque dans, et y compris, les détails. Vous visitez, par exemple, un établissement de police. On vous dit « mais écoutez, on a installé une douche », mais notre responsabilité c'est de vérifier, tiens, la douche, est-ce qu'elle fonctionne, est-ce qu'il y a de l'eau chaude ? « Vous nous dites que les gens peuvent se doucher, y a-t-il un essuie, y a-t-il un savon ? », je veux dire, c'est ça aussi notre boulot. Et alors là, c'est vrai que parfois ils sont tout à fait dégoûtés,

en se disant « oui, mais enfin, bon, vous comprenez bien que oui » ou bien : « ça va être commandé », « Vous avez commandé ? Mais écoutez, montrez-nous ce que vous avez commandé, quand vous l'avez commandé ». (F, membre du CPT)

Le CPT dispose en effet du droit d'accéder et de circuler librement dans les lieux de détention ainsi qu'un accès à tous les documents sans restriction[51]. Les membres du CPT peuvent également discuter sans témoin avec toutes les personnes détenues de leurs expériences et leurs perceptions des conditions de détention. Les membres que nous avons rencontrés indiquent que les relations avec les détenus sont généralement bonnes et le dialogue assez libre une fois certaines précautions prises. Toutes les personnes du CPT que nous avons rencontré mentionnent que les détenus connaissent mal le Comité et il est souvent nécessaire d'expliquer le mandat et les limites d'action du CPT. Ils doivent notamment préciser qu'ils ne peuvent intervenir sur les situations individuelles, les procédures et les conditions dans lesquelles les détenus ont été jugés, mais s'intéressent uniquement à leur condition de détenu. Selon eux, cette situation engendre parfois une certaine désillusion et déception de la part des détenus rencontrés.

Les délégations ont pris l'habitude de terminer les visites avec une réunion des ministres et des hauts fonctionnaires concernés afin de leur communiquer oralement leurs observations préliminaires générales et, s'il y a lieu, des observations immédiates urgentes. Ces premiers commentaires sont par la suite synthétisés dans un texte transmis au gouvernement. Le CPT diffuse finalement un communiqué de presse annonçant que la visite a eu lieu.

À l'issue d'une visite, la délégation rédige un rapport qui est ensuite adopté par l'ensemble du Comité en session plénière avant d'être transmis au gouvernement intéressé. Le rapport du CPT détaille les éléments factuels de la visite, les constatations faites et, finalement, les recommandations, les commentaires et les demandes d'informations. Cette distinction entre constatations, commentaires et recommandations est importante puisque seules les recommandations peuvent, en cas de non-respect par l'État, déclencher l'unique sanction du CPT : la déclaration publique. Il est, en effet, pertinent de noter, comme le soulignent Morgan et Evans (2002) que le rapport de visite ne représente pas la fin du processus, mais bien le début d'une nouvelle phase dans les relations entre le Comité et l'État concerné. À l'issue de la réception du rapport de visite, l'État concerné doit soumettre un rapport intérimaire, une réponse qui, tout comme le rapport du CPT, peut être rendu publique avec l'accord du gouvernement concerné.

Pour les visites périodiques, l'État concerné doit soumettre un rapport intérimaire puis un rapport de suivi dans un délai de 6 à 12 mois après la

[51] En pratique, le CPT rencontre parfois des difficultés d'accès à certains documents tels que les dossiers médicaux. Ce fut notamment le cas lors des dernières visites du CPT en France.

réception du rapport. La pratique semble désormais être de soumettre un rapport de suivi après la première visite périodique et des rapports intérimaires (réponses) dans les six mois de la réception du rapport pour les visites périodiques suivantes. La réponse du gouvernement, tout comme le rapport de visite du CPT, peut être rendue publique avec l'accord du gouvernement concerné.

Le CPT avait lors de sa création l'ambition de faire deux visites périodiques par an dans chaque pays membre (Morgan et Evans, 2002). Cet objectif, révisé en 1997 à une visite tous les quatre ans, est rapidement apparu comme irréaliste. Si le comité envisageait de se rapprocher en 2007 de 200 jours de visites (CPT, 2004a et 2005a), on observe pour 2011-2012 un total de 146 jours de visite (CPT, 2012). Ce chiffre est, en pratique, insuffisant pour faire face au nombre actuel d'États parties. Toutefois, dans le fonctionnement du CPT, le programme de visites n'est pas mécanique et figé puisque selon les besoins, certains pays ont fait l'objet de visites plus fréquentes. C'est le cas de la Turquie qui en est à sa vingt-troisième visite ou encore la fédération de Russie visitée à vingt-deux reprises. Pour sa part, la France a connu à ce jour un total de onze visites sur son territoire depuis la création du CPT.

D. Les principes de base du CPT

Le fonctionnement du Comité de Prévention de la Torture se fonde sur deux grands principes : la coopération et la confidentialité. La coopération avec les autorités est à la base de l'application de la CEPT telle que le mentionne l'article 3 (CE, 1987b). Tout le mécanisme de prévention du CPT repose sur cette coopération puisque le but n'est pas de condamner les États, mais bien de protéger les personnes privées de liberté. Le principe de confidentialité joue également un rôle capital dans ce mécanisme et constitue, en quelque sorte, le prix à payer pour pouvoir accéder sans escorte ni contrainte aux lieux de détention. En effet, les réunions du CPT se déroulent à huis clos et les informations recueillies sont confidentielles. Les rapports de visites du CPT restent également confidentiels sauf si l'État concerné en autorise la publication. Il est souvent fait remarquer qu'un État qui refuse la publication est un État qui a donc quelque chose à cacher et dont le rapport est probablement très sévère (Morgan et Evans, 2002). La publication des rapports est en pratique fréquente puisqu'à ce jour sur 319 rapports rédigés par le CPT depuis sa création, 274 rapports ont été rendus publics (CPT, 2012). Ce qui était facultatif pour les États, s'avère être devenu, en pratique la règle puisque tous les États ont consenti à la publication d'au moins un rapport du CPT (CPT, 2012).

Confidentialité et coopération sont, en fait, étroitement liées de deux façons : « quand la coopération est satisfaisante, la confidentialité est maintenue comme facteur d'aide, mais lorsque cette coopération est insuffisante, la confidentialité n'est plus de mise » (Mottet, 1997). En effet, si l'État ne coopère pas, le CPT peut à la majorité des 2/3 décider de faire une déclaration publique de ses motifs de préoccupation. Il s'agit là de la principale sanction dont dispose officiellement le Comité. Cette décision, qui s'apparente à un blâme a, jusqu'à présent, été utilisée avec réticence par le CPT : deux fois pour la Turquie en 1992 et 1996, trois fois pour la République Tchétchène en 2001, 2003 et 2007 et une fois pour la Grèce en 2011. Comme le soulignent Mayer (2002) et les personnes rencontrées en entrevues, cet état de fait illustre à la fois la volonté des États de coopérer et la capacité de persuasion du CPT.

2. Le travail du CPT dans les prisons françaises

Si l'activité du CPT en tant qu'organe de contrôle mériterait une analyse de l'ensemble de ses productions sur les visites menées dans les divers pays, l'étude en profondeur d'un pays en particulier permet en revanche d'appréhender la pratique de terrain du CPT. Membre du Conseil de l'Europe, la France a ratifié la convention en 1989, soumettant ainsi ses établissements de détention au contrôle du CPT. Avec une réputation peu favorable quant aux conditions de détention et un nouveau record de 67 674 personnes incarcérées en décembre 2012, les prisons françaises n'ont pas manqué d'attirer l'attention du CPT qui a effectué de nombreuses visites sur le territoire français.

A. Les visites du CPT en France et la coopération rencontrée

Depuis sa création à ce jour, le CPT a mené 11 visites sur le territoire français dont six étaient des visites ad hoc suscitées par certaines circonstances. Généralement composées de 3 à 6 membres du CPT accompagnés de 2 membres du secrétariat et de 2 experts, les délégations se sont rendues en territoire français pour une durée de 4 à 13 jours, visitant entre 3 et 25 lieux de privation de liberté à chaque fois. Ces lieux reflètent bien la diversité existante car, en plus des prisons, on y recense des locaux de police, de gendarmerie et des douanes, mais aussi des hôpitaux, des tribunaux et des aéroports. Depuis la création du CPT, 26 visites d'établissements pénitentiaires ont été réalisées, le comité se rendant parfois à plusieurs reprises dans le même établissement (Les Baumettes, Clairvaux et Paris la Santé ont été visités deux fois).

Si le rapport de la première visite réalisée en 1991 souligne la grande coopération des autorités nationales et du ministre de la Justice et ses hauts fonctionnaires, la délégation qualifie son accueil par les responsables et le personnel de satisfaisant. Le rapport dénote toutefois quelques résistances de la part de certains membres de la police nationale et souligne que dans deux endroits (Préfecture de police de Paris et Hôtel de police de Marseille), les fonctionnaires ont ressenti la visite comme une accusation de torture, ce qui démontre une conception erronée du mandat du CPT. La même conclusion sera dressée à l'issue de la visite ad hoc menée en 1994 en Martinique (CPT, 1996a), mais la visite réalisée la même année dans les locaux de police parisiens fera l'objet d'un bilan plus nuancé de la part du CPT qui mentionne des difficultés qualifiées de sérieuses quant à l'accès à certains lieux. L'exemple est donné d'une attente de 65 minutes et de réticences à présenter les registres. Le CPT dénonce à ce sujet une incompatibilité avec l'article 8 et le principe général de coopération de l'article 3 de la convention (CPT, 1996b). La seconde visite périodique de 1996 et la troisième de 2000 suscitèrent davantage de commentaires sur la coopération rencontrée. Avec les autorités nationales, le comité évoque pour les visites de 1996 et 2000 « un esprit d'excellente coopération », mais au niveau local, un accueil et une coopération très satisfaisants manifestés par des retards d'accès aux lieux visités et des problèmes d'accès à certains documents.

En effet, dans deux établissements pénitentiaires, la délégation s'est vue refuser l'accès aux dossiers médicaux. Si ces dossiers ont finalement été transmis après un délai allant de quelques heures à 24h, le rapport demande aux autorités de prendre des mesures appropriées pour que le CPT ait à l'avenir un accès rapide à ces documents. Cette demande est également formulée à propos des pièces de procédure des personnes gardées à vue. Le CPT s'est, en effet, trouvé confronté lors de la visite de 1996 au fait qu'une note du directeur des Affaires criminelles subordonnait l'accès à ces documents à l'autorisation du juge d'instruction, ce qui est contraire aux droits d'accès dont dispose le CPT. Le rapport de la visite de 2000 signale, également, des retards occasionnels dans l'accès aux documents médicaux en raison d'une directive affirmant que cette communication ne peut se faire que par le médecin responsable et après accord des personnes concernées. Le CPT souligne que le respect strict de ces conditions risque de retarder, voire rendre impossible, la diffusion des documents en question (CPT, 2001). Lors de la visite de 2002 et 2003, la question de l'accès aux dossiers médicaux est encore soulevée par le CPT. Malgré une coopération à d'autres points de vue qualifiée d'excellente, le Comité constate que l'on lui donne accès à des données dépersonnalisées, car les noms des personnes sont alors subordonnés à leur consentement. Dans certains cas, l'accès aux personnes concernées par ces dossiers est subordonné à une autorisation judiciaire. Il en résulte pour le CPT des délais qui constituent une approche restrictive gênant le Comité dans son travail donc non conforme à l'article 8,2 (d) de la convention. Le gouvernement français répond que l'accès à ces documents est régi par une loi qu'il n'a pas l'intention d'amender. Il propose qu'en l'absence de consentement du patient, le CPT ait accès aux dossiers par la médiation de médecins nationaux qui consulteraient le dossier et fournirait les éléments qu'ils jugent nécessaires. Le gouvernement propose alors de constituer durant les visites du CPT une cellule de veille de médecins habilités à cet effet.

Lors de la visite réalisée en 2003, le CPT constate que l'accès aux dossiers médicaux par la médiation de médecins nationaux habilités comme agent de liaison constitue une perte de temps qu'il recommande de réviser. Pour la visite réalisée sur l'île de la Réunion en 2004, la coopération est qualifiée d'excellente notamment pour l'accès aux dossiers médicaux. Le comité relève qu'en expliquant le mandat du CPT, on peut faire l'économie du système spécifique mis en place (CPT, 2005b). Lors de la visite de 2010, le problème s'est encore posé à la maison centrale de Poissy qui refusé de fournir à la délégation toute information à caractère médical jusqu'à ce qu'intervienne un agent de liaison ainsi qu'au centre hospitalier spécialisé Le Vinatier, où l'accès de la délégation à l'établissement n'a pu avoir lieu qu'après l'intervention de deux agents de liaison (CPT, 2012). Le CPT réitère sa demande que les autorités françaises prennent toutes les mesures qui s'imposent permettre l'accès et la diffusion d'informations nécessaires à l'accomplissement de la mission du comité.

B. La question de la torture et des mauvais traitements

Les rapports du CPT consacrent toujours une section à la torture et aux mauvais traitements. Le comité ne réfère à des actes de torture que dans un nombre très restreint de rapports et il semble limiter l'utilisation de ce concept à des pratiques techniques et spécifiques de violence grave en vue d'arracher des aveux ou des informations. Dans les rapports publiés sur ses visites en France, le CPT souligne qu'aucune allégation de torture ne fut rapportée.

Une fois éludée la question de la torture, le CPT se consacre aux allégations ou indices de mauvais traitements graves. Dans certains rapports des allégations de mauvais traitements infligés par les forces de l'ordre ont été relevées. Le rapport de la première visite périodique en 1991 aborde un cas d'allégations de mauvais traitements physiques graves par les forces de police lors d'une émeute. Le CPT réagit en réclamant au gouvernement un compte rendu et des commentaires de cette intervention ainsi que des informations sur les enquêtes judiciaires ou administratives possiblement en cours. Au cours de la visite de 2002, le CPT rapporte, également, des allégations de violences et mauvais traitements par les forces de l'ordre (CPT, 2003b).

Hormis ces cas exceptionnels de mauvais traitements infligés par des forces de l'ordre, ce sont les mauvais traitements imputables au personnel pénitentiaire qui retiennent l'attention du CPT. Le Comité constate qu'en général très peu de ces allégations de mauvais traitements sont faites. Le rapport de la visite de 1991 cite, par exemple, quelques cas isolés à Clairvaux et aux Baumettes (CPT, 1993). Suite à la visite de 1996, le CPT est conduit à porter immédiatement à la connaissance des autorités des allégations de mauvais traitements et un cas d'allégations d'abus sexuel des fonctionnaires sur des détenus (CPT, 1998). À propos des mauvais traitements, le CTP fait à deux reprises la déclaration suivante :

> Malheureusement, des exemples de mauvais traitements de détenus par le personnel surgissent de temps à autre dans tout système pénitentiaire. En ce domaine, il importe que des procédures de plaintes effectives existent et plus généralement, que la direction des établissements pénitentiaires ainsi que l'administration pénitentiaire centrale indiquent sans ambiguïté que les mauvais traitements ne sont pas acceptables et qu'ils seront sanctionnés sévèrement... Les discussions menées (...) ont persuadé le CPT que les autorités pénitentiaires sont fermement engagées dans la lutte préventive et répressive contre les mauvais traitements des détenus (CPT, 1993a et 1998).

Le rapport de la visite de 2000 va plus loin sur cette question et illustre bien que le CPT ne se limite pas à une définition restrictive de la notion de mauvais traitements. Le CPT constate, en effet, que s'il existe peu d'allégations de mauvais traitements physiques des détenus par le personnel, les allégations de langage abusif sont, elles, nombreuses. Compte tenu du caractère répandu de ces allégations, le CPT recommande aux autorités nationales et locales de clairement faire comprendre que toute forme de mauvais traitements y compris le langage abusif est inacceptable et sera sévèrement sanctionnée (CPT, 2001). Il est également pertinent de relever que dans un cas comme celui de la visite en Martinique en 1994 où aucune allégation ou indice de mauvais traitements n'ont été relevés, le CPT poursuit cependant sa démarche et demande au gouvernement des informations sur le nombre de plaintes formulées contre les fonctionnaires pénitentiaires ainsi que le nombre de poursuites engagées et les sanctions prononcées suite à ces plaintes. Suite à la visite réalisée en 2004 à la Réunion, le CPT rapporte des allégations d'attitudes humiliantes et d'insultes et recommande aux autorités de rappeler au personnel le respect de la dignité des femmes détenues.

L'analyse des rapports sur les visites faites en France permet de dégager certains thèmes liés à la question des mauvais traitements. Nous aborderons les questions de l'usage excessif de la force, la contention médicale, l'usage des gaz lacrymogènes et la violence entre détenus qui apparaissent comme thèmes problématiques ou récurrents dans les rapports.

a. Usage excessif de la force

L'usage excessif de la force pour maîtriser les détenus agités ou perturbés apparaît comme sujet de préoccupation pour le CPT suite à sa visite périodique faite en 2000 (CPT, 2001). La délégation a eu, en effet, connaissance de certaines allégations d'usage de force excessive au quartier disciplinaire de Lannemezan. Dans un cas, constatant des traces de coups et blessures sur un détenu, le médecin de l'établissement avait attiré l'attention du parquet, mais la plainte fut retirée et le détenu transféré dans la nuit juste avant l'arrivée du CPT. La délégation s'est rendue dans l'établissement où le détenu avait été transféré et le médecin membre du CPT a pu constater les blessures ainsi que certains problèmes psychiatriques du détenu. Le CPT demande, dans son rapport, des explications complètes sur l'origine de ces blessures et sur les raisons pour lesquelles les soins requis n'ont pas été donnés. Le rapport du CPT affirme à ce sujet que si le personnel est parfois contraint d'avoir recours à la force pour contrôler des détenus violents ou récalcitrants, celle-ci ne doit pas dépasser ce qui est strictement nécessaire et devient injustifiée dès que le détenu est maîtrisé (CPT, 2001). Le CPT recommande aux autorités de rappeler ces principes aux fonctionnaires de Lannemezan mais va plus loin en soulignant l'importance de la formation aux techniques de contrôle et de maîtrise de l'ensemble des fonctionnaires. Une telle formation permettrait, selon le CPT, de choisir la technique d'intervention appropriée et de réduire à la fois le risque de lésion et le nombre de plaintes.

La réponse donnée par le gouvernement français soutient que l'intervention s'est faite sans excès de violence (République française, 2001). Les constatations du CPT sur la violence subie par le détenu ne font l'objet d'aucuns commentaires de la part du gouvernement. Concernant les recommandations plus générales du CPT sur l'usage de la force, le gouvernement répond en rappelant les articles du code qui limitent cet usage au strict nécessaire. La réponse précise également qu'un code de déontologie est actuellement en cours d'élaboration et qu'une commission nationale de déontologie de la sécurité sera bientôt créée afin de veiller au respect de la déontologie par les personnes exerçant des activités de sécurité. Quant à la formation du personnel, le gouvernement souligne et détaille la formation initiale et continue du personnel de surveillance ainsi que tous les autres échelons. Les autorités affirment que la maîtrise des règles de sécurité et d'intervention figure parmi les objectifs de la formation continue. Les nouvelles installations de l'École Nationale d'Administration Pénitentiaire ainsi que l'accroissement des effectifs et la mise en place d'équipes d'intérim devraient, selon les autorités, améliorer encore cette formation et la rendre davantage accessible (République française, 2001).

Dans le rapport de la visite de 2003 (CPT, 2004b), le CPT prend note de la formation des Équipes Régionales d'Intervention et de Sécurité (ERIS) chargées d'intervenir dans les établissements pénitentiaires en cas d'incidents. Le CPT demande notamment des informations sur la formation de ces équipes, les circonstances dans lesquelles elles peuvent intervenir armées et formule la recommandation de prohiber le port des cagoules. La réponse fournie par le gouvernement ne mentionne aucune mesure ou prise de position sur la prohibition des cagoules.

b. La contention médicale

La problématique de la contention des détenus dans un contexte médical est abordée à la suite des visites de 1991 et 2000. En 1991, la délégation du CPT constate des allégations nombreuses d'entrave de détenus dans les hôpitaux par des fonctionnaires de police. Dans son rapport, le CPT (1993a) souligne que cette pratique doit demeurer exceptionnelle. Concernant certains cas où des détenues enceintes auraient été entravées pendant le travail d'accouchement et après la naissance, le Comité affirme qu'il s'agit d'un exemple de traitement inhumain et dégradant et demande que des mesures immédiates soient prises par les autorités pour faire cesser ces pratiques. Le gouvernement précise dans sa réponse que cette pratique est contraire à ses instructions et que même si ces allégations n'ont pu être vérifiées, de nouvelles installations ont été prévues pour éviter qu'une telle pratique se reproduise (République française, 1993). Suite à la visite de 2000, le CPT soulève à nouveau le problème du recours aux instruments de contention dans l'établissement public de santé national de Fresnes. Le CPT (2001) affirme à ce propos que si la contention est parfois nécessaire pour de brèves périodes pour un patient agité, les raisons doivent, cependant, être consignées et la contrainte retirée dès que possible. Le rapport recommande de prendre des mesures immédiates pour revoir la pratique en usage qui laissait parfois des personnes entravées dix jours sans être autorisées à se rendre aux toilettes (CPT, 2001).

Le gouvernement répond en 2001 qu'un protocole a été élaboré en collaboration avec le personnel médical et pénitentiaire ainsi que les directions départementale et régionale de l'action sanitaire et sociale. Ce protocole qui privilégie le traitement et le dialogue, indique que cette mesure ne peut être prise que sur prescription médicale pour une durée maximale de 12h et selon des indications et contre-indications strictes (République française, 2001). Le CPT abordera à nouveau cette problématique lors de sa visite de 2004. Le sujet est alors d'actualité puisqu'en janvier 2004, le cas d'une détenue accouchant menottée était relaté dans les médias. Le CPT rappelle sa recommandation et demande que les instructions sur les escortes en milieu hospitalier soient amendées pour inclure l'interdiction de menottes durant les accouchements. La réponse du gouvernement précise qu'il n'a pas l'intention de suivre la recommandation du comité.

c. Usage des gaz lacrymogènes

Suite aux allégations relevées lors de la visite de 1996 au centre des jeunes de Fleury-Mérogis, la question de l'utilisation des gaz lacrymogènes a fait l'objet de commentaires de la part du CPT. Après avoir confirmé certaines allégations par l'étude des dossiers administratifs et médicaux, le CPT (1998) émet son opinion sur ce moyen de contrôle des détenus. Le Comité considère que l'usage de gaz lacrymogène pour maîtriser un détenu isolé est injustifiable. Le rapport souligne que seules des circonstances exceptionnelles justifient l'utilisation de gaz comme moyen de contrôle à l'intérieur des locaux. Le CPT soutient que les fonctionnaires devraient avoir été formés à d'autres techniques de contrôle et recommande que des mesures soient prises tant à Fleury que dans les autres établissements. La réponse du gouvernement français mentionne à ce sujet qu'une circulaire sur l'utilisation des gaz a été finalisée et présentée (République française, 2001). Il y est également précisé que chaque utilisation donne lieu à un compte rendu qui permet d'en contrôler a posteriori la bonne utilisation.

d. Violences entre détenus

L'étendue du contrôle du CPT ne s'arrête pas aux actes posés par le personnel, mais concerne bien tous les mauvais traitements dont peuvent être victimes les personnes détenues. À cet égard, lors de ses visites en France, le CPT s'est trouvé confronté à divers cas d'agressions entre détenus. Que ce soit lors de la visite de 1996 au centre des jeunes détenus et aux Baumettes ou encore en 2000 à Lyon St Paul et à Paris la Santé, la violence entre détenus fait partie des problèmes ayant attiré l'attention du CPT. Après avoir constaté la préoccupation du personnel pénitentiaire à ce sujet en 1996, le CPT souligne :

> L'obligation de prise en charge des détenus incombant aux autorités pénitentiaires englobe la responsabilité de les protéger contre d'autres détenus qui pourraient leur porter préjudice. Il importe en particulier que le personnel de surveillance soit attentif aux troubles et soit à la fois résolu et formé de manière appropriée pour intervenir (CPT, 1998).

Le CPT rappelle à nouveau cette obligation suite à la visite faite en 2000. La délégation fait part de sa préoccupation face à certains environnements favorisant l'intimidation et la violence entre détenus. Le CPT constate en effet qu'à Lyon St Paul, la disposition des installations d'exercice en plein air « font des mineurs une proie facile pour les détenus plus âgés qui les contraignent à ramasser et faire passer la drogue jetée dans l'enceinte de l'établissement » (CPT, 2001). Le rapport demande que des mesures appropriées soient prises pour remédier à ce problème spécifique. De manière plus globale, le CPT recommande aux autorités d'élaborer et de mettre en œuvre une stratégie concrète pour traiter le problème. Le CPT insiste notamment sur la formation, et sur les qualifications, en communication interpersonnelle, du personnel ainsi que sur la nécessité d'effectifs suffisants pour assurer une bonne supervision, un soutien mutuel efficace et une autorité convenable (CPT, 2001). Sur ce point, la réponse du gouvernement français souligne que la direction de l'Administration pénitentiaire a commandé plusieurs recherches sur la violence en prison pour lesquelles il est dans l'attente des résultats (République française, 2001).

Dans le rapport de la visite de 2004 (CPT, 2005b), le CPT constate un nombre considérable d'allégations de mauvais traitements de détenus par des codétenus. Il s'agit d'intimidations et d'agressions physiques (coups, brûlures et viols) confirmées par des comptes rendus d'incidents, des certificats médicaux et les témoignages du personnel. Le CPT renouvelle sa recommandation de mettre en place une stratégie et un suivi des communications faites au Parquet et les suites données. Le gouvernement répond au Comité en expliquant les raisons de la violence et quelques mesures ponctuelles prises à ce sujet qui ne constituent cependant pas une stratégie d'action telle que le réclame toujours le CPT dans le rapport de sa dernière visite en 2010 (CPT, 2012).

C. Les conditions de détention

Le CPT ne limite pas sa mission au domaine de la torture et des mauvais traitements. Le deuxième rapport général d'activité clarifie nettement ce point et mentionne que tous les aspects des conditions de détention relèvent de son mandat (CPT, 1991). Le principe est que les mauvais traitements peuvent prendre diverses formes ne résultant pas toujours d'une volonté délibérée, mais parfois de déficiences dans l'organisation ou encore d'insuffisance des ressources, ce que Morgan et Evans (1999) nomment « violence environnementale ». Pour cette raison, les rapports du CPT abordent la vie pénitentiaire dans ses divers aspects : l'hygiène et l'alimentation, le régime pénitentiaire, les infrastructures ou encore les activités. Si le plus souvent, le CPT retient une vision d'ensemble de tous ces aspects pour évaluer les conditions de détention et la qualité de vie, ce sont les infrastructures et les activités proposées qui retiennent le plus son attention.

a. La surpopulation

Quand le CPT s'intéresse aux conditions matérielles de détention, la taille des cellules, leur équipement mobilier et sanitaire, leur occupation, l'aération et la lumière, l'état d'entretien sont autant d'éléments pris en considération. Le CPT formule des recommandations ponctuelles d'amélioration de la cuisine, de servir des repas chauds ou encore de fournir une literie propre et des produits d'hygiène de base. Face au problème plus global de surpopulation des prisons françaises, le CPT recommande dès 1991 que des efforts soient entrepris pour réduire l'occupation à deux détenus par cellule. Le rapport général d'activités de 1991 affirme, en effet, que la surpopulation, du fait de son impact sur les services, les activités et la qualité de vie en détention, relève directement de son mandat (CPT, 1991). Dans certains cas, de l'opinion du CPT, le niveau de surpopulation constitue à lui seul un traitement inhumain et dégradant par exemple dans certaines parties de la M.A. de Nice où en 1991, le seuil d'occupation se situait en dessus de 200 % (CPT, 1993).

Dans d'autres cas, c'est la combinaison de plusieurs conditions de détention qui amène le CPT à cette même conclusion. Par exemple, la délégation de 1991 observa aux Baumettes que le sous-équipement sanitaire, le mauvais état général d'entretien, les activités limitées, les W-C non cloisonnés combinés à la surpopulation formaient un ensemble de conditions de détention équivalant à un traitement inhumain et dégradant. Le CPT recommande alors que la plus haute priorité soit accordée à la rénovation des cellules (CPT, 1993a). Dans une situation telle que celle de la Martinique en 1994, le CPT estime qu'un aménagement serait illusoire et il recommande l'ouverture rapide d'un nouvel établissement (CPT, 1996a). Nous observons donc que le CPT formule à chaque fois un avis au cas par cas en prenant en considération les conditions matérielles de détention dans leur ensemble.

Suite à la visite de 1996, le CPT reconnaît les progrès accomplis tant au niveau d'établissements spécifiques (visite de suivi aux Baumettes) que de manière générale. Il recommande cependant que la mise en œuvre des mesures visant à réduire la surpopulation soit activement poursuivie (CPT, 1998). Dans sa réponse à la visite de 1996, le gouvernement français détaille le programme de placement en surveillance électronique comme une étape importante de la lutte contre la surpopulation (République française, 1998). En 2000, la délégation de la 3e visite périodique en France se félicite des efforts consentis et recommande qu'ils persistent en s'inspirant de la recommandation du Conseil de l'Europe sur ce sujet (CPT, 2001). En réponse à cette visite, le gouvernement énumère dans son rapport diverses rénovations et constructions réalisées ou en cours (République française, 2001). Sur ce point, il est pertinent de relever que le rapport général d'activités 2001 du CPT qui traite du thème de la surpopulation affirme nettement que la solution n'est pas l'augmentation des places disponibles en créant de nouveaux établissements, mais davantage de revoir les législations et les pratiques de détention provisoire et de prononcer des peines ainsi que « l'éventail des sanctions non privatives de liberté disponibles ».

En 2003, le CPT réalisa en France une visite ad hoc motivée essentiellement par le problème de surpopulation dans les prisons[52]. Le rapport de cette visite, rendu public le 31 mars 2004, est particulièrement critique envers l'état de surpopulation de certaines prisons françaises. Le CPT va, en effet, lors de cette visite constater que dans certains établissements des hommes sont détenus à 3 dans un espace de 9 m², des femmes à 5 dans 12 m², que certains détenus sont contraints de dormir sur des matelas au sol et que les douches hebdomadaires ne sont pas assurées malgré la canicule de l'été. Le CPT affirme que dans certains établissements (Loos et Toulon), un ensemble de facteurs néfastes tels que la surpopulation, des conditions matérielles déplorables, des conditions d'hygiène créant un risque sanitaire ainsi que la pauvreté des activités offertes ; peuvent légitimement être décrits comme s'apparentant à un traitement inhumain et dégradant. Utilisant une mesure assez exceptionnelle, le CPT a adressé au gouvernement français une observation sur-le-champ demandant aux autorités de prendre immédiatement des mesures pour désencombrer ces deux établissements. Dans ce rapport, le CPT ne se contente pas de dénoncer les conditions de détention, mais souligne les pistes de solution à suivre ou ne pas suivre. Le CPT affirme, en effet, que la réduction de la surpopulation est une exigence fondamentale pour assurer des conditions de détention dignes et humaines. Le rapport va plus loin et précise que l'augmentation du parc pénitentiaire ne doit pas être la première et principale réponse au problème de la surpopulation. Le CPT fait alors allusion au fait que la surpopulation serait avant tout liée à une politique pénale répressive correspondant à une demande de l'opinion publique. Politique de tolérance zéro, sévérité des parquets, adoption d'un arsenal législatif répressif et augmentation des peines sont autant de facteurs dont témoignent les hauts responsables de l'Administration pénitentiaire et dont le CPT se fait le relais.

Dans sa réponse, le gouvernement français précise que les deux prisons fustigées par le CPT seront prochainement fermées (ce qui est effectivement le cas) et souligne diverses améliorations matérielles entreprises. La réponse du gouvernement vient cependant réfuter l'analyse faite par le CPT. Le gouvernement insiste sur le fait que le taux d'incarcération en France n'est pas le plus élevé d'Europe et que la surpopulation est bien due à une insuffisance du parc pénitentiaire et son inadaptation à l'augmentation réelle de la délinquance. Le ministre de la Justice déclara d'ailleurs, dans la presse que le

---

[52] Cette visite est faite au moment où le nombre de détenus en France dépassait pour la première fois depuis la Libération le chiffre de 60 000 individus incarcérés (CPT 2004b).

rapport du CPT contenait des approximations, des erreurs et des propositions inadaptées à la situation française.

Lors de sa visite en 2004 à la Réunion, le CPT revient à nouveau sur le problème de la surpopulation. Il constate, en effet, des taux d'occupation de 250 % qu'il qualifie d'intolérables (CPT, 2005b). C'est l'occasion pour le CPT de rappeler que les demandes de la présidente du CPT sur les mesures prises pour régler la surpopulation sont toujours sans réponse. Le rapport souligne que les deux réponses pour faire face à la surpopulation (construction d'établissements et bracelets électroniques) ne peuvent constituer une stratégie de lutte contre la surpopulation et renouvelle son appel à une stratégie qui tienne compte des diverses recommandations du Conseil de l'Europe et associe les efforts des autorités judiciaires, législatives et politiques. La réponse donnée par le gouvernement est particulièrement significative du manque de sérieux accordé à la recommandation puisqu'il se contente de préciser que certains détenus sont transférés en métropole et que les autorités sont informées des effectifs sur une base hebdomadaire.

En dehors de la question spécifique de la surpopulation qui revient encore dans le rapport de 2007, le CPT formule dans chacun de ses rapports des recommandations sur des questions d'ordre plus général. Qu'il s'agisse des relations entre le personnel et les détenus, du traitement des détenus particulièrement surveillés, des modalités des fouilles ou encore des procédures de plaintes, ces rapports sont l'occasion pour le CPT de formuler des commentaires sur des aspects généraux de la vie en détention et non plus seulement sur des aspects spécifiques à tel ou tel établissement.

b. Les activités

Les activités disponibles pour les détenus semblent être un des aspects de la détention auquel le CPT accorde une grande importance. Il apparaît clairement dans chacun des rapports que les activités constituent un élément à part entière des conditions de détention que le CPT évalue. En constatant dans les établissements visités en 1991 qu'entre 25 % et 35 % des détenus seulement bénéficient d'une occupation (ateliers, enseignements…), le CPT remarque que pour la plupart d'entre eux, « les activités hors cellule se résument essentiellement à la promenade » de deux fois deux heures dans des cours surnommées avec raison « cages ». Le rapport (CPT, 1993a) mentionne à ce propos que même si l'organisation d'activités en maison d'arrêt représente un défi, « les détenus ne peuvent simplement être laissés languir dans leurs cellules pour des semaines, des mois, voire même des années… la présence d'un téléviseur en cellule ne constitue pas un substitut à un programme d'activités ». Le CPT soutient que des activités motivantes devraient assurer aux détenus un temps minimal de huit heures en dehors de leur cellule. Lors de la visite de 1996, le suivi fait aux Baumettes souligne l'évolution positive des activités proposées en termes de diversité et de capacité. Mais face au constat que beaucoup de détenus passent toujours la plus grande partie de la journée en cellule, le CPT recommande alors pour les quatre établissements visités que le programme d'activités soit revu et les efforts intensifiés (CPT, 1998). Lors de la visite de 2000, la délégation note que si le centre pénitentiaire de Lannemezan offre la possibilité de passer beaucoup de temps hors cellule et que 110 détenus sur 169 exercent une activité rémunérée, cet établissement apparaît cependant comme une exception par rapport aux autres établissements visités. Le rapport (CPT, 2001) insiste sur ce point « d'une importance cruciale pour le bien être » des détenus et recommande que soit accordée une priorité élevée au développement de programmes d'activités satisfaisantes notamment pour les mineurs (CPT, 2001). La réponse du gouvernement se veut extensive et reporte point par point les activités offertes, le personnel employé et les progrès réalisés (République française, 2001). Le CPT relève cependant cette même insuffisance d'activités dans les rapports des visites de 2003 et 2004 avec en plus le constat d'une situation discriminatoire pour les femmes qui bénéficient de moins d'activités que les hommes.

c. Les services médicaux

Le CPT accorde, lors de ses visites, une attention particulière aux services médicaux disponibles dans les établissements. Cet aspect de la détention fait l'objet de nombreux commentaires, suggestions et recommandations très détaillées. Si la situation de chaque établissement est spécifique et appelle des commentaires adaptés, il est possible de relever certains thèmes dominants. Le plus souvent, le Comité (1993a) décrit « le manque cruel de personnel médical et infirmier » dans les établissements. Le CPT recommande par exemple de combler un poste de médecin-chef vacant (CPT, 1993a), d'augmenter le temps de présence du dentiste (CPT, 1996b), d'assurer la présence régulière d'un kinésithérapeute (CPT, 1998) ou, le plus souvent, de garantir de nuit l'accès immédiat à un médecin de garde ou un infirmier (CPT, 1998 ; CPT, 2001). « L'existence d'un système d'astreinte ou d'appel à un service d'urgences ne rend en aucun cas superfétatoire la nécessité d'une présence permanente dans les locaux pénitentiaires » rappelle le CPT après avoir constaté dans de nombreux établissements l'absence de présence soignante entre 19h et 7h. Malgré le rejet de cette recommandation par la France suite au premier rapport, les rapports suivants insistent encore sur la nécessité de garde médicale afin de fournir les premiers soins si nécessaire (CPT 2007 et 2012).

De façon plus générale, le CPT estime que le manque de personnel dans les établissements a inévitablement des répercussions néfastes sur la qualité des soins fournis (CPT, 1993a). L'analyse des rapports de visites en France montre toutefois que le CPT constate les quelques progrès accomplis en ce domaine. Le rapport de la visite de 1996 souligne une amélioration des effectifs et celui de 2000 prend note des fruits de la réforme de 1994 (CPT, 1998 ; CPT 2001). À l'issue de la visite réalisée en 2004 à la Réunion, le CPT constate des délais d'attente aussi longs que deux mois pour avoir accès aux soins médicaux, dentaires et ophtalmologiques. Le Comité relève également les carences de soins infirmiers et recommande une présence permanente sur place. La réponse du gouvernement mentionne le manque chronique de personnel médical et infirmier sur l'île.

Un autre exemple positif peut être donné avec l'abandon de la pratique d'administration des médicaments dilués dans des « fioles » par du personnel non infirmier. Aubert (1999) identifie là un des sujets les plus sensibles soulevés par le CPT lors sa première visite périodique de 1991. Cette pratique fut, par la suite, interdite en 1994 même si elle perdura dans certains établissements jusqu'en 1997. Plus récemment, le Comité s'est préoccupé de la distribution des médicaments opérée par le personnel infirmier, mais pour plusieurs jours, ce qui engendrait un trafic entre détenus (CPT, 2012).

d. Les contacts avec l'extérieur

Le CPT s'intéresse fréquemment aux contacts que les détenus peuvent avoir avec le monde extérieur. Ce thème revient dans les rapports relatifs aux visites de 1991, 1994, 1996 et 2000. L'accent est mis sur les liens familiaux qui doivent absolument être maintenus. En rappelant les règles pénitentiaires européennes, le CPT affirme que « le principe directeur devrait être de promouvoir le contact avec le monde extérieur » et que « toute limitation de tels contacts devrait être fondée exclusivement sur des impératifs sérieux de sécurité ou sur des considérations liées aux ressources disponibles ». Le CPT (1993a) conseille alors l'autorisation de visites prolongées, la flexibilité des visites quand la famille est éloignée et, dans certains cas, l'amélioration des locaux. La visite de 1994 en Martinique illustre à nouveau l'importance accordée aux liens familiaux. En effet, bien que les conditions de visites aient été jugées satisfaisantes, le CPT (1996a) va plus loin et formule des commentaires concernant les problèmes d'accueil et de transport des familles. Le rapport de la visite de 1996 constate des améliorations quant aux infrastructures et la flexibilité des parloirs des prisons françaises. Cependant, ce sujet de préoccupation revient suite à la visite de 2003 au cours de laquelle le CPT constate qu'en pratique les trois parloirs hebdomadaires pour les prévenus ne sont pas assurés à Loos et amputés dans leur durée à Toulon. De plus, les effectifs ne permettent pas de parloirs les week-ends. La réponse des autorités précise qu'on fait au mieux avec les possibilités matérielles et que l'ouverture de nouveaux établissements permettra certainement d'améliorer la situation. Quand les conditions de visites sont jugées convenables (CPT, 2005b), le CPT va plus loin et demande l'amélioration des modalités d'inscription pour éviter des longues heures d'attentes.

Concernant la question controversée des parloirs « intimes », le CPT ne prend pas position. Le CPT constate, cependant, que les relations sexuelles sont, en fait, tolérées dans les parloirs. Le Comité estime alors que les conditions dans lesquelles ces relations se déroulent en font un acte dégradant pour le couple et les spectateurs obligés. Le CPT suggère que les autorités créent des locaux pour des visites prolongées dans des conditions « aussi voisines que possible de la vie courante ». Le CPT assure le suivi de ce dossier en demandant régulièrement des informations sur les visites familiales au stade de projet puis finalement d'expérimentation (CPT, 1998 ; CPT, 2001). Le dernier rapport de visite constate le fonctionnement de ces unités de vie familiale et encourage le gouvernement à poursuivre ses efforts d'implantation dans les établissements (CPT, 2012).

Les communications téléphoniques sont, aux yeux du CPT, un autre outil de maintien des relations familiales. Dès 1991, le CPT recommande au gouvernement français que la prohibition totale des appels téléphoniques pour les prévenus soit revue (CPT, 1993a). Cette recommandation est reprise invariablement dans les rapports suivants. Si le CPT affirme comprendre la nécessité d'interdire les contacts pendant un certain temps dans l'intérêt de la procédure d'instruction, interdire les appels pendant toute la détention provisoire lui semble injustifié. Le gouvernement répond en 2001 que ce thème fait l'objet de réflexion dans le cadre de l'élaboration de la loi pénitentiaire (République française, 2001). Lors de la visite réalisée en 2010 après la mise en œuvre de la loi, le CPT constate le changement législatif, mais demande confirmation de l'effectivité de ce droit, surtout pour les prévenus (CPT, 2012). Il se dit également préoccupé des procédures d'autorisation en place ainsi que des coûts de ces appels.

e. La discipline

La procédure disciplinaire est également un sujet de préoccupation du CPT lors de ses visites en France. Dans le rapport de la première visite périodique, le CPT (1993a) demande des informations sur la procédure disciplinaire et particulièrement sur la possibilité des détenus de se faire assister par un conseil, de faire appel à un témoin et d'exercer un recours. Le Comité réclame également des renseignements sur les allégations de privation de lecture et recommande spécifiquement l'amélioration immédiate des conditions du « prétoire » aux Baumettes. Suite à la visite de 1994, le CPT recommande l'amélioration des conditions matérielles des cellules disciplinaires et la possibilité de disposer de lecture. La délégation de 1996 constate les progrès accomplis par la réforme du régime disciplinaire, mais regrette que ces dispositions ne prévoient pas la possibilité de se faire assister d'un conseil et formule une recommandation en ce sens (CPT, 1998).

D'autres recommandations plus spécifiques à certains établissements sont formulées dans le rapport, telles que l'excès de placement en cellule disciplinaire ou encore les infrastructures des cellules ou promenades disciplinaires. La visite faite en 2000 est l'occasion pour le CPT de constater que si des progrès ont été accomplis, les conditions matérielles et les garanties formelles du régime disciplinaire doivent encore être améliorées. Ce rapport souligne une fois de plus les conditions déplorables des quartiers disciplinaires visités et l'absence d'assistance et de recours juridique pendant et après les audiences (CPT, 2001). La réponse du gouvernement français affirme qu'un programme d'aménagement des cellules disciplinaires est en cours et que le recours à un avocat pour les audiences disciplinaires est désormais disponible. Quant à la possibilité d'un recours, le gouvernement affirme qu'elle fait l'objet de réflexion (République française, 2001). Lors de ses visites ultérieures, le CPT constate avec satisfaction que le recours à l'avocat est désormais possible (CPT, 2004b) et réel (CPT, 2005b). Le Comité dénonce lors de sa visite à la Réunion des cellules disciplinaires déplorables dans un établissement et recommande que leur utilisation cesse pour être remplacée par des cellules régulières (CPT, 2005b). La réponse du gouvernement précise que selon le Code de Procédure pénale, les sanctions doivent s'exécuter au quartier disciplinaire, mais il promet cependant d'améliorer les cellules existantes. Le sujet revient dans le dernier rapport (CPT, 2012) qui mentionne que bien que la durée maximale de la mise en cellule disciplinaire a été diminuée de 45 à 30 jours pour les infractions de violences et à 20, 14 et 7 pour les autres infractions, elle est jugée encore trop longue par le Comité.

f. L'isolement

L'isolement des détenus sur décision administrative est le troisième sujet de préoccupation récurrent dans les rapports du CPT. Le Comité est d'avis que la mise en isolement peut, dans certaines circonstances, constituer un traitement inhumain et dégradant. Il affirme que l'isolement doit toujours être de la durée la plus brève possible. Lors de la visite de 1991, le CPT recommande aux autorités de mettre en place des activités motivantes pour les détenus en isolement ainsi que de leur assurer un contact humain approprié (CPT, 1993a). Le rapport recommande également qu'une attention soit portée et une évaluation soit faite de l'état physique et mental des détenus en isolement. Sur ce point, les autorités françaises ont informé le CPT qu'un projet de décret, précisant l'accès au médecin et l'évaluation de l'état des détenus en isolement, est en cours (République française, 1993). Lors de sa seconde visite périodique, le CPT (1996b) exerce un suivi et demande, si le décret est entré en vigueur, d'en recevoir une copie. Trois recommandations seront formulées par la délégation de 1996 : les deux premières reprennent celles formulées en 1991 quant aux activités et contacts humains et l'évaluation de l'état du détenu. Le CPT recommande que la durée de mise à l'isolement soit la plus brève possible et que toute décision de prolongation soit justifiée et notifiée aux détenus (CPT, 1998). La réponse du gouvernement explique qu'en application du projet de décret sur le point être promulgué, un projet de circulaire vise à rappeler que les détenus en isolement sont soumis au régime ordinaire de détention impliquant donc le maintien de leurs droits aux relations extérieures et aux activités (République française, 1998).

La délégation de 2000 prend note de la circulaire datée du 14 décembre 1998. Le CPT constate cependant « d'importantes déficiences s'agissant de la mise en œuvre, dans la pratique, des recommandations antérieures du CPT et des instructions ministérielles » (CPT, 2001). En effet, si les instructions ministérielles semblent satisfaisantes, c'est leur application qui fait défaut selon le CPT (2001). Le rapport formule de « sérieuses réserves » quant à la durée de l'isolement (parfois plusieurs années consécutives) et quant au régime restrictif auquel sont soumis les détenus (notamment l'absence d'activités). Le CPT recommande que des mesures immédiates soient prises pour donner effet aux instructions du ministère et réclame également qu'une vérification du respect de ces instructions soit faite au cas par cas (CPT, 2001). Finalement, le CPT recommande que des garanties et recours face à la décision d'isolement administratif soient reconnus aux détenus. Dans sa réponse, le gouvernement français explique que les isolements sont le plus souvent initiés à la demande des détenus en raison de leur délit ou de leur profession antérieure. Le rapport précise que le contrôle des motifs incombe au directeur régional et que les isolements sont de la compétence du Garde des Sceaux. Quant à la question des garanties et recours, elle fait, une fois de plus partie de la réflexion dans le cadre d'élaboration de la loi pénitentiaire (République française, 2001). Lors de la visite de 2006, le CPT constate l'adoption de nouvelles normes relatives à l'isolement sur décision administrative, entrées en vigueur au 1er juin 2006, et recommande qu'elles trouvent leur pleine et entière application, sous tous leurs aspects, dans tous les établissements pénitentiaires (CPT, 2007).

D. Le gouvernement français face au CPT

Le gouvernement français a reçu à ce jour onze rapports du CPT contenant de nombreux constats critiques et recommandations. À travers les exemples précédemment cités, il est possible d'affirmer des choses positives ont été réalisées suite aux rapports du CPT en termes d'amélioration des locaux, de fermeture de certains établissements (Toulon par exemple[53]) ou encore d'évolution des pratiques. Les propos d'un membre du secrétariat du CPT ayant réalisé plusieurs visites en France témoignent de certains progrès.

> Par contre, il y a eu quand même quelque chose d'extrêmement positif depuis la première visite en France en 91, le comité militait pour l'amélioration des conditions matérielles de garde à vue. En 96 et en 2000, en termes très forts, il a dû dire aux autorités françaises 'Arrêtez de baser la détention de police sur la conception littérale de la garde à vue, c'est extrêmement préjudiciable pour une personne détenue qui doit être déférée à un magistrat, revoyez vos normes... Monsieur Sarkozy a quand même émis des instructions très fermes, avec sa circulaire... qui parle de repas chauds, quand on est en garde à vue prolongée, de moyen de se reposer... Enfin bref, qui reprend toutes les recommandations du Comité. Donc, si ça maintenant c'est effectivement mis en œuvre, c'est déjà une avancée majeure, et donc on ne peut que se féliciter qu'il y ait eu cette circulaire. C'est quand même important, c'est au plus haut niveau de l'État... en se référant directement au CPT dans la circulaire, c'est quelque chose aussi.

Malgré certains éléments positifs, de nombreuses recommandations faites par le CPT à la France étaient tributaires de changement législatif. Dans ses réponses au CPT, le gouvernement français renvoyait le CPT dans l'attente de la nouvelle loi pénitentiaire. Dans certains cas, notamment pour le rapport de la visite réalisée en 2003, le gouvernement français réagit plutôt mal aux critiques faites et va jusqu'à rejeter l'analyse faite par le CPT. Le constat très dur dressé par le CPT à l'issue de cette visite vient placer la France au banc des mauvais élèves européens et a suscité de nombreuses réactions. Tout d'abord, ce rapport qui devait rester confidentiel jusqu'à ce que le gouvernement français donne son accord, a fait l'objet de fuites dans la presse en janvier 2004. En réaction à cette fuite, le garde des Sceaux de l'époque affirmera aux médias : « Il semblerait que ce rapport contienne un certain nombre d'approximations, d'erreurs et de propositions inadaptées à la situation actuelle des prisons françaises » (Libération, 29 janvier 2004). De la même façon, en rendant finalement public le rapport et sa réponse officielle, quelques mois après, le gouvernement français précise notamment que les deux prisons fustigées par le CPT seront prochainement fermées (ce qui est désormais le cas) et souligne diverses améliorations matérielles entreprises. La réponse du gouvernement vient cependant réfuter l'analyse faite par le CPT. Le gouvernement insiste sur le fait que le taux d'incarcération en France n'est pas le plus élevé d'Europe et que la surpopulation est bien due à une

[53] Libération (21 avril 2004).

insuffisance du parc pénitentiaire et son inadaptation à l'augmentation réelle de la délinquance.

Ce dialogue difficile entre la France et le CPT illustre bien les problématiques de l'action du CPT. Des résultats positifs sont parfois obtenus puisque les visites ont pu susciter ou accélérer des améliorations concrètes, mais nous constatons également des fins de non-recevoir de la part du gouvernement sur certaines thématiques. Cependant, si ce bilan caractérise la dualité des résultats de l'action du CPT, elle ne cache pas pour autant la spécificité de la situation française parmi les États que l'on peut caractériser de récalcitrants. G, membre du CPT, évoque le cas de la France.

> Les États récalcitrants, entendons-nous… il y a d'autres situations, qui sont plus embarrassantes, avec des États qui ne sont pas du tout dans une situation de dèche économique épouvantable, on peut les citer, il y a l'Espagne, la France et d'autres… qui donnent un peu l'impression d'être au-dessus des recommandations qu'on peut leur faire, n'est-ce pas. Je vous rappelle que la France – c'est ce qu'on dit souvent à Matignon et autres – est la patrie, la mère des droits de l'homme, et qu'on n'a pas de leçon à leur donner, vous comprenez. Donc, ça devient un peu embêtant. Alors, là je parle de la France, vous avez peut-être vu ce qui s'est passé il y a quelques mois, ou quelques semaines, il y a eu une fuite qui fait que notre rapport est arrivé dans les mains de toute une série de personnes, toute une série de médias et que ça a fait un effet tam-tam absolument incroyable. Et, on peut penser que, si j'ose dire d'une manière un peu paradoxale, grâce à cette fuite, parce que, vous savez, les médias accordent beaucoup plus d'importance à des choses qui sont interdites que si on avait fait une déclaration, ou si le gouvernement avait publié tout seul, on peut espérer que cette petite « secousse », qui est infligée à l'opinion publique puisse avoir des conséquences positives. (Gérard, membre du CPT)

En effet, quand les recommandations du CPT ne sont pas suivies d'effet, il s'agit le plus souvent d'États qui ne sont pas en mesure de les mettre en œuvre (pays insuffisamment développés, situation économique difficile…). On pense alors à la Turquie et aux pays de l'Est, mais pas à la France. Toute comparaison ayant ses limites, un membre du CPT constate l'écart de progrès accomplis au cours des dix dernières années entre un pays comme la Turquie et la France.

> Tout n'est pas noir en France. Il y a quand même quelques progrès… Alors, c'est vrai que ce n'est peut-être pas grand-chose par rapport à l'ampleur du problème… Et ce que je dis souvent – et ce n'est pas pour flatter les Turcs – c'est que si on compare les progrès qu'ont fait les Turcs au cours des 10 dernières années, par rapport aux progrès qu'ont fait les Français, il n'y a pas photo, pour reprendre l'expression à la mode. Les Turcs sont partis beaucoup plus bas, mais vraiment, là, si on arrivait à faire… une espèce d'algorithme assez savant, on pourrait montrer les Français qui sont loin derrière les Turcs et ça leur ferait, peut-être, un effet positif… Pour avoir fait la deuxième mission en Turquie en 1991, par rapport à ce

qu'on a vu ensemble la dernière fois qu'on y est allé, c'est dingue, passez-moi l'expression. Alors que les conditions matérielles des prisons françaises, par rapport à ce qu'on a vu en 90 et puis aujourd'hui… je crois qu'on peut le dire, il n'y a pas de progrès, et puis c'est tout. (G., membre du CPT)

Les membres interviewés font, en effet, la distinction entre les pays qui sont demandeurs vis-à-vis de l'Europe en général et du CPT plus spécifiquement et ceux qui ne le sont pas et au contraire ont « tout à y perdre ». Certains pays dont la France auraient accepté de signer la convention et de se soumettre au contrôle du CPT par obligation et parce qu'il aurait été inimaginable qu'ils ne le fassent pas. À cette absence de progrès s'ajoute également une attitude française qui se démarque. La France n'est pas le premier pays pour lequel un ensemble de conditions de détention est qualifié de traitement inhumain et dégradant par le CPT. Mais il est certain qu'un pays comme la France n'était pas prêt à subir une telle critique de la part d'une institution européenne. Certains membres du CPT évoquent une France qui donne l'impression d'être au-dessus des recommandations et qui, en tant que patrie des droits de l'homme, estime n'avoir de leçon à ne recevoir de personne. Sur ce point, l'attitude de la France à l'égard des instances européennes fut comparée à celle des États-Unis à l'égard de l'ONU.

L'attitude de la France est une attitude, qui – à mon avis – peut être comparée utilement avec celle qui est reprochée, notamment par la France, aux États-Unis à l'égard de l'ONU. À peu de choses près, la France se conduit à l'égard du Conseil de l'Europe comme les autorités françaises ont critiqué les autorités américaines dans leur attitude à l'égard de l'ONU, en disant : « vous n'en faites qu'à votre tête, vous pourriez quand même… vous fier quand même à ce travail qui est fait, en l'occurrence par le Conseil de l'Europe ». Et c'est vrai que ça, c'était assez frappant, parce que ça tombait… moi j'ai fait des visites en France au moment où on parlait beaucoup de l'attitude des Américains à l'égard de l'ONU, et je trouve que ce parallélisme… il crevait l'écran. Parce que c'est vrai, ils se considèrent… la patrie des droits de l'homme, nous, on ne vient que de Strasbourg, « ce n'est pas vous qui allez nous expliquer », surtout quand on vient de pays comme la Suisse, la petite Belgique, ou encore San Marin, vous imaginez, « ces nains qui vont nous expliquer ce qu'on doit faire ». (F., membre du CPT)

Face à cette attitude, le CPT adopte une stratégie de dialogue renforcé, « plus corsé » selon les termes employés par un membre du secrétariat du CPT. La visite ad hoc réalisée en 2003 s'inscrivait déjà dans le cadre de ce dialogue. Il convient de relever que la France fait notamment partie des six pays avec lesquels le CPT expérimente depuis 2003 une nouvelle stratégie de dialogue au moyen de conseillers. Avec cette application expérimentale, deux conseillers sont désignés parmi les membres du CPT volontaires pour s'intéresser plus spécifiquement à des pays donnés et renforcer le dialogue permanent.

3. L'impact du CPT : éloges et critiques

Le CPT est un mécanisme novateur considéré comme un modèle du genre, mais dont l'évaluation de l'impact reste problématique. Sur un plan global, comme c'est souvent le cas pour toute politique sociale, mesurer les résultats et savoir avec certitude si le CPT contribue à réduire les mauvais traitements est impossible. Au cas par cas, il n'est guère plus facile de connaître l'effet des visites et des recommandations du CPT puisque les résultats ne se mesurent, ni individuellement, ni ponctuellement. Il en résulte que toutes les améliorations obtenues ne peuvent, avec exactitude, être reliées directement à l'activité du comité (Mottet, 1995). De plus, les informations disponibles sont bien souvent insuffisantes pour apprécier l'impact réel du Comité. L'évaluation d'un mécanisme de contrôle comme le CPT repose sur divers éléments intrinsèques au mécanisme, propres à sa nature et son fonctionnement, mais également sur des éléments extérieurs tels que la mise en œuvre de ses recommandations par les États concernés ou encore les répercussions de son travail sur des partenaires extérieurs.

A. Les facteurs intrinsèques du succès du CPT

a. Des éléments constitutifs et structurels de qualité

L'importante activité du CPT et le nombre d'États partis sont les premiers indicateurs du succès de ce mécanisme de contrôle. En effet, en 18 années d'existence, le CPT, qui réunit aujourd'hui 46 États, a réalisé plus de 200 visites.

La plupart des facteurs associés à l'impact du travail du CPT sont de nature structurelle. Tout d'abord, le CPT bénéficie de ressources budgétaires et humaines importantes qui exercent une influence directe sur le travail et l'effectivité de celui-ci (Morgan et Evans, 1994 ; Mottet, 1995 et Nicolay, 1995). En effet, le budget détermine divers éléments tels que la taille du secrétariat, le nombre de rencontres du CPT, le nombre de visites effectuées et les possibilités de recours aux experts. La question des ressources matérielles est apparue d'autant plus importante suite à l'élargissement des États membres du Conseil de l'Europe (Canivet, 2000 ; Cligman, Gratiot et Hanoteau, 2001). Bien que le CPT réclame fréquemment des ressources supplémentaires pour faire face à sa charge de travail grandissante, il est possible d'affirmer que les moyens dont il dispose lui permettent cependant de remplir correctement son mandat.

Un deuxième facteur structurel identifiable concerne la qualité du secrétariat et des membres composant le CPT. L'efficacité et la crédibilité du comité dépendent fondamentalement de la qualité, l'expertise, la vitalité et l'engagement de ses membres (Evans et Morgan, 1994 ; Morgan et Evans, 1994). Il semble, sur ce point, que les États aient, en effet, proposé des membres compétents et disponibles et même si certaines compétences font toujours défaut, l'ensemble des membres forme bien un regroupement de spécialistes qualifiés renforcé par l'adjonction ponctuelle d'experts. Pour disposer d'une expérience accrue, le mandat de ses membres est désormais renouvelable deux fois (CE, 1993 b). Devant l'amplitude de la tache assignée au CPT et les attentes placées dans son action, il a été évoqué la possibilité de faire du CPT une instance permanente afin de lui permettre de conserver et accroître son impact à l'avenir. La mission des membres du CPT deviendrait ainsi, pendant la durée de leur mandat, une activité professionnelle à temps plein. Cette option n'a pas été retenue et un membre du secrétariat nous indiquait qu'elle n'était pas souhaitable.

La permanence d'un secrétariat de qualité semble bien, être un autre élément structurel du succès du CPT. Il convient de relever que les deux facteurs mentionnés (budget et la qualité des membres du CPT) sont étroitement reliés, car si les membres composant le CPT réunissent une plus grande expertise, il ne sera plus nécessaire de recourir à des experts externes (Morgan et Evans, 1994).

Au plan structurel, il convient de relever que le nom donné au CPT est, en revanche, un facteur qui influence son travail et son efficacité en sa défaveur. Nicolay (1995) mentionne que, lors des visites effectuées, le nom du CPT choque ses interlocuteurs qui prennent cette visite comme une accusation de torture au sein de leurs établissements. Ainsi, cette situation ne facilite pas les contacts et crée une réaction défensive. Cette réflexion semble trouver écho dans la réponse donnée par le gouvernement français suite à la première visite périodique effectuée par le CPT. Le rapport de suivi mentionne, en effet :

Le gouvernement français, continue de penser que l'emploi du terme « torture » dans le rapport de visite, même si le Comité reconnaît n'avoir rencontré aucun indice ni aucune allégation de torture dans les locaux visites, est susceptible d'entretenir malaise et confusion après des personnels de terrain concernés alors que l'un des principaux objectifs recherche, tant par le Comité que par les autorités françaises, est précisément d'obtenir une pleine adhésion aux objectifs et mécanismes de la Convention (République française, 1994, p.6.).

Ce malaise sur l'identité du CPT est d'autant plus regrettable que ce nom ne reflète pas véritablement l'activité du comité qui dans de nombreux pays, examine, avant tout, les conditions de détention.

Au niveau de son fonctionnement, le CPT a respecté un calendrier ambitieux et un programme judicieux et les délégations ont globalement obtenu accès aux lieux et personnes. Dans ses pouvoirs d'investigation, le CPT a, de plus, démontré sa capacité à percevoir et détecter les difficultés et dysfonctionnements des établissements de détention. À titre d'exemple, le CPT a détecté en quelques heures une affaire de relations sexuelles entre surveillants et travestis détenus d'une prison française ce que l'inspection des services pénitentiaires, perçue comme un service de l'administration, n'aurait pu réaliser (Cabanel, 2000). Il apparaît clair que le bon fonctionnement du CPT s'analyse comme un élément essentiel de son efficacité.

Diverses suggestions ont été formulées quant aux perspectives d'avenir du CPT et l'éventuelle expansion de ses pouvoirs. Trechsel (in Mathieu 1993) propose d'accorder au Comite le pouvoir de contrôler l'application des règles pénitentiaires européennes. Cette mission est actuellement de la compétence du Comité de coopération pénitentiaire du Conseil de l'Europe qui ne dispose, lui, pas de pouvoir de visite. Il a également été suggéré que le CPT puisse mener les investigations aux côtés de la Commission européenne lorsque cette dernière est saisie par une requête de détenu. Le CPT exercerait alors les fonctions d'instruction dans le cadre de la procédure devant la Commission (Mathieu, 1993). La doctrine suggère également que les spécialistes du droit pénitentiaire et ceux des droits de l'homme travaillent en commun pour élaborer une charte européenne des droits de l'homme détenu servant de base à l'action du Comité européen. Le CPT disposerait alors d'une ligne d'orientation précise, mais assez générale qui lui permettrait de prévenir toute atteinte à cette charte (Mathieu, 1993). Sur ce dernier point, il convient de noter qu'au cours de son existence, le CPT a pris l'initiative de développer sa propre base d'action en établissant certaines normes pénitentiaires.

b. Une œuvre de création de normes pénitentiaires

• <u>Une construction normative progressive</u>

Dès le premier rapport d'activité en 1990, il est affirmé que le CPT s'inspire dans son travail de tout un « éventail de normes internationales » qu'il s'agisse de traités internationaux, de jurisprudence des organes internationaux ou encore de principes non obligatoires comme les normes du Conseil de l'Europe ou de l'ONU (CPT, 1990). Cependant, malgré cette profusion, le CPT constate la difficulté d'en tirer des principes directeurs clairs, concrets et adaptés aux situations rencontrées. Nous avons vu, à travers l'exemple de la France que le CPT adopte une interprétation souple et extensive de l'article 3 de la Convention. François, membre du CPT témoigne de cette attitude souple du Comité.

> Nous n'avons pas de définition de la torture et des mauvais traitements… c'est à géométrie variable, d'après ce qu'on voit, d'après la situation du pays… et elle est très large aussi, très souple… nous examinons aussi ce qui va au-delà de l'article 3, puisqu'en en effet seul l'article 3 parle de torture et de traitement inhumain et dégradant, or, dans nos rapports, évidement, quand on les examine, on va très largement au-delà de la stricte interprétation de cette disposition de la Convention.

Face à cette absence de définition, le CPT a rapidement envisagé de créer ses propres outils de travail.

Le CPT n'exclut pas, et en fait envisage actuellement, la possibilité de constituer progressivement un ensemble de normes générales pour le traitement des personnes privées de liberté. S'il parvient, au fil des années, à élaborer un corps de telles normes générales, le CPT pourrait, à un stade ultérieur, décider de le publier de manière à offrir aux autorités nationales un certain nombre de principes directeurs généraux pour le traitement des personnes privées de liberté (CPT, 1990).

Morgan et Evans (1999) mentionnent que le CPT a partiellement réalisé cette aspiration initiale. Le Comité a, en effet, fait œuvre novatrice en proposant ou en précisant les normes pour les adapter aux situations concrètes. À travers les deux types de documents produits (rapports généraux et rapport de visites) le CPT a progressivement dégagé de véritables standards visant à promouvoir les garanties fondamentales contre la torture et les autres formes de mauvais traitement (Rouget, 1996). Morgan et Evans (1999) constatent en effet que le CPT a régulièrement utilisé ses rapports annuels pour résumer son opinion sur différents aspects du traitement des personnes privées de liberté. Ce qui permet à certains auteurs d'affirmer que l'on dispose maintenant d'un corps substantiel de « jurisprudence » du CPT (Morgan, 1996 ; Evans et Morgan, 1998).

Le rapport d'activités 1989-1990 insistait sur le fait que le CPT ne tenterait pas de jouer un rôle de législateur. De nombreux auteurs comme Morgan et Evans (1999) soulignent cependant que, malgré cette déclaration, ces standards sont décrits comme des « fundamental safeguard ». En 2002, ces mêmes auteurs soutiennent que « les normes du CPT forment de loin l'ensemble de règles carcérales le plus détaillé jamais élaboré au niveau universel, régional ou national ». Murdoch (1999) affirme même :

It may now be possible to speak of the gradual emergence of a new European prison code of practice and of a common European criminal procedure, in each case on account of the public exercice of the quasi-legislative authority the CPT has assumed.

Pour Snacken (1997a), le CPT fait, explicitement ou implicitement, référence à des droits. Des droits sont, en effet, implicitement reconnus lorsque certaines circonstances ou aspects sont décrits systématiquement dans chaque rapport du CPT comme constituant des formes de torture ou de traitements inhumains (Snacken, 1997b). Nous relevons cependant que la formulation et la présentation de ces normes ne les assimilent pas à un corpus codifié et figé. Le CPT présente ces normes davantage comme une série de conseils et de commentaires sur certains aspects de la détention.

• Un apport pertinent, mais objet de préoccupations

Certains auteurs décrivent comme positive cette création de normes par le CPT. Casale (1995) en énumère les divers avantages. Le premier est, selon elle, de donner des indications claires de ce que le CPT attend et recherche. Ainsi, le personnel des établissements pénitentiaires peut éviter les critiques en anticipant le travail du CPT. Le second argument est celui de l'utilisation possible de ces normes par diverses autorités de plaintes telles que les tribunaux ou les ombudsmans pour mettre fin à certaines pratiques inhumaines. Finalement, le troisième argument développé par Casale est que, par ces normes, le CPT encourage les ONG dans leur lutte en leur fournissant un cadre et support pour exercer des pressions et légitimer leur action. Mayer (2002) ajoute que ces normes peuvent également nourrir et inspirer divers travaux de réforme au niveau européen et national.

D'autres auteurs se prononcent de façon plus mitigée et voire même critique sur cette entreprise de création des normes du CPT. La manière dont sont établies et diffusées ces normes semble être un des premiers éléments problématiques soulevés par les auteurs. Murdoch (1999) soutient que le fait que ces normes apparaissent de façon irrégulière et ne concernent que certains aspects des politiques de détention pose problème. Pour lui, ces normes s'apparentent donc davantage à des études de cas qu'à une véritable législation. Morgan et Evans (1999) soulignent qu'étant donné que les rapports annuels ne reprennent cependant pas tous les aspects couverts dans tous les rapports des pays, une analyse de la « jurisprudence » du CPT nécessite, hélas, de se familiariser avec un grand nombre de rapports de visite. Ils affirment qu'une réelle évaluation de ces normes ne sera possible que lors qu'un travail de vulgarisation aura été réalisé. Snacken (1997) regrette également que les critères et normes établies par le CPT n'aient pas été compilés.

Cette lacune a cependant été comblée par la publication en septembre 2002 d'un document qui compile les divers chapitres des rapports généraux d'activités consacrés aux questions de fond. Le document, intitulé « les normes du CPT », présente en un document unique, un regroupement de ces divers chapitres en huit thèmes (CPT, 2002a). La partie sur l'emprisonnement reprend donc les chapitres des rapports annuels 2, 7 et 11 qui ont développé les normes établies dans ce domaine. Par ce document, « le CPT espère ainsi préciser clairement et par avance aux autorités nationales ses vues sur la manière dont les personnes privées de liberté doivent être traitées et, plus généralement, inciter à la discussion en ce domaine » (CPT, 2002a). Cette compilation des normes remise à jour en 2004 permet désormais un meilleur travail de diffusion et d'évaluation.

Des questions à la fois concrètes et épistémologiques sont posées à propos de ces normes, leur création et leur application. L'établissement d'un corps de normes internationales par le CPT et leur application concrète à certains pays d'Europe centrale et Orientale dont les normes et infrastructures nationales sont peu développées présente tout d'abord le risque d'une stigmatisation contre-productive de ces États (Murdoch, 1995 et Morgan et Evans, 2002). Conscient de cette problématique, le CPT tient compte des circonstances et des éventuelles différences culturelles et tente de prendre en considération le contexte historique, social et économique de chaque pays (CPT, 2002b). La présidente du Comité rappelle que chaque pays a un point de départ différent et que certains d'entre eux gèrent encore des problèmes réglés depuis longtemps par d'autres (CPT (2002b). Pour le CPT, il est, en effet, important de reconnaître les efforts et les améliorations réalisés par certains pays qui présentent malgré tout des conditions de détention déplorables. Le CPT tient, en effet, compte des circonstances du monde extérieur et des éventuelles différences culturelles, mais il se doit d'avoir recours à des normes minimales et fondamentales pour tous les pays afin de garantir des normes universelles.

Le débat de l'universalité de ces normes se situe alors à un niveau épistémologique. Une préférence pour certains systèmes ne se dessinera-t-elle pas à l'avenir ? Est-il souhaitable d'aboutir à un système européen uniforme de garanties et de droits qui conduirait à imposer des normes « occidentales »? Ou doit-on, au contraire, laisser chaque pays libre de développer son propre système à partir de ses spécificités nationales, sa culture juridique pénale et pénitentiaire ? s'interroge Snacken (1997a). Doit-on imposer les normes « occidentales » aux autres pays ou tenir compte des spécificités nationales et mettre en œuvre ce que Murdoch (1995) appelle « une politique de deux poids, deux mesures » et Morgan et Evans (2002) « une approche à géométrie variable » ? Ces auteurs soulignent qu'une telle approche pourrait entraîner un affaiblissement des instruments de protection des droits de l'homme.

Finalement, la question de la légitimité de cette élaboration des normes se pose. Cette entreprise normative pourrait, en effet, s'analyser comme un dépassement de son mandat par le CPT. Il convient cependant de relever que l'acceptation de ces normes par les États parties ne semble pas poser de problème jusqu'à présent. Comme le font remarquer Morgan et Evans (2002), il est remarquable qu'aucun gouvernement n'ait suggéré que l'approche globale de prévention inspirant l'ensemble de normes du CPT soit inacceptable. Un membre du CPT rencontré témoigne justement de cette absence de remise en question des normes du CPT et de son étonnement face à ce succès :

> Ça ne nous est pas contesté, ça, finalement… je l'ai déjà dit, mais je le souligne, ce qui est surprenant c'est que personne à ma connaissance, à quelques exceptions près, ne nous ait dit « attention, stop, stop, c'est l'article 3 un point c'est tout ». Donc on a fait vraiment… une interprétation extraordinairement expansive du mandat du Comité et puis ça marche, ça marche ! (G., membre du CPT)

En effet, même si toutes les normes ne sont pas acceptées par des États, la démarche et l'approche adoptée par le CPT semblent jusqu'à ce jour incontestées par les États partis.

B. Les facteurs extrinsèques du succès du CPT

a. La mise en œuvre des recommandations du CPT par les États

• Des changements notables obtenus

Les recommandations du CPT n'ayant pas une portée juridique obligatoire, elles demeurent soumises pour leur mise en œuvre à la bonne volonté et à la bonne foi des États. Selon le rapport Canivet (2000), le CPT a finalement révélé, par son fonctionnement, une efficacité contraire à certaines prédictions pessimistes. Le bilan semble incontestablement positif tant le système se révèle efficace dans la pratique. Un membre témoigna même de son agréable surprise face à l'efficacité du CPT :

> Oui, alors ça, c'est aussi une découverte très agréable… que l'action du CPT est très efficace. Et l'exemple de pays, où l'on voit l'évolution du système pénitentiaire à chacune des visites du CPT, des pays qui avaient des systèmes pénitentiaires très durs, enfin, où on ne se souciait pas trop du respect de la personne et qui, à force de visites du CPT, de recommandation finissent par faire évoluer leur politique pénitentiaire. Je crois que, auprès de ces organismes internationaux, que ce soit l'ONU, le Conseil de l'Europe ou autres, il y a toujours beaucoup de comités qui fonctionnent et on a parfois l'impression que c'est beaucoup d'intelligence et beaucoup d'énergie qui ne débouchent pas sur des choses très concrètes, parce qu'on échange beaucoup d'idées, on proclame des grands principes et puis dans les faits, ça ne se traduit pas forcément, alors que le CPT, on voit concrètement les évolutions positives. Alors je parlais à l'instant des pays qui avaient des systèmes pénitentiaires très durs, enfin très rudimentaires, et qui évoluent vers des systèmes où on respecte plus la personne, mais même dans les pays dits de vieille démocratie, comme il en existe en Europe de l'Ouest, où les systèmes pénitentiaires paraissaient plus évolués, mais présentent quand même encore bien des défauts, on constate que les visites du CPT ne sont jamais sans effets (H, membre du CPT).

Le contrôle global que le CPT exerce permet donc des améliorations significatives « tout en ménageant les susceptibilités des États » (Canivet, 2000). Rouget (1996) souligne que, malgré l'absence de sanctions attachées aux recommandations qu'il adresse aux États, le CPT a su dans de nombreux cas amener les États vers la voie du changement en suscitant ou accélérant les processus de réforme. Certains effets positifs sont concrets comme des réfections de locaux, l'amélioration des formations, la réforme des services de santé ou encore l'attribution de garanties supplémentaires.

> C'est vrai qu'on a de nombreux exemples dans tous les pays d'amélioration de la situation... en Fédération de Russie, une mesure extrêmement importante qui a été prise, elle peut paraître dérisoire et technique, on dévisse les « jalousies » apposées aux fenêtres qu'est-ce que ça a apporté, ça a apporté que dans les cellules il y a ou il va y avoir bientôt de la lumière du jour... Alors qu'avant il n'y avait pas de lumière du jour 23h sur 24 et va y avoir de l'air frais qui rentre et ça c'est des éléments fondamentaux de l'existence. Alors ça, c'est un acquis je dirais majeur. En Allemagne dans un service de psychiatrie légal, les autorités ont pris certain nombre de mesures quand il fallait mettre les gens à l'isolement pour qu'ils aient des vêtements convenables, pour qu'ils ne dorment plus sur un matelas, pour que dès que leur état évolue on lève les restrictions de la mesure d'isolement... À l'aéroport de Francfort, des personnes étaient détenues quand même pendant des périodes prolongées dans des conditions d'hébergement qui n'étaient absolument pas appropriées là-bas et les autorités ont donc cherché un autre lieu d'hébergement, bon, ça a été après la deuxième visite... En Bulgarie on avait eu dans une prison de très nombreuses allégations de mauvais traitements pour les personnes détenues, ça a été porté tout de suite à l'attention des autorités qui ont fait une enquête... qui a confirmé nos constatations et donc un certain nombre de mesures ont été prises pour changer de personnel, pour revoir les choses et la situation au niveau des mauvais traitements s'est réglée. (A, membre du secrétariat du CPT)

Dans quelques circonstances, en France comme ailleurs, la visite du CPT a même motivé ou tout au moins précipité la fermeture d'établissements vétustes. Le CPT est reconnu au sein du Conseil de l'Europe comme « un des organismes qui a une action vraiment très positive pour le respect des droits de l'homme » (Hugo, membre du CPT).

- Les réactions des États

Pour apprécier l'impact du CPT, il convient d'analyser les réactions qu'il suscite de la part des États à la fois sur le terrain lors des visites et dans les échanges et les réponses officielles.

Méfiance et confiance rencontrées sur le terrain

Sur le terrain, la relation entre le CPT et les autorités concernées oscille entre méfiance générale et confiance gagnée. Les membres du CPT rencontrés témoignent, tout d'abord, du manque de connaissance du personnel. Ils doivent parfois expliquer à la direction des établissements ce qu'est le CPT. Il semble cependant que les autorités pénitentiaires connaissent suffisamment le CPT pour redouter ses critiques. Ce regard critique du CPT est, selon Hugo, membre du CPT, certainement à l'origine de la méfiance des autorités pénitentiaires à l'égard du CPT.

> Les directions d'établissement se méfient un peu parce qu'elles savent – surtout si il y a déjà des missions du CPT qui sont passées les années précédentes – elles savent que ça se traduit souvent par des critiques qui remettent en cause leur manière d'agir, leur manière de faire, et, bon, elles n'aiment pas qu'il y ait un regard extérieur, étranger, qui vienne justement se fixer sur ce qu'elles font.

Que ce soit avec du personnel de direction ou des gardiens, les tensions existantes semblent s'estomper au fur et à mesure qu'ils connaissent le CPT. Pour le personnel, le CPT est parfois perçu comme une occasion de transmettre leurs récriminations à l'égard de la direction sur leur formation ou leurs conditions de travail. Un membre du CPT que nous avons rencontré témoigne de ce changement d'attitude du personnel :

> Nous constatons que dans certains lieux où nous retournons, ce sont certains responsables locaux, parfois, qui nous disent : « mais écoutez, voilà, revenez, et on est bien contents que vous soyez revenus parce qu'on va vous montrer ce qui n'a pas encore changé et ce qui, pour nous, nous paraît tout à fait indispensable ». Donc, je veux dire, dans un premier temps, ils étaient méfiants, je pense notamment à certains gardiens de prison... qui, après coup, nous voyant revenir, nous disent : « mais écoutez, on ne vous avait pas montré ça, la fois passée, mais maintenant on va vous montrer, on va vous dire aussi ce qu'on nous fait faire, parce que nous, on considère que ça ne va pas ». Donc, eux-mêmes ont compris que, passée cette première phase, dans un second temps, ils pouvaient, eux aussi, en quelque sorte, bénéficier du travail qui est le nôtre, se disant, implicitement, mais certainement : « finalement, ça affecte aussi nos conditions de travail, ce que vous faites, et donc si on veut améliorer nos conditions de travail, pourquoi pas s'intéresser aussi à ce que vous dénoncez » (François, membre du CPT).

Au niveau des gouvernements, la même méfiance semble définir la relation au CPT. Un membre du CPT rencontré soulignait à ce propos que pendant une longue période ils étaient vus « avec un drôle d'œil » comme des « espèces de pseudo-ONGéistes, droits-de-l'hommistes » dont les activités et les personnalités suscitaient toute une série de suspicions. Il relève cependant que leur objectivité est davantage reconnue et qu'il ne leur est plus reproché d'avoir des positions partisanes ou d'être influencés par les raisons politiques. La méfiance qui subsiste est perçue comme normale et naturelle et malgré leurs protestations, la plupart des gouvernements sont « sensibles » aux risques de condamnations du CPT, du Conseil de l'Europe et de l'opinion publique générale.

> Passer maintenant pour un pays où on néglige les droits de l'homme, ça fait pas une bonne image... alors comme il y a quand même le danger que le CPT rende publique une déclaration... il y a le risque d'être exclu du Conseil de l'Europe, qui est un risque ultime, mais tout ça est pris en compte finalement. Il y a peu de pays qui puissent faire comme si le Conseil de l'Europe n'existe. À partir du moment où ils ont adhéré à la Convention européenne des droits de l'homme, il y a peu de pays qui auraient le cynisme de dire : « oh, ça fait rien, peu importe, on s'en moque ». Alors, c'est encore plus vrai pour des pays qui sont candidats à l'entrée dans l'Union européenne, ils se sentent absolument obligés de faire des progrès pour pouvoir adhérer à l'Union européenne (Hugo, membre du CPT).

Certains États établissent au fur et à mesure une relation de confiance avec le CPT qu'ils perçoivent comme un élément tout à fait objectif dont l'aide est souhaitée voir même sollicitée. Agnès, membre du secrétariat du CPT rapporte cette évolution en évoquant certains États qui réclament l'expertise du CPT.

> Et très souvent les États aussi de plus en plus voient le comité comme vraiment quelqu'un qui peut les assister et les aider et non plus comme quelqu'un dont il faut avoir peur... Ils ont bien compris qu'en fait cela ne peut que les aider donc il y une confiance qui s'est créée là-dedans et maintenant aussi il y a des États qui n'hésitent pas à nous inviter à venir faire une visite. Par exemple quand la grande campagne de grèves de la faim a commencé dans les prisons en Turquie contre la réforme du système pénitentiaire turc qui préconisait notamment qu'on abandonne les grands dortoirs pour des petites unités de vie, et bien la première fois c'est le gouvernement turc qui a invité le comité à venir évaluer la situation. Les Pays-Bas avaient invité le Comité à retourner aux Antilles néerlandaises pour effectuer une visite pour les aider à mettre en place un plan de réalisation des recommandations dans une prison qui avait causé beaucoup de problèmes.

Des réponses officielles extrêmement variables

Il est possible d'identifier divers types de réponses données par les gouvernements aux recommandations du CPT. Dans certaines réponses, les plus rares, le gouvernement évasif annonce qu'il prend bonne note des commentaires, que des études sont entreprises ou que ces questions sont à l'ordre du jour d'une future loi. L'étude du cas de la France illustre la difficulté que représente ce type de réponse puisqu'un bon nombre de réponses du gouvernement français se référaient à un projet de loi qui fut par la suite abandonné (République Française, 1998 et 2001). Plus souvent, les réponses des gouvernements sont, en revanche, très précises et indiquent les mesures prises dans les établissements suite aux remarques et recommandations du comité (travaux en cours, personnel recruté, cellules aménagées). Très fréquemment les réponses ont une plus grande ampleur et servent de « rampes d'explication » de la politique pénitentiaire telles que la présentation du programme immobilier, la description des conditions de formation initiale et continue du personnel, etc. (Couvrat, 2002).

Globalement, une grande proportion des recommandations ou commentaires du CPT rencontrent, donc, une réponse apparemment positive qui reporte ou au moins promet des améliorations. Une analyse rapide nous permet de constater que dans ses réponses, un gouvernement tel que la France affirme souvent avoir déjà entrepris des mesures indépendamment des recommandations du CPT. En se référant ainsi aux modifications entreprises comme si celles-ci étaient déjà prévues ou débutées, les gouvernements rendent encore plus difficile l'estimation de l'impact du CPT et semblent suggérer que l'intervention du CPT ne joue qu'un rôle minime dans le développement des politiques pénitentiaires. Il est cependant vrai que lorsqu'un État met en œuvre une recommandation du CPT, la raison est, peut-être, parfois, davantage attribuable à des pressions internes qu'aux injonctions du CPT.

Finalement, si le plus souvent le gouvernement prend acte de certaines situations et réagit plutôt rapidement aux déficiences constatées, il arrive parfois qu'il formule un avis différent, nuancé, dissident et parfois contraire de celui du CPT. Dans le cas de la France, le dialogue, jamais rompu, est parfois tendu. Nous avons vu comment, en 2004, le gouvernement français a vivement réagi au rapport du CPT dont le ministre de la Justice a ouvertement critiqué la validité et expertise. Dans sa réponse écrite au CPT, le gouvernement français a notamment réfuté l'analyse du CPT en matière de surpopulation (République française, 2004). Cet exemple français illustre bien les limites que peut rencontrer le CPT dans son dialogue avec les États et les difficultés de mise en œuvre de ses recommandations.

• Les raisons de l'absence de mise en œuvre

Les recommandations du CPT n'ayant pas une portée juridique obligatoire, elles demeurent soumises pour leur mise en œuvre à la bonne volonté et à la bonne foi des États. Il peut exister diverses raisons donnant lieu à l'absence de mise en œuvre des recommandations par les États. Dans tous les États, la lourdeur des institutions rend difficile la diffusion des informations sur la mission et les recommandations du CPT à tous les niveaux hiérarchiques.

Cependant selon les cas, les raisons de non-application des recommandations du CPT sont à chercher dans la situation économique ou l'attitude récalcitrante des États.

Des recommandations aux implications économiques difficiles

La situation socio-économique des États peut rendre difficile la mise en œuvre des recommandations du CPT qui touchent des questions de rénovations et de constructions d'établissements ou encore l'instauration de programmes et de services. Si en effet les États invoquent souvent des insuffisances de budget, ces problèmes ne se posaient guère au début de l'existence du CPT. Les premières parties contractantes n'étaient pas dans les situations économiques dramatiques qu'on peut retrouver dans certains pays d'Europe de l'Est et Orientale. Dans certains cas, un État peut avoir la volonté manifeste d'améliorer la situation, mais être limité dans ses moyens d'action en raison de sa situation économique. Même si le CPT prend en compte un tel contexte dans ses rapports, quand les moyens humains et financiers font défaut, le problème subsiste. À ce titre, le témoignage d'un membre du CPT rencontré est très parlant.

> Quand on visite un établissement pénitentiaire… qui est complètement délabré, dans lesquels les cellules sont innommables, il faut toujours respecter le principe d'équivalence, il faut aller voir, dans l'appartement de la rue d'en face, ou bien même dans l'institut de médecine légale de la rue dans face, quels sont l'état des sanitaires, par exemple. Je vous avouerai qu'une ou deux fois, j'ai eu des surprises… Donc, il faut faire attention, dans ces pays qui ont des moyens économiques extrêmement limités, il faut, à chaque fois, essayer de faire des propositions qui soient à la hauteur, je dirais, de leur économie générale. Vous savez, je vais vous dire que quand on arrive dans un poste de police dans un pays que je ne nommerai pas, et puis qu'il n'y avait pas de chaise pour les policiers pour s'asseoir, qu'il y a des oiseaux qui volent à l'intérieur du bureau de police parce qu'il y a des trous dans le toit, on est quand même un peu mal à l'aise pour s'assurer que la durée de 48 heures de garde à vue est vraiment respectée, vous comprenez. Et quand, en plus de ça, on vous dit : « écoutez, je suis désolé de vous l'avouer, mais les policiers n'ont plus été payés depuis onze mois », à moment là on se dit : « est-ce qu'on n'est vraiment pas un peu trop tôt ? Est-ce qu'il ne faudrait pas faire d'abord autre chose avant d'arriver à 8 heures ? » (Gérard, membre du CPT).

Ce type de situation confronte, en effet, le CPT aux limites de son travail et au besoin d'une attitude proactive.

> … Et si l'on veut être raisonnable, à quoi ça sert de retourner deux ou trois fois, quatre fois dans un pays, de dire « ça n'a toujours pas changé nous recommandons

> encore une fois... ». Par exemple dans un hôpital psychiatrique en Albanie, on a réussi à faire chuter le nombre de décès de façon tout à fait importante parce que des filières ont pu être exploitées pour pouvoir apporter l'aide humanitaire nécessaire, nous ne pouvons pas apporter l'aide humanitaire, mais c'est quand même un souci de coopération de trouver les voies et moyens pour qu'un État puisse remplir les recommandations qui ont été adressées. Et d'y aller quatre ou cinq fois, de voir encore des gens qui n'ont pas les médicaments et qui développent la tuberculose multirésistante... ça sert à quoi, il faut avoir une attitude plus proactive et ça, on l'a appris aussi au fil de l'expérience (Agnès, membre du secrétariat du CPT).

En effet, une des interrogations pour l'avenir du CPT est celle de l'adoption d'une approche davantage proactive pour aider un État qui le souhaite dans la mise en œuvre de ses recommandations. Il est très clair que selon la lettre de la Convention, l'aide financière aux États n'est pas dans le mandat du CPT. Selon l'avis de certains, ces problématiques doivent être prises en charge par d'autres acteurs que le CPT ; « parce que c'est vrai que ce n'est pas notre boulot. On n'est pas à même d'être efficaces là-dedans » (François, membre du CPT). Il s'agit bien d'impulsion que souhaite donner le CPT et non pas une prise en charge. Un membre du secrétariat nous expliquait « nous n'allons pas remplir des camions avec de l'aide humanitaire, ce n'est pas notre mandat, nous n'avons pas les moyens » mais que cependant « de façon quand même substantielle c'est dans le mandat de faire tous les efforts pour y arriver » (Agnès, membre du secrétariat du CPT).

Dès 1995, Mottet suggère la mise en place d'« un prolongement du système incarné par le CPT, qui viendrait proposer un soutien financier aux autorités compétentes en vue de la mise en œuvre de certaines recommandations ». Pour cet auteur, la mise en place d'un fond lié à la Convention européenne de la Prévention de la Torture et des traitements inhumains et dégradants (CEPT) permettrait donc d'aider à l'instauration de mesures concrètes de prévention. Kelly (2000) propose, de son côté, de développer une complémentarité avec les programmes d'assistance du Conseil de l'Europe et des autres organisations internationales. Le 13e rapport général d'activités du CPT (2003), mentionne que les discussions à ce sujet se poursuivent. Un séminaire de réflexion a notamment été organisé par une ONG. Des représentants des autorités, des représentants du Comité, des représentants des organisations non gouvernementales, d'autres institutions internationales se sont réunis pour établir un plan d'action qui prenne en compte les facteurs à débloquer pour mettre ces recommandations en œuvre. Le CPT envisage d'élaborer un mécanisme « associé » ou « partenaire » qui permettrait de faire une collecte de fonds et chercher des donateurs extérieurs. Comme le souligne Gérard, membre du CPT, la tâche ne sera pas facile :

C'est un vaste programme qu'on est en train d'élaborer... c'est aussi extrêmement intéressant. Parce que vous n'avez pas beaucoup, finalement, d'ONG ou bien, comment dirais-je, de donneurs qui s'occupent, passez-moi l'expression, de la « canaille ». On trouve toute une série de gens qui sont prêts à donner de l'argent pour les orphelins, mais la « canaille », non, ça ne marche pas, ça ne fait pas vraiment pleurer et sortir les porte-monnaie. Donc, on s'était dit : « il faut peut-être qu'on trouve quelque chose pour qu'on puisse faire en sorte que – malgré ces obstacles-là, on puisse améliorer les choses.

Malgré les difficultés, une première initiative a été récemment réalisée, dans un cas, en Moldavie, où des fonds du Conseil de l'Europe ont été attribués à une ONG avec le mandat d'améliorer les conditions de vie des détenus (CPT, 2004a).

Des recommandations auxquelles s'opposent des États récalcitrants

Dans certains cas, l'absence de mise en œuvre des recommandations ne s'explique pas par des raisons économiques, mais bien une résistance de la part de l'État concerné. Même si l'histoire du comité, entachée seulement de quatre déclarations publiques en 14 ans, démontre une bonne coopération des États en général, chaque année des recommandations sont ignorées ou rejetées par les États. Nous avons vu précédemment comment le cas français illustre, sous certains aspects, cette attitude et ces difficultés. La France n'est certes pas le seul pays à ne pas donner suite à certaines recommandations du CPT et d'autres exemples sont cités par les membres du CPT :

l'attitude, elle est la même, je veux dire là on parle de la France, mais les Pays-Bas aussi... la Belgique... la Belgique est le dernier pays sur les garanties fondamentales d'accès à l'avocat... moi, quand j'explique en Belgique : « vous savez, vous êtes le seul pays qui ne garantit pas ça », et quand on leur dit « écoutez, les Turcs ont changé la constitution, en Azerbaïdjan, etc. » (François, membre du CPT).

Pour Kelly (2000), le fait que, si les États refusent de coopérer, la seule arme dont dispose le CPT est de faire une déclaration publique, met en évidence l'inadéquation des pouvoirs du Comité à assurer l'implantation de ses recommandations. Le mode de fonctionnement du CPT basé sur le dialogue et non la critique surprend souvent et parfois même ses membres.

Le CPT a quand même une compétence assez bien... cadrée... et on a tendance, on voudrait déborder un peu notre mission... On ne peut pas le faire. Ce qui m'a un peu... c'est le caractère très soft, très diplomatique, des relations du CPT avec les États. Je comprends très bien l'idée, la philosophie qui gouverne cette manière de faire, c'est-à-dire qu'on ne veut pas rompre avec les États, au contraire, le souci

> c'est d'entretenir en permanence un dialogue et quand on constate certaines lacunes dans l'administration pénitentiaire dans certains pays, le fait que certains pays négligent totalement les recommandations qu'on a pu faire... on aurait tendance, en tout cas ma tendance, ça aurait été de faire des notes très comminatoires aux gouvernements intéressés en disant : « vous ne faites rien, etc., on va publier ça », alors que ce n'est pas du tout la politique habituelle du CPT, qui, encore une fois, travaille dans un souci permanent plutôt de dialogue, donc tout reste donc confidentiel dans les rapports avec les États, sauf quand les États acceptent qu'on publie les rapports... mais s'ils n'acceptent pas, ça reste confidentiel, ce qui est d'ailleurs très très exceptionnel, mais il faut prendre cette habitude-là, aussi et quelquefois... enfin moi, au début, ça m'a un peu choqué. J'aurais voulu que nous soyons plus énergiques (Hugo, membre du CPT).

Face aux États récalcitrants, Mayer (2001) affirme que le CPT se trouve à un tournant qui nécessite de se questionner sur les moyens de développer l'impact de ses recommandations. Cela semble également l'opinion partagée par les membres du CPT que nous avons rencontrés. Les propos de Gérard, membre du CPT sont, sur ce point, éloquents.

> On a passé la première phase d'exploration... j'ai l'impression qu'on en arrive à une deuxième étape, c'est-à-dire il va falloir « consolider l'empire ». On a fini la phase de découverte et de conquête et il va falloir maintenant, peut-être réfléchir à une manière différente d'intervenir auprès d'États récalcitrants, d'États chez lesquels, malgré le fait d'injonctions répétées, rien ne change... On pouvait, au début, pendant cette phase d'exploration, largement accepter l'idée qu'il fallait être patient, c'est-à-dire attendre, on ne pouvait pas être en mesure d'exiger des changements parce que la situation économique, politique, et autre ne le permettait pas. Maintenant, avec les années écoulées, je dirais que la situation est, quand même, un peu différente. Et c'est pour ça qu'on en arrive, de fait, à ce que j'appellerais une deuxième phase.

Si comme le dit un membre du CPT, il n'y a pas de recette pour aborder ces États récalcitrants, le CPT réfléchit depuis quelques années aux méthodes de travail à adopter. Le Comité précise encore, dans son dernier rapport annuel, que des visites supplémentaires ou une déclaration publique ne sont pas forcément les meilleurs moyens (CPT, 2005a). Le CPT semble privilégier la formule d'un dialogue plus intensif avec les États concernés. Le Comité a mis en place en 2003 un système qui permet aux membres qui le souhaitent de s'intéresser plus spécifiquement à des pays donnés et de devenir conseillers. L'application expérimentale est en cours dans six pays, dont la France, avec 2 conseillers par pays. Le CPT a, en effet, quelque peu modifié ses méthodes de travail en donnant plus de responsabilités aux délégations et aux conseillers, quand il y en a, pour assurer le suivi des visites et le dialogue permanent avec l'État concerné. Ces modifications émanent de la nécessité de développer des stratégies propres « à amener le changement » (CPT, 2003c).

• La diffusion des recommandations du CPT : publication et publicisation

Deux éléments importants de l'impact du CPT et de ses recommandations sont la publication et la publicisation de son existence et de ses rapports.

Comme nous l'avons déjà mentionné, les rapports rédigés par le CPT à l'issue de ses visites sont soumis à la règle de confidentialité. Leur publication est soumise au consentement et donc à la bonne volonté des gouvernements. Comme le souligne Mayer (2002), le respect de ces règles nuit, en partie, à la connaissance des travaux du CPT. De plus, dans certains cas, le fait de ne pas rendre publiques des informations sur des situations très graves fait courir pour le CPT le risque d'apparaître comme complice des autorités. Ce silence imposé au CPT avant la publication du rapport est perçu comme « le prix à payer » pour la liberté donc dispose le comité (François, membre du CPT). Cependant, le délai entre la communication du rapport et son autorisation de publication par l'État concerné est jugé d'une longueur injustifiée. Comme l'exprime Agnès, membre du secrétariat du CPT, le délai peut parfois réduire la portée et l'utilité de ce rapport :

> C'est bien de rendre un rapport public, mais si ce rapport est rendu public trois, quatre ans après la transmission, la photographie qu'on a pu donner de la situation dans un État aura considérablement changé, dans le positif ou dans le négatif. Mais il y aura un moment propice au changement qui aura pu disparaître parce que les acteurs qui auraient pu contribuer à ce changement n'étaient pas informés du contenu du rapport, n'ont pas pu l'utiliser à bon escient et ça, ça peut être autant des organes politiques, autant les législateurs, autant les responsables d'administration pénitentiaire que les organisations non gouvernementales elles aussi… Et c'est très important parce que si par exemple vous avez une réforme en cours dans un pays touchant aux personnes privées de liberté, le fait que cela soit dans le domaine public peut montrer une voie à suivre et peut permettre de corriger une action… qui ne va pas dans le sens des recommandations du comité.

Face à cette problématique du délai, la stratégie du CPT est d'inciter les États à publier les observations préliminaires faites par les délégations à l'issue de leurs visites. En effet, après chaque mission, en principe le dernier jour, le CPT fait état de ses premières observations au cours d'une « discussion finale » avec les autorités. Le Comité des ministres du Conseil de l'Europe a lancé un appel, en février 2002, aux États pour qu'ils publient à la première occasion le rapport du Comité et les observations préliminaires.

Cependant, il convient de constater que, malgré le retard observé, le CPT a généré un flot constant de rapports et obtenu des gouvernements des réponses dont l'écrasante majorité a été rendue publique. Le souci de diffusion de ces rapports est très présent et le CPT a mis au point un site internet complet où tous les rapports sont disponibles le jour même de leur autorisation par l'État. Le CPT diffuse également des cd-roms qui reprennent en intégralité tous les rapports annuels, de visites, réponses, etc. En 2002, des kits d'information sur le CPT ont été réalisés dans 11 langues et en 2004, le CPT a rendu public un vidéo kit réalisé dans le but de faire mieux connaître le CPT. Ce vidéo kit, destiné principalement aux journalistes, présente le fonctionnement et les normes du CPT au moyen notamment de reconstitutions de cas. Le CPT adopte, en effet, une attitude ouverte par rapport aux médias et rédige des « flash info » qui annoncent les publications de rapports et font ressortir l'intérêt ou les points forts du rapport et de la réponse des autorités.

Une fois publiés, les rapports suscitent un grand respect et font généralement autorité. Morgan et Evans (2002) soulignent, cependant, que les rapports du CPT ne sont pas massivement diffusés et attirent assez peu l'attention des médias. Dans le cas français, il est possible de constater que les rapports du CPT sont régulièrement relayés par les principaux médias d'informations avec, cependant, une intensité variable. La visite réalisée en 2000 donna lieu à une couverture journalistique dans le journal Libération (19 juillet 2001). Suite à la visite 2003, le rapport transmis à la France le 20 novembre 2003 fut l'objet de fuite dans les médias avant même l'autorisation de sa publication par l'État. Des éléments de ce rapport –particulièrement critique – furent repris dans divers journaux en janvier 2004 (Le nouvel observateur, 28 janvier 2004 ; Libération, 28 janvier 2004 ; Le Monde, 29 janvier 2004). Ce rapport a, en effet, bénéficié d'une couverture médiatique inédite peut-être en raison de son caractère non autorisé. La publication officielle de ce rapport avec la réponse du gouvernement a suscité une couverture beaucoup moins importante (Le nouvel observateur, 27 février 2004). Le canard enchaîné (4 février 2004) dénonça l'attitude de la France qui s'abstient de divulguer les observations préliminaires faites après la visite, attend le délai officiel pour donner ses réponses et publie généralement le rapport un an après la visite « si possible au creux de l'été ».

Si dans le contenu, les journaux reprennent avec beaucoup de sérieux les constatations du Comité, l'écho des rapports reste limité. Le rapport Cabanel (2000) illustrait ce point en constatant qu'en France, la publication du livre de Dominique Vasseur (2000) eut un impact nettement supérieur à celui des rapports des visites du CPT. En effet, la comparaison d'un passage du livre de Vasseur et du rapport du CPT publié trois ans auparavant montre une grande similarité dans le contenu. Pourtant, seul l'ouvrage de Vasseur a suscité des réactions, alors que le rapport du CPT n'avait pas suscité la moindre émotion collective. Un parallèle identique peut-être fait l'impact médiatique très faible de certains actes de torture dénoncés par le CPT, notamment en République

Tchétchène et celui beaucoup plus important suscité par les images des prisonniers de la prison Abou Ghraib en Irak.

- <u>Un impact non immédiat à visée préventive</u>

Les membres du CPT sont parfois confrontés aux limites de leurs actions notamment face aux principaux intéressés : les détenus. Les propos de François, membre du CPT témoignent de ces difficultés.

> Mais, bon, en même temps on parle de cette effectivité par rapport aux autorités, maintenant, par rapport aux détenus, il faut bien se dire que dans certains cas, on est démuni. Bon, moi je me rappelle, c'est une prison... de l'avis de certains, ils n'avaient jamais vu une prison aussi délabrée... j'ai vu tous les détenus qui étaient là dans des cellules, enfin, pff, peut-on appeler ça des cellules ? Enfin, c'était des trous noirs, je veux dire, sans accès à la lumière, il n'y avait pas d'électricité, c'était abominable... Bon, c'est sûr que la situation, on l'a dénoncée... quelle est leur situation maintenant, autant de mois après, est-ce que certains ont survécu autant de mois, dans ces trous ? Je ne sais pas et peut-être que c'est sûr qu'ils se demandent : « tiens, à quoi ça a servi de parler à ces gars qui ont débarqué tout à coup un beau jour de Strasbourg »... Mais, maintenant, quelques mois plus tard, quelle est la situation de ces différentes personnes-là ? C'est sûr que le temps que notre rapport soit établi, soit publié, soit envoyé, soit répondu... on sera bien loin, évidemment ? Peut-être que ces détenus se diront : « À quoi ça a servi ? ».

Dans certains cas, l'impact d'une visite du CPT aura, selon lui, comme seul impact pour le détenu une distraction et peut-être un gain de dignité :

> ...c'est vrai que, sur le moment même, on a peut-être rendu un minimum de dignité, parce que c'est vrai que là où les gardiens ne voulaient pas qu'on leur parle, ne voulaient pas fermer la porte derrière nous, prétextant un tas de choses, en disant : « ils sont trop dangereux, etc. », et je crois que c'est vrai que sur le moment même on a peut-être pu leur rendre un minimum de dignité en disant donc : « nous on entre, on reste, on s'assied là à côté de lui, ou face à lui, et on va discuter avec lui dans sa cellule ». Et je veux dire, voir qu'on avait cette attitude-là, peut-être que certains se sont dit : « Tiens, voilà, quand même, je vaux quelque chose aux yeux des autres ».

L'action du CPT est, en effet, un travail à long terme qui ne porte pas toujours ses fruits pour les détenus qui s'adressent au CPT. Les membres sont conscients de cette situation aussi difficile à vivre qu'à expliquer aux détenus.

> En revanche, ce qui arrive de temps en temps, et je veux dire, qui est assez embarrassant... qu'on retrouve la même personne en face, ce n'est pas toujours évident de lui expliquer pourquoi est-ce que rien n'a changé, vous imaginez... c'est de leur dire : « écoutez, on ne garantit rien, n'est-ce pas, et que c'est

extrêmement important ce que vous dites, mais ça ne sera peut-être pas utile pour vous, mais, peut-être pour vos enfants ou ceux qui viendront après, il faut laisser du temps au temps » (Gérard, membre du CPT).

En faisant référence aux générations suivantes de détenus, Gérard évoque donc l'effet préventif de l'activité du CPT. Cet effet préventif, qui est l'objectif même du comité est, peut-être, le plus difficile à percevoir. Pour Mottet (1995), il est évident que cet effet moins visible augmente au fur et à mesure que le rôle du CPT est davantage connu. Morgan et Evans (2002) affirment que si les visites ont peu de chances de prévenir la torture ou les actes inhumains ou dégradants, il n'en reste pas moins qu'elles jouent un certain rôle dissuasif. Dans certains cas, comme le mentionne Agnès (membre du secrétariat du CPT) l'absence ou le retard de mise en œuvre des recommandations par les gouvernements ne signifient pas, forcément, un impact nul du travail du CPT qui peut parfois avoir simplement évité une détérioration des conditions de détention.

Est-ce que le Comité permet de faire avancer les choses ? » C'est une question très simple à poser, mais c'est vraiment difficile d'y répondre… mais au moins il y a une chose qui est très importante c'est que ce comité permet quand même d'éviter les retours en arrière. Si ça ne permet pas toujours de progresser, ça permet quand même d'éviter les retours en arrière. Alors ça c'est important aussi, cette vigilance, c'est très important parce qu'il faut éviter de revenir sur les acquis, alors des progrès bien sûr il y en a.

b. Les partenaires du CPT : influences subies et exercées

Le CPT ne peut exercer son mandat de façon isolée et totalement indépendante. Son activité le place au centre d'un contexte regroupant gouvernements, institutions et associations non gouvernementales. Le dernier rapport général d'activité souligne notamment que le CPT est fréquemment sollicité pour assister à un grand nombre de réunions intergouvernementales et non gouvernementales (CPT, 2003b).

• Le CPT et les autres instances européennes

Morgan et Evans (2002) soulignent que le CPT agit au sein du « climat politique et financier généré par le Conseil de l'Europe » et son activité ne peut donc pas être totalement exclue de l'influence de celui-ci. Lorsque le CPT fut créé, la question de son rôle et ses compétences par rapport aux autres instances européennes et notamment la Cour européenne des Droits de l'Homme (CEDH) s'est posée. Morgan et Evans (2002) relèvent que la répartition de compétence des deux organes apparaît parfois difficile à mettre en œuvre. Toutefois, Pédron (1995) estime que si on pouvait redouter que les fonctions du CPT se chevauchent avec les organes de contrôle de la Convention de Sauvegarde des Droits de l'Homme (CSDH) que sont la Cour et la commission, cela ne semblerait pas être le cas. En effet, le CPT n'est pas compétent pour traiter de questions soulevées pendant une procédure en cours devant les organes de la CSDH et n'est pas, non plus, habilité à en interpréter les dispositions. De plus, le Comité pourrait uniquement empiéter sur le domaine de la CEDH s'il disposait de compétences judiciaires ce qui n'a jamais fait partie de son mandat (Morgan et Evans, 2002). Le CPT n'est ni une voie de recours ni un organe juridictionnel. Il ne se prononce pas sur des plaintes individuelles, mais se limite à traiter des conditions de détention sur la base de ses observations (Canivet, 2000). Si la Commission et la Cour font de la résolution de conflit au plan légal, le CPT fait lui de la prévention de conflit au plan pratique. Pour un juge de la CEDH, l'articulation de ces deux mécanismes est particulièrement cohérente et complémentaire.

> Et ça je trouve que c'est l'alchimie assez extraordinaire de ce système de protection, qui est judiciaire bien sûr donc on n'agit pas vraiment au niveau de la prévention… ça, c'est d'autres organismes comme le CPT, la prévention de la torture, nous on est dans la voie judiciaire, disons-le répression… non on est pas proactif, on n'est pas préventif dans ce sens-là… C'est pour ça que l'articulation entre la Convention de prévention de la torture et l'article 3, c'est une articulation très importante. Le CPT va faire de la prévention, fait du dialogue et il a d'autres modes de fonctionnement… c'est des visites… l'objectif du contrôle c'est le dialogue pour modifier les choses. Ça c'est la structure CPT, prévenir-visite-dialogue, faire des recommandations des changements et ça c'est vraiment quelque chose qui s'adosse au contrôle de la Cour qui lui va être a posteriori, nous on intervient lorsque quelqu'un a traversé tout ça et après avoir tenté de faire valoir sa situation dans son pays, s'est heurté à des fins de non-recevoir et donc vient chez nous. Et donc, on poursuit ce travail de l'autre versant, a posteriori, et si on constate que l'État a manqué à son obligation de l'article 3, eh bien on constatera une violation. Donc nous c'est pas du tout le dialogue, non, ici c'est vraiment l'instance judiciaire, on va examiner la situation de manière contradictoire et puis prendre une décision. Donc nous on est après, eux ils sont avant (Dominique, juge à la CEDH).

Selon un membre du secrétariat du CPT, cette distinction est, cependant, plus difficile à faire pour les détenus :

> Oui, nous expliquons quel est notre mandat, par exemple nous ne pouvons pas prendre en compte des situations individuelles, des situations qui sont liées à des procédures en cours, en termes de délais raisonnables, le fait qu'on n'ait pas eu accès à son dossier ou à ses informations… Donc ça, c'est vraiment du ressort de la Cour et donc nous invitons à ce moment-là les personnes à écrire à la Cour, il nous arrive aussi parfois, quand visiblement l'on voit aussi que ce sont des personnes

pour lesquelles c'est déjà très difficile d'avoir fait parvenir la lettre jusqu'au Conseil de l'Europe, que plutôt que de réécrire a la personne, ça va peut-être arriver dans six mois si jamais ça n'arrive pas, on va aller voir à la Cour en disant « Voilà, s'il vous plait regardez, nous considérons que c'est plutôt de votre ressort, nous vous laissons libres d'apprécier »... forcément on se communique entre nous, en disant « Bon... est-ce que vous écrivez ? Est-ce que nous on écrit ? » (Agnès, membre du secrétariat du CPT).

Le CPT, la CEDH et la Commission sont trois organismes européens qui travaillent autour de la question de la torture et des mauvais traitements. Il est cependant vrai qu'ils ont de ces concepts une interprétation différente. Céré (1999) souligne que le CPT adopte une démarche qui l'amène à penser que des mauvais traitements découlent aussi bien d'une action positive, que d'une omission ou de conditions générales de détention insatisfaisantes. Ainsi, des différences d'interprétation de la notion de traitement inhumain et dégradant existent entre la Cour et le Comité. Le CPT peut être amené à détecter des situations comme reflétant une violation de l'article 3 de la CEDH alors que la Cour ou la Commission ne l'aurait sans doute pas identifié comme tel. Le CPT refuse de donner une définition figée de ces concepts. Définir ces termes relève de la compétence de la Cour et le CPT est seulement responsable de l'aspect pratique de la prévention de ces traitements. La présidente du CPT affirme même :

When I go into a police station and talk to someone in custody, I don't worry about definitions. If the man is in pain and suffering, I'm concerned to put a stop to the violence against him (CPT, 2002b).

Malgré ces considérations, la plupart des auteurs s'accordent pour qualifier les relations entre le Comité, la Cour et la Commission de complémentaires, voire même, selon Céré (2001), symbiotiques. Cette influence réciproque peut s'exercer de diverses façons. L'information générée par le CPT peut être portée à la connaissance de la Cour selon deux moyens. Il arrive tout d'abord que le Comité reçoive des informations en dehors de son mandat, mais de la compétence de la Cour, il y a alors transmission. De plus, les informations générées par le CPT qui entrent dans le domaine public sont disponibles pour la Cour quand elle considère des cas qui impliquent des faits ou des allégations similaires. Les propos d'un juge illustrent également le fait que le travail CPT peut être interprété comme indicateur des problématiques à venir pour la Cour : « par exemple moi j'attends le moment où on aura des requêtes sur la pauvreté en prison, ça je sens, enfin de ce que j'ai vu au CPT, je sens que c'est des questions qui pourraient nous arriver » (Dominique, juge à la CEDH). Morgan et Evans (1999) soulignent que le CPT et son secrétariat travaillent dans le même édifice de la Cour. Il ne fait pas de doute pour ces auteurs que le secrétariat fournit au CPT des informations sur les jugements de la Cour pertinents à son travail. Morgan et Evans constatent ainsi qu'il s'agit de relations à double sens : les décisions de la cour guident le CTP et les constatations du CPT stimulent les recours et à l'occasion influencent directement l'application de l'article 3. Kelly (2000) souligne que si le CPT ne doit pas devenir une unité de recherche de la cour, il serait, cependant, souhaitable de désigner un agent de liaison entre les mécanismes de protection des droits de l'homme.

La complémentarité n'est, en effet, pas issue de relations institutionnelles formelles entre ces organismes, mais bien d'influence diffuse sur le contenu de leur travail réciproque. En effet, le Comité n'est pas lié par la jurisprudence des organes judiciaires ou quasi judiciaires, mais il peut cependant utiliser, dans son travail, cette jurisprudence comme point de départ, de référence ou d'inspiration (Rouget, 1996 ; Kelly, 2000). Si le CPT peut clairement s'inspirer de la jurisprudence de la Cour, la question se pose, dans l'autre sens, de savoir si les normes du CPT peuvent influencer la jurisprudence de la Cour européenne des droits de l'homme. Kelly (2000) souligne, sur ce point, que si le CPT ne s'estime pas lié par la jurisprudence de la Cour, il serait déraisonnable d'espérer que la Cour se sente obligée d'homologuer les opinions du CPT. S'il n'y a, certes, pas d'obligation, il est possible, dans les faits, de constater une influence du CPT sur la jurisprudence de la Cour.

Depuis quelques années, la tendance se dessine d'une utilisation accrue et de références fréquentes aux rapports du CPT dans les arrêts de la Cour. Kelly (2000) constate qu'en se référant au travail du CPT dans un arrêt du 25 juin 1996 (Amuur v. France), la Cour semble donner raison au CPT et par la même occasion, préserver un degré de complémentarité entre approches judiciaire et non judiciaire. En 2001, dans l'arrêt Dougoz c. Grèce[54], la Cour prend largement en compte les rapports du CPT dans son étude d'une plainte alléguant des conditions de détention (surpopulation, absence de literie, installation sanitaire inadéquate et nourriture insuffisante) équivalentes à des traitements inhumains et dégradants. La même année, la Cour dans un jugement en date du 19 avril 2001, rappelle parmi les circonstances de l'affaire, les constatations et recommandations contenues dans un rapport du CPT consacrant ainsi la valeur du travail de ce dernier. La Cour, qui ne réalise que rarement des missions d'investigation, se réfère assez souvent aux rapports du CPT[55]. Les propos d'un juge que nous avons rencontré montrent bien que les rapports du CPT font partie du matériel considéré avant d'envisager une mission sur place :

[54] Dougoz c. Grèce, (6 mars 2001).

[55] Aydin c. Turquie (25 septembre 1997), Aerts c. Belgique (30 juillet 1998), Dougoz c. Grèce (6 mars 2001).

Mais souvent dans les arrêts de la cour, ça vous le verrez, lorsque des requérants se plaignent des conditions de détention dans une prison, on tâche de voir si le CPT est allé et si oui, on se fonde, on s'adosse sur les conclusions notamment du CPT(...) J'en ai fait une fois une mission d'établissements des faits sur place en Croatie sur les conditions de détention et on avait un rapport du CPT mais pas pour cette aile-là de la prison et donc les versions du gouvernement et du requérant étaient tellement contradictoires que l'on est allé sur place avec le gouvernement (Dominique, juge à la CEDH).

La tendance de la Cour à se référer aux rapports du CPT est, encore une fois, confirmée dans l'arrêt Mouisel c. France en 2002 et dans l'arrêt Hénaf en 2003. Dans un arrêt récent rendu contre la France[56], nous avons relevé que des extraits des rapports du CPT sur ces visites réalisées en 1996 et 2000 sont cités intégralement et présentés dans la section intitulée « droit pertinent ».

Dans l'arrêt Mouisel, en effet, un membre du secrétariat du CPT constate le lien existant entre le travail du CPT et la jurisprudence de la Cour.

Alors, effectivement de plus en plus la Cour cite des rapports publics du comité... la jurisprudence de la Cour nous inspire aussi dans un certain nombre de nos appréciations de situations, mais en même temps, il apparaît de plus en plus que si un État ne met pas en œuvre nos recommandations il peut fort bien se trouver de l'autre côté. Alors un des exemples les plus récents c'est l'arrêt 'Mouisel contre France', où depuis des années le comité demande aux autorités Françaises de cesser la pratique d'entraver les personnes à leur lit d'hôpital et de se dépêcher de mettre en place le schéma national hospitalier, avec des chambres sécurisées qui éviteraient cela. Et bien finalement à force de délais dans la mise en œuvre des recommandations, il y a eu l'arrêt 'Mouisel' où on cite très bien un certain nombre d'extraits du rapport du Comité (Agnès, membre du secrétariat du CPT).

Les membres du CPT sont, également, conscients et satisfaits de cette influence de leurs rapports. François, membre du CPT, mentionne que si cela rend leur travail plus effectif, ils n'ont cependant pas le contrôle de son utilisation.

Maintenant il y a de plus en plus de professionnels qui se disent : « tiens il y là un matériau de première qualité qu'on peut utiliser ». Et d'ailleurs, cette dynamique est renforcée aussi par le fait que la Cour Européenne a de plus en plus régulièrement directement fait référence à nos rapports, comme ne faisant plus elle-même des recherches sur le terrain, mais, dans la mesure où il y avait des rapports disponibles, des rapports publics, elle a utilisé ces rapports-là, en disant : « voilà, nous on prend pour acquis ce qui est repris au rapport du CPT » et en reprenant texto ce qui avait été dit... Ça nous échappe totalement, notre boulot, c'est de continuer ce qu'on doit faire, mais donc, les tiers qui utilisent nos rapports sont, à

[56] Ramirez-Sanchez c. France (27 janvier 2005).

mon avis, de plus en plus nombreux. Et ça provoque évidemment une dynamique qui ne peut que rendre le travail… utilisable, ou beaucoup plus effectif aussi.

Cette utilisation du travail du CPT n'est pas sans poser de nombreuses interrogations. Les témoignages issus à la fois de la Cour et du CPT pointent du doigt une série de problèmes qui pourraient découler de cette influence. Un membre du CPT soulignait pour sa part la responsabilité indirectement déléguée au CPT quand ces conclusions deviennent des éléments de preuve dans un processus judiciaire :

> Le CPT n'est pas un organe judiciaire… En revanche, à partir du moment où la Cour, bien souvent maintenant, base son instruction, uniquement sur la base des constatations qui sont faites par le CPT, on peut commencer à se poser des questions, vous comprenez. Et là, il se trouve, pour vous donner un exemple très concret, a Cour a statué sur l'article 3, n'est-ce pas, savoir si, comme beaucoup de personnes le prétendaient, X avait été torturé ou pas, uniquement sur la base des constatations qui ont été faites par le CPT. C'est quand même une lourde responsabilité qui nous est indirectement déléguée. Et, alors, on peut à la fois s'en réjouir et puis se trouver très fiers de ça, mais je dis, d'une certaine manière, il faut peut-être qu'on se méfie quand même des conséquences que pourrait avoir cette manière de faire (Gérard, membre du CPT).

Pour Dominique, juge à la Cour, le risque réside, à un second niveau, dans la perte de confiance que les gouvernements pourraient avoir envers le CPT :

> Est-ce que les autorités vont encore avoir tellement confiance dans le CPT et vraiment engager le dialogue avec le CPT si après ça les constatations du CPT se trouvent dans les arrêts de la cour. Donc ça je trouve qu'il peut y avoir un problème… Il ne faudrait pas que la complémentarité dans les instruments fasse en sorte que les États se méfient du CPT.

En dehors de la CEDH, le CPT a des liens plus ou moins formels avec d'autres partenaires du Conseil de l'Europe. Le Conseil de coopération pénologique chargé de réviser les règles pénitentiaires européennes[57], avait pour mandat de prendre en compte le travail du CPT et de le consulter au cours de ses travaux. Dans le commentaire des règles révisées, il est possible de constater de nombreuses références aux normes du CPT, ce dont le Comité se réjouit (CPT, 2005a). Le CPT a, donc, dans une certaine mesure, joué un rôle dans la reformulation des règles pénitentiaires européennes.

[57] La première tentative de normes pénitentiaires européennes datait de 1973. Ces règles avaient, par la suite, été révisées en 1987 et tout récemment en 2006.

Le travail du CPT ne se limite, cependant, pas aux portes du Conseil de l'Europe et son analyse ne serait pas complète sans prendre en considération les nombreuses ONG qui constituent le réseau de partenaires du comité.

• Le CPT et les ONG

Il est, tout d'abord, intéressant de remarquer que la création de la Convention (CEPT) instituant le CPT est né de l'idée du fondateur d'une ONG, l'Association pour la Prévention de la Torture (Mottet, 1995). Depuis sa création, le CPT a établi peu à peu divers liens avec les ONG. Mottet (1997) souligne l'importance de ces relations en mentionnant que le succès du CPT est étroitement lié à ses interactions avec des partenaires extérieurs tels que les ONG. Nous avons identifié deux rôles principaux joués par les ONG dans le cadre de l'activité du CPT.

Le premier rôle attendu des ONG par le CPT est clairement un rôle de fournisseurs d'informations. En publiant chaque année la liste de ses visites, le CPT souhaite prévenir les ONG concernées afin que celles-ci puissent transmettre les informations dont elles disposent et ainsi influencer et guider le déroulement des visites (Morgan et Evans 2002). Lors de visites, les délégations du CPT rencontrent assez souvent les ONG concernées. Les membres du CPT considèrent, en effet, les ONG comme une « source d'informations » (François, membre du CPT) qui alimente leur travail préparatoire avant chaque visite, mais aussi tout au long de l'année. Les ONG peuvent même, selon Agnès, membre du secrétariat du CPT, contribuer à une éventuelle visite exigée par les circonstances. Elle relève à ce sujet que la collaboration est de plus en plus importante :

> Au fil des années de plus en plus les organisations non gouvernementales ont eu le réflexe 'Comité européen pour la prévention de la torture' et nous avons dans nombre de pays beaucoup d'exemples où il y a un flux constant d'informations qui vient des organisations non gouvernementales qui ont pris ce réflexe même en dehors du fait qu'une visite ait été annoncée pour une année donnée.

La régularité et la qualité des informations reçues des ONG sont d'une importance primordiale pour le CPT et elles constituent souvent sa base de travail.

Le deuxième rôle joué par les ONG est de faire connaître le CPT et sa mission au public, aux médias, aux institutions nationales ainsi qu'aux autres ONG internationales, nationales ou locales. Pour Nicolay (1995), les ONG connaissent suffisamment le CPT pour assurer le travail de diffusion ou de bilan de ses activités sans nécessiter la présence des membres du comité. Les recommandations et les commentaires du CPT ont un considérable retentissement et sont régulièrement repris par diverses ONG (Morgan, 1996).

La participation des ONG semble bien essentielle pour assurer la diffusion et le suivi des recommandations du CPT (Rouget, 1996). Les ONG sont, selon Mottet (1997), des acteurs privilégiés pour encourager les gouvernements à rendre publics les rapports du CPT, surveiller l'évolution de la situation et faire pression pour que des mesures soient prises. À ce propos, Zakine, alors, membre du CPT, affirmait devant la commission d'enquête du Sénat :

> À nos yeux, le CPT est là pour tirer les sonnettes d'alarme. Aux gouvernements à prendre le relais pour mettre en œuvre, aux organes nationaux, gouvernementaux ou non gouvernementaux, à rester vigilants (...) Le relais doit être pris. Il faut que la pression soit constante, que l'influence ou le lobbying se fassent en permanence (Cabanel, 2000).

Il semble donc exister une relation de coopération et complémentarité entre le travail des ONG et celui du CPT. Evans et Morgan (1998) soulignent que l'activité des ONG n'est pas suffisante pour questionner la nécessité du CPT et d'un autre côté, l'effectivité du CPT est en partie dépendante de l'existence d'ONG efficaces. En effet, des contacts sont régulièrement tissés entre le CPT et les ONG. Il est notable que Nicolay (1995), alors président du CPT, affirmait que le CPT ne pourrait guère fonctionner sans les ONG. Gérard, membre du CPT nous confirme le caractère indispensable des ONG.

> Moi, ce que je leur réponds à chaque fois : « Vous, vous êtes les yeux et les oreilles, n'est-ce pas. Vous êtes ceux qui recevez des informations et appelez de l'aide. Nous, on a cette chance incroyable d'avoir cette convention qui nous permet d'aller toucher »... nous on est les St Thomas de l'affaire, donc on peut vraiment aller vérifier, sur place, pour savoir si oui ou non les allégations qui sont formulées sont réelles. Donc on se complète parfaitement. Sans les ONG, on pourrait, pour ainsi dire, rien faire.

Si le CPT a donc besoin des ONG pour fonctionner, il convient de se pencher à présent sur l'autre sens de cette relation, l'utilité et l'utilisation du CPT pour les ONG. Si nous reviendrons sur ce point dans le chapitre traitant des ONG, mentionnons désormais quelques éléments. Il semble que la relation CPT-ONG soit déséquilibrée au profit du CPT. Tout d'abord, le rôle et la place du CPT ne semblent pas toujours avoir été faciles à accepter pour les ONG travaillant dans ce domaine. Gérard, membre du CPT, nous affirme qu'il existe une certaine compétitivité et que les ONG n'ont pas toutes supporté la création du CPT :

> À ce propos, je crois qu'il faut appeler les choses par leur nom. Il y a, dans ce domaine, les droits de l'homme, indiscutablement une espèce de compétitivité entre l'ensemble des différents organes, et Dieu sait si les ONG qui s'occupent des droits de l'homme ont poussé comme des champignons après la pluie. Et c'est vrai,

> pour avoir participé de temps en temps à des réunions qui traitaient de la problématique de la privation de liberté avec des représentations d'ONG, que l'on ressent des fois, une certaine tension non dite, parce que, et, notamment, c'est particulièrement le fait de grosses ONG... de dire finalement : « le CPT, vous prenez beaucoup de place, c'est quand même nous qui sommes importants, qui faisons des choses importantes »... certaines grosses ONG ont fait beaucoup pour que le CPT ne voit pas le jour, parce qu'ils voyaient dans le CPT un concurrent qui serait non négligeable... Ils voyaient d'un assez mauvais œil ce concurrent-là... Au début, il y avait des gens qui se disaient : « hou, lala, on ne va peut-être pas travailler avec ces gens-là parce qu'ils risquent de nous faire ombrage ». Il y a toujours un petit peu cette question-là, mais je crois quand même que maintenant, bon nombre d'ONG avec lesquelles on travaille ont compris comment on pouvait leur être utile.

Si ces tensions du début paraissent apaisées après 15 ans de fonctionnement du CPT, il semble cependant que la coopération entre les ONG et le CPT pourrait être améliorée. À l'issue du séminaire sur la mise en œuvre de la CEPT, une des suggestions pratiques avancées consistait à accroître cette coopération par le biais de contacts réguliers (APT, 1995). Lors de ce séminaire, l'établissement d'une réunion préliminaire du CPT et des ONG avant la visite ainsi que la mise en place d'un point de contact et de liaison permanent entre les ONG et le CPT furent recommandés (APT, 1995). L'exemple de la France nous montre qu'en pratique lors des trois visites périodiques très peu d'ONG ont en réalité été rencontrées : trois en 1991, cinq en 1996 et six en 2000. Les visites ad hoc ont été menées sans rencontre avec les ONG à l'exception de celle de 2003 au cours de laquelle la délégation a rencontré une ONG, l'Observatoire international des Prisons. Murdoch (1995) souligne les limites légales à cette coopération que pose la clause de confidentialité qui lie le CPT et restreint les informations qu'il peut partager avec les ONG. Mayer (2002) mentionne que cette règle de confidentialité est souvent mal vécue par les ONG qui s'intéressent et participent au travail du CPT.

> Bon, c'est sûr que certaines ONG voudraient qu'on aille plus vite, voudraient que tout de suite, par exemple, nos rapports soient rendus publics. Et il est parfois difficile de leur expliquer, quand on est quelque part, quand on voit des situations inacceptables : « écoutez, non, on ne peut pas faire une conférence de presse, on ne peut pas vous aider dans la dénonciation de telle ou telle situation. Vous devez attendre, hélas, que notre rapport soit fait, soit communiqué aux autorités, puis soit rendu public ». Et c'est parfois un très long chemin et il faut faire preuve de patience (François, membre du CPT).

Pour Shaw (1995) afin que la collaboration des ONG au travail du CPT puisse se développer davantage, il doit s'établir une relation de réciprocité. Cet auteur soutient que, si le CPT attend des ONG qu'elles jouent un rôle de relation publique, cela ne peut se faire sans engagement, mais surtout sans retour critique de la part du CPT. Shaw (1995) affirme que « le CPT doit stimuler à son tour le travail des ONG » et que la règle de confidentialité ne doit pas empêcher un retour d'informations aux associations qui savent rester discrètes. Murdoch (1995) souligne de son côté que si un plus grand engagement des ONG serait positif et renforcerait le CPT, il est peu probable que la communication s'effectue un jour dans les deux sens en raison de ces problèmes de confidentialité. Les membres du CPT ont conscience de cette frustration inhérente à leur mode de fonctionnement, mais, tout comme Agnès, membre du secrétariat, ils considèrent que les ONG comprennent et reconnaissent le travail du CPT :

> … Donc les organisations non gouvernementales savent bien que même si elles n'ont pas de « feed-back » directs du Comité parce que le Comité ne peut pas en raison de la règle de confidentialité dire ce qu'il a fait ou non des informations, elles savent que ces informations contribuent à l'activité du comité… Quelque part on peut dire que les organisations non gouvernementales ont pu reconnaître la contribution qu'elles ont faite, à quoi cela a servi et si, je dirais au-delà des années maintenant, depuis 90, depuis la première visite ça veut dire 14 ans… de travail sur le terrain, si elles continuent à être aussi dynamiques par rapport au Comité c'est bien que cela veut dire quelque chose et qu'elles n'ont pas été déçues de la manière dont le Comité travaille.

Par ailleurs, le CPT se révèle également utile pour les ONG. Comme nous le verrons dans le chapitre traitant des ONG, les rapports du CPT peuvent devenir un outil de validation de leur travail et légitimité. Selon les termes employés par François, membre du CPT, le travail du CPT peut être « le terreau » qui nourrit les initiatives des ONG. Il mentionne en exemple le cas d'ONG qui, sur la base du rapport du CPT, ont introduit des actions en justice.

C. Bilan de l'impact du CPT

Le CPT est un contrôle non judiciaire et préventif dont la création représente une étape cruciale dans l'évolution des différentes instances internationales de protection des droits de l'homme. Sans être 'le remède miracle', cet organisme a rapidement acquis une autorité incontestable et exerce une emprise importante sur les pratiques pénitentiaires des pays ayant ratifié la CEPT et ce, même si ses recommandations ne sont pas toujours suivies d'effet (Morgan, 1996, Cabanel, 2000 et Céré, 2001). Le CPT est perçu comme « an example to the rest of the world, or so it was thought » (Evans, 2002). L'activité du CPT s'analyse aujourd'hui en un contrôle global des établissements pénitentiaires des États membres qui a réussi à s'intégrer aux divers environnements juridiques permettant ainsi des améliorations significatives tout en ménageant les susceptibilités des États.

Le bilan du comité semble, en effet, incontestablement positif grâce à un système novateur et efficace dans la pratique. Malgré une appellation assez réductrice, le CPT est, en fait, le premier organisme international à avoir dans sa ligne de mire « l'autre extrémité du spectre des mauvais traitements » : les conditions de détention (Morgan, 1996). L'analyse des rapports du CPT sur ses visites en France illustre bien la mission que s'est donnée le Comité. Plus que torture ou mauvais traitements, les rapports du CPT sur la France se penchent sur les conditions de détention et jouent à ce titre un rôle intéressant de contrôle des conditions de détention dans les prisons françaises. Le CPT a, de plus, étendu son mandat et l'impact de celui-ci en élaborant progressivement un ensemble de normes relatives au traitement des personnes privées de liberté.

Par son rôle préventif, il vient imposer un degré de protection supérieur à celui des organes juridictionnels ou quasi juridictionnels existants et constitue, de nos jours, une arme importante dans le combat pour améliorer les conditions de détention et protéger les droits des prisonniers (Wilson, 1993). Le contrôle exercé par le CPT est à de nombreux égards complet, car celui-ci assume en réalité des rôles multiples : d'observateur, de surveillant, de guide, mais également d'incitateur (Couvrat, 2002). Le Comité européen de prévention de la torture (CPT) a finalement révélé, par son fonctionnement, une efficacité contraire à certaines prédictions pessimistes. Son influence s'étend même sur la Cour européenne des droits de l'homme qui dans ses jugements réfère de plus en plus aux constatations et recommandations des rapports du CPT consacrant ainsi la valeur du travail de ce dernier et la complémentarité entre approches judiciaire et non judiciaire.

Le contrôle des établissements de détention instauré par le CPT est fréquemment cité en exemple à suivre tant au niveau national qu'international. Au niveau national, la création d'un tel contrôle en France est depuis quelques années l'objet de débat. Cligman (2001) souligne à quel point l'originalité, les modalités d'intervention et les résultats du CPT devraient inspirer les législateurs français. Darbeda (2000) relève, en effet, le besoin de relais du CPT au niveau national et local et recommande fortement la création d'un CPT national. En 2000, le Sénat et l'Assemblée nationale ont chacun mené une enquête sur les prisons françaises. Il est frappant de constater que les deux rapports (Cabanel, 2000 et Floch, 2000) recommandent la création d'un organe de contrôle externe des prisons sur le modèle du CPT. Le rapport Cabanel (2000) cite le président du CPT, Ivan Zakine qui affirme « Que nous n'ayons pas en France l'idée, le courage ou la volonté politique d'instituer un comité national de contrôle des établissements pénitentiaires me paraît regrettable ». La même année, la commission sur l'amélioration du contrôle extérieur des établissements pénitentiaires (Canivet, 2000) conclut à la nécessité d'un mécanisme qui remplirait entre autres des fonctions de contrôle, de vérification et d'inspection identique à celles du CPT. Le changement de gouvernement et l'abandon du projet de loi pénitentiaire n'ont cependant pas permis qu'un tel mécanisme voie le jour.

Au plan international, un mécanisme de contrôle sur le modèle du CPT apparaît également souhaitable. Si le protocole 1 de la CEPT ouvre les portes du contrôle du CPT aux États non européens, il n'est pas concevable que le CPT puisse élargir sa compétence aux pays des cinq continents. L'instauration d'un mécanisme similaire dans le cadre de l'ONU est justement l'objet du protocole facultatif à la Convention contre la torture et autres peines ou traitements cruels, inhumains et dégradants adopté le 24 juillet 2002.

IV. Le comité et le sous-comité contre la torture : un contrôle onusien en évolution

L'ONU a mis sur place divers mécanismes de contrôle parmi lesquels on peut distinguer ceux qui sont basés sur la Charte des Nations Unies et ceux qui prennent appui sur des traités spécifiques. Le principal mécanisme basé sur la Charte des Nations Unies est celui d'un rapporteur spécialisé. La Commission des droits de l'Homme, organisme qui se réunit tous les ans pour aborder de façon approfondie l'agenda des droits de l'homme, a institué, depuis 1985, un Rapporteur spécial chargé d'examiner les questions se rapportant à la torture Son mandat consiste à demander aux gouvernements des informations sur les mesures législatives et administratives prises pour prévenir la torture et y remédier quand elle a lieu. Ce rapporteur a également la mission de répondre aux questionnements et aux inquiétudes des divers États qui le consultent. Il est chargé de rapporter devant la commission sur le phénomène de torture en général et il dispose pour le faire d'un mandat vaste et d'une compétence d'investigation et de recommandations qui s'étend à tous les États des Nations Unies. Ayant occupé ce poste un certain temps, Rodley (1999) soutient que, si la mission principale de ce rapporteur concerne principalement la torture sous interrogatoires et non pas explicitement les conditions de détention ; ces dernières constituent la zone grise de son mandat. Dans ses rapports, le rapporteur qualifie fréquemment certaines conditions de détention comme étant inhumaines.

1. Le Comité contre la torture des Nations Unies (CAT)

Aux Nations-Unies, le principal mécanisme basé sur un traité est le Comité contre la torture (CAT). L'éradication de toute forme de torture ou traitement inhumain a été l'un des principaux défis des Nations Unies qui se sont dotées d'un corps de standards universels par le biais de la Convention contre la torture et autres peines ou traitements cruels, inhumains ou dégradants. Cette Convention a été adoptée le 10 décembre 1984 par l'assemblée générale et elle est entrée en vigueur le 26 juin 1987. Le Canada et la France ont respectivement ratifié cette Convention le 24 juin 1987 et le 18 février 1986[58]. La Convention se compose de 33 articles dont 16 établissent les garanties que les signataires s'engagent à respecter pour prévenir et condamner les actes de torture. Par cette Convention, les Nations Unies ne se sont cependant, pas contentées d'affirmer des principes, mais ont créé un corps de contrôle chargé de s'assurer de leur mise en œuvre et respect : le Comité contre la torture (CAT). Dans la réalisation de ses missions, le CAT collabore avec de nombreux partenaires institutionnels tels que le rapporteur des Nations Unies contre la torture et la Cour européenne des Droits de l'homme[59]. Les échanges avec le CPT restent limités en raison de la confidentialité qui lie ce dernier. Des ONG participent également au travail du Comité onusien qui les invite régulièrement à soumettre des informations écrites ou orales.

Ce comité, entré en fonction le 1er janvier 1988, est composé de 10 experts élus pour 4 ans selon des critères de haute moralité et de solide compétence dans le domaine des droits de l'homme. Il se compose actuellement de 10 hommes de nationalités diverses[60]. Un des volets de l'activité du CAT est l'exercice de pouvoirs d'investigation prévus à l'article 20 en cas d'allégations de torture contre un autre État membre. L'acceptation de ces pouvoirs est cependant optionnelle et seuls les États ayant mentionné leur acceptation lors de la ratification peuvent en faire l'objet. Cette procédure d'investigation qui reste confidentielle se fait toujours en coopération avec l'État et les conclusions restent totalement confidentielles à l'exception d'une brève mention dans le rapport annuel qui peut être décidée par le Comité. Le Canada et la France n'ont pas posé de réserves et sont donc en principe soumis à ce pouvoir du CAT. En raison de la confidentialité imposée, il ne nous est pas possible de savoir si ces pays ont déjà fait l'objet de cette procédure.

Parmi les attributions du Comité, il est également prévu un mécanisme de plainte qui peut être engagé par un des États membres après qu'il ait épuisé

---

[58] www.unhchr.ch.

[59] www.unhchr.ch Fact Sheet, No17. The Committee against Torture.

[60] Après les nominations de décembre 2005, les membres appartenaient aux pays suivants : Sénégal, Maroc, USA, Chili, Espagne, Chypre, Écuador, Norvège, Confédération de Russie et Chine.

toutes les autres possibilités de règlement de conflits avec l'autre État concerné. La Convention prévoit également que, dans certaines circonstances, des individus puissent faire examiner leurs plaintes auprès du CAT, une fois que tous les recours nationaux ont été épuisés (art 22). Ces deux mécanismes de plainte sont cependant conditionnés à la reconnaissance de la compétence et juridiction du Comité par le ou les États concernés[61]. Le Canada et la France ont respectivement reconnu et accepté cette compétence du CAT le 13 novembre 1989 et 23 juin 1988.

En dehors de ces deux attributions, le mode de fonctionnement principal du CAT consiste à requérir des États membres, en application de l'article 19 de la Convention, des rapports périodiques sur les mesures prises pour se conformer aux dispositions de celle-ci. Plus spécifiquement, comme le mentionnent les directives formulées par le CAT (1998a), l'État doit préciser dans son rapport tout changement dans la législation ou les institutions qui affecte la mise en œuvre de la Convention sur les lieux de sa juridiction, notamment les lieux de détention. Le rapport du gouvernement doit donc mentionner toute la jurisprudence relevante, toutes les plaintes, les requêtes et les procédures en cours ainsi que toutes les sentences prononcées pour actes de torture et traitements et peines inhumains et dégradants. Finalement, le Comité attend des États qu'ils indiquent toutes les mesures prises pour se conformer à ses conclusions et recommandations. Le caractère préventif de ce contrôle repose principalement sur la promotion d'aménagements des dispositions de droit interne par les États afin d'empêcher les infractions à la Convention (Ponroy et Jacq, 1990). Deux fois par an, le CAT se réunit pour examiner les rapports en présence d'une délégation de l'État concerné. Peu avant l'ouverture de la session, le Comité adresse à l'État concerné une liste des points à traiter pour permettre de centrer le dialogue. Au cours de ces sessions, réalisées à huis clos, le CAT entend les réponses orales de la délégation. Finalement, le comité délibère et formule des observations, des recommandations ou des commentaires généraux[62]. Les considérations du rapport sont conçues comme un dialogue qui vise à améliorer la compréhension de la situation par le Comite et permet que soient prodigués des conseils (CAT, 1998a). Si le comité requiert des États un rapport tous les 4 ans, la réalité est toute autre comme l'illustrent les exemples du Canada et de la France.

A. Le CAT et le Canada

Le Canada a déjà soumis au CAT six rapports qui adoptent à peu près le même format. Dans ses rapports, le pays détaille notamment la structure de

---

[61] www.unhchr.ch Fact Sheet, No17. The Committee against Torture.
[62] www.unhchr.ch Fact Sheet, No17. The Committee against Torture.

son gouvernement et du personnel des forces de sécurité. Ces rapports, assez volumineux, présentent ensuite les mesures adoptées par le gouvernement du Canada et par les gouvernements des provinces et des territoires. Chaque rapport aborde également divers événements ou points problématiques survenus durant la période examinée.

Le troisième rapport[63] déposé avec trois ans de retard en 1999 fait, notamment, mention des événements liés au redéploiement des forces canadiennes en Somalie ainsi que des enquêtes réalisées et des condamnations prononcées. Au sujet des détenus, le document (CAT, 2000) rapporte les événements survenus à la prison de Kingston en 1994 et les commissions d'enquêtes effectuées. Le gouvernement fédéral précise, de plus, l'état de mise en œuvre des recommandations faites à l'issue des enquêtes. Le rapport mentionne également l'entrée en vigueur en 1992 de la nouvelle loi qui institue un ombudsman spécialisé pour les détenus ; l'Enquêteur Correctionnel[64]. La présentation continue au niveau de chaque province et territoire en présentant pour chaque article de la Convention les éléments pertinents survenus et les mesures adoptées. Nous relevons notamment les références faites aux ombudsmans provinciaux et aux commissions d'enquête. Dans les conclusions que le CAT rend publiques à l'issue de l'examen du rapport, le Comité dresse le bilan de la situation canadienne. Le comité félicite notamment le Canada de sa nouvelle législation sur les crimes contre l'humanité et les crimes de guerre, de l'institution de l'Enquêteur correctionnel et de la participation des ONG nationales et locales à la préparation du rapport. Le Comité fait part, en revanche, de divers sujets de préoccupation parmi lesquels sont mentionnés les événements survenus à la prison de Kingston et exprime ses regrets que toutes les recommandations formulées à l'issue des enquêtes sur ces événements ne soient pas encore mises en œuvre.

Le quatrième rapport du Canada, soumis en 2002 avec deux ans de retard mentionne entre autres l'examen fait de l'application de la loi de 1992 par un sous-comité parlementaire, les mesures prises suite au rapport Arbour sur les événements de Kingston, la construction de 5 nouveaux établissements de détention pour femmes et le travail réalisé par l'Enquêteur Correctionnel (CAT, 2002). Avant même l'examen de ce rapport, le Canada dépose dans les délais[65] son cinquième rapport concernant la période 2000-2004. Ce nouveau document (CAT, 2004) qui ne rapporte pas de nouvelle législation fédérale, informe le Comité des nouvelles politiques et pratiques au plan correctionnel. Le rapport mentionne notamment la nouvelle politique disciplinaire instaurée

---

[63] Il ne nous a pas été possible d'obtenir les deux premiers rapports déposés par le Canada au CAT.

[64] L'Enquêteur Correctionnel existait depuis 1973 mais n'a fait l'objet de dispositions législatives qu'en 1992.

[65] Ce rapport qui était dû le 23 juillet 2004 fut soumis le 11 octobre 2004.

pour les détenus, la nouvelle procédure de placement en unité spéciale, l'ouverture d'un nouvel établissement pour femmes ainsi que les stratégies adoptées pour faire face à la sur représentation et aux besoins des détenus autochtones. Les quatrième et cinquième rapports du Canada indiquent tous deux que de nombreuses ONG ont été sollicitées à communiquer avec le gouvernement sur les points pertinents à la rédaction des rapports. Seules deux ONG ont répondu à cet appel pour le quatrième rapport et une pour le cinquième.

Avant de procéder à l'examen oral de ces rapports, le CAT adressa au gouvernement une liste de points à traiter parmi lesquels il demande des informations sur le nombre de détenus au Canada et le taux d'occupation des établissements de détention. Les quatrième et cinquième rapports ont, en effet, été analysés simultanément par le Comité au cours de sa 34e session en mai 2005. Parmi les débats oraux entre la délégation canadienne et le CAT, un point a suscité une certaine réaction notamment médiatique. Le Canada a, en effet, reconnu que la loi canadienne qui permet d'expulser des personnes jugées dangereuses même si elles risquent d'être torturées[66] contrevient à la Convention contre la torture. Un tel aveu, dévoilé dans les médias par la Ligue des droits et libertés, a fait l'objet d'une couverture médiatique[67] que connaissent très rarement les rapports soumis au CAT. À l'issue de l'examen des rapports, le Comité a rendu publiques ses conclusions dans lesquelles il mentionne certains points positifs tels que les modifications de politiques et de pratiques suite au rapport Arbour. Cependant, le CAT se dit préoccupé par diverses questions telles que l'usage abusif d'armes chimiques par les forces de l'ordre pour contrôler les foules ou encore plus spécifiquement la question des transferts vers les États pratiquant la torture. Le Comité recommande au Canada de veiller à ce que ses lois respectent le caractère absolu de la Convention. Le CAT recommande également que l'État prenne les mesures nécessaires pour réduire progressivement la fréquence des incidents de violence grave dans les établissements correctionnels fédéraux.

Le sixième rapport, déposé avec 3 ans de retard, fut examiné par le comité en 2012. Les observations finales mentionnent entre autres la préoccupation du comité sur certains aspects des conditions de détention tels que les conditions matérielles de vie, la surpopulation, l'inadaptation des infrastructures pour les détenus atteints de maladie mentale ou encore la pratique de l'isolement cellulaire (disciplinaire et administratif). De plus, le comité se dit « gravement préoccupé par la réticence apparente de l'État partie à protéger les droits de tous les Canadiens détenus dans d'autres pays » (CAT, 2012, p.6). Sur ce point, le comité fait référence au refus de présenter des excuses et

---

[66] Loi mise en place pour des cas exceptionnels et entérinée en 2002 par la Cour Suprême.
[67] La Presse (5 mai 2005 et 26 mai 2005) et Le Devoir (21-22 mai 2005).

d'indemniser 3 Canadiens torturés à l'étranger[68] ainsi qu'au retard d'acceptation de transférer au Canada pour y purger le reste de sa peine, Omar Khadr, détenu à Guantanamo Bay. Les conclusions du comité insistent également sur la nécessité de modifier une directive ministérielle qui autorise l'utilisation de renseignements obtenus sous la torture, d'intégrer la convention en droit interne et de ratifier le protocole facultatif s'y rapportant.

B. Le CAT et la France

La France a soumis, à ce jour, six rapports au CAT. Le deuxième rapport[69] dû en 1992 a finalement été déposé fin 1996 et examiné en 1997 (CAT, 1997). Le document précise les instruments auxquels la France s'est engagée et présente, notamment, en annexe les rapports des visites réalisées dans les prisons françaises par le CPT. Le gouvernement reprend la Convention article par article et démontre comment sa législation est conforme ou n'est pas concernée par les dispositions de la Convention. Sur la question de l'emprisonnement, le document cite notamment plusieurs dispositions qui « garantissent la surveillance et le contrôle des conditions de détentions » et mentionne les visites des autorités judiciaires, des commissions de surveillance, des inspections de la direction de l'Administration pénitentiaire, des autorités médicales ainsi que du contrôle juridictionnel.

En présentant des observations finales en mai 1998, le Comité s'estime satisfait du rapport présenté par la France malgré un retard regrettable de 6 ans (CAT, 1998b). Il souligne la bonne volonté et coopération de l'État français et se dit satisfait des projets d'amélioration de la législation et des pratiques mentionnés durant l'exposé oral (notamment la création d'un conseil supérieur de la déontologie, de guide déontologique pratique pour les forces de l'ordre et la présence de l'avocat dès la première heure de la garde à vue). Au plan législatif, le CAT se montre, cependant, préoccupé de l'absence, en droit français, de définition de la torture qui soit conforme à la Convention, du système de l'opportunité des poursuites dont disposent les procureurs et du système de preuve qui n'interdit pas formellement de prendre en considération des aveux obtenus sous torture. Sur le plan des pratiques, le Comité souligne les problématiques des violences de la part des forces de l'ordre et des remises à la police d'autres pays.

Le troisième rapport (dû en 1996 et déposé en 2003) adopte la même formule article par article et reprend beaucoup du rapport précédent (sur les traités ratifiés et la législation en vigueur). Le document (CAT, 2005a) à la préparation duquel la Commission nationale consultative des droits de

---

[68] Une enquête (Iacobucci) a conclu à la complicité des autorités canadiennes dans la violation des droits de ces 3 individus

[69] Il ne nous a pas été possible d'obtenir le premier rapport déposé par la France au CAT.

l'homme (CNCDH) a été associée, mentionne quelques nouveautés comme la création de Commission nationale de déontologie et de sécurité, les lois du 15 juin 2000 et 4 mars 2002 sur la garde à vue et les droits de la défense et la loi du 12 avril 2000 qui permet la présence d'un avocat lors des procédures disciplinaires en prisons[70]. Le rapport rappelle également les contrôles des établissements de détention déjà cités dans le rapport précédent. Il y est, notamment mentionné la condamnation de la France pour torture par la Cour européenne des droits de l'homme dans l'affaire Selmouni.

Avant l'examen oral de ce rapport, le CAT a fait part aux autorités françaises de la liste des points à traiter. Le Comité demande à la France des explications sur les mesures prises depuis les observations finales du dernier rapport, des éclaircissements sur la loi du 30 juin 2000 et l'état d'avancement d'une mesure mentionnée par le gouvernement dans sa réponse au CPT. Les conclusions du CAT (2005b) énumèrent sur une page les aspects positifs constatés tels que la création de la CNDS et la signature du protocole à la Convention avant d'exposer sur sept pages ses sujets de préoccupation dont certaines reprennent des aspects déjà abordés tel que l'absence de définition adéquate de la torture dans le droit positif. En se limitant aux problématiques de la détention, nous constatons que le CAT se montre notamment préoccupé par l'accès à l'avocat à la 72e heure de garde à vue applicable en matière de criminalité organisée. Le Comité juge ce point problématique et recommande des modifications de législation. Le CAT questionne l'absence de limitation de durée de l'isolement cellulaire prévu dans un projet de décret et recommande que l'isolement cellulaire demeure une mesure exceptionnelle. Il se montre également très préoccupé par les problèmes de surpopulation dans les prisons françaises. Le CAT recommande, de plus, que l'État prenne « les mesures nécessaires pour ratifier dans les meilleurs délais le protocole facultatif à la Convention et institue un mécanisme national chargé de conduire des visites périodiques dans les lieux de détention, afin de prévenir la torture ou tout autre traitement cruel, inhumain ou dégradants ».

Cette dernière recommandation sera finalement suivie et mentionnée dans le rapport suivant (incluant les rapports 4, 5 et 6) à la satisfaction du CAT. Toutefois dans les observations finales du comité faites en 2010, des recommandations récurrentes sont réitérées, notamment celle de l'intégration dans le Code pénal d'une définition de la torture conforme à la convention (CAT, 2010). En matière de politique pénale, le comité invite l'État français à réfléchir aux effets de sa politique sur la surpopulation carcérale et recommande d'envisager un recours plus important aux peines non privatives de liberté.

---

[70] Cette loi, conçue pour s'appliquer aux citoyens dans leurs rapports aux administrations, n'était, à l'origine pas pensée pour s'appliquer en prison.

C. Limites et bilan après 25 ans d'activités

Les limites du travail du CAT sont évidentes. En fonctionnant sur la base des rapports des États, le Comité est grandement dépendant des informations reçues pour émettre des avis et recommandations éclairés. Si l'État fournit des informations partielles ou caduques, les conclusions finales du CAT seront très certainement également partielles et caduques. Mentionnons notamment un exemple canadien où le Comité félicite le Canada de l'existence d'une division des droits de la personne au sein du Service correctionnel du Canada à un moment où, concrètement, cette division se compose d'une seule personne et dispose d'un budget qui ne permet aucune action substantielle. De plus, le CAT ne dispose pas de moyens impératifs de forcer les États à suivre ses recommandations. Il exerce son influence au moyen de dialogue, conseils et en cas d'inactions de rappels faits aux États.

Le Comité contre la torture peut également émettre des commentaires généraux. Cette opportunité a jusqu'à présent été utilisée à une seule reprise dans une déclaration qui, un mois après le 11 septembre 2001, condamne les attaques terroristes et rappelle aux États que leur réponse à cette menace ne doit pas déroger aux obligations de la Convention. Le comité rappelle notamment l'article 2 qui proclame qu'aucune circonstance ne peut être invoquée pour justifier la torture (CAT, 2001).

Le bilan du travail de ce Comité est difficile à réaliser. Un document intitulé « prévention ou cure » semble indiquer que le CAT lui-même éprouve des réticences à se prononcer. Une fois que des violations sont commises, son action vise à « remédier » à la violation en la dénonçant publiquement pour inciter l'État à agir. Le Comité affirme, en effet, qu'établir des standards et contrôler ne suffit pas pour garantir le respect de la Convention. Il resitue, cependant, son action dans le cadre des mécanismes d'assistance et de conseils des Nations Unies qui aident à l'instauration de mécanismes nationaux. Selon le Comité, son travail participe à la fondation d'une culture des droits de l'homme qui constitue la meilleure garantie contre les violations.

2. Un nouveau mécanisme de contrôle : le Sous-comité contre la torture des Nations Unies (SPT)

A. Une longue gestation

Une proposition, faite dès le début des années 80, avait pour objectif d'établir un système de visites régulières des lieux de détention dans le but de prévenir la torture et tout traitement cruel, inhumain ou dégradant. Tel que nous l'avons mentionné pour le CPT, cette idée est traditionnellement attribuée à Jean-Jacques Gautier, fondateur de l'Association de Prévention de la Torture. Un membre du CPT nous rappelle ainsi que l'idée et les mécanismes qui en ont découlé sont des « bébés de l'APT ». Aux Nations unies, dans le cadre d'un travail conjoint avec des ONG dont l'APT, le Costa Rica prend l'initiative et se porte parrain du projet en 1980. La représentante de ce pays, présidente et rapporteure du groupe de travail de la commission pendant 10 ans, proposera deuxième fois sans succès un projet de protocole facultatif (APT, 1997). Cette proposition qui avait, à l'époque, provoqué une controverse considérable, voit finalement le jour à travers l'adoption d'un protocole à la Convention. Après de nombreuses négociations, le Conseil économique et social adopta, le 24 juillet 2002 le texte après avoir fait échec à un amendement des États-Unis pour prolonger les discussions (UN, 2002). L'assemblée générale adopta en session plénière ce protocole le 18 décembre 2002 par un vote de 127 voix pour (dont la France et le Canada) et 4 voix contre (dont les États-Unis[71]. Le Canada et la France ont soutenu le protocole par leur vote à la fois devant le Conseil économique et social et devant l'assemblée générale. Ouvert aux signatures le 1er janvier 2003, ce protocole compte, en date du 21 mai 2013, 68 États parties (dont la France, mais pas le Canada) plus 19 États signataires. Il est entré en vigueur le 22 juin 2006.

B. Un contrôle à deux volets : international et national

Ce protocole établit un système de visites régulières des lieux de détention menées de façon complémentaire entre des organes nationaux et internationaux par des experts indépendants. Ce protocole exige, au niveau national, la mise en place de corps de prévention et, au niveau onusien, l'établissement d'un Sous-comité de prévention de la torture, tous deux faisant l'objet d'autorisations pour visiter tout établissement de détention dans les États signataires[72]. Le protocole prévoit la coopération des États avec le sous-comité, mais également un rôle de conseil et d'assistance de ce Sous-comité auprès du contrôle national mis en place. Le but de ce protocole, inspiré du CPT, est d'établir un dialogue avec les États pour les aider à s'assurer qu'il n'y ait pas de tels traitements (Evans, 2002).

Au niveau onusien, le protocole crée donc un sous-comité au comité contre la torture (SPT) qui composé initialement de 10 puis 25 experts élus pour 4 ans (article 5). Le protocole adopte une conception large des lieux de détention visités (article 4) qui rappelle celle de son homologue européen. Le fonctionnement de ce Sous-comité est, en effet, grandement similaire à celui du CPT. Comme le Comité européen, le Sous-comité fonctionne dans le respect du principe de confidentialité des recommandations et observations

---

[71] Le Monde (26 juillet 2002).

[72] www.unhchr.ch Draft Optionnal Protocol to the Convention against Torture and Other Cruel, Inhuman or Degrading Treatment or Punishment.

communiquées aux États. À ce principe de base, s'ajoutent les principes d'indépendance et d'objectivité des experts de plusieurs disciplines qui siègent à titre individuel. Le fonctionnement de ce mécanisme de contrôle vise, également, le respect de la non-sélectivité et l'universalité d'un contrôle où tous États seront visités sur une base régulière (article 13). Un point sur lequel le Sous-comité onusien va plus loin que le CPT est celui du financement de l'application de ses recommandations. Même si la pratique de ce financement restera certainement très exceptionnelle, le protocole prévoit, dès la formation du Sous-comité, la création d'un fonds spécial pour aider à financer l'application de ses recommandations au moyen de donations volontaires (article 26). Il est raisonnable de penser que, sur ce point, le mécanisme onusien a tiré les enseignements de l'expérience du CPT qui, comme nous l'avons vu, tente actuellement de mettre en place des moyens de financement de ses recommandations. Il existe pourtant un certain scepticisme sur les chances de réussite du Sous-comité onusien. Les membres du CPT que nous avons rencontrés expriment un sentiment partagé face au mécanisme en devenir. En se basant sur leur expérience, ils expriment un certain scepticisme qui repose principalement sur des considérations politiques et économiques ; notamment la crainte que le budget alloué soit insuffisant pour assumer de façon efficace le mandat proposé.

Ces craintes semblent validées par le 2e rapport annuel du Sous-comité qui mentionne : « compte tenu de ses contraintes budgétaires, le SPT a jugé nécessaire de limiter[73] son programme de visites planifiées à trois visites par an… cette périodicité n'est pas suffisante pour lui permettre de s'acquitter du mandat qui est le sien en vertu du Protocole facultatif.» (CAT, 2009). Si l'objectif affiché est, pour 50 États membres, de pouvoir réaliser 10 visites par an ; le dernier rapport annuel disponible (CAT, 2013) mentionne 5 visites réalisées pour 65 États. Il convient cependant de mentionner que lorsque le SPT visite un pays il se rend dans un nombre élevé d'établissements (environ 20-25 par pays). Le Sous-comité vise à accomplir un mandat de prévention large de la torture et des traitements inhumains et dégradants qui inclut donc une attention portée aux conditions de détention. Un des principes directeurs du SPT indique :

> « Les conditions de détention peuvent non seulement soulever la question des peines ou traitements cruels, inhumains ou dégradants, mais, dans certaines circonstances, peuvent aussi constituer un moyen de torture si elles sont utilisées d'une manière qui correspond aux dispositions de l'article premier de la Convention. Par conséquent, les recommandations relatives aux conditions de

[73] Le 1er rapport annuel mentionnait un programme de huit visites par an afin de se rendre dans chaque État partie (34 à l'époque) au moins une fois tous les quatre ou cinq ans en moyenne (CAT, 2008).

détention sont fondamentales pour une prévention efficace et porteront sur une grande diversité de questions, notamment les conditions matérielles, les taux d'occupation et les causes de taux élevés, l'existence d'équipements et de services suffisants et l'accès à ces équipements et ces services ».

Le Sous-comité se prononce donc, dans ses tout premiers rapports annuels, sur des questions telles que la détention avant jugement, les systèmes d'autogestion des détenus, etc. Il semble raisonnable de penser que le SPT va progressivement construire une œuvre de référence en matière de droits des personnes incarcérées au même titre que le CPT.

Au niveau national, le deuxième volet du protocole exige des États qu'ils mettent en place, désignent ou administrent un mécanisme de contrôle national (art3). Aucun type de mécanisme national n'étant spécifié dans le protocole, on peut penser que des commissions des droits de l'homme, des ombudsmans, des commissions parlementaires ou des ONG pourraient être désignés. Quelle que soit la structure choisie, le mécanisme de contrôle devra réaliser des visites à l'issue desquelles il adressera des recommandations dans un rapport dont la confidentialité n'est pas exigée par le protocole.

L'instauration de mécanismes nationaux représente, en effet, en soi un défi pour de nombreux pays. Au-delà de leur mise en place, c'est le fonctionnement et l'indépendance de ces contrôles nationaux qui suscitent le plus de préoccupations et de doutes comme en témoigne Gérard, membre du CPT.

> Quant au deuxième volet, l'aspect mécanisme national, j'ai beaucoup de doute franchement quant à l'indépendance de ces mécanismes… quelle qu'en puisse être la forme, parce que, cette fois sur la base de mes expériences CPT et de mes « micro » expériences nationales, à chaque fois que le mécanisme en question est un mécanisme national, l'objectivité des avis est discutable, dans un sens comme dans un autre. Soit on tolère toute une série de choses parce qu'on connaît très bien le ministre en cause, parce qu'on connaît très bien le directeur de la prison en cause et puis finalement on va lui laisser du temps, le pauvre, il est dans une situation difficile… ou alors dans un autre sens, parce que le ministre n'a pas la même couleur politique que le membre de la délégation visiteuse… inspectrice, ou alors que la personne qui serait en charge du mécanisme national, et qu'on va tout faire pour lui casser les dents, vous comprenez, quitte à, même inconsciemment, gonfler un peu le problème, parce qu'il n'a pas la même couleur politique que vous. Moi, j'ai beaucoup de doutes quant à l'efficacité de ces mécanismes nationaux. Je dis pas que ça va forcément pas marcher, mais, là encore, on en parlait avec (nom du pays), ils ont instauré un mécanisme national et le responsable de ce mécanisme me disait à Genève, aux Nations Unies, il n'y a pas longtemps : « nous ne sommes pas indépendants, parce qu'au niveau budgétaire, nous dépendons directement du gouvernement, et le gouvernement peut très bien nous empêcher complètement de travailler…

Si l'indépendance est en débat, la question de la formation de ces mécanismes de contrôle est également un facteur d'efficacité important. En ce sens, le protocole prévoit une collaboration entre le Sous-comité onusien et les mécanismes nationaux qui pourra notamment prendre la forme de conseils, de formation et d'assistance technique (article 11). L'article 26 du protocole prévoit, d'ailleurs, la création d'un fonds spécial pour aider, entre autres, les programmes d'éducation des mécanismes nationaux. Au 21 mai 2013, 47 pays avaient déjà instauré des mécanismes nationaux aux formes diverses.

La constitution de ce double mécanisme international et national auxquels se soumettront probablement de nombreux pays membres du Conseil de l'Europe peut poser, à terme, la question du maintien du mécanisme européen, le CPT. Les rapports du CPT et les témoignages recueillis indiquent cependant que si les mécanismes issus du protocole sont bien perçus comme ayant un futur impact, cela semble être davantage en tant que futurs collaborateurs et non pas en tant que menace qui viendrait affaiblir le travail et la position du CPT. En effet, le CPT a annoncé dès le début officiellement se réjouir et anticiper de futures collaborations avec les mécanismes issus de l'OPCAT (CPT, 2005a). Le Comité européen propose concrètement que les États qui ratifient le protocole puissent accepter que les rapports du CPT les concernant soient automatiquement transmis au Sous-comité onusien. Il consacre dans son dernier rapport annuel (CPT, 2012) une section entière aux relations à établir avec les mécanismes nationaux sous forme de synergie à base d'échange de connaissances. L'appartenance simultanée de certains membres du CPT au mécanisme mis en place dans leur pays est présentée comme non problématique, voire favorable. Seule l'idée de visites conjointes est rejetée par le CPT (2012).

C. La France et le Canada : une même obligation pour deux situations distinctes

En votant le protocole à la Convention, la France et le Canada s'engagent à terme à le signer, le ratifier et le respecter. Au niveau formel, la France semble avoir pris une certaine avance sur le Canada en signant le protocole le 16 septembre 2005. Ce n'est probablement pas un hasard que cette signature soit intervenue deux mois avant que le CAT rende ses conclusions finales sur le dernier rapport de l'État français. Dans ses conclusions en date du 24 novembre 2005, le Comité des Nations Unies félicite, en effet, la France pour la signature du protocole. Ce protocole et sa signature sont venus donner du poids aux voix des divers acteurs politiques et sociaux[74] qui réclamaient

[74] En 2000, le Sénat, l'Assemblée nationale et la commission sur l'amélioration du contrôle extérieur des établissements pénitentiaires concluaient à la nécessité d'un mécanisme qui

depuis quelques années déjà en France un contrôle national inspiré du modèle du CPT. À cet effet, fut votée en 2007 la création du Contrôleur général des lieux de privation de liberté[75] dont la mise en place en 2008 a permis la ratification du protocole.

Au Canada, la situation est à la fois distincte et beaucoup plus complexe. Le processus de signature et ratification est, de par la nature des institutions, plus long que dans un pays centralisé comme la France. Le Canada se trouve, en effet, dans une situation bien spécifique qui caractérise les États fédéraux tant au niveau du processus de ratification du protocole que du mécanisme national à implanter. Au Canada, le droit international ne fait pas automatiquement partie du droit national et l'application d'un traité exige, selon la compétence, l'intervention du Parlement du Canada et/ou des assemblées législatives des provinces et des territoires. Pour les aspects qui concernent le protocole, nous constatons la division des autorités concernées aussi bien pour la mise en œuvre des traités, les questions des droits de l'homme et les domaines de police, de législations criminelles et de lieux de détention. Si, au niveau fédéral, le ministère de la Sécurité publique a signifié aux ministères de la Justice et des Affaires étrangères[76] son accord de principe à signer et ratifier le protocole, le processus est à peine amorcé.

Il semble bien que, ne disposant pas du pouvoir de forcer les provinces à se conformer aux obligations du protocole, le gouvernement fédéral va s'assurer de leur accord avant de signer celui-ci. Comme pour tout domaine, la structure politique du Canada fait en sorte que la distribution des coûts afférents à la mise en œuvre de ce protocole soit l'objet de discussions et négociations entre le gouvernement fédéral et les gouvernements des provinces et des territoires. En 2005, des négociations sur le protocole étaient en cours, mais rendues plus difficiles par la situation minoritaire dans laquelle se trouvait le gouvernement fédéral. Le changement de gouvernement issu des dernières élections fédérales[77] risque en soi retarder encore le processus de signature et de ratification du protocole. En effet, il est également raisonnable de penser que la situation de gouvernement minoritaire ne facilitera pas les négociations entre les différents acteurs concernés aux niveaux fédéral et provincial.

Un autre impact de la structure décentralisée du Canada sur le protocole concerne la nature du mécanisme à mettre en œuvre. Questionné par le CAT à

---

remplirait entre autres des fonctions de contrôle, de vérification et d'inspection identiques à celles du CPT(Cabanel 2000, Canivet 2000 et Floch 2000).

[75] Nous approfondirons ce mécanisme dans un chapitre suivant.

[76] Informations issues d'une entrevue avec un conseiller des politiques travaillant dans ce ministère.

[77] A l'issue d'élections fédérales en janvier 2006, un changement de gouvernement fédéral est survenu, donnant le pouvoir au parti conservateur avec une position minoritaire à la Chambre des communes.

l'issue de l'examen de son dernier rapport, le Canada indique qu'il existe aux niveaux fédéral et provincial plusieurs mécanismes de contrôle tels que les tribunaux, les commissions des droits de la personne, l'Enquêteur Correctionnel, des organes de déontologie et des ombudsmans (CAT, 2005c). Le Canada indique que des consultations et des analyses sont en cours pour « déterminer si les mécanismes fédéraux et provinciaux actuellement en place au Canada respectent les exigences prévues par le protocole facultatif et, si non, quelles mesures sont nécessaires pour rencontrer ces exigences » (CAT, 2005c). Comme le mentionnait un conseiller en politique interviewé, une des difficultés réside dans la définition large des lieux de détention dont certains ne font pas encore l'objet de contrôle (les cellules de détention de la GRC et des polices autochtones par exemple) ou sont soumis à un contrôle dont la conformité aux exigences du protocole est incertaine (comme les centres de détention d'immigration visités par la Croix rouge).

La question se pose, donc, de savoir comment le Canada, qui dispose déjà de mécanismes de contrôle développés, devra procéder à l'évaluation et peut-être au remaniement de ces mécanismes afin de se conformer aux exigences onusiennes. Pour les États fédéraux plusieurs modèles sont possibles : un organisme national unifié ou de multiples organismes qui peuvent être tous régionaux, 1 fédéral et plusieurs régionaux ou délimités selon les types de détention, les individus détenus ou encore une combinaison de l'ensemble de ces possibilités (APT, 2005). Un conseiller en politique que nous avons rencontré mentionnait la possibilité de donner un plus grand pouvoir à l'Enquêteur Correctionnel en termes d'inspection et/ou de juridiction. Quelle que soit l'option qui sera adoptée, nous constatons que contrairement à la situation française, le Canada a une attitude qui consiste à entreprendre préalablement le travail de réflexion et à signer le protocole qu'une fois en conformité avec ses exigences. Il est toutefois particulièrement notable que le Canada ne soit toujours pas partie au protocole plus de 10 ans après son ouverture à signature.

V. Conclusion

Les contrôles supranationaux que nous venons d'étudier présentent à la fois des similitudes et des singularités. Ils ont en commun d'avoir clairement l'État comme objet de contrôle. Nous relevons que l'État est d'ailleurs l'interlocuteur direct de ces mécanismes, ce qui est spécifique à cette forme de contrôle. Le contrôle de la CEDH occupe une place et un rôle bien distinct du CPT, du CAT et du SPT. La Cour exerce, en effet, un contrôle procédural répressif ayant force obligatoire, tandis que le CPT, le CAT et le SPT visent eux un contrôle préventif basé sur des rapports et des visites sans moyens de contrainte sur les États. Si la brève analyse réalisée sur le travail de la CEDH s'est avérée pertinente pour la mise en contexte et la compréhension de son articulation avec les autres mécanismes supranationaux, elle nous a permis, de plus, de confirmer l'importance de la distinction entre contrôle judiciaire et les autres types de contrôle. La nature, la structure et le fonctionnement spécifique aux contrôles judiciaires viennent conforter le choix, fait dans cette recherche, de centrer notre analyse comparative sur les contrôles externes non judiciaires.

Les contrôles analysés dans ce chapitre se situent à un niveau, qui à première vue, ne correspond pas aux trois niveaux de présentation de l'État faite par Bergeron (1993). Le caractère supranational de ces mécanismes les place en effet au-dessus de l'État contrôlé, contrôlant et même contrôleur puisqu'il s'agit d'une entité supranationale qui contrôle l'État. Cependant, nous relevons que l'État est celui dont dépend entièrement la soumission à ce contrôle supranational. C'est bien l'État contrôleur, le régime tel que défini par Bergeron, qui décide ou pas de voter, signer et ratifier les instruments internationaux de contrôle. Notre analyse montre également que l'État contrôleur est celui dont dépend la réalisation des rapports soumis à ces contrôles (CAT), la mise en œuvre des recommandations faites par les mécanismes de contrôles (CPT, CAT, SPT) et souvent la publication des rapports de travail des organes de contrôles (CPT, SPT). Si l'État est donc clairement l'objet du contrôle exercé par ces mécanismes, il reste avant tout le décideur et le maître d'œuvre de la soumission, la réalisation et donc de l'effectivité de ces contrôles.

L'action volontaire de l'État de se soumettre aux contrôles supranationaux peut, donc, s'analyser comme un acte posé dans le cadre des deux super fonctions du régime telles que conçues par Bergeron, la sécuration et la légitimation. En acceptant les contrôles supranationaux, l'État accomplit, tout d'abord, un acte de sécuration tourné vers l'extérieur. Signer les conventions et les protocoles et accepter les contrôles, est bien, pour l'État, un processus autoprotecteur par lesquels il vise à affirmer et assurer son existence dans son environnement politique international constitué d'autres États. De plus, au niveau interne, ces mêmes actes, posés par l'État, viennent accomplir une fonction de légitimation, complément interne de la sécurisation externe. En agissant comme un État intégré aux instances supranationales et soumis à leur contrôle, l'État manifeste, en effet, une attitude qui le justifie politiquement dans son milieu social auprès de ses citoyens et de ses institutions.

Ainsi analysés, les contrôles supranationaux, indépendamment de leur fonctionnement et impact, s'inscrivent donc dans le cadre des super fonctions du régime indispensables aux autres fonctions de l'État contrôlant (la gouverne) et contrôlé (la politie). Tout comme le régime et la gouverne entretiennent des rapports bidirectionnels que Bergeron nomme seuils des habilitations, nous relevons l'existence de rapports et seuils d'habilitation entre l'État et les contrôles supranationaux. Si les mécanismes de contrôle supranational sont créés et mis en place, c'est bien qu'ils ont déjà été habilités à le faire selon les dispositions de l'État contrôleur lui-même. En se soumettant aux contrôles supranationaux, l'État contrôleur accepte d'être contrôlé dans des limites qu'il a lui-même stipulées. Ressort donc le caractère fondamentalement politique du processus de contrôle puisque les États démocratiques s'engagent à la création et au maintien des contrôles supranationaux afin de maintenir la confiance dans, et la légitimité de, l'organisation et ses décideurs.

Même si la CEDH, le CPT, le CAT et le SPT sont apparus à des moments différents, nous avons démontré que les connexions sont à la fois nombreuses et diverses. L'approche interactionniste adoptée nous a permis de considérer ces relations de façon évolutive et en connexion avec les positions structurelles de chaque mécanisme et leur poursuite d'intérêts. Il ressort, en effet de nos résultats, des éléments qui touchent à la fois les niveaux micro et macro de relations concernant ces organismes. En portant attention aux organisations et leurs acteurs, mais surtout aux interactions qui les unissent, sont apparus les nombreux liens structurels ou fonctionnels entre les diverses instances de contrôles et donc la complexité relationnelle des organisations et acteurs concernés.

Si l'on s'intéresse, comme le propose Mucchielli (1998), à l'analyse des buts des organisations et des systèmes de relations, nous relevons, en effet, l'existence de réseaux de décisions, d'information et d'influence des mécanismes de contrôle étudiés. Cette action organisée des institutions et des acteurs instrumentalisée en jeu[78] implique une action se déroulant dans un contexte d'interdépendance stratégique (Crozier et Friedberg, 1977). D'une part, cette interdépendance est présente dans les relations entre l'État et les mécanismes supranationaux de contrôle comme nous l'avons énoncé à travers les concepts de sécuration et légitimation. Nous relevons d'ailleurs que l'État utilise parfois un organisme de contrôle supranational pour se justifier auprès d'un autre[79], ce qui vient encore renforcer ce lien d'interdépendance et de légitimation. D'autre part, elle existe dans les relations entre les divers mécanismes de contrôle supranational. Nous avons fait ressortir à des degrés divers comme des relations d'influences se tissent entre la CEDH, le CPT, le CAT et le SPT. Rappelons à titre d'exemples que le CPT a servi de modèle à la création du SPT ; la Cour utilise les rapports du CPT dans ses arrêts ; le

---

[78] Le concept de jeu développé par Crozier et Friedberg (1977) permet d'appréhender les phénomènes de relations, de pouvoir et d'interdépendance des contrôles au-delà des concepts de structures, rôles et personnes. Le jeu est, en effet, conçu, par ces auteurs, comme l'instrument essentiel de l'action organisée.

[79] Nous avons vu comme la France utilise les rapports du CPT lorsqu'elle rend des comptes au CAT.

CAT questionne les États au regard des rapports du CPT, etc. Sur un autre registre, l'interdépendance caractérise également les relations que les organismes de contrôle supranational tissent avec les ONG.

L'exemple des ONG qui fournissent des informations cruciales au CPT et au CAT illustre l'existence de relations à sens unique ou tout au moins non égalitaire. Il est, en effet, fréquent que cette notion d'interdépendance[80] réfère à un rapport de négociation asymétrique entre des acteurs inégaux dans leurs relations d'échange et de négociation. Dans ce chapitre, cette inégalité transparaît dans les multiples relations existantes entre détenus, États, institutions supranationales et ONG. Au sein même de l'ensemble des organismes de contrôle supranational, la structure et la position du CPT érigé en modèle autosuffisant créent une situation inégalitaire dans ses relations avec les autres contrôles.

Dans le cas des organismes de contrôles supranationaux, la capacité d'action et la possibilité d'obtenir des résultats semblent bien reposer sur les négociations et la mise en œuvre de rapports de pouvoir[81] comme le suggère Friedberg (1993). L'efficacité des contrôles supranationaux repose en effet principalement sur les négociations entreprises avec les États puisque tous (à l'exception de la CEDH) sont dénués de pouvoir de contrainte. Au niveau supranational, l'exercice du pouvoir réside donc véritablement dans l'interaction (Crozier et Friedberg, 1977 et Mucchielli, 1998). Le pouvoir des contrôles supranationaux est donc inséparable de la relation à travers laquelle il s'exerce et il réside bien dans la capacité de structurer l'échange négocié de comportement en sa faveur.

L'analyse des contrôles supranationaux révèle, en effet, à quel point, dans leurs relations de pouvoir, les mécanismes de contrôle se doivent d'obtenir la coopération d'autres personnes pour la réalisation de leurs objectifs. À cela, nos résultats viennent rajouter une analyse supplémentaire en montrant comment ces interactions entre les divers organismes remplissent également une fonction de justification réciproque ou autojustification. Nous proposons que les divers liens entre les mécanismes de contrôle créent une situation de

[80] La notion d'interdépendance réfère à un rapport de négociation asymétrique par lequel s'échangent des ressources entre des acteurs foncièrement inégaux dans leurs relations d'échange et de négociation. La capacité d'action et la possibilité d'obtenir des résultats des organisations et des acteurs reposent justement sur les négociations et la mise en œuvre de rapports de pouvoir (Friedberg, 1993).

[81] Selon Friedberg (1993) et Mucchielli (1998), l'exercice du pouvoir réside donc dans l'interaction. Il apparaît donc pertinent d'adopter cette approche dans notre étude qui analyse le pouvoir des mécanismes de contrôle étudiés comme une relation et non pas uniquement comme un attribut des acteurs. Le pouvoir est alors conçu comme étant de nature relationnelle et non pas transitive. Il est, donc, inséparable de la relation à travers laquelle il s'exerce. Selon cette sociologie de l'action organisée, le pouvoir réside dans la capacité de structurer l'échange négocié de comportement en sa faveur.

renforcement de légitimité et de validité de ces contrôles. En se citant les uns les autres et en influençant la création et ratification d'organismes similaires, les organismes de contrôle supranational viennent ainsi valider leur existence et leur raison d'être. D'autre part, les contrôles supranationaux valident également leur fonctionnement réciproque en s'influençant à la fois sur le contenu de ce qui est contrôlé (définitions et normes) et sur comment le contrôler (formation et méthodes). L'ensemble des liens mis à jour illustre, en effet, un système complexe de renforcement de légitimité qui démontre, comme le proposait notre cadre théorique, que le pouvoir et la coopération sont non pas contradictoires, mais bien des conséquences naturelles l'une de l'autre.

CHAPITRE 3

L'ombudsman aux divers visages ; enquêteur, défenseur, médiateur et autres[82]

Comme nous l'avons mentionné dans le premier chapitre, le juge, central dans l'État de droit au niveau national, ne constitue pas toujours l'ultime garantie des droits de l'homme (Lochak, 2002). La complexité, la lenteur, le coût et le formalisme des procédures juridictionnelles ont ouvert la porte à l'expansion d'instances non juridictionnelles de gestion et médiation des conflits. Issue des pays scandinaves, l'institution d'ombudsman a connu un engouement notable dans les années 70 et 80 (Vagg, 1994). L'ombudsman est progressivement devenu la figure par excellence d'institution dédiée à la défense des droits de l'homme et plus précisément à la protection des citoyens contre les atteintes aux libertés individuelles. Ayant pour mission de protéger les citoyens contre les abus et dysfonctionnements de l'Administration, l'ombudsman intervient donc, également, auprès des détenus dans leurs conflits avec les administrations en général et l'administration pénitentiaire plus spécifiquement. La France et le Canada proposent, à cet égard, deux états de fait différents et intéressants pour cette étude. Au niveau fédéral, le Canada ne dispose pas d'un ombudsman général, mais de divers ombudsmans spécialisés dont un spécifiquement assigné aux personnes détenues dans les pénitenciers fédéraux. Par contre, au niveau provincial, les plaintes des détenus envers les services correctionnels des provinces et territoires sont gérées par des ombudsmans généralistes. En France, le système est mixte avec un ombudsman généraliste et un contrôleur spécifique à cette population.

[82] Certaines sections de ce chapitre ont fait l'objet de publication sous la forme d'un article référencé dans la bibliographie (Lehalle, 2005).

I. L'OMBUDSMAN : APPLICATION DU CONCEPT AU MILIEU CARCÉRAL

Les origines de l'appellation « ombudsman » remontent selon Anderson (1969) aux tribus germaniques qui nommaient ainsi une personne neutre chargée de collecter l'amende infligée à la famille d'un hors-la-loi pour dédommager la famille de la victime. Cette caractéristique principale de l'ombudsman a été maintenue à travers le temps et c'est précisément par ses attributs qu'est défini l'ombudsman. Selon Fitzharris (1973), l'ombudsman est une personne reconnue pour son intégrité, objectivité et courage d'agir en tant que conciliateur entre le public et les agences gouvernementales. Progressivement d'autres caractéristiques et conditions ont été associées au concept d'ombudsman. Anderson (1969) et Fitzharris (1973) mentionnent une nécessaire expertise en affaires gouvernementales et une accessibilité universelle. Fulmer (1981) insiste quant à lui d'une part sur la liberté de responsabilité administrative qui met l'ombudsman à l'abri de pressions bureaucratiques et politiques et d'autre part sur la liberté d'investigation et une immunité limitée d'action civile.

Le concept d'ombudsman, tel que nous le connaissons aujourd'hui, a vu le jour en Suède en 1809, lorsqu'une révision constitutionnelle désigne un « justitieombudsman » comme agent de l'Assemblée législative pour veiller au respect des lois par les instances administratives et judiciaires (Wyner, 1973). Plus tardivement, dans le contexte d'après-guerre et parallèlement à la croissance de l'appareil gouvernemental, la préoccupation de protéger les droits des individus face aux instances administratives a gagné du terrain. Anderson (1969) affirme à ce propos : « The need for human touch becomes greater as bureaucratization increases » (p.72). Pour sa part, Love (1977) souligne que le concept d'ombudsman apparaît alors comme une réponse et un instrument apte à assurer cette nécessaire protection du citoyen.

Qu'elles résultent de lacunes administratives, d'un manque d'information, d'une interprétation erronée de faits ou de l'indifférence devant des situations personnelles malheureuses, des erreurs ne peuvent manquer de se produire. Et une erreur qui, à l'échelle d'une grande administration, semble bien minime peut avoir pour l'individu des conséquences graves (Love, 1977, p.5).

Le concept d'ombudsman civil sera par la suite intensivement développé et implanté dans de nombreux pays occidentaux[83] incitant ainsi Anderson (1969) à parler de l'explosion de ce concept. Au Canada, la création d'un ombudsman fédéral fut envisagée à de nombreuses reprises dans les années 60, mais ce ne fut qu'en 1976 qu'un comité fut chargé d'étudier le concept afin de formuler

[83] Des ombudsmans furent implantés, entre autres, au Danemark (1954), en Nouvelle-Zélande et Norvège (1962), en Guyane et au Royaume-Uni (1967), 1973 en France (1973) et en Israël (1977).

des recommandations. Ce comité se prononce clairement en faveur de l'implantation du concept d'ombudsman et relève trois attributs essentiels de l'ombudsman idéal : son impartialité et indépendance du pouvoir exécutif, sa gestion des plaintes du public concernant l'action ou l'inaction administrative gouvernementale et finalement son pouvoir d'enquêter, de formuler des observations et de rapporter publiquement ses conclusions au Parlement (Love, 1977). Une loi instituant un ombudsman généraliste au niveau fédéral fut rédigée en 1977, mais n'entra jamais en vigueur (Secrétariat d'État, 1981). Au niveau provincial, diverses provinces canadiennes ont institué la fonction d'ombudsman avant même le gouvernement fédéral. À titre d'exemple, l'Alberta fut la première en Amérique du Nord en 1967 suivie du Protecteur du citoyen entré en fonction en 1969 au Québec.

Si, en effet, la plupart des écrits sur l'ombudsman s'accordent sur l'idée d'indépendance à la base du concept, cette institution peut prendre des formes variées selon les pays (Fulmer, 1981). Les études de Weeks (1973, 1978) proposent sur ce point une analyse comparative des ombudsmans à travers le monde en dissociant les procédures de nomination et de retrait, les juridictions soumises au contrôle, les attributions du personnel, etc. Une classification plus spécifique est proposée par Fulmer (1981) qui dissocie l'ombudsman traditionnel de l'ombudsman dit exécutif. Pour cet auteur, la distinction essentielle se base, en effet, sur le processus de nomination de l'ombudsman. Un ombudsman est traditionnellement nommé par le pouvoir législatif tandis l'ombudsman exécutif est lui, mis en place par le pouvoir exécutif.

Quelle que soit la forme prise par l'ombudsman, les limites de son mandat semblent toujours solidement établies. Un ombudsman ne peut pas modifier les décisions administratives, mais peut seulement, après une enquête approfondie, inciter, par des mécanismes de conciliation, les personnes responsables à reconsidérer leurs décisions (Comité du concept d'ombudsman, 1977). Comme l'affirme Fulmer (1981), les critiques publiques et les recommandations de changement sont les armes ultimes de l'ombudsman. Pour cette raison, les ombudsmans possèdent, en fait, plus d'influence que de pouvoir.

Le développement du concept d'ombudsman a suscité un questionnement sur son application aux problèmes spécifiques du domaine correctionnel. Les détenus étant des citoyens et les pénitenciers faisant partie de l'administration, leurs conflits entrent donc dans le domaine de compétence de l'ombudsman traditionnel. Selon Ivany (1981), le rôle de l'ombudsman dans le domaine correctionnel est comparable avec celui d'un ombudsman traitant avec des personnes libres : une fonction psychologique, la résolution de problèmes ou encore la poursuite de l'amélioration de l'administration dans son ensemble. Cependant, la spécificité du milieu carcéral, de son fonctionnement et des conflits qui en découlent rend nécessaire pour Anderson (1969), la mise en place d'un ombudsman spécifique. Il rappelle que des ombudsmans ad hoc ont déjà été utilisés et il argumente que cette fonction est suffisamment distincte de celle des ombudsmans généraux pour justifier une séparation.

Society owes a special duty to prison inmates to watch their watchers, because inmates are involuntarily immersed in a totally encompassing institutional environment that is sometimes unfeeling if not harsh and hostile (Anderson, 1969).

Cet auteur insiste sur l'intérêt que représente un ombudsman des prisons qui connaîtrait bien le milieu et enquêterait de sa propre initiative en se basant sur des plaintes anonymes des prisonniers ou des gardiens au cours de visites informelles dans les établissements. Un tel mécanisme pourrait, selon lui, avoir une influence substantielle et continue sur la vie en détention. En 1973, un ouvrage au titre évocateur « The Desirability of a Correctional Ombudsman » publié par l'américain Fitzharris fait écho aux propositions d'Anderson. Il insiste à son tour sur le fait que le concept d'ombudsman, conçu à l'origine pour des citoyens libres et ayant donc relativement peu de contacts avec l'administration, se révèle doublement pertinent pour les citoyens privés de liberté.

II. Les ombudsmans provinciaux au Canada : des structures généralistes

Dans certaines provinces canadiennes, des ombudsmans indépendants ont été institués pour intervenir dans les situations où les droits d'une personne sont lésés par l'administration provinciale. Pour les prisons, comme pour tout autre domaine, la mission de ces ombudsmans consiste à veiller au respect du droit, mais, également, à s'assurer du traitement humain des individus ; promouvoir les principes de justice, d'équité et de responsabilité ; et finalement, examiner les lois, les principes, les méthodes et les services du gouvernement.

L'ombudsman provincial exerce donc un certain contrôle sur les prisons provinciales et reçoit les plaintes des détenus de ces institutions. Il convient de noter que, parmi toutes les demandes traitées chaque année par les ombudsmans provinciaux, les demandes concernant les services correctionnels sont souvent les plus nombreuses. Le domaine pénitentiaire constitue donc une partie essentielle des tâches des ombudsmans provinciaux. Les moyens humains et matériels varient selon les provinces et parfois une équipe spécifique se consacre au traitement des plaintes concernant le domaine correctionnel. Les ombudsmans provinciaux interviennent principalement par une gestion administrative des plaintes reçues et ne se déplacent que rarement dans les prisons. Leur travail de contrôle et de vérification à distance consiste alors à analyser la validité de la plainte au regard des textes de droit applicables.

Les ombudsmans provinciaux rendent compte de leurs actions et des problématiques rencontrées par le biais de rapports annuels remis aux Parlements provinciaux et ils disposent, par conséquent, d'un statut clairement indépendant vis-à-vis du ministère concerné. Les ombudsmans provinciaux peuvent, de plus, indépendamment de leur rapport annuel, remettre aux parlements provinciaux des rapports spécifiques évoquant la situation des services correctionnels de leur province. Les rapports n'ont cependant pas de force contraignante pour le service correctionnel concerné.

1. Les plaintes des détenus : un volet important du travail des ombudsmans

Les diversités démographiques et économiques des diverses provinces et territoires canadiens se traduisent dans le mandat, le fonctionnement des divers bureaux d'ombudsman ainsi que dans la quantité et le contenu des plaintes reçues. À titre d'exemple, il convient de mentionner que pour l'année 2011, l'ombudsman du territoire du Yukon avait reçu un total de 176 plaintes tandis que celui de l'Ontario en totalisait plus de 18.000. Les ressources humaines et matérielles des bureaux d'ombudsman varient donc grandement et se répercutent sur des informations et statistiques disponibles[84]. Il ressort toutefois des données obtenues que les plaintes émanant des détenus constituent une proportion importante de l'ensemble de plaintes que reçoivent chaque année les ombudsmans. Pour l'année 2001-2002, ce sont 35 % des dossiers ouverts par les ombudsmans de l'Ontario et du Manitoba et 33 % de ceux ouverts par le Protecteur du citoyen qui concernaient les services correctionnels. Dans les différentes provinces, il s'agit d'une augmentation importante qui débute à la fin des années 90 et se stabilise au milieu des années 2000. Même si les méthodes de calcul changent et beaucoup d'ombudsmans sélectionnent désormais les plaintes ou ne mentionnent que celles jugées fondées, ces taux oscillent désormais autour de 22 % pour l'Ontario, 27 % pour le Québec et 28 % pour la Nouvelle-Écosse pour l'année 2011-2012. Il apparaît clairement que depuis plus de 10 ans, les plaintes concernant les services correctionnels provinciaux représentent pas moins de 20-25% de l'ensemble des plaintes reçues par les ombudsmans. Un délégué du

[84] Parmi les provinces qui ne réalisent ou ne publient pas systématiquement ces données, certaines ont accepté de collecter et de communiquer ces informations suite à nos requêtes. Nous reprendrons la plupart des résultats obtenus en mettant davantage l'accent sur les provinces pour lesquelles les informations récoltées sont à la fois les plus importantes et les plus pertinentes.

Protecteur du citoyen, affirme d'ailleurs que le domaine correctionnel représente le « secteur à volume » de l'institution.

Le volume de plaintes témoigne des besoins grandissants ressentis par les personnes détenues dans les prisons provinciales. Peu de provinces fournissent une analyse détaillée des motifs de plaintes. L'ombudsman de Nouvelle-Écosse précise que près de 40 % des plaintes reçues de la part des détenus portaient sur des besoins et problèmes personnels, 27 % sur des questions de santé et 16 % sur des questions reliées à l'isolement. Le rapport 2002 de l'Ombudsman du Manitoba indique que certaines requêtes sont des plaintes de routine (vaccin contre la grippe, nourriture, linge sale...), mais d'autres, plus récurrentes touchent des aspects plus fondamentaux de la vie en détention parmi lesquels les visites, les effets personnels, la ségrégation préventive, les plaintes et griefs, mais surtout les questions de santé[85] qui constituaient en 2002, près de la moitié des plaintes émanant des détenus de la province. La question de la pertinence et la qualité des soins de santé disponibles dans les établissements de détention est également identifiée comme primordial dans les rapports des ombudsmans des autres provinces où elle représente souvent 25 % des plaintes émanant de détenus. Si certaines plaintes sont comptabilisées dans plusieurs catégories qui, de plus changent selon les années, il est cependant possible d'identifier la conduite du personnel, les conditions de vie reliées à la nourriture et les procédures de classification et de transfert parmi les objets de plaintes les plus récurrents. Au Québec où l'objet des plaintes est saisi dans un système informatisé, les principaux motifs de plaintes envers les services correctionnels concernent, après les soins de santé : transferts, absences temporaires, discipline, sécurité, perte d'effets personnels, classement, comportement du personnel, perte de droits et privilèges, évaluation, activités, cantine, alimentation, conditions d'hébergement. Ce sont les mêmes objets de plaintes que l'on identifiait à la fin des années 90. Au-delà des plaintes les plus nombreuses ou récurrentes, les bureaux d'ombudsmans adresse des problématiques aussi variées que l'accès des détenus au plein air, la literie ou, encore, la remise de vêtements décents pour les audiences des tribunaux ou encore l'exercice du droit de vote (Ombudsman Ontario, 2003).

2. Les méthodes de travail

Certains bureaux d'ombudsman ont souvent fait le choix de spécialiser leurs ressources humaines dans le but d'offrir un service adéquat aux personnes détenues. Ces ombudsmans ont opéré une restructuration pour désigner un responsable (Nouvelle-Écosse) ou une équipe de 8 à 16 personnes

---

[85] Suite à notre requête, les données concernant l'ombudsman du Manitoba nous ont été adressées dans un document inédit daté de 2005.

(Québec et Ontario) assignée exclusivement aux plaintes des détenus. Il convient cependant de remarquer depuis 2005, il n'y a plus d'équipe détention au bureau de l'Ombudsman de l'Ontario a modifié sa structure.

Quel que soit leur organigramme, les ombudsmans provinciaux travaillent principalement de façon réactive au gré des plaintes reçues par téléphone ou courrier. Le plus souvent, ils sont appelés à intervenir dans des situations individuelles où un détenu plaignant dénonce une situation préjudiciable dont il est l'objet de la part des services correctionnels. L'ombudsman peut alors référer la personne contrevenante au système interne de traitement des plaintes ou créer un dossier et parfois réaliser une enquête. Un délégué du Protecteur du citoyen que nous avons rencontré indiquait que près de 90 % de la gestion des plaintes se fait par téléphone. Il s'agit donc d'un travail d'information et d'intervention au cas par cas qui s'opère souvent à distance.

L'ombudsman de Colombie-Britannique témoigne notamment du cas d'un détenu qui s'était vu refuser le droit d'assister aux funérailles d'un proche et pour lequel, l'intervention de l'ombudsman a permis de résoudre la situation et de débloquer la permission nécessaire en moins de quatre heures après le contact initial. Un autre cas illustre comment, suite à l'intervention de l'ombudsman, la pratique d'un centre de détention, qui rejetait le courrier entrant d'un détenu sans l'en aviser, a été modifiée au moyen de l'utilisation d'un formulaire (Ombudsman Colombie Britannique, 2003). Les problématiques sont aussi diversifiées que la décontamination après application de gaz poivré, le respect de la durée maximale d'usage de chaise de rétention, la distribution de manteaux d'hiver et de médicaments (Ombudsman Manitoba, 2002 et 2003) ou encore l'information des proches en cas de suicide, la remise d'un ticket de bus lors d'une sortie en libération conditionnelle ou la prise de rendez-vous avec un psychiatre (Ombudsman de l'Ontario, 2012).

Pour certains, la présence en établissement est apparue comme souhaitable voir nécessaire. Depuis 2002, le personnel de l'Ombudsman de l'Ontario se rend dans les établissements pour recueillir ou examiner les plaintes et faire des présentations devant le personnel (2003). C'est le cas également de l'ombudsman de Nouvelle-Écosse dont le responsable assigné exclusivement aux plaintes des détenus est chargé de visiter les 6 établissements de détention de la province. Face aux besoins de cette clientèle, l'ombudsman de Nouvelle-Écosse affirmait en 2004 sa volonté d'augmenter la présence en établissements (Ombudsman Nouvelle Écosse, 2004). Le dernier rapport mentionne d'ailleurs que les représentants de l'ombudsman se rendent désormais dans l'Établissement correctionnel du Centre de la Nouvelle-Écosse chaque semaine pour rencontrer les détenus et le personnel et pour discuter des problèmes et des préoccupations qu'ils pourraient avoir. Il affirme que cette mesure a permis une amélioration des relations de travail avec les responsables des services correctionnels et un règlement plus efficace des plaintes (Ombudsman Nouvelle-Écosse, 2012). Les enquêteurs du bureau de l'ombudsman du Manitoba participent aussi à des tournées des établissements provinciaux, et ce dans un double objectif d'efficacité et d'amélioration du relationnel.

Ainsi, certains ombudsmans organisent des rencontres régulières avec les autorités correctionnelles afin d'échanger sur des dossiers individuels ou à effet collectif et d'arriver à une entente. Comme le mentionne un délégué du Protecteur du citoyen, travail avec les services correctionnels se fait « au quotidien » en s'adressant aux divers échelons hiérarchiques. Cependant, quelques ombudsmans soulignent faire face à un manque de compréhension et de fausses idées sur leur mission de la part des services correctionnels. Certains évoquent même l'animosité du personnel correctionnel à l'égard des représentants de l'ombudsman. Une responsable du bureau de l'Ombudsman de l'Ontario compare ces relations à de l'escrime ; un combat constant, mais imprégné de respect mutuel. Pour améliorer ces relations et sensibiliser le personnel, certains ombudsmans ont réalisé des sessions d'information auprès des agents correctionnels (Ombudsman Manitoba, 2004) ainsi que des ateliers de formation et d'information à toutes les nouvelles promotions d'agents correctionnels (Ombudsman de l'Ontario). Les ombudsmans ont également des relations suivies avec les ministères en charge des services correctionnels, principalement lorsqu'il s'agit de problèmes systémiques donnant parfois lieu à des rapports spéciaux.

3. Les problèmes systémiques et la production de rapports spéciaux

Les ombudsmans interviennent également sur des problèmes systémiques. En effet, lorsque l'équipe fait face à une problématique qui affecte plusieurs personnes incarcérées d'un ou de plusieurs établissements de détention, un dossier à effet collectif est créé pour procéder à une intervention qui vise à éviter la répétition des préjudices. Ces interventions prennent souvent la forme d'enquête et de rapports spéciaux qui visent à faire le bilan ou attirer l'attention sur des problématiques qui persistent.

Les ombudsmans identifient donc parfois un problème systémique sur lequel ils s'investissent et interpellent les services correctionnels. Ainsi l'ombudsman de la Colombie-Britannique a décidé, de sa propre initiative, de mener une enquête sur le mécanisme de règlement des griefs des services correctionnels afin d'une part d'être en mesure de prendre la décision appropriée de référer ou non les détenus à ce système et d'autre part de proposer des suggestions pour son amélioration (Ombudsman Colombie Britannique, 2004). Au Québec, c'est la question des services aux personnes incarcérées qui éprouvent un problème de santé mentale qui a attiré l'attention du Protecteur du citoyen du Québec, auteur d'un rapport publié en 2011. Quant au bureau de l'ombudsman de l'Ontario, il a, en 2011, confié à son équipe d'intervention spéciale la mission de mener une enquête sur un grand nombre de plaintes (plus de 100 en 2010) de détenus alléguant des agressions par des agents des services correctionnels. Cette équipe a réalisé plus de 180 entrevues avec des détenus, employées des services correctionnels et intervenants et vient de publier un rapport qui dresse un bilan choquant de l'usage excessif de la force et surtout de la « loi du silence » régnant pour camoufler cette violence (Ombudsman de l'Ontario, 2013).

Il arrive parfois de la multitude de problèmes systémiques rencontrés pousse les ombudsmans à réaliser un travail plus large sur les conditions de détention. Ce fut le cas de la Saskatchewan où l'ombudsman a entrepris en 2000 une enquête en profondeur justifiée par le fait que les services correctionnels font l'objet de plaintes récurrentes sur lesquelles le traitement individuel de façon ad hoc par son bureau n'a qu'un effet limité. Cette tâche complexe et ambitieuse pour un petit bureau aux ressources limitées s'est concrétisée en 2002 par la publication du Rapport spécial sur les services aux détenus et les conditions de détention (Ombudsman Saskatchewan, 2002). Ce document de plus de 200 pages aborde divers aspects de la détention tels que les conditions de vie, le contrôle des biens des détenus, les programmes, la gestion de cas, les services médicaux, la prévention des suicides et des automutilations, la discipline, l'isolement, la formation du personnel. Pour chaque domaine, l'ombudsman de la Saskatchewan analyse le problème et les mesures prises par les services correctionnels et formule, selon les cas, des suggestions, des encouragements et des recommandations. Le rapport contient pas moins de 146 recommandations générales ou spécifiques aussi diverses que faciliter la communication avec les familles, assurer le contrôle du chauffage, améliorer l'accès aux douches et les possibilités d'exercices, assurer la fouille par des personnes du même sexe ou encore permettre aux détenus de suivre des programmes de méthadone.

Au Québec, le Protecteur du citoyen a, depuis sa création, rendu publics deux rapports très critiques sur les services correctionnels québécois en 1985 et 1999 (Protecteur du citoyen, 1985 et 1999). Ces deux rapports font le point sur les diverses plaintes reçues ainsi que les problématiques analysées dans le fonctionnement des services correctionnels québécois.

Le rapport de 1985 intitulé « Le respect des droits des personnes incarcérées » est le résultat d'une enquête menée par le Protecteur du citoyen dans 15 établissements de détention au Québec. Cette enquête visait à faire le point sur le respect des règlements édictés par le gouvernement en 1979 en réaction au rapport Marceau (1971). Sous le principe que les personnes incarcérées sont des citoyens à part entière qui conservent tous leurs droits sauf celui de circuler librement, le rapport soulève divers points problématiques : le plan de séjour, les contacts avec l'extérieur, le travail rémunéré et les activités de formation et de loisirs, les conditions sanitaires, les soins de santé, le classement et le transfèrement ou encore la discipline et les fouilles. Dans cette enquête sur l'application de la loi et du règlement en vigueur, le Protecteur du citoyen rapporte ses constatations et relève des pratiques et politiques pénitentiaires qui ne respectent pas les exigences normatives. Les questionnements et commentaires formulés sont détaillés et s'attachent à la fois à des questions techniques (durée des sorties) et à des questions générales de principe (emprisonnement pour non-paiement d'amende).

Le rapport spécial de 1999, issu notamment de dossiers à effet collectif, indique que « l'administration des établissements de détention… n'est toujours pas conforme aux normes adoptées par les Nations Unies et auxquelles le Canada (et le Québec) a pourtant entièrement souscrit » (Protecteur du citoyen, 1999, p.59). Si le Protecteur du citoyen relève que la situation a changé depuis son rapport spécial de 1985, il affirme qu'elle s'est détériorée sous un certain nombre d'aspects comme en témoigne le nombre croissant de plaintes. Le rapport met l'accent sur neuf aspects problématiques : les abus de pouvoir, la réinsertion sociale, l'influence du crime organisé, les conditions de détention, la détention des femmes, la santé, les suicides, les ressources et le respect des droits des personnes incarcérées. Sur tous ces points, le Protecteur du citoyen formule des recommandations détaillées.

4. Quel impact ?

Les ombudsmans portent bien sûr une attention toute particulière au suivi de leurs recommandations formulées dans les rapports annuels ou spéciaux et ils mentionnent fréquemment la réponse qu'ils obtiennent des services correctionnels. L'ombudsman de la Saskatchewan souligne d'ailleurs que le défi réside bien dans la mise en œuvre de ces recommandations : « It was one thing for corrections to agree with our recommendations, but the real challenge for Corrections will come with implementation » (Ombudsman Saskatchewan, 2002). De ce cas comme d'autres, les services correctionnels se déclarent en accord avec la plupart des recommandations formulées et mentionnent que des démarches ont été entreprises pour les mettre en œuvre et certaines ont été rapidement appliquées. Quelques recommandations sont acceptées avec certaines limitations et une dizaine ont été rejetées, mais des alternatives ont cependant été proposées. L'ombudsman se déclare alors satisfait des fruits de son travail, qu'il considère comme un effort de collaboration et non pas « an exercise of fault-finding » (Ombudsman Saskatchewan, 2002). Souvent l'impact des recommandations est variable puisque certains problèmes persistent toujours tandis que d'autres ont été résolus. Il n'est pas rare de constater, comme dans le cas du Québec, que plus de 20 ans après le rapport de 1985, certaines problématiques persistent et font toujours l'objet de recommandations dans les rapports du Protecteur du citoyen les plus récents. Quant au rapport de 1999, il aurait été l'un des éléments entraînant la création d'une commission d'enquête donnant lieu au rapport Corbo et à la promulgation d'une nouvelle loi sur les services correctionnels qui reprennent plusieurs des recommandations formulées (Protecteur du citoyen, 2002b). Toutefois lorsque dans son rapport annuel 2002-2003, le Protecteur du citoyen dresse le bilan du plan d'action du ministère de la Sécurité publique, il souligne que si 21 recommandations ont été mises en œuvre de façon satisfaisante, les résultats sont partiellement satisfaisants pour 11 recommandations et insatisfaisants pour 14 d'entre elles (Protecteur du citoyen, 2002a). Il faudra pour un certain nombre de recommandations attendre la mise en vigueur de la loi en 2007.

Selon l'Ombudsman du Manitoba, les institutions avancent fréquemment l'argument de légalité comme primant sur l'équité des recommandations de l'ombudsman et elles affirment donc que leurs décisions sont légales et ne seraient pas condamnées par les tribunaux. Les services correctionnels refuseraient souvent d'accepter une recommandation de l'ombudsman par crainte de créer un précédent qui les contraindrait. L'ombudsman du Manitoba (2003) affirme que les institutions se font « tirer l'oreille » pour reconnaître leurs erreurs : « cela arrive souvent lorsqu'un organisme public est plus préoccupé de la défense de ses actions ou de ses décisions qui font l'objet de notre enquête que de la solution du différend ». Différends bureaux d'ombudsman provinciaux dénoncent également la réaction exagérée des institutions aux implications financières de leurs recommandations. Comme le synthétise un délégué du Protecteur du citoyen : « les services correctionnels disent qu'ils suivraient les recommandations s'ils avaient les ressources financières et humaines ». Le manque de ressources est très souvent identifié comme la cause des problèmes rencontrés. Certains ombudsmans sont sensibles à cet argument et tentent de se mettre à la place des services correctionnels sans toutefois les excuser. D'autres sont plus intransigeants et souligne que bien souvent, leurs recommandations ne requièrent qu'un investissement de quelques centaines dollars, des fois quelques milliers et très rarement plus de 10.000 $. Selon le bureau de l'ombudsman du Manitoba, « le coût de l'acceptation d'une recommandation de l'ombudsman est un faible prix à payer pour la valeur du rôle que l'ombudsman joue dans la promotion de l'ouverture, l'imputabilité, l'équité et la confiance du public dans le gouvernement » (Ombudsman Manitoba, 2003). Lorsque, dans un cas comme l'Ontario, le ministère explique le manque de ressource par les priorités de l'agenda de sécurité publique, l'Ombudsman réplique en se référant directement l'ensemble de règles minimales sur le traitement des détenus des Nations Unies et renvoie publiquement le ministère face à ses responsabilités :

L'ombudsman a noté qu'il ne lui revient pas de se prononcer sur le jugement du gouvernement qui veut faire valoir et mettre en place un agenda de sécurité publique. Mais... le Ministère était responsable d'anticiper les conséquences de ses propres politiques... les conditions de vie des personnes en détention n'auraient jamais dû devenir aussi inacceptables (Ombudsman de l'Ontario, 2003, p25-26).

Les ombudsmans insistent sur le fait qu'il s'agit de besoins essentiels d'individus dont le système est responsable[86] et pour lesquels leur mission est d'autant plus pertinente qu'ils sont vulnérables. Selon une responsable du service « détention » du bureau de l'Ontario, la mission du bureau de l'ombudsman définie comme « better life and justice » est particulièrement pertinente pour la population vulnérable que représentent les détenus. Le nombre de plaintes concernant les services correctionnels indique, selon elle, le besoin que les détenus ont de l'ombudsman afin de s'assurer du respect des droits des personnes contrevenantes et de corriger et prévenir les erreurs, abus, illégalités ou toute forme d'injustice causée par les services correctionnels.

Les ombudsmans soulignent que le travail est également utile à l'institution et au personnel carcéral et nécessaire pour contribuer à l'équilibre et l'amélioration du système ; « it is valuable to have a body outside, to mirror the advance, seat back and look in » (Ontario). We can provide the impartial and balanced perspective necessary to ensure compliance with the rules by both parties (Ombudsman Manitoba, 2001, p32).

Si l'impact réel et perceptible de l'action des ombudsmans n'est pas aisé à évaluer, ils insistent avant tout sur leur rôle de « chien de garde du gouvernement ». Certains évoquent la fonction d'ombudsman comme « une fleur de la démocratie » qui est nécessaire pour « équilibrer les pouvoirs des citoyens » et notamment les personnes vulnérables. Pour un des délégués du Protecteur du citoyen, l'ombudsman pour les détenus est comparable aux urgences d'un hôpital, un travail difficile requérant patience et persévérance. L'un d'entre eux souligne que l'objectif ultime de l'ombudsman, dans le domaine correctionnel comme pour les autres est de voir un jour son rôle dépourvu de nécessité ; « mettre la clé sous la porte » et ne plus exister.

[86] Document inédit déjà mentionné (Ombudman Manitoba, 2005).

III. L'ENQUÊTEUR CORRECTIONNEL DU CANADA : UN OMBUDSMAN SPÉCIALISÉ POUR LES PÉNITENCIERS FÉDÉRAUX

La fonction d'Enquêteur correctionnel du Canada a été créée en 1973 pour s'assurer que les détenus des pénitenciers fédéraux soient traités équitablement ainsi que pour fournir un mécanisme alternatif de règlement des conflits entre ces derniers et les services correctionnels canadiens. Les rapports annuels et spéciaux publiés par le bureau de l'Enquêteur correctionnel (BEC) au cours des quarante dernières années constituent une base conséquente de données à travers les commentaires, statistiques et recommandations sur le fondement, le mandat, les méthodes et les problématiques reliées à cette institution[87].

1. Un ombudsman correctionnel existant depuis plus de 40 ans

A. La création de l'Enquêteur correctionnel

Au Canada, il n'existe pas d'ombudsman fédéral à la compétence généraliste, mais divers ombudsmans spécialisés. Le concept d'ombudsman, conçu à l'origine pour des citoyens libres et ayant donc relativement peu de contact avec l'administration est rapidement apparu comme doublement pertinent pour les citoyens privés de liberté. Ainsi en prenant en compte la spécificité du milieu carcéral, de son fonctionnement et des conflits qui en découlent, le Canada a donc mis en place en 1973 un ombudsman spécifique pour les prisonniers sous responsabilité fédérale[88] .

Jackson (2002) affirme que les origines de cette création se retrouvent dans le rapport de la commission Swackhamer rendu suite à l'émeute du Pénitencier de Kingston de 1971. Dans un souci de réaction rapide et sans donner lieu à d'intenses travaux législatifs, un ombudsman correctionnel a été nommé par décret en vertu de la loi sur les enquêtes de 1970 qui stipule que tout ministre peut ainsi nommer un ou plusieurs commissaires pour faire enquête et rapport sur l'état et l'administration des affaires de son département et la conduite de ses employés. De par cette loi, les commissaires nommés disposent d'un large pouvoir d'accès aux institutions concernées ainsi qu'à

---

[87] Notre analyse de ce mécanisme de contrôle se base donc principalement sur une étude approfondie des productions écrites du bureau de l'Enquêteur correctionnel depuis sa création (rapports annuels et spéciaux). Nous avons également réalisé, en 2004, neuf entrevues avec les enquêteurs correctionnels en poste ainsi que cinq journées d'observations participantes de leurs visites dans les établissements. Ce corpus de données nous permet de proposer dans cette section un portrait analytique du travail de l'Enquêteur correctionnel.

[88] Au Canada, la responsabilité des établissements de détention se repartit entre les deux niveaux de gouvernement selon la longueur de la sentence. Une personne condamnée à une sentence de moins de deux ans sera incarcérée dans une prison provinciale tandis que pour une sentence de deux ans et plus, l'incarcération se fera dans un pénitencier fédéral.

tous les documents nécessaires. La fonction permet également d'assigner toute personne à témoigner ou comparaître. C'est en vertu de cette loi qu'est, en 1973, nommé par décret (C.P. 1973-1431), le 1er Enquêteur correctionnel relevant du ministère du Solliciteur général. Le décret de nomination précise que l'Enquêteur correctionnel fait enquête de sa propre initiative ou sur les plaintes reçues des détenus ou en leur nom et fait des rapports, notamment un rapport annuel sur les problèmes des détenus qui relèvent de la compétence du Solliciteur général.

La directive n°241 du 10 décembre 1973 qui détaille la procédure de plaintes et griefs fut modifiée en 1974 pour y rajouter, entre autres, un article f qui mentionne que les détenus doivent normalement recourir à cette procédure avant de présenter un grief à l'Enquêteur correctionnel. Cet article mentionne toutefois que, dans certains cas, cette procédure peut être déraisonnable ou impraticable et qu'il est mieux indiqué de s'adresser directement à l'Enquêteur correctionnel.

Des précisions sont apportées au mandat et aux pouvoirs de l'Enquêteur correctionnel par la directive du commissaire n°240 du 10 mars 1976 abrogeant celle du 30 août 1973 (EC, 1976a). Cette nouvelle directive reprend les indications de la loi sur les enquêtes et précise son application à l'Enquêteur correctionnel en rappelant son droit de visites annoncées et non annoncées dans les établissements et en précisant que ces visites doivent être publicisées auprès de la population carcérale pour que puissent être organisées des entrevues personnelles à la demande des détenus ou de l'enquêteur. Cette directive précise également le droit d'accès à tous renseignements ou documents, ainsi que la confidentialité de la correspondance entre l'enquêteur et les détenus. L'article 6 mentionne de plus que « les membres du personnel du Service canadien des Pénitenciers accorderont leur entière collaboration à l'Enquêteur correctionnel et aux agents d'enquêtes dans l'exercice de leurs fonctions ».

Dès son premier rapport en 1974, l'Enquêteur correctionnel exprime le souhait que cette fonction soit consacrée au niveau législatif. En 1976, il affirme que « des dispositions législatives précises pourraient, *de jure*, rendre l'Enquêteur correctionnel indépendant et c'est probablement ce qui se produira un jour » (EC, 1976b). En effet, le fait que l'Enquêteur correctionnel soit responsable devant le Solliciteur général et non le Parlement est souvent évoqué comme une entrave à son indépendance et son statut d'ombudsman à part entière. Malgré cela, l'Enquêteur correctionnel reste cependant différent de ce que Wyner (1973) appelle les ombudsmans exécutifs qui sont eux des responsables des plaintes d'une administration, nommés et dépendants du directeur exécutif de celle-ci (tels que le bureau des plaintes d'une mairie). L'Enquêteur correctionnel serait considéré comme un ombudsman exécutif s'il était directement dépendant du commissaire des services correctionnels.

Le fait que le lien direct soit avec le Solliciteur général rend les choses plus confuses et subtiles. En 1977, le comité du concept d'ombudsman, dirigé par Love, aborde cette question lorsqu'il place le Service correctionnel du Canada (alors appelé Service Canadien des Pénitenciers) dans la liste des organismes à soumettre à la juridiction de l'ombudsman fédéral dont la création est alors envisagée. Ce comité suggère en effet que la charge de l'Enquêteur correctionnel soit intégrée à celle d'un ombudsman fédéral unique qui désignerait parmi ses ombudsmans adjoints, un spécialisé pour les pénitenciers.

On retrouve les premiers travaux législatifs sur l'Enquêteur correctionnel en 1988 dans un projet de loi portant sur la création du BEC. La même année est proposé un amendement à la Loi sur la libération conditionnelle de détenus et à la Loi sur les pénitenciers. La fusion de ces deux projets donnera naissance au projet de loi C-36 intitulé « Loi régissant le système correctionnel, la mise en liberté sous condition et l'incarcération, et portant création du bureau de l'Enquêteur correctionnel ». Ce projet de loi soumis en première lecture en octobre 1991 sera adopté par la Chambre des communes le 14 mai 1992 et sanctionné le 18 juin 1992. Le texte, tel qu'adopté, consacre une troisième partie composée de 41 articles à l'Enquêteur correctionnel. Les attributions sont précisées dans l'article 167 qui énonce : « L'Enquêteur correctionnel mène des enquêtes sur les problèmes des délinquants liés aux décisions, recommandations, actes ou omissions qui proviennent du commissaire ou d'une personne sous son autorité ou exerçant des fonctions en son nom qui affectent les délinquants individuellement ou en groupe ». L'article poursuit en énumérant les restrictions de ce mandat. Trois domaines sont en effet mentionnés comme hors de la compétence de l'Enquêteur correctionnel : ce qui relève de la compétence de la Commission nationale des libérations conditionnelles, les problèmes concernant l'incarcération dans un établissement provincial et finalement les décisions des fonctionnaires provinciaux qui, au nom d'entente avec le gouvernement fédéral, surveille des délinquants à l'extérieur. L'article 170 précise qu'une enquête peut être instituée sur la plainte d'un délinquant ou présentée en son nom par une tierce personne, à la demande du ministre ou encore de l'initiative de l'Enquêteur correctionnel. L'Enquêteur correctionnel dispose de pouvoirs d'enquête et peut formuler des recommandations au Service correctionnel.

B. La composition du bureau de l'Enquêteur correctionnel

L'Enquêteur correctionnel est nommé par le Conseil général du gouverneur pour une période de cinq ans renouvelable. Dans les faits, la permanence du poste est assez remarquable puisque depuis la création du bureau en 1973, seuls trois enquêteurs se sont succédé en poste. En effet, Inger Hansen qui fut la première personne au poste d'Enquêteur correctionnel remplit cette fonction pendant quatre ans (1973-1977). Après une brève période de transition, Ron Stewart fut nommé Enquêteur correctionnel le 15 novembre 1977 et occupa ce poste pendant plus de 25 ans. En octobre 2003, lui succéda Howard Sapers, au titre de troisième Enquêteur correctionnel. L'Enquêteur correctionnel actuel réunit une expérience conséquente dans les domaines de la prévention, du correctionnel et du développement de politiques forgée par deux mandats de député de l'Assemblée législative de l'Alberta, des fonctions occupées au sein de la Commission nationale des libérations conditionnelles du Manitoba, du Saskatchewan et des Territoires du Nord-Ouest ainsi que dix années de travail au sein de la Société John Howard.

Le bureau de l'Enquêteur correctionnel, situé dans la capitale nationale, est une structure centralisée. L'Enquêteur correctionnel en titre est nommé par le Conseil du Gouverneur général et son personnel appartient à la fonction publique. Si l'équipe était composée, à sa création, de l'Enquêteur correctionnel elle-même, d'une adjointe administrative, d'une secrétaire, d'une copiste et d'une assistante au bilinguisme à temps partiel, le bureau s'est par la suite étendu régulièrement en voyant augmenter notamment son personnel enquêteur. En plus du personnel administratif, l'équipe comptait deux agents d'enquête, dont un à temps partiel en 1975, quatre en 1977 et neuf en 1987. L'évolution de bureau s'est, par la suite, développée jusqu'à compter, en 2013, 34 employés dont 27 sont directement impliqués dans les enquêtes. Le bureau fonctionne avec un budget annuel total de 4,7 millions de dollars.

C. Le mandat de l'Enquêteur correctionnel

Le mandat de l'Enquêteur correctionnel tel que défini par le décret ne contenait guère de précision sur les méthodes de travail, les procédures, ainsi que les politiques adoptées par le BEC[89]. Celui-ci a donc évolué au fil du temps et selon la personnalité de l'Enquêteur correctionnel en poste. En effet, chaque année à travers des commentaires généraux ou spécifiques, l'occasion lui est donnée de préciser et clarifier comment il perçoit sa fonction et l'impulsion qu'il entend y donner.

a. 1973-1977 : Inger Hansen, premier Enquêteur correctionnel

Inger Hansen eu la mission délicate d'être la première personne nommée à cette nouvelle fonction. En l'absence de mandat clairement défini, il semble bien que la personnalité du premier Enquêteur correctionnel ait eu un impact

[89] Nous utiliserons dans ce chapitre les initiales BEC pour désigner le Bureau de l'Enquêteur correctionnel.

important aussi bien à la création du bureau que sur ce qu'il est devenu par la suite.

Dans le premier rapport de l'Enquêteur correctionnel, le mandat est exprimé en ces termes : « ...nous ne faisons ni miracles, ni croisades, mais espérons par une démarche rationnelle et convaincante, aider à améliorer ou corriger des situations anormales et faire ressortir des cas d'erreur administrative, d'inadvertance ou de malhonnêteté » (EC, 1974, p4). Il semble qu'il fut important pour l'Enquêteur correctionnel de faire preuve de rationalité et réalisme. Il est, en effet, notable que dans les trois premiers rapports, on retrouve ce thème : le rapport de 1975 précise l'importance de ne pas donner de faux espoirs et celui de 1976 mentionne avec humour « je ne veux pas donner l'impression que je peux, à la manière de la femme bionique, m'interposer et créer l'utopie dans un monde imparfait » (EC, 1976 b).

Quant au contenu même du mandat, nous pouvons noter que celui semble entendu de façon plus large dans le rapport de 1975 qui mentionne vouloir : « ...attirer l'attention sur toute injustice, erreur ou inadvertance administrative et tenter de faire modifier les politiques qui semblent déraisonnables » (EC, 1975, p.4). À la fonction de corriger les erreurs ou inadvertances est donc ajoutée la volonté d'exercer un impact plus large sur les politiques correctionnelles jugées inadéquates. Cette volonté, sans être niée, ne sera guère réaffirmée aussi explicitement dans les rapports suivants de la période Inger Hansen. Dans le rapport de 1976, l'Enquêteur correctionnel précise que les enquêtes d'envergure sur des problèmes généraux sont du ressort des commissions royales d'enquête et que l'élaboration des politiques est le travail des législateurs et des administrateurs. Mais l'Enquêteur correctionnel soutient que, parfois, il ne peut rester à l'écart et est amené à faire des recommandations d'application générale (EC, 1976 b ; EC, 1977).

Le souci de neutralité semble, en effet, une constante du bureau de l'Enquêteur correctionnel, le rapport 1977 affirme clairement cette volonté en précisant que la tâche de l'Enquêteur correctionnel n'est pas d'excuser l'administration ou de se prononcer constamment en faveur des détenus. L'Enquêteur correctionnel va, l'année suivante, plus loin dans cette affirmation en soulignant le risque de compromettre la neutralité du bureau, s'il décidait de s'engager directement – comme le demandent le public et certains détenus – dans les désordres qui secouent le milieu carcéral à cette époque. Il souligne que son rôle consiste davantage, une fois le calme revenu, à voir si la direction a correctement géré la situation. C'est pour cette raison qu'il hésite à faire des recommandations quand une enquête administrative ou publique est en cours. Le rapport de 1977 précise cependant qu'il se peut que l'Enquêteur correctionnel n'ait pas d'autre choix que de risquer sa neutralité en s'impliquant dans de telles circonstances.

La période relativement courte des fonctions du premier Enquêteur correctionnel permet déjà d'identifier que le mandat général, consistant à s'assurer que les détenus soient traités de façon juste à l'intérieur du système actuel, comporte deux volets complémentaires. Le premier volet est réactif puisqu'il consiste à recommander des mesures correctives lorsqu'un détenu est traité injustement ou indûment privé de droits garantis par les politiques et les lois actuelles. Le second volet est orienté, lui, vers la prévention des injustices dans le traitement des détenus des pénitenciers fédéraux, à travers des recommandations d'application générale sur les pratiques et les politiques carcérales.

b. 1977-2003 : Ron Stewart, second Enquêteur correctionnel

Le changement d'Enquêteur correctionnel se fait sentir dès le premier rapport de Ron Stewart. Si ce dernier rappelle que sa fonction n'est pas de se substituer à l'administration, mais consiste en un rôle de gardien contrôlant les gestes de l'administration et s'assurant qu'ils soient justifiés, il vient également mettre au point certains éléments le dissociant de son prédécesseur. Il affirme, en effet, que le premier Enquêteur correctionnel a eu le mandat difficile de se faire accepter et qu'il s'est souvent occupé de plaintes de façon prématurée en intervenant trop rapidement sur celles qui n'étaient ni délicates, ni urgentes. Le rapport de 1977 insiste sur l'importance de ne pas intervenir prématurément et de laisser au système une chance de résoudre le problème afin de ne pas nuire à son efficacité et de ne pas créer de faux espoirs. Ce qui apparaît comme un resserrement du domaine d'intervention de l'Enquêteur correctionnel sera confirmé dans le rapport de 1978 qui affirme le respect strict du principe selon lequel le bureau ne remplace pas la procédure de griefs du Service correctionnel du Canada.

En termes de mandat objectif, l'Enquêteur correctionnel va cependant connaître divers élargissements de sa sphère de compétence sur la période étendue de son mandat. En 1978, deux nouvelles dispositions l'autorisent à faire enquête de sa propre initiative, à la demande du Solliciteur général ou sur plainte des détenus ou en leur nom. Dix ans plus tard, le 7 décembre 1988, il se voit habilité à intervenir pour les problèmes touchant la surveillance des détenus qui sortent en libération conditionnelle, en permissions de sortie ou en semi-liberté. Cette évolution va donc permettre à l'Enquêteur correctionnel d'enquêter sur la préparation des cas faite par le Service correctionnel en prévision des libérations conditionnelles. Les problèmes de la compétence de la Commission nationale des libérations conditionnelles restent cependant clairement exclus de son pouvoir d'enquête (EC, 1989).

La troisième évolution du mandat va survenir avec l'entrée en vigueur en novembre 1992 de la nouvelle loi. Dans cette loi, l'Enquêteur correctionnel

(1993) ne connait un renforcement de ses pouvoirs, mais la validation de ses attributions, ses pouvoirs et ses responsabilités. Dans le rapport suivant l'entrée en vigueur de la loi (1993), Stewart formule le regret que cette loi ne confère pas de nouveaux pouvoirs et notamment un lien direct avec le Parlement, élément clé de son indépendance et de son statut d'ombudsman. Le rapport de 1993 conclut cependant que la loi permet de maintenir et promouvoir l'indépendance et l'efficacité de l'Enquêteur correctionnel. Nous reviendrons sur ce point ultérieurement.

Dans les années 90, les rapports annuels permettent de dénoter une tendance à souligner que le mandat de l'Enquêteur correctionnel n'est pas strictement légaliste. Dans le rapport de 1993, il est énoncé que le mandat ne consiste pas uniquement à établir qu'un acte est contraire à la loi ou une politique, mais plus largement de veiller à ce qu'il ne soit pas déraisonnable, injuste, oppressant ou abusivement discriminatoire ; qu'il s'agisse d'une erreur de fait ou de droit ou d'un pouvoir discrétionnaire exercé à des fins irrégulières ou pour des motifs non pertinents ou inexpliqués. Le rapport de 2000 rependra cette idée en affirmant :

L'ombudsman est essentiellement un redresseur de torts. Cela signifie qu'il lui faut aller au-delà des aspects juridiques, pratiques ou de politique du secteur de préoccupation examiné. Il doit exprimer une opinion objective et indépendante sur le caractère équitable des mesures prises, en vue de contrebalancer, au profit des particuliers, la force relative des institutions publiques.

c. 2004- : Howard Sapers

Le nouvel Enquêteur correctionnel, nommé en 2004, semble se situer, dans la définition de son mandat, en continuité avec son prédécesseur. Rencontré en entrevue, Howars Sapers définit sa mission avant tout par la notion d'indépendance : « our job is to be an ombudsman, an independent voice… not an advocate for the offenders… not a critic for the system, you are conducting an independent assessment, independent investigation whatever that complaint is ».

Ses propos illustrent l'étendue de son mandat de contrôle : « You are trying to apply law, principles of fairness, fundamental justice, common sense ». Ainsi il ressort du discours de l'Enquêteur correctionnel qu'il exerce un contrôle qui va au-delà d'un simple contrôle de la légalité et intègre donc le fondement d'un contrôle humaniste. Parmi les enquêteurs rencontrés, Pierre, Marianne et Karen se font l'écho de cette définition de mandat : « not an advocacy » ; « I am not an advocate… that is not the role we play here » ; « To insure that rights are respected and that decisions that are taken… are not only within law and policy but reasonable decisions ». Au-delà du caractère raisonnable des décisions prises, l'Enquêteur correctionnel met l'accent, dans son rapport, sur l'équité :

> Notre travail est surtout axé sur l'équité… j'invoque l'équité procédurale pour m'assurer que le SCC prend en considération les commentaires appropriés des délinquants au moment de prendre des décisions qui leur sont défavorables… je fais référence à l'équité au sens courant et souple du terme. Nous voulons que les décisions du SCC tiennent compte des besoins et des intérêts de toutes les parties visées… Au-delà de la complexité des lois et des politiques, je crois que c'est la raison pour laquelle le Parlement a créé le BEC (EC, 2004).

En évoquant la raison de la création de l'Enquêteur correctionnel, il est fait implicitement référence à la justification de ce contrôle, étroitement reliée au mandat assigné. L'Enquêteur correctionnel en poste insiste sur la raison d'être de sa fonction, et ce, indépendamment de la qualité des services correctionnels en place ou des personnes détenues :

Let me say first that I think we have one of the finest correctional services in the world… That being said, it's a huge system and it has many dark corners in it. Last year there were 150 incidents specifically where there is excessive use of force leading to serious harm and death in corrections in Canada… I think that Canadians value a system that is open, transparent, fair and just and it goes with Canadian values. And I see our job as insuring that those values are being respected. Corrections is not easy work, the inmates are not easy individuals and the right thing isn't always done. An independent oversight is a critical element of insuring that the right thing is done more often than not. It's a balance… our job is not to go on a crusade, not to go on a witch hunt, not to be critical. Our job is to increase fairness, human, safe treatment and the CSC gets it right most of the time, they don't get it right all the time… Independence is critical. You can do all the internal quality insurance you want but it is still internal and you can look at examples in government, in the private sector, in corrections, in any business… The fact that you are dealing with public money and a public institution, you are also dealing with the deprivation of liberty and the limiting of human rights, to me elevates the need for independent oversight.

D. Les méthodes de travail de l'Enquêteur correctionnel

a. Assignation des plaintes

Le premier rapport en 1974 détaille le processus utilisé par l'Enquêteur correctionnel dans la gestion des plaintes. Le processus débute souvent par une plainte reçue (le plus souvent par écrit) et classée selon un numéro d'ordre et numéro de code identifiant l'endroit et l'année. Si la plainte émane d'une tierce personne, le consentement du détenu concerné est obtenu avant l'examen du dossier du service correctionnel. En cas de réclamation rejetée, seul le demandeur en est informé. Si une réponse écrite semble insuffisante, une entrevue est réalisée avec le détenu et si le dossier mérite d'être poussé plus loin, des contacts officieux sont entrepris avec l'employé du service correctionnel le plus apte à résoudre le problème. Si l'objet de la plainte est plus général ou n'est pas résolu à l'échelon inférieur, il monte dans la hiérarchie et il en est, éventuellement, fait part au commissaire.

De nos jours, des agents de réception reçoivent les appels et font une première évaluation de comment et par qui la plainte doit être traitée. Chaque enquêteur se voit assigner un certain nombre d'établissements (environ quatre) dont il doit gérer les plaintes et effectuer les enquêtes. Les enquêteurs, tous basés à Ottawa, voyagent donc aux quatre coins du pays pour effectuer leurs visites. La politique du bureau consiste à assurer une rotation fréquente (tous les 2 ans) des établissements en charge afin que les enquêteurs ne soient pas identifiés, assimilés voir « institutionnalisés » par les établissements dont ils sont responsables.

> We also allocate our investigating staff to groupings of institutions and we try to balance the workload. So we have one who may have a prison in BC and also Québec. So they are travelling across the country all the time. We also rotate them. We think it is very important that they don't become stagnant or they don't become identified with just one group. I mean there is lots of reasons why we rotate them. So, few times a year their assignment changes. So, that also requires that there is a very good communication within the office because people are picking up from each others files. It also requires a certain amount of confidence in each other work. It helps to build the team. It also requires a consistency of how information is kept and recorded. So those are some of the challenges: consistency, communication. But we think it is the right thing to do for lots of reason to do with their job. (Howard Sapers, Enquêteur correctionnel).

Ce souci rejoint les recommandations d'Anderson (1981) qui mettent en garde contre les dangers d'une décentralisation trop poussée qui peut rapidement faire en sorte que l'enquêteur devienne un autre membre du personnel. Une exception à ce principe de non-spécialisation des assignations est faite pour les coordinateurs. En effet, au sein du bureau de l'Enquêteur correctionnel, certains enquêteurs, qualifiés de gestionnaires des enquêtes se voient assignés des domaines spécifiques : les cas de décès et blessures graves ; les femmes et les questions de santé mentale et les recours à force. Cette spécialisation présente certains avantages au plan systémique et notamment de centraliser ce qui se passe dans différentes régions au sujet d'une même thématique. Cependant, cette spécialisation ne remplace pas pour autant le travail de base des enquêteurs de terrain : « the backbone is the investigators in the field and in the institutions face to face with the inmate, face to face with the line staff, face to face with the warden » (Pierre).

b. Les visites

Le travail des enquêteurs se distribue entre le traitement à distance et la gestion sur site des plaintes. Les visites dans les pénitenciers sont un outil de travail important pour l'équipe du BEC. Comme nous le verrons dans le graphique 1, les visites ont, dès le début, été privilégiées. Le premier rapport (1974) affirme, en effet, que 55 % des détenus qui se sont adressés à l'Enquêteur correctionnel ont été interviewés et le rapport de 1975 signale que chaque établissement est visité selon une fréquence de toutes les quatre à six semaines. Les entrevues avec les détenus sont multipliées par deux en 1980 et même si les entrevues avec le personnel ne sont pas comptabilisées, le rapport de 1981 mentionne qu'elles ont été multipliées par trois. En 2011-2012, les enquêteurs ont réalisé des entrevues avec un total de 1600 délinquants sur 365 journées de visites en établissements. Les pénitenciers à sécurité maximum et médium doivent en principe être visités quatre fois par an et ceux à sécurité minimum au moins deux fois par an. En pratique, pour chaque établissement dont il a la charge un enquêteur se déplace entre deux et quatre jours tous les trois à cinq mois. Les enquêteurs réalisent un certain travail préparatoire avant de se rendre sur les lieux :

> Before you go, you pull out the statistics from the CSC to see: are there any particular problems that are happening right now? Is there a problem with preparing cases to go to the parole board? Is there a lot of wait in the parole applications? Is there a lot of use of segregation? You sort of look at all those things to get a sense of what is happening before you get there (Marianne, enquêtrice au BEC).

Lors des visites, les enquêteurs ont un libre accès à tout l'établissement et peuvent s'entretenir avec tout membre du personnel et tout détenu. La visite débute et s'achève en principe par une rencontre avec le directeur ou sous-directeur. En pratique, nos observations indiquent que, la première journée, les enquêteurs rencontrent surtout la secrétaire du directeur qui organise, pour eux, les entrevues. L'enquêteur rencontre ensuite les divers groupes de détenus (comité des détenus, groupe de condamnés à perpétuité, autochtones, etc.) dans un bureau au sein de la détention ou dans les locaux assignés à ces groupes.

L'enquêteur entreprend ensuite de recevoir les détenus mentionnés sur sa liste (établie suite aux appels ou à l'annonce de sa venue). Il convient, en effet, de distinguer les visites fermées durant lesquelles l'enquêteur rencontre uniquement les détenus dont il a auparavant dressé la liste et les visites ouvertes au cours desquelles il se rend disponible pour tout détenu qui souhaite le rencontrer. Selon nos propres observations, les locaux qui abritent ces rencontres ne remplissent pas, de façon égale, l'exigence de confidentialité requise. La tenue des rendez-vous a lieu, selon les cas, dans un petit bureau au cœur de la détention, une salle de réunion mal insonorisée ou encore un hall de passage fréquenté, entre un poste de contrôle et les bureaux des agents de gestion de cas. Pour certains détenus maintenus à l'isolement, l'enquêteur se déplace dans les rangées de la détention et s'entretient avec les détenus à l'entrée de leurs cellules.

Lors de ces rencontres, l'enquêteur évalue la situation et renseigne le détenu sur ses droits et recours. L'enquêteur prend diverses notes dans son ordinateur où sont réunis tous les dossiers correctionnels des détenus, tous les textes de loi applicables ainsi que les notes des enquêteurs précédemment en charge de l'institution ou du détenu concerné. Selon les cas, il peut fournir une réponse immédiate au détenu ou procéder à une enquête qui implique de consulter la banque de données ou de procéder à des investigations plus poussées auprès des détenus ou du personnel. L'enquêteur ira par la suite rencontrer les membres du personnel concernés par la situation afin de recueillir leur version des faits et tenter de résoudre informellement le problème. En réunissant les informations et en opérant des recoupements, l'enquêteur analyse les problèmes soulevés et selon leur degré d'urgence en parlera avec la personne concernée ou le directeur de l'établissement. Après avoir fait un bref rapport oral au directeur à la fin de la visite, l'enquêteur de retour à son bureau rédige un rapport écrit avec ses recommandations.

Le contrôle exercé par les enquêteurs dans les établissements dont ils ont la responsabilité donne lieu à un premier type de rapport. Chaque enquêteur, à l'issue de sa visite, envoie au directeur de l'établissement un rapport qui aborde certaines problématiques, demande des informations et explications et recommande certaines actions. Le directeur dispose d'un certain délai pour répondre par écrit à ce rapport. Quand différents enquêteurs relèvent des dysfonctionnements autour d'une même problématique, celle-ci est abordée au niveau régional ou national selon le cas. Dans son rapport annuel présenté au Parlement par l'entremise du Solliciteur général, l'Enquêteur correctionnel soulève les problèmes systémiques rencontrés et formule des recommandations de politique correctionnelle.

c. Un cheminement hiérarchique progressif

La méthode adoptée par le bureau de l'Enquêteur correctionnel consiste donc, depuis ses débuts, à franchir pas à pas les échelons de la hiérarchie dans le traitement des plaintes. Cette méthode de terrain permet selon l'Enquêteur correctionnel (1975) d'obtenir l'appui de gens qui veulent aussi régler le problème. Il affirme que l'efficacité du bureau résulte de cette « capacité à se brancher sur le système ». Ce souci est repris dans le rapport de 1976 qui souligne l'importance de réunions officielles et officieuses pour comprendre le milieu ainsi que la nécessité de visiter toutes les régions pour tenir compte des spécificités de chacune (EC, 1976). L'Enquêteur correctionnel précise cependant qu'il faut parfois immédiatement se rendre au niveau plus élevé et s'adresser au commissaire. L'idée consiste alors en l'acheminement des recommandations de l'Enquêteur correctionnel, avant la publication du rapport annuel, au fur et à mesure par le biais de l'inspecteur général agissant comme délégué du commissaire. Cette procédure permet de mettre en marche le mécanisme et d'expliquer les refus éventuels dans les rapports annuels qui présentent les recommandations et les réponses du Service correctionnel.

L'article 180 de la loi de 1992 est venu étendre la marge d'action de l'Enquêteur correctionnel en lui permettant d'informer le ministre si rien n'est obtenu du commissaire. Durant l'année 1994-1995, ce pouvoir a été exercé pour la première fois depuis la loi lorsque sept cas ont été portés à l'attention du ministre. Dans le rapport de 1996, l'Enquêteur correctionnel rappelle ce pouvoir lorsque, face à l'inaction du Service correctionnel, il formule la menace de porter les cas au ministre de façon moins prudente qu'il ne l'avait fait jusqu'alors. En 2002, l'Enquêteur correctionnel Ron Stewart a utilisé à nouveau ce pouvoir lors de sa dernière année en poste en adressant une lettre et en rencontrant par la suite le Solliciteur général (EC, 2003).

2. Le travail de l'Enquêteur correctionnel dans les pénitenciers canadiens

A. Les enquêtes spéciales menées par l'Enquêteur correctionnel

Dès sa première année d'existence, l'Enquêteur correctionnel a utilisé intensivement les pouvoirs d'enquête conférés. Qu'elles soient entreprises à la demande du Solliciteur général ou de sa propre initiative, les premières tentatives ont été peu fructueuses car seules deux (concernant la discrimination des détenues francophones à Kingston et l'émeute d'octobre 1973 en Colombie Britannique) ont finalement abouti à la rédaction d'un rapport ; les 4 autres enquêtes[90] n'ont jamais été achevées. Le rapport de 1975 prend acte de

[90] Les enquêtes sur la dissociation excessive au pénitencier de Prince Albert et l'étude comparative sur la quantité de gaz utilisé pour contrôler les détenus dans les différentes institutions sont restées inachevées. L'enquête sur l'annonce du décès d'un détenu à la famille n'a donné lieu qu'à une recommandation. Et finalement pour celle sur les allégations de mauvais traitements des détenus par le personnel de Millhaven, il est précisé qu'un commentaire de l'Enquêteur correctionnel aurait été malvenu en raison de causes pendantes devant les tribunaux,

cette incapacité de mener à bout ces enquêtes et précise que ces projets étaient trop ambitieux au regard des ressources et du personnel disponibles. On ne retrouve d'ailleurs plus une telle ambition dans les rapports suivants et les enquêtes spéciales deviendront une pratique exceptionnelle pour des circonstances exceptionnelles. Quant aux enquêtes d'envergure sur des problèmes généraux, l'Enquêteur correctionnel précise dans son rapport de 1976 qu'elles sont du ressort des commissions royales d'enquête même s'il adviendra parfois que l'Enquêteur correctionnel ne puisse rester à l'écart et se devra d'intervenir en faisant des recommandations d'application générale (EC, 1976b).

Après l'enthousiaste du début, le ministre général n'a que très rarement demandé des rapports spéciaux à l'Enquêteur correctionnel. Ce fut le cas en 1975 pour les événements survenus à Millhaven ainsi qu'en 1982 pour l'émeute d'Archambault. Pour sa part, l'Enquêteur correctionnel a utilisé ses pouvoirs d'entreprendre une enquête de sa propre initiative à quelques reprises, notamment lors des événements survenus au pénitencier de Kingston en 1994 et lors du décès de la détenue Ashley Smith (2007).

a. Le rapport Millhaven (1976)

En novembre 1975, l'Enquêteur correctionnel est chargé, à la demande du Solliciteur général, de réaliser une enquête poussée sur l'utilisation de la force et du gaz dans l'établissement de Millhaven. Cette enquête fut réalisée sous forme d'audiences formelles en présence d'avocats dans le respect des règles de contre-interrogatoires et de preuve. Dans un souci de transparence, des représentants des médias ont eu accès à l'intégralité des audiences. Cette enquête qui, selon le rapport de 1976, a mobilisé 20 % de la productivité annuelle du bureau a donné lieu à un rapport complet. Ce rapport dénonce, entre autres, des pratiques antérieures aux événements concernés tels que les méthodes de contraintes qui sont qualifiées d'intolérables et pour lesquelles l'Enquêteur correctionnel fait des recommandations précises telles que la rédaction de directives et la nécessaire formation du personnel sur l'équipement et l'utilisation du gaz, ses dangers ainsi que les méthodes de désinfection après usage (EC, 1976c). Ce document, bien que très critique envers le personnel et l'administration, semble respecter la neutralité recherchée par l'Enquêteur correctionnel en prenant bien en compte la situation du personnel et en recommandant, entre autres, d'améliorer leurs conditions de travail. Campbell (in Jackson 2002) affirmera à propos des

---

mais que ce dernier a précisé sa position sur ce point dans la section « utilisation de la force » du rapport de 1975.

événements de Millhaven, qu'ils seraient certainement restés inconnus du public sans l'action de l'Enquêteur correctionnel.

b. Le rapport Archambault (1984)

Suite à une émeute violente survenue le 25 juillet et ayant entraîné la mort de trois agents de correction, le suicide de 2 détenus, ainsi que les blessures de cinq autres agents, le Solliciteur général donna à l'Enquêteur correctionnel un mandat très large pour enquêter sur la situation et les événements survenus postérieurement à cette émeute. Dans sa lettre de mission, le Solliciteur général demande notamment à l'Enquêteur correctionnel de rapporter s'il existe, contre le personnel, des preuves justifiant des mesures disciplinaires ou une transmission au Procureur général (EC, 1984b). L'Enquêteur correctionnel, tout en acceptant de mener cette enquête, rappelle au Solliciteur général que les deux points sus mentionnés outrepassaient son mandat et ne seraient donc pas poursuivis. Cette enquête portait donc sur des allégations de mauvais traitements subis par les détenus dans l'aire d'isolement sur la période ayant suivi l'émeute. Pour la mener, le bureau de l'Enquêteur correctionnel a, entre autres, retenu les services d'avocats, analysé de nombreux documents tels que les rapports rédigés par d'autres organismes tels qu'Amnistie Internationale et la Fédération internationale des Droits de l'Homme et réalisé de multiples entrevues à huis clos constituant pas moins de 7000 pages de témoignages. Ce travail imposant sera la priorité du bureau sur cette période, ayant pour conséquence une baisse du nombre de visites d'établissements effectuées en 1983-1984.

Après un an d'enquête, l'Enquêteur correctionnel publia un rapport assez long (186 pages sans les annexes) qui tout en constatant les incohérences et les exagérations de certains témoignages, conclut à la possibilité, faisabilité ou probabilité des plaintes formulées par les détenus sans pouvoir tout autant les prouver. Le rapport précise que les responsables et les membres du personnel n'ont pas pu valablement réfuter les allégations qui remettent sérieusement en question l'administration. Les conclusions du rapport font état d'un certain nombre de faits de maltraitance et de privations. L'Enquêteur correctionnel établit une liste de 14 recommandations touchant de nombreux domaines. Parmi les recommandations, certaines concernent les aires d'isolement telles que l'abolition des cellules sans sanitaires, le droit à un matelas 24 heures sur 24, la surveillance vidéo, la visite régulière d'un agent, du médecin et des agents des services de santé dans l'aire d'isolement sans la présence d'un agent correctionnel. D'autres recommandations sont spécifiques aux situations de crises comme l'affectation d'un agent gradé en cas de situation d'urgence, le transfert des détenus ayant participé à des événements graves ou encore l'accès à un avocat avant tout interrogatoire de police dans le cas d'incident criminel. Et finalement, certaines recommandations concernent le fonctionnement même du système carcéral tel que l'amélioration de la tenue des registres d'affectations ou des inventaires de gaz qui avaient mystérieusement disparu dans le cas d'Archambault. L'Enquêteur correctionnel conclut son rapport en affirmant que ces recommandations ne peuvent qu'avoir une utilité restreinte si elles ne s'accompagnent pas d'un changement d'attitudes de la part de l'administration et du personnel.

c. Le rapport Kingston (1995)

Selon les pouvoirs qui lui sont conférés par l'article 193 de la loi de 1992, l'Enquêteur correctionnel a décidé de faire enquête sur les événements survenus à la prison de femmes de Kingston en avril 1994. Pour ce faire, l'Enquêteur correctionnel a examiné le rapport du comité d'enquête du Service correctionnel et l'enregistrement vidéo de l'intervention, mais il a surtout mené des entrevues avec les femmes détenues impliquées, la directrice du pénitencier, le sous-commissaire et le commissaire du Service correctionnel, les membres d'organismes tels que la société Elisabeth Fry et le comité consultatif de citoyens et finalement les avocats des personnes impliquées.

Le rapport, daté du 14 février 1995 est bref, mais musclé (EC, 1975b). Il épingle les lacunes du rapport fait par le Service correctionnel, son manque d'objectivité et de transparence dans la direction de l'enquête. Il affirme que ce rapport est « incomplet », « non concluant » et qu'il « sert les intérêts du Service ». En se tournant, vers l'avenir, l'Enquêteur correctionnel formule dix recommandations. Certaines sont générales et visent à améliorer les enquêtes menées par le Service correctionnel en suggérant par exemple de nommer des présidents et membres de comité d'enquête neutres et issus de la collectivité lorsqu'il s'agit d'enquêter sur l'usage de la force. Il recommande également qu'à l'avenir ce ne soit plus une équipe d'intervention d'urgence uniquement masculine qui intervienne pour maîtriser des détenues. D'autres recommandations formulées dans le rapport visent directement la situation survenue à Kingston et réclament que l'enregistrement vidéo soit rendu public, que le commissaire examine lui-même les griefs des détenues et finalement que le Service entame des négociations avec les femmes en question pour s'entendre sur un dédommagement.

Lorsque la juge Arbour chargée par le Gouverneur général d'enquêter sur les mêmes événements remet son rapport (Arbour, 1996), on peut y déceler l'impact du travail de l'Enquêteur correctionnel. Le rapport de ce dernier n'est, en effet, pas resté lettre morte puisque la juge Arbour (1996) le cite comme un des éléments ayant conduit à la constitution de la commission d'enquête. Elle souligne de plus, la coopération obtenue de l'Enquêteur correctionnel. En effet, l'Enquêteur correctionnel, dans les limites du secret qui lui est imposé par la loi, a fourni à la commission toutes les informations et documents qu'il détenait, mais a cependant refusé de témoigner. Quant au travail réalisé par le bureau de l'Enquêteur correctionnel, la juge Arbour souligne les difficultés rencontrées par celui-ci pour avoir accès au rapport et vidéo du Service et la lenteur des courriers dans lesquels on ne répond finalement pas aux questions soulevées. Elle conclut que l'Enquêteur correctionnel « a respecté intégralement la lettre et l'esprit du mandat que lui confie la loi ».

L'Enquêteur correctionnel et son personnel ont fait preuve de persistance et de professionnalisme et s'en sont tenu aux faits ; leur attitude et leur correspondance n'ont jamais eu de caractère inflammatoire, et ils ont manifesté une patience considérable dans leurs rapports avec une bureaucratie qui n'était ni capable de participer à une critique, ni prête à s'auto-examiner (Arbour, 1996, p.184).

d. Le rapport suite au décès d'Ashley Smith (2007)

En 2007, le BEC, conformément à l'article 170 de la LSCMLC, mène une enquête sur le décès d'une jeune femme de 19 ans, Ashley Smith. Après consultation de tous les documents, rapports et enregistrements vidéos pertinents, il remet au ministre, en décembre 2007, un rapport préliminaire qui détaille de « nombreuses mesures et décisions prises par le Service correctionnel, que ce soit au niveau individuel, institutionnel, régional et national, qui étaient contraires à la LSCMLC, au *Règlement sur le système correctionnel et la mise en liberté sous condition* (RSCMLC) et aux politiques du SCC ». Il dénonce en particulier des manquements concernant l'usage des transferts, de l'isolement préventif, des interventions de recours à la force, des prestations de services de santé et santé mentale ainsi que des interventions du personnel en situation d'urgence. Dans un second rapport intitulé « Une mort évitable », il conclut le décès de Mme Smith est « le résultat de plusieurs manquements individuels et problèmes systémiques au sein du Service correctionnel du Canada, qui sont les symptômes de graves problèmes relevés par le passé au sein du système correctionnel canadien » (EC, 2008)

B. Les plaintes de détenus reçues par l'Enquêteur correctionnel (1973-2012)

a. Évolution quantitative des plaintes reçues

Comme nous l'avons vu précédemment, recevoir et gérer les plaintes des détenus est l'activité principale du bureau de l'Enquêteur correctionnel. Aussi, nous pouvons dresser un aperçu de cette activité à travers l'évolution du nombre de plaintes reçues par l'Enquêteur correctionnel tel que mentionné chaque année dans son rapport soumis au ministre. Le graphique suivant illustre l'évolution du nombre de plaintes reçues (courbe en pointillés) ; le nombre d'entrevues réalisées (courbe grise) ; du nombre de journées passées en établissement (courbe noire) sur les quarante années d'activité du bureau de l'Enquêteur correctionnel.

Graphique 1 : Évolution des plaintes reçues,
des visites et des entrevues réalisées 1974-2012

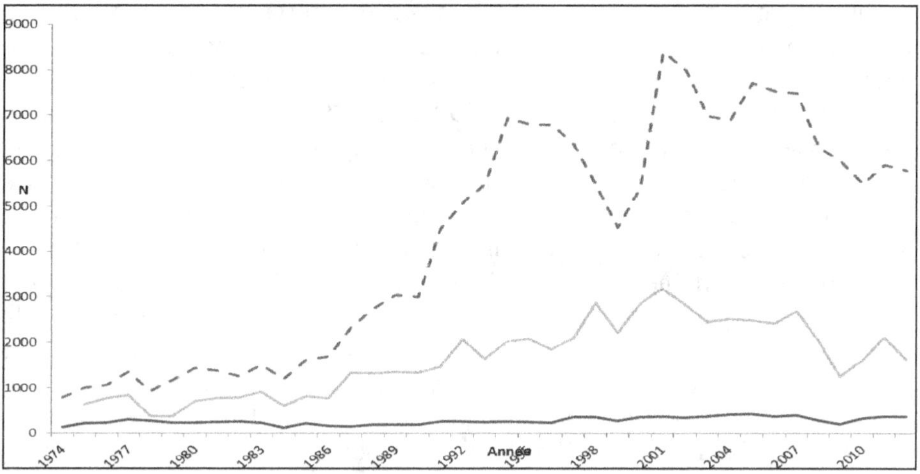

Les rapports annuels contiennent très peu de considérations méthodologiques sur la compilation statistique faite par le bureau. Dans le second rapport (1975), il est précisé que si une plainte touche plusieurs sujets, elle sera répertoriée uniquement dans une catégorie, celle jugée la plus importante. Le rapport nous apprend également que si une plainte réunit des réclamations trop nombreuses et diverses, elle sera comptabilisée dans la catégorie *"conditions générales"*. Cette remarque nous amène à prendre avec prudence les résultats affichés puisque le nombre recensé dans les statistiques ne représente donc pas le plus fidèlement possible, mais, à la baisse, le nombre les réclamations contenues dans les plaintes reçues. Il est notable également que les plaintes en suspens reçues l'année précédente ne soient pas, chaque année, dissociées et soient donc parfois comptabilisées sur plusieurs comptes annuels, ce qui à l'inverse de la remarque précédente, implique un nombre de plaintes injustement rehaussé. Il pourrait donc être plus exact d'affirmer que le nombre de plaintes comptabilisé dans les rapports annuels reflète le nombre de plaintes traitées par le bureau pour l'année en question. Cependant, une étude plus détaillée nous permet de voir que ce compte inclut les plaintes reçues qui ne sont pas de la compétence de l'Enquêteur correctionnel et seront donc rejetées. À cela s'ajoutent les plaintes jugées prématurées qui seront elles aussi rejetées. Ces considérations sont importantes dans l'analyse des résultats puisque l'Enquêteur correctionnel, dans son rapport de 1981, mentionne que si le taux de cas réglés rapporté est pour l'année en question de 9,7 %, ce taux serait en réalité de 19 % si l'on retirait du calcul les plaintes reçues hors de sa compétence, prématurées, retirées ou en suspens. Nous ne pourrons donc guère tirer de conclusions valables sur le taux de résolution du bureau de l'Enquêteur correctionnel.

Une fois faites ces mises en garde méthodologiques, l'analyse de cette évolution graphique nous permet cependant d'observer certaines tendances. Nous pouvons entre autres constater une tendance à l'augmentation des plaintes interrompue par deux légères baisses en 1978 et 1984 ainsi qu'une chute plus importante entre 1996 et 1999. Entre 2005 et 2010, une diminution progressive est observable suivie d'une légère reprise en 2011.

Si l'on s'attache à présent aux spécificités de cette évolution, les explications peuvent en partie être trouvées dans l'analyse des rapports annuels et spéciaux de l'Enquêteur correctionnel. Ainsi la baisse de 1978 s'explique très certainement par le changement d'Enquêteur correctionnel et la nouvelle politique adoptée quant à l'exigence plus stricte de recours à la procédure de griefs avant de pouvoir formuler une plainte au BEC. Le rapport de 1978 mentionne clairement que le respect de ce principe jusqu'alors trop peu respecté va modifier les statistiques. La seconde baisse notée en 1984 s'explique probablement par l'enquête Archambault en cours à cette époque et qui en occupant grandement le bureau a entraîné une diminution des visites faites dans les établissements et des entrevues réalisées avec les détenus. Il est mentionné également que lors d'une enquête de cette envergure, les détenus sont prévenus ce qui explique en partie la baisse des plaintes reçues. Mais ce qui reste le plus remarquable dans l'évolution de ce graphique, est la forte hausse des plaintes amorcée légèrement en 1986, mais plus fortement à partir de 1990 suivie d'une baisse importante entre 1996 et 1999 pour finalement augmenter fortement et atteindre un maximum en 2005. La hausse du nombre des plaintes entre 1990 et 1996 peut en grande partie être attribuée à l'élargissement des pouvoirs de l'Enquêteur correctionnel de 1989. Il lui en effet possible depuis cette date d'enquêter sur un domaine important qui lui était jusqu'alors refusé, celui des préparations de cas en prévision des libérations conditionnelles (EC, 1991). Cet élargissement de compétence a eu un impact important sur le nombre de plaintes reçues, comme nous le verrons plus loin avec le graphique 3. Cependant, ce changement n'explique certainement pas toute la croissance amorcée dès 1986. Quant à la baisse observée entre 1996 et 1999, les rares indices d'explication donnés par les rapports annuels parlent d'une baisse des plaintes issues du Québec à l'exception de celles des femmes en augmentation (EC, 1998) ou encore d'un manque de ressources depuis la loi de 1992 (EC, 1999).

Si comme nous venons de le voir, certaines tendances de la courbe représentant le nombre de plaintes peuvent s'expliquer en partie par les caractéristiques, les activités ou les politiques du bureau de l'Enquêteur correctionnel, il semble cependant évident que l'allure générale de la courbe trouve son explication ailleurs. Nous avons donc décidé de confronter l'évolution des plaintes reçues par l'Enquêteur correctionnel et celle de la population détenue dans les pénitenciers canadiens sur cette période afin de comparer et contrôler l'évolution de la clientèle potentielle de l'Enquêteur correctionnel. Le graphique 2 nous permet de visualiser l'évolution des données.

Graphique 2 : Comparaison de l'évolution du nombre de détenus dans les pénitenciers fédéraux et du nombre de plaintes reçues par l'Enquêteur Correctionnel

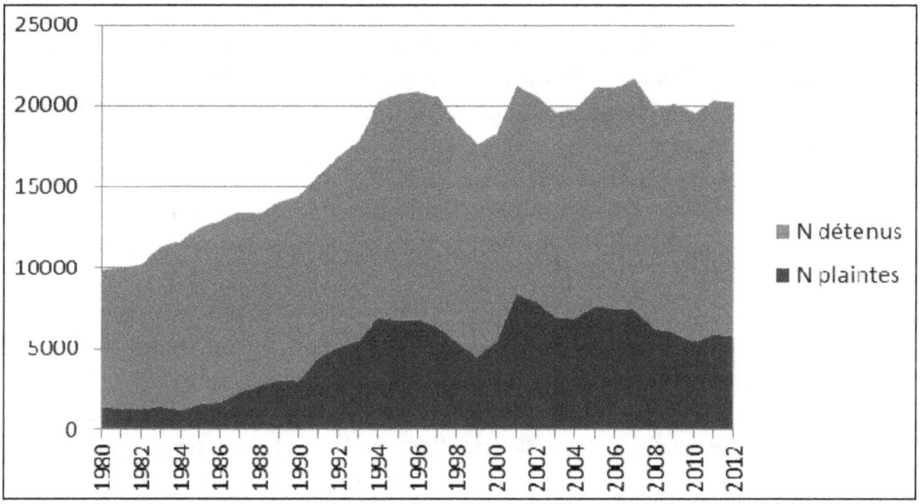

Le graphique 2 permet de visualiser d'un coup d'œil l'évolution du nombre de personnes incarcérées au Canada et le nombre de plaintes de détenus reçues par le bureau de l'Enquêteur correctionnel à partir de 1979 (en raison des statistiques disponibles). Sans requérir davantage de commentaires, la similitude des tendances observées par les deux courbes apparaît nettement. Il semble donc que l'évolution générale du nombre de plaintes formulées auprès de l'Enquêteur correctionnel s'explique en grande partie par l'évolution de la population carcérale. L'augmentation des plaintes serait due à l'accroissement de la population carcérale et à la surpopulation qui en découle. Si l'on calcule le ratio du nombre de plaintes par le nombre de détenus ; on observe que celui-ci varie entre un minimum de 1 pour 8,5 en 1984 et un maximum de 1 pour 1,5 entre 2000 et 2002 en adoptant une augmentation progressive continue sur toute la période de 1980 à 2003. Le ratio des dix dernières années s'est stabilisé à environ 1 pour 1,8 en 2003 et 2007, date à partir de laquelle il diminue jusqu'à 1 pour 2,6 en 2012. Il n'en reste pas moins élevé et il convient de noter que le record de 1 plainte pour 1,5 détenu atteint entre 2000 et 2002 situe l'Enquêteur correctionnel au rang le plus élevé de l'étude comparative d'Anderson (1981). Cet auteur situait en effet les ratios des pays comparés entre 1 pour 1,5 et 1 pour 40.

b. Évolution qualitative des plaintes reçues

Les divers rapports annuels détaillent les plaintes selon diverses catégories qui ont été modifiées, affinées et ont fait l'objet de regroupement à de nombreuses reprises au cours des 40 années d'exercice du bureau. En opérant certains regroupements nécessaires, nous avons cependant tenté d'identifier les thématiques abordées chaque année dans les rapports afin de visualiser le caractère temporaire ou au contraire récurrent des thèmes abordés (cf. annexe A4). Il ressort de l'analyse de ce tableau que si certains thèmes sont abordés par l'Enquêteur correctionnel durant 2-4 années puis disparaissent ; d'autres reviennent périodiquement alors que certains ont fait l'objet de l'attention et de commentaires de l'Enquêteur correctionnel depuis 1973 sans interruption. Sans pouvoir analyser chacune des thématiques abordées dans les rapports annuels, nous tenterons de donner quelques exemples illustrant le travail du BEC.

La question du port de l'insigne peut être donnée en exemple de thématique ayant occupé le bureau de l'Enquêteur correctionnel sans pour autant que celle-ci fasse l'objet d'une catégorie précise dans le compte des plaintes. En effet, ce sujet compte parmi les thématiques abordées périodiquement dans les rapports entre 1988 et 1996. La gestion de ce dossier commence avec le rapport de 1989 qui constate que certains agents correctionnels ne portent pas leur insigne d'identification lors de leur travail. L'Enquêteur correctionnel rappelle que ceci constituait un des problèmes dénoncés dans le rapport Archambault. Il adresse une lettre au commissaire du Service correctionnel. On lui répond que cette question sera examinée lors du Conseil national de conception des uniformes. L'année suivante, l'Enquêteur correctionnel constate que rien n'a été fait pour régler le problème (1990). Il faudra attendre juillet 1993 pour la question soit réglée lors de l'adoption du nouvel uniforme (EC, 1993). Ce qui dans le rapport de 1994 fera affirmer à l'Enquêteur correctionnel que la question est pour lui réglée même s'il souligne que cela aura pris 5 ans. Ce sujet refait cependant surface dans le rapport de 1995 qui constate que la nouvelle politique n'est pas uniformément appliquée et que certains agents ne portent toujours pas leur insigne d'identification (EC, 1995a). L'Enquêteur correctionnel recommande alors que le commissaire émette une directive en ce sens. L'affaire se termine avec le rapport de 1996 dans lequel l'Enquêteur correctionnel prend acte de la réponse du commissaire affirmant qu'il incombe aux directeurs d'établissements de faire respecter la politique et considère donc l'affaire classée du point de vue de la politique du Service correctionnel. Cet exemple illustre à la fois les méthodes employées par l'Enquêteur correctionnel au niveau du suivi des dossiers et également les limites de celles-ci puisque si un changement de politique a finalement été adopté, les modifications des pratiques s'avèrent plus longues encore.

Certaines thématiques suscitent de tensions de par l'inaction du SCC et se cristallisent en un désaccord avec la position de l'Enquêteur correctionnel. Ce fut notamment le cas de la recommandation de la juge Arbour (1996) que la politique de harcèlement sexuel applicable au personnel soit étendue aux détenues. Le SCC avait répondu étudier la question et préparer un rapport provisoire pour la fin 1997 et le bureau de l'Enquêteur correctionnel continuellement relancer le SCC, avec une certaine impatience manifestée dans les rapports de 2001, 2002 et de 2003. Si le SCC avait, en 2001, publié une ébauche de directive qui donnait suite à presque toutes les recommandations de l'Enquêteur correctionnel, il ne finalisa jamais ce document et publia en 2002 une politique qui ne respecte pas ces recommandations. L'Enquêteur relève alors : « nous ne sommes pas encore parvenus à une entente qui répondrait aux intérêts des délinquants et du service sur cette question » (EC, 2003, p.22).

Pour identifier à présent les thématiques ayant fait l'objet d'un nombre significatif – constant ou ponctuel – de plaintes, nous avons dressé le graphique illustrant l'évolution des plaintes depuis 1973 pour les problématiques les plus importantes ou récurrentes pour lesquelles nous avons opéré un certain regroupement. Le graphique (annexe A5) qui reprend l'ensemble de ces thématiques nous permet de relever que si certaines thématiques ont une courbe atypique, la plupart d'entre elles observent la même tendance. En effet si quelques thématiques montrent une hausse plus prononcée influençant ainsi la courbe générale telle que vue au graphique 1, il est notable que l'ensemble des courbes du graphique en annexe A5 présentent la même allure caractérisée par une hausse lente et progressive jusqu'à 1987 puis une hausse plus marquée jusqu'au milieu des années 90 suivie d'une baisse à la fin des années 90 pour finalement remonter au début 2000. Nous nous intéresserons plus particulièrement aux thématiques qui se démarquent de cette évolution. Le graphique 3 ci-dessous reprend en effet l'évolution des thématiques les plus atypiques.

Graphique 3 : Évolution du nombre de plaintes reçues pour certaines thématiques 1974-2012

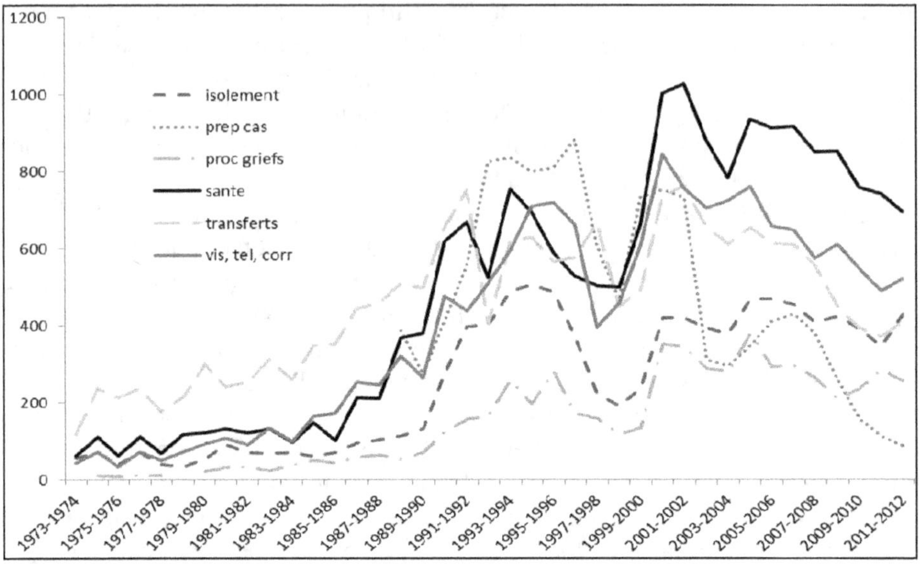

Nos résultats indiquent nettement que la question des transferts a été de 1973 à 1992 la catégorie de plaintes la plus représentée, suivie de 1993 à 1998 des préparations de cas pour les libérations conditionnelles et finalement depuis 2000 des questions de santé.

La question des <u>transferts</u> fait l'objet du plus grand nombre de plaintes jusqu'en 1992. L'examen des rapports annuels permet de constater que cette thématique a fait l'objet de recommandations et de commentaires dans la grande majorité des rapports annuels publiés par l'Enquêteur correctionnel depuis 1974. Dès le premier rapport en 1974, l'Enquêteur correctionnel constate que les transferts constituent la première source de mécontentement des détenus qu'il s'agisse de transferts non désirés, promis, retardés ou annulés. Les rapports suivants vont continuer de mentionner que les décisions de transfert peuvent être les plus importantes prises par le Service correctionnel et insiste dès 1991 pour l'instauration d'un système centralisé objectif, impartial et rapide pour l'examen des demandes, les prises de décision et les appels. C'est en 1999 que le SCC promulgue enfin une nouvelle politique en matière de transferts, mais en l'absence d'évaluation de son efficacité, l'Enquêteur correctionnel affirme ne pas être convaincu « que le service est en mesure de veiller à ce que le processus décisionnel… soit rigoureux, objectif et rapide » (EC, 2000). Dans le rapport de 2001, l'Enquêteur correctionnel recommande la vérification des données sur les transferts et l'établissement d'un cadre d'évaluation du processus. En 2004, l'Enquêteur correctionnel constate finalement que le cadre de contrôle de la gestion des transferts a été mis en place par le SCC mais souligne toutefois sa préoccupation envers les délais des transferts ainsi qu'envers les transferts interrégionaux et le nombre de détenus incarcérés dans un établissement de côte de sécurité supérieure à celle qui leur est attribuée. Ce sujet refait son apparition en 2008 dans le rapport spécial sur le décès d'Ashley Smith où l'Enquêteur correctionnel juge les transferts opérés inutiles, inappropriés, illicites voir incompréhensibles. Il recommande que le Service correctionnel diffuse une directive sur l'obligation légale de tenir compte de l'état de santé du détenu et des soins qu'il requiert (y compris les soins de santé mentale) dans toutes les décisions concernant un délinquant, y compris les transferts.

La courbe des plaintes concernant les préparations de cas et l'accès aux programmes pour les libérations conditionnelles mérite une analyse spécifique. Cette thématique apparaît dans le rapport de 1989 et occupe dès cette année-là le second rang en terme de plaintes reçues pour devenir ensuite la catégorie de plaintes la plus importante durant les années 90. L'attribution tardive de la compétence de l'Enquêteur correctionnel sur cette thématique explique l'absence de plaintes antérieurement à cette date. Le dossier regroupe principalement des plaintes ayant trait au retard pris par le SCC dans la préparation des cas admissibles à être présentés devant la Commission nationale des libérations conditionnelles ainsi que celles concernant l'accès aux programmes en temps voulu pour présenter le dossier devant cette même commission. L'Enquêteur correctionnel dénonce l'incapacité du Service correctionnel à effectuer cette préparation en temps voulu et porte ce problème jugé systémique à l'attention du commissaire en 1989. Le rapport de 1989 recommande fortement que des mesures soient prises sans délai et argumente qu'il s'agit d'un problème hautement rattaché aux valeurs qui composent la mission du Service correctionnel. L'Enquêteur correctionnel affirme même que ce problème met en jeu la viabilité du processus décisionnel du régime carcéral. Le rapport de 1990 souligne l'augmentation des plaintes concernant cette problématique et l'absence de changement important entrepris. En 1993, l'Enquêteur correctionnel fait le constat des mesures prises par le SCC et en conclut que les solutions adoptées n'ont pas atteint leurs objectifs et réglé les problèmes. Il réclame la mise en place d'un système automatisé de gestion des détenus, la production de rapports périodiques et la mise en œuvre d'un système de suivi sur les programmes. Le rapport de 1995 souligne le peu de progrès accomplis et constate une diminution de fréquence des contacts du personnel de gestion de cas avec les détenus ainsi qu'une baisse du taux de mise en liberté en temps voulu. L'Enquêteur correctionnel analyse ce problème comme ayant un lien direct avec la surpopulation que connaissent alors les pénitenciers (EC, 1995a). Il affirme que la solution face à la surpopulation ne réside pas dans l'augmentation des places en détention, mais bien plus dans la diminution du nombre de renonciations aux audiences de libération conditionnelle dues aux dossiers non préparés ou aux programmes non complétés. En 1996, l'Enquêteur correctionnel reconnaît que certaines initiatives ont été prises, mais il identifie divers facteurs entravant celles-ci tels que les déficiences de la base d'informations ou encore l'absence de mécanismes de contrôle de gestion, de coordination et d'évaluation des résultats. Dans le rapport de 1998, l'Enquêteur correctionnel souligne que si des mesures ont été prises pour améliorer la situation ; « malgré une dizaine d'année de rafistolage et d'engagements publics, nous n'avons toujours pas de système apte à préparer les détenus en vue d'une décision prise au moment propice concernant la mise en liberté ». Il souligne dans le rapport de 1999 la grande amélioration de la base de données, mais fait remarquer que le taux de renonciation aux audiences de libérations conditionnelles n'a pas changé et même augmente en 2001. Il réclame alors un examen et un plan d'action immédiat du SCC mais il faudra attendre 2003 pour que soit formé un groupe de travail associant le SCC, le BEC et la CNLC dans le but de déterminer les facteurs de retards et de proposer des solutions (EC, 2004). Le travail de ce groupe donna lieu à un rapport fournissant des recommandations concrètes pour régler les retards. Le rapport de 2004-2005 souligne que 17 ans après avoir soulevé pour la première fois cette problématique, « les questions ne sont toujours pas réglées de façon appropriée » (2005, p21). Durant les années qui suivent, l'EC insiste sur la priorité et l'allocation de ressources que requirent ce dossier (EC, 2008) et dans les deux derniers rapports (2011 et 2012) il s'appuie sur une étude réalisée en 2009 pour documenter le fait que de plus de plus de délinquants n'obtiennent pas les programmes dont ils ont besoin et par conséquent manquent leur date d'admissibilité à la libération conditionnelle. Il déplore que plus de 60 % des décisions en vue de la libération conditionnelle totale sont retardées (reportées ou ajournées) ou annulées (le délinquant renonce à son droit ou retire sa demande).

Le graphique 3 nous permet de visualiser que les divers moyens dont disposent les détenus pour entrer en contact avec l'extérieur, leurs proches notamment, est également un des principaux sujets de plaintes adressées au BEC. Accès au téléphone, correspondance ou droit de visite, le regroupement des plaintes que nous avons opéré permet de cerner leur importance. Les plaintes à ce sujet arrivent au deuxième rang en 1986, 1987 et 1988 puis à nouveau en 1997 et finalement de façon continue depuis 2001. Les recommandations de l'Enquêteur correctionnel nous indiquent que les plaintes des années 70 concernaient souvent le courrier des détenus retourné ou photocopié par le personnel ou encore le non-respect de la confidentialité de certaines correspondances. Durant les années 80, les problèmes touchaient les autorisations de visites et les recours disponibles (de 1985 à 1988) ou encore les formules de consentement pour les fouilles des visiteurs (1983). De nos jours, les statistiques compilées, les entrevues et observations de terrain concordent pour indiquer que ce sont maintenant les visites familiales privées qui suscitent le plus de plaintes de la part des détenus.

La question de l'isolement fait partie depuis 1973 des plaintes fréquemment adressées à l'Enquêteur correctionnel par les détenus. Le nombre de plaintes reçues est relativement constant jusqu'au début des années 90. Les plaintes sur ce thème vont ensuite s'envoler pour connaître un maximum de 504 en 1995, soit 5 fois plus qu'en 1987. On observe par la suite une baisse prononcée jusqu'en 1999 suivie d'une nouvelle hausse entre 1999 et 2002 puis en 2005 et 2006 sans toutefois atteindre le niveau de 1995. Les premiers rapports de l'Enquêteur correctionnel mentionnent que les conditions d'isolement des détenus non seulement ne se sont pas améliorées, mais se sont, en fait, dégradées (EC, 1977). Le sujet apparaît de nouveau dans le rapport de 1988 qui souligne les changements – jugés négatifs – de politique de l'isolement préventif. En 1993, ce sont les conditions de détention en isolement disciplinaire qui font l'objet de préoccupations et commentaires de la part de l'Enquêteur correctionnel (EC, 1993). La question de l'isolement dans les cas de maladie mentale apparaît dans le rapport 2003-2004 et sera reprise de nombreuses fois dans les rapports suivants. L'EC (2010 et 2012) affirme que la décision d'isolement prolongé devrait prendre en compte les problèmes de santé mentale et devrait même être interdite pour les délinquants qui ont des problèmes mentaux importants ainsi que ceux présentant un risque de suicide ou d'automutilation grave.

Les plaintes concernant la procédure des griefs sont récurrentes à la fois dans les statistiques et dans les recommandations des rapports de l'Enquêteur correctionnel. La procédure de griefs est la procédure mise sur pied par le Service correctionnel, par laquelle des détenus peuvent formuler des plaintes. Cette procédure composée de trois paliers internes est souvent l'objet d'incompréhension et de questionnement pour les détenus (EC, 1976b). L'Enquêteur correctionnel exprime à de nombreuses reprises sa préoccupation face aux modalités d'application de cette procédure (EC, 1993). La rigueur, l'objectivité et la rapidité de cette procédure sont régulièrement mises en cause (EC, 1999) et le rapport 2002 témoigne de l'impatience de l'Enquêteur correctionnel à voir cette procédure améliorée et l'arriéré finalement éliminé (EC, 2002). Il constate en 2004 que le SCC a élaboré à l'attention de son personnel un nouveau guide sur les plaintes et griefs qui tient compte de certaines de ses recommandations et se réjouit des séances de médiation entreprises. L'Enquêteur correctionnel constate toutefois que les délais importants de cette procédure de plaintes et griefs subsistent toujours et devraient être considérés comme une question prioritaire. Le rapport de 2005 est particulièrement éloquent : « Malheureusement, au fil des années le rendement du SCC a été lamentable… la politique du SCC en matière de règlement des griefs est exagérément bureaucratique, ce qui a entraîné des retards inacceptables… le système est inefficace… et la direction n'accorde pas l'attention nécessaire… La situation continue d'avoir des répercussions sur les activités du BEC, étant donné qu'un nombre de plus en plus élevé de délinquants s'adressent maintenant au BEC pour régler leurs problèmes (EC, 2005, p19) ». En s'appuyant sur un rapport d'examen externe de cette procédure réalisé en 2010, l'enquêteur renouvèle en 2011 son appel à plus d'efficacité et notamment la mise en place de coordonnateurs et médiateurs de griefs dans les établissements (EC, 2011). Si le SCC a bien implanté, fin 2011, de nouvelles lignes directrices accompagnées d'une directive du commissaire en ce sens, il conviendra d'attendre de voir si la situation s'améliore effectivement sur le terrain.

En réunissant les plaintes concernant des questions médicales[91], nous observons l'importance quantitative de ce thème, premier objet de plaintes depuis 2001. Les rapports de l'Enquêteur correctionnel ne fournissent pas de commentaire sur l'augmentation graduelle notable des plaintes sur ce sujet qui passent de 131 en 1983 à 522 en 1993 pour atteindre le nombre de 1026 en 2002. Les questions relatives à la santé n'ont que très rarement fait l'objet de commentaires et recommandations dans les rapports de l'Enquêteur correctionnel des années 80 et 90. Cet état de fait était certainement attribuable à la diversité des services offerts selon les établissements et la diversité des plaintes reportées par les détenus. Il s'agit, en effet, de questions aussi variées que la possibilité d'obtenir une seconde opinion médicale, le retard de soins dentaires, les besoins de diète particulière ou, encore, de l'examen médical immédiat des détenus victimes de recours à la force. Cependant, l'on observe que l'EC place désormais cette question au niveau des problèmes systémiques auxquels il accorde une section dans ses rapports, souvent sous l'angle de la santé mentale(2010), des détenus âgés (2011).

C. Les problèmes systémiques

Indépendamment des plaintes très spécifiques et des plaintes dites de routine, le BEC travaille sur des problématiques généralisées au sein du Service correctionnel du Canada identifiées comme problèmes systémiques. Ce travail fait, selon les propos de l'Enquêteur correctionnel, partie intégrale de son mandat :

> The other part of my mandate is to look at systemic issues so we dealt with about 7000 individual complaints last year… 7000 are not all valid, some of them frankly are frivolous but very few of them. Most of them are rooted in a very real concern

[91] En effet, puisque les détenus sont exclus de la Loi canadienne sur la santé, le SCC est responsable de leur accès aux soins de santé.

> and most of them will be investigated... repeated complaints from across the country, access with programs, gender or cultural specific complaints, harassment, discrimination, certain populations of offenders (very young, elderly) and so part of my mandate is also to look into and respond to systemic issues and we have a special focus on aboriginal offenders, women offenders, elderly offenders and very young offenders. We also are very increasingly concerned about issues such as staff harassment, not necessary sexual harassment but harassing behaviour by correctional staff directed toward the inmate population.

L'analyse des problèmes systémiques traités dans les rapports de l'Enquêteur correctionnel laisse apparaître que l'identification des problèmes ancrés dans le fonctionnement du SCC émerge des plaintes reçues, mais n'est pas toujours strictement rattachée aux thématiques suscitant le nombre de plaintes le plus élevé. À cet égard, nous avons vu comment l'objet du plus grand nombre de plaintes depuis 2000, la santé, n'est pas toujours identifié ou du moins traité comme systémique par le BEC.

Comme l'indique un enquêteur interviewé, le travail sur les problèmes systémiques se fait sur la base du travail de terrain des enquêteurs : « Disons, j'ai 15-20 détenus qui ont le même problème, je vais regarder pas juste les cas individuels, mais regarder le type de système... Est-il juste que cette affaire-là existe ? Si c'est pas juste je vais faire une recommandation » (Orlando, enquêteur au BEC). Le BEC part donc de cas individuels pour identifier et analyser des problématiques qui concernent l'ensemble du système correctionnel. Les cas représentent souvent, pour le BEC, l'opportunité d'agir sur certains de ces problèmes systémiques :

> There is opportunity that came up, a particular individual inmate case... I may use that as an example of how their policy isn't working properly and it may take a priority because there is an opportunity for me the take a case and make some changes to the correctional policy... Sometimes the individual circumstances of a particular inmate complaint is such that now is the time to act on it... Office has done good job of identifying the issues (Léo, enquêteur au BEC).

<u>Le recours à la force</u> peut être donné en exemple de problème systémique important pour l'Enquêteur correctionnel même s'il ne représente pas statistiquement une proportion significative des plaintes reçues chaque année.

> The use of force is an enduring concern. So primary focus is on resolution on individual complaints but there is also the systemic issues. I have the legislative authority to conduct investigations on my own, in other words I don't have to respond to a complaint. If I see an issue, I can deal with that issue, I don't have to seat back and wait for somebody else to identify it (Howard Sapers, Enquêteur correctionnel).

La question du recours à la force apparaît sporadiquement parmi les sujets de préoccupations de l'Enquêteur correctionnel durant les années 70 et 80. L'Enquêteur correctionnel indiqua dès ses débuts que le recours à la force est un acte d'une portée considérable qui ne devrait être posé qu'en dernier ressort et qui doit faire l'objet d'un examen approfondi et objectif pour en vérifier la conformité avec la loi et les politiques. Toutefois, le recours à la force apparaît comme problématique récurrente chaque année depuis 1993. En fait, le rapport 1992-1993 insiste sur l'obligation du SCC de s'assurer que tout incident impliquant le recours à la force fasse l'objet d'une enquête tel que requis par sa propre politique. Sur ce point, le SCC a apporté assez rapidement des changements à sa ligne de conduite notamment par une nouvelle directive explicite sur la responsabilité du directeur sur la conduite d'une enquête (1995) et l'étude d'un plan d'action (1997). De plus, en 1997 a été mise en place une politique provisoire qui, conformément aux instructions de la juge Arbour, exige que toutes les bandes vidéo sur les incidents de recours à la force soient transmises au BEC. À l'issue de l'examen de ces bandes vidéo, l'Enquêteur correctionnel évalue le niveau de conformité aux politiques qui régissent le recours à la force d'inquiétant (BEC, 2000) voir inadmissible (BEC, 2001 et 2002). À l'origine prévue comme temporaire, cette supervision des recours à la force opérée par le BEC est désormais systématique pour toutes les vidéos qui lui sont transmises. Cette tâche fut d'abord repartie entre les différents enquêteurs avant d'être confiée aux soins d'un gestionnaire spécialement désigné. Ainsi, le bureau de l'Enquêteur correctionnel a examiné plus de 814 incidents durant l'année 2011-2012.

3. Un travail essentiellement basé sur le relationnel

Le travail du BEC consiste principalement à recevoir et gérer les plaintes des détenus. Les relations avec les détenus, auteurs des plaintes, mais également avec le Service correctionnel du Canada visé par ces plaintes sont donc au cœur de la mission des enquêteurs.

A. Les détenus face à l'Enquêteur correctionnel

La position de l'Enquêteur correctionnel vis-à-vis des détenus peut être résumée par la citation faite dans le rapport de 1975 et reprise en substance dans celui de 1992 :

> Nous n'oublions jamais qu'un individu ne cesse pas d'être humain après avoir été trouvé coupable d'un crime et le genre d'infraction commise n'a aucune incidence sur la manière dont sa réclamation sera examinée par notre bureau. Nous

n'oublions pas non plus qu'un détenu ne peut être stéréotypé, pas plus qu'un étudiant, un marin ou un commerçant (Enquêteur correctionnel, 1975, p.6).

À l'exception de cet énoncé, l'analyse des rapports annuels de l'Enquêteur correctionnel ne nous apporte que très peu d'informations sur les relations entretenues avec la population carcérale. Dans le premier rapport, il est mentionné le souci que certains détenus ne connaissent pas le bureau ou puissent penser qu'il s'agit d'un nouveau tampon. Par la suite, le rapport de 1974 témoigne des difficultés rencontrées lorsqu'il s'agit d'expliquer aux détenus que l'Enquêteur correctionnel veut également entendre le point de vue de la direction. L'année suivante, l'Enquêteur correctionnel souligne que certains détenus ne croient pas aux limitations de son mandat telles que le fait de ne pas pouvoir révoquer une décision administrative (EC, 1975). Les premiers rapports mentionnent parfois avoir reçu des lettres de remerciement ou, au contraire, de mécontentement.

En revanche, les entrevues réalisées avec les enquêteurs se sont avérées particulièrement riches sur la question de leurs relations avec les détenus. Un des premiers thèmes qui ressort de leur discours semble être l'incompréhension de leur mandat par les détenus. Comme en témoigne Karen, une enquêtrice du BEC : « they often time see us as an advocate for them, witch we are not, we are right at the middle, we are not on CSC side, not on the offenders side as well ». En fait, ce sont les pouvoirs des enquêteurs qui sont le plus souvent incompris et source de frustration pour les détenus.

> The inmates think... they are full of frustration because their visits were taken away and they expect us to be able to reinstate them, to have the power to circumvent the decision of the CSC when in fact what we are doing is to insure that it was a good decision made on security reasons and based on factual information... and if we find that we have to go back to the inmate and say « Sorry Johnny but if your wife (...) is bringing drug into the prison, that's a security breach »... they get all upset because they think automatically we are suppose to be on their side..« Who's side are you on?... You guys are useless » because we couldn't come up with a solution to their dilemma (Leo, enquêteur).

Si la brochure et les posters explicatifs du rôle du BEC diffusés dans les pénitenciers sont explicites, nous relevons cependant que le vocabulaire employé tel que le terme « décisions non exécutoires » peut contribuer à cette incompréhension. Il semble cependant, selon les enquêteurs, qu'une fois les limites de la mission du BEC établies, les détenus apprécient le rôle de celui-ci.

> It is an interesting relationship because they are really interesting individuals and often times we do a lot of good work... from a investigator point of view... we seem to get a lot of success at the institutional level... They understand but always want to go beyond that... it depends on the kind of personality you are, if you are

really approachable and really helpful, you have been successful with them, then it really spread… I am always bombarded with complaints… high level of complaints… The inmates do appreciate the role definitely because you can probably tell by the number of complaints we have that we are very accessible… Despite of the fact that we are here in Ottawa, we still there on a fairly regular basis… and they do come to us… you will never satisfy our entire clientele (Karen, enquêtrice).

Selon les enquêteurs interviewés, les relations avec les détenus sont généralement qualifiées de bonnes. L'accent est mis sur les notions de confiance et de respect qu'il convient d'établir dans cette relation. Comme l'exprime Orlando, enquêteur du BEC : « Les détenus, si tu les respectes, tu leur donnes de l'attention, eux autres ils vont te donner le même respect puis attention ». En fait, pour beaucoup des enquêteurs rencontrés, leurs relations avec les détenus sont basées sur la communication et la patience. Cette communication établie entre enquêteurs et détenus a pour conséquence que les interactions de ces deux groupes excèdent assez souvent les limites du mandat du BEC. Comme nous avons souvent pu le constater lors de nos observations, les échanges entre enquêteurs et détenus dépassent souvent le cadre d'une entrevue de contrôle et de gestion des plaintes. Certaines des rencontres sont davantage sociales, voire parfois thérapeutiques, que d'ordre juridique. Les propos d'un enquêteur illustrent cette situation qui fait ressortir le rôle de modérateur et médiateur du BEC.

Beaucoup de communication, parler beaucoup avec eux autres… des fois ils vont te donner une plainte, mais quand tu leur parles, la plainte n'est pas le problème, c'est d'autres affaires qui sont en dessous de la plainte… par exemple, y a un détenu qui a toujours des plaintes, il est très agressif… puis le monde a peur de lui, n'a pas le temps pour lui et ils lui disent toujours non, non, non… Quand j'ai fait l'entrevue avec lui, ça m'a pris 2h, puis qu'est-ce que j'ai trouvé ? C'est que 50 % des affaires qu'il disait ça avait du sens, mais si tu n'avais pas pris le 2 heures pour faire l'entrevue, tu n'aurais pas su. Il y avait tellement d'affaires qui l'ont choqué ce gars-là, que j'étais capable d'arranger pour lui et que le système n'avait pas donné et qu'il aurait dû avoir. C'est ça qui le choquait, c'est ça qui le faisait agressif envers le staff… Il avait un jeu de backgammon puis le service a perdu son jeu de backgammon, tu dirais : « ben ce n'est pas une grosse affaire, je t'en donne un autre ». L'affaire là-dedans c'est que sur le backgammon qui avait 10-20 ans, y avait une écriture de son épouse qui est morte : « je t'aime », c'était un cadeau… Ce backgammon-là, c'est pas juste un backgammon, mais une affaire émotionnelle, mais le staff le traitait « c'est un backgammon, va-t'en, écœure-moi pas là-dessus, on va t'en donner un autre »… sans prendre le temps de savoir c'est quoi le lien entre ce backgammon et les émotions. En leur parlant, tu trouves bien plus la raison pourquoi ils sont comme ça (Orlando, enquêteur au BEC).

Cette attitude d'écoute des enquêteurs est, selon eux, appréciée des détenus qui n'ont pas l'habitude que quelqu'un s'assied avec eux pour discuter « pas juste une minute, mais des fois 30mn, une heure » sur leurs problèmes. Pour les enquêteurs qui adoptent cette attitude de communication compréhensive avec les détenus, le travail est très demandant en temps et énergie. Ces enquêteurs estiment, souvent, recevoir des échos positifs de la part des détenus et soulignent les progrès accomplis et les remerciements reçus. Pour d'autres enquêteurs qui travaillent dans le respect strict du mandat, le caractère insistant, non reconnaissant et parfois abusif des détenus ressort davantage de leur discours.

> Inmates, like everybody else in social services, they just suck you dry, the more you do, the more they want... never thank you, a lot of time it is just abuse « you are useless, you don't do this...»... Sometimes they call 10 times a day and expect something done the same day... they are rude (Quentin, enquêteur du BEC).

Selon la coordonnatrice des questions des femmes, les détenues constituent, à ce sujet, une clientèle à part et davantage exigeante en entrevue.

> I tend to spend a lot of time in the institutions meeting far less women that the others investigators do... also because women tell their story quite differently... they are chronological so if you meet a women you know you're going to be with her for an hour and a half, if you meet a guy you know you are going to be out of here in 2 minutes... so the approach is very different for women (Marianne, coordonnatrice *femmes détenues* au BEC).

B. La relation Service correctionnel du Canada – Enquêteur correctionnel

Le travail de l'Enquêteur correctionnel, de par son mandat et ses méthodes de travail précédemment développées, est étroitement dépendant des relations tissées avec le Service correctionnel à tous les niveaux de sa hiérarchie. Ne disposant pas du pouvoir de contraindre, le succès et l'efficacité du BEC sont grandement conditionnés par la coopération obtenue avec le personnel et les administrateurs.

a. Les relations avec le personnel correctionnel au niveau institutionnel

Les relations tissées avec le personnel correctionnel sont souvent, pour les enquêteurs, les plus problématiques. « J'ai toujours trouvé que, avec 22 ans de carrière dans le système, ce n'était pas les détenus qui étaient le problème, c'était le staff... ils ont une culture qui est différente des autres, du monde dans les autres milieux de travail » nous affirme Orlando, un enquêteur du BEC. En fait, la culture propre au personnel ajoutée à la réaction naturelle de toute personne contrôlée favorise, selon les enquêteurs une certaine tension du personnel face aux enquêteurs.

> They think Correctional Investigator and they just think « oh my god, cross fingers »... You are working with an organisation that have the police mentality anyways so just infiltrating that, you got all the social servicy, touchy feely kind of people... it don't always go well... Because we have the power to go in any institution and ask for any piece of material, talk to any person, that is a considerable threat to the staff... There is some misconception on their part, they think that we are just going in there to find faults when we probably have similar goals, we want things to run smoothly... There is always some difficulty when somebody feels that they are being watch, it is just human nature (Marianne, enquêtrice).

Nos observations viennent, en effet, confirmer les témoignages de certains enquêteurs sur l'attitude de certains gardiens à leur égard. Il est arrivé, de façon assez ostentatoire que des membres du personnel fassent attendre un enquêteur avant de lui ouvrir la porte ou encore qu'ils manifestent de l'indifférence ou de l'incompréhension face aux propos de l'enquêteur. Lors des observations réalisées, un agent de sécurité demanda clairement à l'enquêteur présent ce qui le différenciait du troisième palier de la procédure de plaintes et griefs interne au SCC. L'idée d'une mauvaise perception de leur rôle et mission par les gardiens ressort également des propos de plusieurs enquêteurs qui affirment devoir alors rectifier cette compréhension : « In CSC, our roles and responsibility are misunderstood so the first thing I do is try to say : we are not inmate advocates, we are not on the inmate side but impartial » explique Leo, enquêteur au BEC. Orlando confirme en affirmant : « Ils ne sont pas clairs sur le rôle qu'on a, ils pensent qu'on regarde seulement le point des détenus... ça prend de l'éducation de ma part ».

La mauvaise compréhension du rôle de l'Enquêteur correctionnel semble, selon eux, avoir un impact sur la perception biaisée de la mission des enquêteurs. Leo souligne qu'historiquement, le BEC était, en effet, perçu comme étant du côté des détenus. Cependant, si les enquêteurs rencontrés soulignent souvent de difficultés ponctuelles, ils affirment cependant qu'ils n'ont jamais eu de vrais problèmes et que les relations sont satisfaisantes. Le même constat est dressé quand ils abordent leur relation avec les gestionnaires du SCC au niveau institutionnel. Les relations avec l'équipe de management sont parfois limitées au strict professionnel, voire un peu froides. Comme le dit Leo, un enquêteur du Bec rencontré en entrevue : « The relationship is very congenial at first... Try to keep the reationship congenial, we are not here to make friends... to take side ». Certains enquêteurs soulignent cependant les avantages que leur travail représente pour le management. Selon Karen, enquêtrice au BEC, cet apport est, parfois, reconnu par les gestionnaires : « in my experience, management think it is a good role and they are happy we are here because sometime they have lot of functions to fulfill and they can't be everywhere and there isn't a connection or there is miscommunication between management and line staff so we are there to sort of notch that is going around ».

Malgré les difficultés rencontrées, les relations entre personnel correctionnel et enquêteurs sont cruciales pour le travail des enquêteurs qui repose, en partie, sur les informations et négociations qu'ils peuvent obtenir du personnel. Le témoignage de Marianne, enquêtrice au BEC, est particulièrement éloquent à cet égard : « as we all know there are good folks and bad folks that find themselves working in prison and when you bump into one who is one of the bad folks, then your action is difficult because they only give you exactly what they need to give you ». Selon Carole, une enquêtrice, l'échange d'informations repose sur le lien de confiance que chaque enquêteur établit avec sa propre approche :

> Hard to get infos ? No, it depend again on personality… I have a good relationship with the security intelligence officers and if they trust the investigator, that you are not going to release something that you are not suppose to… it is not difficult to get any information… You have to weight the pros and cons… and insure that the information that you're being given is legitimate as well and that they have done their crosscheck as well… So far, as my opinion, the service has always been highly cooperative but as I say it depends on your approach.

Selon eux, l'aspect relationnel du travail dépend de la personnalité de chaque membre du personnel correctionnel et surtout de la personnalité de chaque enquêteur. Pierre souligne, en effet, la marge de manœuvre personnelle de chaque enquêteur.

> All investigator work differently… guidelines allow us the opportunity to deal with issue as our personality best allow us to, there is a lot of latitude in this office to do your work in a fashion you are comfortable with, that allow you to be yourself which is normally the way your are the most effective… Are you aggressive? Technical ? You get to know how you approach… if you are always putting a person in a position where they could be defensive or where they may feel the need to be defensive.

La plupart des enquêteurs rencontrés en entrevue nous ont affirmé privilégier une approche « douce » avec le personnel correctionnel en opposition à certains enquêteurs qui rencontrent plus de difficultés en étant plus fermes. Les propos de Marianne, une enquêtrice du BEC, illustrent l'opposition de ces deux approches qu'évoquent les enquêteurs interviewés.

> I have seen a couple of people come through this office, they come and go who just had a very hard time doing this job but it could be a lot of reason… that person approach, if its punititive or sarcastic or passive aggressive… it just doesn't work with 55 years old men that have been working in corrections for 35 years and you are 35 and « who the hell are you? »… you have to come at it in a way that is a little soft but without been walked all over. That is a fine balance to do that, some people have that skill naturally and some people don't and they figure out fairly quickly that they are not gonna work here… personality and approach is huge… Taking a soft approach and asking question… I won't come out and say « I read in the report that you had 8 withdraw of your parole applications, how do you explain that? » that doesn't work, usually I do thing by story telling « Once in this other institution, this was happening… I saw a little bit of that here, I heard a little bit when I was talking to some people, have you heard anything about that? » and usually I get to my point eventually. Sometimes they see me coming and they hate it but it just set them off… that is my approach as oppose to be negative, being open-minded because sometime you think you have all the story and you find out that you don't… it is negotiation, if I want them to do what I am recommending, I got to help them to find this interesting for them… It take a lot to walk into the prison, identify a lot of problem and you are there alone… and you are in a room and often the warden would get his all team, they are on one side of the table, you are on the other and you go « boum, boum, boum »… some people don't have the shoulder for that… and some people liked the fight and they are not for the job either.

À tous les niveaux de l'institution, cette approche « douce » implique selon les enquêteurs à la fois la formulation d'encouragement envers le personnel et le choix pertinent des luttes à mener. Le renforcement positif est, en effet, un outil que privilégient certains enquêteurs afin d'obtenir certains changements. « I try to give credit whenever it is due even as small as it is » souligne Marianne. Les propos de Karen, enquêtrice, illustrent, par ailleurs la sélection opérée par les enquêteurs dans leurs échanges avec les agents ou des gestionnaires.

> I have a good relationship with them, there is ways of getting things done and getting your point across and doing it in a manner that sort of encourage them to do something about it… Like I say to the offenders, there are offenders that come to us for everything and I always say: "you have to choose your battles, you can't complaint about everything". You go to management and you zero on certain things, the big issues for the inmates, then you have more legitimacy (Karen, enquêtrice).

Nous avons, en effet, pu constater lors de nos observations que les enquêteurs sélectionnent les cas pour lesquels ils interviendront de façon plus active. Selon le degré de gravité ou d'urgence de la requête du détenu, perçu par l'enquêteur, celui-ci choisira de discuter et négocier avec les agents et surtout le directeur. Sur une vingtaine d'entrevues avec les détenus, l'enquêteur en abordera 8 à 10 lors de sa rencontre avec le directeur ou sous-directeur. Parmi les cas abordés lors de cette rencontre, il nous est apparu évident que s'opère une négociation au cours de laquelle l'enquêteur se montre compréhensif sur certains dossiers afin de mettre davantage d'emphase et de fermeté sur d'autres.

b. Les relations au niveau national : L'Enquêteur correctionnel et le commissaire du SCC

Les rapports annuels de l'Enquêteur correctionnel nous permettent de dresser un bref historique de l'état des relations entre les deux organismes. Ces relations se caractérisent par une alternance de périodes de coopération et périodes de tension.

À ses débuts, l'Enquêteur correctionnel (1975) souligne la coopération obtenue par les ministères et mentionne que, dans la plupart des cas, les administrateurs sont prêts à entendre ses représentations. Lors de son entrée en fonction, Stewart, le deuxième Enquêteur correctionnel fait part des difficultés rencontrées dans ses rapports avec le Service correctionnel du Canada dont il dénonce les « manquements les plus déplorables dans les fonctions administratives les plus élémentaires » (EC, 1978, p.3). Il regrette, à cet effet, la pratique « par erreur ou négligence » d'absence de réponse ou d'accusé de réception des courriers envoyés. L'Enquêteur correctionnel souligne, également, la tendance des membres du SCC à se protéger les uns les autres, ce qui constitue une entrave importante à son action. Il précise que cette difficulté se rencontre davantage aux échelons supérieurs de la hiérarchie, car les directeurs appuient parfois leurs employés « au point de perpétuer la mauvaise gestion » (EC, 1978, p.3). Stewart dénonce le refus du changement parmi le SCC qui se traduit par le fait que ses recommandations ne sont souvent pas lues ou pas comprises et que les réponses données sont souvent sans rapport avec la question. Le rapport de 1978 présente cependant une note d'espoir en soulignant que le Service correctionnel a « maintenant un commissaire qui... circonscrit bien des problèmes et à partir des communications entamées... bon espoir que certains maux dont souffrent le Service vont être guéris » (EC, 1978). Le rapport de 1980 témoigne de diverses démarches entreprises pour améliorer à la fois la communication entre les deux organismes et la résolution des problèmes. Cette coopération est clairement mentionnée et fait l'objet de remerciements appuyés dans les rapports de 1980 et 1989.

En 1990, l'Enquêteur correctionnel critique ouvertement l'implication du Service correctionnel dont il souligne la lenteur en ce qui a trait aux questions qui ont des répercussions nationales ou encore les plaintes reliées aux décisions du bureau du commissaire. Selon le rapport de 1990, les plaignants ont fait moins souvent appel au 3e palier de la procédure de griefs en raison de l'inaptitude du commissaire à répondre à temps. L'Enquêteur correctionnel souligne que, pour l'efficacité du SCC, il est « urgent que le Service prenne des mesures pour que la prise de décision au niveau national permette de traiter et résoudre en temps opportun les problèmes » (EC, 1990, p.2). Il demande également que les politiques et les opérations soient communiquées aux unités opérationnelles sans délai et de façon concise pour traiter uniformément les problèmes individuels des détenus.

Cette problématique des retards ou inactions du Service correctionnel va de plus en plus venir ternir les relations avec l'Enquêteur correctionnel qui, à partir de 1994, reprend dans chaque rapport annuel, toutes les questions de l'année précédente pour souligner leur évolution ou plutôt non-évolution. Il souligne sévèrement le problème critique de la surpopulation qui influe sur la capacité du Service correctionnel et sur tous les aspects de la vie des détenus. L'Enquêteur correctionnel pointe du doigt le système correctionnel en indiquant que ce problème est en partie dû au retard pris dans la préparation des cas de libération conditionnelle et à l'augmentation des détenus ayant dépassé leur date d'admissibilité aux libérations conditionnelles. Il dénonce alors la contradiction des objectifs proclamés du Service correctionnel et la situation actuelle. En 1995, l'Enquêteur correctionnel souligne la persistance de l'attitude défensive et circonspecte du Service correctionnel vis-à-vis de son bureau. Le rapport affirme clairement que « la direction et l'impulsion actuelle » ne sont « manifestement pas favorables à (sa) position » (EC, 1995a). Il souligne l'urgence d'abandonner un processus qui polarise les opinions.

Cette tension, source d'immobilisme, semble s'atténuer dans le rapport de 1996 qui parle d'optimisme prudent et de progrès limités malgré le fait que le Service correctionnel du Canada « s'est montré sourd (aux) recommandations au cours des quelques dernières années » (EC, 1996). En 1997, l'Enquêteur correctionnel souligne les changements entrepris par le Service correctionnel notamment avec le changement de commissaire (en fait, le retour de l'ancien) ainsi que les contacts positifs entrepris. Le rapport de l'année suivante analyse la situation comme un retour à la normale et fait preuve d'optimisme en notant les progrès importants dans les relations avec le commissaire qui a reconnu l'existence des problèmes et prend actuellement des mesures pour les résoudre (EC, 1998). Cette tendance sera officialisée par la signature d'un protocole d'accord entre le bureau de l'Enquêteur correctionnel et le Service correctionnel du Canada. Le protocole a pour objet d'encadrer les rapports de travail entre les deux organismes notamment la communication de renseignements et l'engagement d'identifier et de résoudre les problèmes. Le texte reprend certaines dispositions de la loi et en précise leur application concrète, mais il constitue surtout l'officialisation d'une reconnaissance réciproque et d'un accord de bonne volonté.

> Le SCC et le BEC reconnaissent et respectent les différents mandats, rôles et fonctions de leurs organismes respectifs. L'énoncé de mission affirme que le SCC s'engage à travailler en coopération avec le BEC, et que le SCC sera ouvert et responsable dans toutes ses interactions avec le BEC. Le BEC partage cet engagement à travailler en coopération, et de manière ouverte et responsable, lorsqu'il traite avec le SCC. Les parties reconnaissent qu'elles seront parfois fondamentalement en désaccord sur certaines questions. Néanmoins, elles croient que la résolution en temps opportun des problèmes des délinquants est presque toujours possible dans le cadre de la mission des deux organismes (EC, 1999, p. 73).

Le protocole prévoit notamment l'amélioration des échanges entre les deux partenaires au moyen de communications écrites et réunions régulières ainsi que des délais raisonnables de réponse (environ 30 jours). Néanmoins, l'optimisme affiché sera de courte durée puisque, dans son rapport de 2000, l'Enquêteur correctionnel affirmera être franchement déçu des résultats des efforts déployés par le Service pour corriger les problèmes systémiques relevés.

> Je croyais que, l'an dernier, nos deux services s'étaient entendus sur les mesures à prendre pour s'attaquer aux problèmes décrits, mais celles que le SCC a mises de l'avant semblent avoir été compromises par la lourdeur administrative d'examens, de consultation et d'études interminables (EC, 2000, p.5).

L'Enquêteur correctionnel dresse un bilan sévère en affirmant que les efforts faits par le Service correctionnel pour corriger les problèmes systémiques n'ont eu que des impacts positifs négligeables sur la population carcérale. Le rapport souligne que le SCC a parfois tendance à perdre de vue les préoccupations des détenus qui devraient, selon l'Enquêteur correctionnel, être au cœur même du processus (EC, 2000). Le constat d'une certaine tension peut également être fait en analysant la réponse du SCC, publiée en annexe du rapport ; le SCC soutient que sa position et ses contraintes financières ne sont pas fidèlement prises en compte et transcrites dans le rapport.

Si des progrès semblent relevés par l'Enquêteur correctionnel dans le rapport de 2001, le ton critique domine le rapport de 2002 qui constate que les recommandations et les observations de l'année précédente ont été, en grande partie, ignorées. L'Enquêteur correctionnel reprend la citation du rapport Arbour accusant le SCC de nier les erreurs faites, de se défendre contre les critiques et de répondre sans réelle investigation de la vérité. À cette liste d'accusations, l'Enquêteur correctionnel ajoute les retards à répondre et l'attitude d'ignorer les problèmes et les engagements préalables. Ce rapport adresse au SCC des recommandations musclées pour que les problèmes soulevés ainsi que les recommandations faites soient évoqués et qu'une réponse soit fournie dans les délais afin que le Solliciteur général la diffuse publiquement (EC, 2002). Il est, en effet, pertinent de remarquer que le SCC a finalement répondu au rapport de l'Enquêteur correctionnel le jour même de la publication de celui-ci (SCC, 2002). Dans ce même rapport, l'Enquêteur correctionnel avance l'idée de mettre en place un mécanisme à mi-chemin entre lui et les tribunaux, tel un tribunal administratif qui pourrait contraindre le SCC à se conformer aux lois et politiques si les recommandations de l'Enquêteur correctionnel s'avèrent sans effet.

Dans ce qui sera son dernier rapport à titre d'Enquêteur correctionnel, Ron Stewart (2003) souligne qu'« une fois de plus nous avons davantage réussi à régler ces problèmes sur le plan opérationnel plutôt que sur le plan de l'administration centrale » (EC, 2003, p.3). Le rapport illustre sa déception face à l'attitude du SCC caractérisée par des réponses qui se font attendre, des explications défensives et l'absence d'engagements fermes. L'Enquêteur correctionnel avait, en octobre 2002, fait part au commissaire de son intention d'examiner les questions en suspens pour déterminer celles qui seront portées à l'attention du ministre. Si des réunions ont suivi cet avertissement, le « manque de réceptivité » du SCC a poussé le commissaire à adresser ses préoccupations directement au Solliciteur général par lettre datée de février 2003. Le rapport 2002-2003 indique que, suite à cette intervention, l'Enquêteur correctionnel et le commissaire du SCC ont convenu des moyens à prendre pour régler ces problèmes. Si les réunions n'ont pas entraîné de résolution immédiate, le consensus atteint sur certaines questions a incité l'Enquêteur correctionnel à modifier la présentation du rapport pour présenter sur chaque problématique la position du BEC et du SCC et les résultats des discussions actuelles. L'Enquêteur correctionnel estime cependant que malgré ce nouveau processus d'examen efficace, si certains problèmes persistent, il envisagera alors d'autres mesures telles que la production de rapports spéciaux prévus par l'article 193 de la loi.

C'est dans ce contexte de tensions que Howard Sapers prend la succession de Ron Stewart au poste d'Enquêteur correctionnel. Le premier rapport de Sapers (2003-2004) présente brièvement les sujets de préoccupations en suspens en soulignant les difficultés du passé, les points positifs et les difficultés actuelles. Le ton de ce rapport et celui qui suivra est plus nuancé que son prédécesseur et marque clairement la volonté d'entreprendre de nouvelles relations avec le SCC. Il est possible d'analyser une tendance à se consacrer à certaines thématiques afin de mieux cibler les négociations avec le SCC. Le rapport 2004-2005 se démarque, en effet, par le faible nombre de recommandations formulées, limitées à huit. La présentation du rapport indique également l'accent mis sur certaines thématiques bien précises.

Rencontré un an après son entrée en fonction, l'Enquêteur correctionnel en poste qualifie la relation avec le commissaire et les administrateurs de bonne et cordiale, mais non dénuée de tensions.

> The relationship is very good, we speak to each other frequently, we often invite the managers of the CSC to brief us on their initiative and I meet with the commissioner fairly frequently. They invite me to executive committee from time to time… It is a good relationship, not without its tensions… It is not cosy but it is cordial, it is a professional relationship, there is a lot of mutual respect.

Les tensions de cette relation sont, selon lui, rattachées à la mission de contrôle qu'il exerce :

> We are an oversight agency; we provide comments and recommendations that the service has been defensive about and that put a strain on the relationship… but I think there is an acceptance for the need of this office by the CSC. I haven't heard about anybody whisper behind my back that they wish the office didn't exist… For the most part, the management group acknowledges the importance and need for this office… That being said, I think sometimes they wish we would go away… and sometimes we wish they would be more open and responsive at the issues we raise. My job isn't about making friends but making sure the two organisations respect each other mandate.

Déjà bien conscient des tensions, l'Enquêteur correctionnel explicite à la fois les obligations réciproques de cette relation et la persévérance nécessaire à ses fonctions :

> Negotiations are always a process… My obligation is to bring it to the commissioner's attention and his obligation is to give me a response, the worst thing that can happen is if I don't tell him and go to the press or put an annual report or that he doesn't respond at all… we can have a pleasant polite discussion but at the end of the day unless they change their position we are going to keep on heading back to the table and say « we still think you are wrong »… The SCC is mindful of that so when they choose to respond, even if they don't support the recommendation, they are usually pretty careful to say « we understand the issue, we just don't think this recommendation make sense, this is why we can't do it but there is three others things that we are doing about it », we may say that this three things are irrelevant, they don't address the issue at all or we may say these are great…

Les hauts et les bas des relations entre le SCC et le BEC démontrent bien que le mandat de ce dernier peut difficilement être assumé avec succès sans la coopération et un certain niveau de réponse consistant du SCC. C'est, en effet, sur les qualités de négociation avec les divers échelons du SCC que repose l'efficacité du BEC. « The value of this office is really invested in the professionalism of this office, the quality of the work the investigators do, the relationship they have individually and we have collectively as an office with the CSC » (Howard Sapers, Enquêteur correctionnel).

c. Les relations avec les membres de la société civile : le public et les ONG

Si l'on s'intéresse aux relations entre le public et l'Enquêteur correctionnel, les rapports de ce dernier nous apportent peu de précisions. Le rapport de 1975 se félicite du fait que le public ait relativement bien été informé du rôle de l'Enquêteur correctionnel, mais constate le problème que pose le virage répressif et punitif pris par l'opinion publique. Le public semble donc bien être, dans une certaine mesure, un interlocuteur du BEC qui affirme avoir trois publics : les détenus, les employés du SCC et le grand public. L'Enquêteur correctionnel souligne que l'opinion publique force à continuellement réévaluer les principes et procédés (EC, 1976 b). Il constate par ailleurs l'augmentation des plaintes émanant de personnes de l'extérieur (EC, 1977).

Le BEC n'entretient pas de relations formalisées avec les organisations non gouvernementales qui œuvrent dans le domaine correctionnel. Cependant, les interactions sont, selon l'Enquêteur correctionnel, nombreuses :

> there is a lot of interactions. Many of the national NGO have headquarters here in the capital area so St Leonard, salvation Army, EF, JH... are all organisations that we have a relationship with and will be involved often in the same consultations, we will run issues by them, they will run issues by us, we will meet from time to time with their boards or executive director... There is a good information exchange between us (Howard Sapers, Enquêteur correctionnel).

En ayant pu constater leur présence et leur rôle au sein du SCC, l'Enquêteur correctionnel apprécie grandement le rôle et le travail des ONG :

> The community organisations and NGO are a vital part of corrections, we do all kind of projects... the NGOs have been integral to SCC since the first parole was granted supervised by the Salvation Army... There is a need to view NGOs as partners in corrections. It is not in our mandate but that doesn't mean that we don't need to have a relationship.

Au niveau des enquêteurs, certains affirment travailler en partenariat avec les ONG sur certains dossiers. Comme le mentionne Leo, « we read their stuff, see them at conferences, workshops, meetings... Very experienced, we can learn a lot from them ». Il ressort des propos des enquêteurs rencontrés que, dans certains cas, des actions du BEC et des ONG ont un impact combiné. Le travail du BEC vient donner des outils supplémentaires aux ONG pour faire pression sur l'institution ou le gouvernement. Il semble donc y avoir une action de renforcement positif des ONG et du BEC sur certaines problématiques.

Pour leur part, les ONG peuvent encourager et influencer directement ou indirectement le travail du BEC. Certaines ONG, comme Elisabeth Fry et John Howard Society, ont notamment soutenu publiquement l'idée de rendre le BEC directement dépendant du Parlement. Au niveau individuel, il est intéressant de relever que, selon un témoignage, la validation du travail fait par un enquêteur auprès des détenus lui est venue de ses contacts informels avec une ONG : « It wasn't until recently that one of NGO, the executive director… call and said « I need to tell you something that I've wanted to tell you for a while, the profile of the office has increase very positively… since you came in the job » (Marianne, enquêtrice au BEC).

Que ce soit envers les ONG ou le public au sens large, l'Enquêteur correctionnel, comme tout ombudsman offre une certaine transparence sur le fonctionnement des institutions carcérales.

4. L'impact du travail de l'Enquêteur correctionnel : des perspectives contrastées

Si l'impact de l'activité du bureau de l'Enquêteur Correctionnel n'est pas facilement évaluable, il nous est possible d'identifier les apports et les limites de ce mécanisme de contrôle dans les divers aspects de son caractère de mécanisme non procédural de résolution de conflits de proximité et de dénonciation de carences systémiques.

A. Un mécanisme non procédural et alternatif de règlement des conflits

a. Un incitatif et un contrôle du système interne de règlement de griefs

Selon la littérature, un ombudsman correctionnel ne serait pas seulement en soi une forme d'appel informelle et économique, mais stimulerait la création et le fonctionnement d'un système interne de plaintes efficaces. En effet selon Anderson (1973) et Fitzharris (1973), l'ombudsman correctionnel en agissant comme « signifiant fail-safe device » améliorerait le système de griefs, car ses forces viendraient complémenter les faiblesses de ce dernier.

Au Canada, la situation révèle que l'Enquêteur correctionnel est à la fois un palliatif et un moyen de pression sur le mécanisme de règlement des griefs mis en place par le SCC[92]. En étudiant le mécanisme de contrôle que constitue l'Enquêteur correctionnel, il convient de se questionner sur la position de celui-ci par rapport au système interne. L'Enquêteur correctionnel est-il en compétition voire contradiction avec le système interne de plaintes et griefs existant au SCC ? Le système interne doit-il être un préalable à l'intervention de l'Enquêteur correctionnel ? Un des soucis mentionnés à la création du BEC concernait, justement la possibilité de double emploi et de contradiction avec le système interne de plaintes et griefs existant au SCC.

Dans le décret de nomination de l'Enquêteur correctionnel, il est clairement mentionné que celui-ci n'a pas pour mission d'enquêter sur les plaintes pour lesquelles le détenu n'a pas pris toutes les mesures raisonnables pour épuiser les recours juridiques ou administratifs possibles. Ainsi, la directive du commissaire n°241 détaillant la procédure de plaintes et griefs a été modifiée en 1974 pour y rajouter un article qui mentionne que les détenus doivent normalement recourir à cette procédure avant de présenter un grief à l'Enquêteur correctionnel. Cet article mentionne toutefois que, dans certains cas, cette procédure peut être déraisonnable ou impraticable et qu'il est mieux indiqué de s'adresser directement à l'Enquêteur correctionnel. Les détenus doivent, donc, normalement recourir à cette procédure avant de présenter un grief à l'Enquêteur correctionnel, mais celui-ci dispose d'une certaine marge de manœuvre et un pouvoir discrétionnaire pour évaluer si les voies de recours sont épuisées ou s'il s'agit de cas où il semble injuste ou impossible d'épuiser les autres recours.

Dans le rapport de 1975, l'Enquêteur correctionnel précise, à ce sujet, que normalement le recours à l'ombudsman se fait en dernier ressort, mais si cela s'avère impossible, peu raisonnable ou trop cher, il peut éventuellement devenir le 1er recours. Il clarifie en précisant que face à des requêtes telles que les questions de transfert, les détenus sont vivement encouragés à s'adresser préalablement à l'administration. Le rapport précise toutefois que la méthode a été changée afin que cette politique ne soit plus interprétée comme une rebuffade par les détenus (EC, 1975).

Un resserrement va s'opérer à l'arrivée du deuxième Enquêteur correctionnel qui, dès son premier rapport (EC, 1978), statue clairement que sa fonction n'est pas là pour remplacer la procédure de griefs et ce principe va désormais être respecté à la lettre. Il considère que son prédécesseur s'est souvent occupé de plaintes ni délicates, ni urgentes de façon prématurée et trop rapide. Il souligne l'importance de laisser une chance de résoudre le problème à l'interne et de ne pas créer de faux espoirs qui nuiraient à l'efficacité du bureau. L'Enquêteur correctionnel insiste sur le fait que même

---

92 Le Service Correctionnel du Canada a mis en place un mécanisme interne de règlements des griefs à trois paliers successifs : un premier palier institutionnel donc interne à l'établissement, un second palier régional et finalement un troisième palier national.

s'il est valorisant de répondre à toutes ces plaintes, cette politique doit être abandonnée pour éviter l'impact de mauvais conseils qui pourraient être donnés et éviter également une surcharge empiétant sur le traitement des problèmes qui relèvent vraiment du BEC. Cette nouvelle politique sera rappelée à de nombreuses reprises dans les rapports de la période 1980-1987.

Dans les années 90, face aux retards et inactions du SCC, cette politique va s'assouplir. Dans le rapport de 1995, l'Enquêteur correctionnel constate, en effet, que « le niveau du commissaire ne peut plus être considéré comme un palier de résolution fiable pour les préoccupations particulières ou générales des détenus » (EC, 1995a, p.1). Nos observations nous ont, également, permis de constater que, dans certains cas, les paliers régionaux de règlement des conflits ont plusieurs mois de retard dans leur délai de réponse aux plaintes des détenus. Au palier national, le retard semble atteindre selon les régions un à deux ans. Ce constat conduit l'Enquêteur correctionnel à toujours encourager le recours à la procédure de griefs sans pour autant en faire une condition préalable à son intervention (EC, 1999 ; EC, 2000). Les propos des enquêteurs rencontrés en entrevue confirment, en effet, l'adoption de cette politique tout en soulignant les difficultés de son application.

> They are supposed to do things formally and deal with the staff at the local level first but often times, they come directly to us... normally we would like the offenders to go throw their internal complaint process however currently national headquarters are unable to fulfill that function in time and manner so... consequently the offenders are mad at that system and they all want to come directly to us but if we took all of that on, we would never finish. I know it is very frustrating because we say to them « you have to exhausts the internal redress process » when we know full well that at national headquarters the delays are excessive, so that is probably the only frustrating thing (Karen, enquêtrice)

De par l'action de terrain des enquêteurs ou encore les commentaires et recommandations de l'Enquêteur correctionnel dans ses rapports annuels, le BEC exerce donc une certaine pression pour améliorer le système interne de règlement des plaintes et griefs. Les observations réalisées ont permis de relever que les enquêteurs exercent un certain contrôle ou, tout au moins, un rôle incitatif auprès du premier palier de règlement des griefs. À chaque visite, les enquêteurs analysent les statistiques de retard du traitement des plaintes au niveau institutionnel et ils questionnent sur place les responsables. Ils mettent en avant certains cas, jugés les plus sérieux, et incitent l'institution à résoudre ou tout au moins répondre aux plaintes des détenus. Dans certains cas, l'intervention des enquêteurs eut pour effet de mettre certains dossiers sur le haut de la pile du responsable des plaintes au niveau institutionnel. Au niveau régional et national de règlement des griefs, l'action des enquêteurs est plus limitée. En réalité, malgré les interventions répétées par communications téléphoniques à la division régionale et les recommandations de réforme dans les rapports annuels, le BEC est bien souvent impuissant face aux carences systémiques des paliers régionaux et nationaux. Sa marge de main-d'œuvre consiste principalement à dénoncer et tenter de pallier aux insuffisances de ce système.

b. Une voie de déjudiciarisation

L'argument principal en faveur d'un ombudsman spécialisé pour les pénitenciers a trait au fait que ce dernier propose un processus de règlement des conflits alternatif au processus judiciaire. Les tribunaux ont traditionnellement été vus comme le meilleur moyen de protéger les droits des prisonniers, mais comme le rappelle Fitzharris (1973) la séparation des pouvoirs et l'engorgement du système ont rendu ce moyen insuffisamment fiable. Cette tâche revient donc au pouvoir exécutif ce qui pose problème lorsque c'est précisément le personnel qui fait l'objet de plaintes. L'ombudsman apparaît alors comme une parfaite alternative. Comme le mentionnent Anderson (1973) et Fitzharris (1973), l'ombudsman correctionnel, permettrait, en effet, d'économiser les tribunaux en réduisant d'une part les recours non fondés et d'autre part en résolvant certains problèmes qui s'ils ne méritent pas un traitement élaboré, notamment judiciaire, méritent cependant qu'on y prête attention.

S'il n'est pas possible de prouver que l'Enquêteur correctionnel a réduit le nombre de plaintes devant les tribunaux canadiens, il ressort de la pratique observée qu'il contribue à une certaine déjudiciarisation. De plus, la pratique de terrain des enquêteurs fait ressortir nettement leur rôle dans la résolution de conflits d'importance objectivement marginale, mais d'une grande importance subjective dans un milieu où les perceptions sont à fleur de peau et ont souvent des conséquences réelles. Tous les enquêteurs rencontrés insistent sur le fait que la livraison d'un pinceau commandé ou la remise d'une lettre d'un proche peut ainsi avoir un impact immédiat et à long terme sur la vie du détenu concerné, mais également sur celle des autres détenus de son unité ainsi que sur les conditions de travail du personnel. Le BEC est particulièrement conscient de cet impact de leur travail :

> La sécurité des détenus et du personnel peut être affectée par des disputes qui surviennent au sein des pénitenciers. Notre disponibilité pour effectuer des enquêtes sans délai indu et relativement informelles, souvent au pénitencier même, nous permet souvent de résoudre les problèmes avant que ceux-ci deviennent plus sérieux[93].

---

[93] www.oci-bec.gc.ca

Certains enquêteurs, comme Orlando, insistent sur l'impact et la productivité du BEC à ce niveau : « Le budget est petit, mais on a probablement sauvé au SCC des centaines de milliers de dollars en étant capable de changer leur système avant que cela vienne en Cour ».

Sur certains aspects, il semble donc que l'Enquêteur correctionnel vient donc, par son action, pallier aux limites et carences de deux systèmes – le système judiciaire et la procédure interne de grief – surchargés, lents et donc pas toujours adaptés aux problématiques et conflits du milieu carcéral.

B. La résolution de conflits de proximité : action réactive à l'impact préventif ?

En ayant accès direct aux dossiers, aux détenus et au personnel, les enquêteurs tirent avantage de leur mobilité dans les établissements qui semble être à la fois l'outil et le médium de cette approche informelle de résolution de conflit. Ils peuvent ainsi aborder les problèmes au niveau opérationnel ce qui facilite la gestion des requêtes les plus simples telles que les demandes de services, d'informations ou de références et permet ainsi de se concentrer sur les cas les plus sérieux ou difficile. Nous avons pu constater sur place cette liberté de mouvement et d'accès qui semble totale et permet justement ce travail de résolution de conflits de type informel.

a. Un atout pour l'institution et son personnel

Le mécanisme d'ombudsman est présenté, dans la littérature, comme ayant certains avantages pour le personnel carcéral puisqu'il permet de protéger l'administration et le personnel contre des allégations non fondées et les conséquences que peuvent avoir celles-ci (Fitzharris, 1973 et Ivany, 1981). Il peut, en effet, agir comme source centrale d'information, réaliser des enquêtes rapides et informelles et fournir un « feedback » utile aux détenus comme aux employés. Ce mécanisme peut également aider la communication et la professionnalisation du personnel.

L'ombudsman peut parfois être utilisé par les employés pour attirer l'attention de leurs supérieurs sur des problèmes qu'ils souhaitent voir réglés (Anderson, 1981). Lors des observations réalisées, il est arrivé que les agents correctionnels évoquent directement des situations qui leur semblent problématiques pour eux et pour les détenus. Plus souvent, des remarques indirectes étaient formulées devant l'enquêteur pour, nous semble-t-il, « passer le message ». Ainsi, selon Anderson (1973, 1981), l'ombudsman pourrait finalement constituer pour les administrateurs un outil d'évaluation des programmes et du personnel très utile (« monitor for bureaucracy », « useful control device »). Cet aspect informel de la mission du BEC est parfois exprimé par les enquêteurs rencontrés, notamment Marianne : « I think it is a protection for the service as well… if you have a good relationship with management you can sort of let them know… I think that we really work as a team ».

Ce travail d'équipe réfère, en fait, à un certain but commun au BEC et au SCC : que tout se passe au mieux dans les pénitenciers. Selon cette approche, en aidant les détenus, les enquêteurs aident donc les agents correctionnels dans leur travail. Comme le dit Orlando, enquêteur : « Si moi je peux aider un détenu, ce détenu va être plus content à l'institution puis ça va faire leur travail 10 fois mieux… quand ils commencent à comprendre ça… si le détenu il est content et leur travail il est plus facile ».

Au-delà d'une aide dans le cas par cas du quotidien carcéral, il est également avancé que l'ombudsman est un précieux allié en cas de situations de crises au cours desquelles il peut intervenir comme médiateur (Fitzharris, 1973). Cette aide peut alors selon Anderson (1981) venir asseoir sa crédibilité. Un enquêteur que nous avons accompagné était récemment intervenu lors d'une grève des détenus d'un pénitencier. En réalisant une visite pour d'autres motifs, il s'était entretenu avec les détenus et le personnel au moment du conflit. Lors de nos observations, nous avons pu constater que le personnel et le comité des détenus semblaient apprécier l'intervention de l'enquêteur sans toutefois sembler y attribuer un impact quelconque.

Selon Fitzharris (1973), l'ombudsman peut aussi agir en prévention des situations de crise en évitant la propagation de rumeurs trop souvent à l'origine des émeutes. Toutefois, il convient de réaliser que la contribution de l'ombudsman sur ce point est nécessairement spéculative. Il n'est, en effet, guère possible de documenter les résultats d'émeutes évitées ou de guerres non déclarées et donc de savoir réellement si l'Enquêteur correctionnel permet d'économiser de l'argent ou même des vies.

b. Un apport positif pour les détenus

Ce sont les bienfaits pour les détenus qui sont le plus souvent invoqués pour justifier la fonction d'ombudsman correctionnel. Ce mécanisme semble, tout d'abord, représenter pour les détenus un moyen de se faire entendre sans peur de représailles. Nos résultats, tout comme la littérature existante sur le sujet (Anderson, 1973 et 1980 ; Fitzharri, 1973) et Ivany, 1981), soulignent le bénéfice psychologique qu'engendre pour les détenus le sentiment d'être écoutés. Ivany (1981) se réfère sur ce point au bienfait que représente pour un prisonnier le fait de pouvoir écrire à un ombudsman comme échappatoire. Ainsi, l'ombudsman correctionnel fournit des bénéfices directs importants de par le fait que ceux qui y font affaire sont généralement satisfaits de l'écoute et des explications obtenus mais également, sans y avoir personnellement recours, du simple fait de savoir qu'un tel mécanisme existe (Fitzharris, 1973). Anderson (1981) parle sur ce point de la fonction de catharsis de l'ombudsman correctionnel. Même lorsque l'enquêteur ne peut agir concrètement sur le problème en question, il intervient comme ligne de communication. Cette fonction de catharsis de l'ombudsman correctionnel est, en effet, apparue très présente à la fois dans le discours des enquêteurs et dans les observations de terrain réalisées. Les enquêteurs peuvent parfois accorder deux heures à un détenu qui n'a pas de problème spécifique à régler s'ils considèrent, par cette écoute, aider le détenu en question et ainsi contribuer à l'équilibre de l'institution. Les enquêteurs se disent, en effet, satisfaits et encouragés par l'impact de leur travail de résolution de conflit au niveau institutionnel. Leurs témoignages sont particulièrement éloquents : « Generally most of our work is done at the institutional level... I think the impact is really good » (Karen) ; « Changes tend to be at the institutional level and not at the larger systemic level. I see a lot of success at the institutional level, that is where I get my satisfaction » (Marianne) ; « Beaucoup d'affaires qu'on a été capable de changer durant les 5 mois que je suis ici, mes partenaires et moi-même » (Orlando).

C. La dénonciation de carences systémiques : une action préventive au niveau des politiques

L'analyse du travail du BEC pose la question de savoir si son impact se limite à la résolution de conflits spécifiques ou s'étend à la résolution de problèmes systémiques touchant le SCC. Les rapports de 1976 et de 1977 font état de certaines critiques reprochant à l'Enquêteur correctionnel de ne pas résoudre les problèmes importants et généraux ou de ne pas s'engager lors de situations de crise. Ce à quoi, l'Enquêteur correctionnel rappelle que sa fonction première est d'aider un détenu qui formule un grief et non pas de s'impliquer dans les enquêtes d'envergure sur des problèmes généraux, l'élaboration des politiques ou des enquêtes judiciaires qui sont respectivement du ressort des commissions royales d'enquête, des législateurs et administrateurs et finalement des tribunaux.

Le rapport MacGuigan (1977), fut le premier à tenter de dresser un bilan des débuts de l'Enquêteur correctionnel. Le comité affirmera en l'espèce que la création du poste de l'Enquêteur correctionnel n'a répondu que dans une infime mesure à un vaste problème.

> L'idée n'est pas mauvaise, mais l'étendue des besoins dépasse de loin les capacités du poste et, comme d'autres mesures qui ont été prises pour améliorer les conditions du système pénitentiaire, cette solution ressemble plus à un palliatif officiel qu'à une réforme vraiment positive (EC, 1977, p).

Nous avons cependant relevé que le BEC est de plus en plus impliqué dans l'identification, l'analyse et la recommandation de solutions aux problèmes systémiques du SCC. Les thématiques abordées dans la section précédente illustrent le sort variable connu par les recommandations de l'Enquêteur correctionnel sur les problèmes systémiques. Si certains problèmes systémiques cristallisent des désaccords tandis que d'autres permettaient d'identifier des positions communes, la variable commune semble être l'absence ou l'extrême lenteur de réaction du Service correctionnel du Canada aux recommandations de l'Enquêteur correctionnel. Cette situation est source de frustration et d'épuisement pour les enquêteurs. Marianne affirme avec découragement : « it is the same systemic issue, I could cut and paste my report ». Les propos de Quentin illustrent la frustration vécue face aux problèmes récurrents, mais également la satisfaction des succès remportés.

> A lot of them don't see us as having any power which is true, because we tell them "I can't make change, I may agree with you but I can't order the CSC". To me it is the most frustrating. Sometimes we see some injustices, not a lot but we cannot do anything about it, it is not in our mandate. But sometimes..., for example, an inmate was allergic to bees and needed an epipen but the staff refused to give it for security reasons. We got to change that and I feel good about that. Because what ? That is a systemic issue and by my action, down the road somebody might not loose their life... sometimes as simple as that (Quentin, enquêteur au BEC).

La satisfaction ressort également des propos de Pierre, coordinateur des questions de recours à la force au BEC : « It has been really productive, to me it has been one of the most rewarding thing that I have done in 30 years... BEC has made it happen by not letting go the issue for over 6 years ».

Bien souvent, les enquêteurs souhaiteraient voir accorder plus de pouvoir au BEC. Pour Marianne, « I wish we have more power... more like an inspectorate role... power to compel but it is not in our legislation... it is frustrating ». Aux yeux de Leo, enquêteur au BEC, la situation doit changer :

> Time has come then CSC and BEC need to have some sort of venue to take the unresolved issues to... I am always embarrassed when the annual report comes out and there is 120-130 recommendations, some of them he has been making since 1990. The office needs more power, power to somehow have impasse issues resolved. Right now we don't have a venue to take it to further debate. The office is very functional at the individual complaints level, we do a lot of good but for systemic issues...

Sur ce point, il convient de souligner que le sous-comité parlementaire DeVilliers (2000) recommandait la création d'un comité parlementaire permanent responsable des activités du bureau de l'Enquêteur correctionnel avec pour mission d'étudier les rapports dans le but d'améliorer la résolution des désaccords entre l'Enquêteur correctionnel et le Service correctionnel.

D. L'indépendance de l'Enquêteur correctionnel : la question du rapport direct au Parlement

Comme nous l'avons vu précédemment, la littérature sur l'ombudsman définit souvent ce dernier par son indépendance totale de l'administration qu'il surveille. Cette indépendance est le plus souvent assurée par un lien hiérarchique direct entre l'ombudsman et le Parlement. La situation de l'Enquêteur correctionnel est sans aucun doute un cas à part puisque celui-ci est, depuis sa création, rattaché au ministère dont dépend le Service correctionnel du Canada. Cet état de fait a été décrié dès l'origine, aussi bien par des intervenants extérieurs que par le bureau de l'Enquêteur correctionnel lui-même (Jackson, 2002). Ce lien hiérarchique permet, en effet, à certains auteurs comme Dumont (1993) et à certains acteurs du milieu carcéral[94], d'analyser l'Enquêteur correctionnel comme une procédure administrative de règlement des griefs qui contribue à canaliser les contestations au sein du système correctionnel et participe à un univers de justice interne qui permet de laver son linge sale en famille et d'éviter la justice extérieure des tribunaux.

Dès son premier rapport annuel en 1974, l'Enquêteur correctionnel parle des critiques auxquels il fait face et mentionne que le fait de rendre ses rapports au ministre et non au Parlement fait dire à certains que « le nouveau gardien des prisons n'a pas de dents ». Il précise qu'il a décidé d'utiliser une boite postale pour marquer une certaine distinction avec le ministère vis-à-vis des détenus. En 1976, l'Enquêteur correctionnel aborde à nouveau ce thème dans son rapport, mais avec moins d'optimisme il énonce que « des dispositions législatives précises pourraient de jure rendre l'Enquêteur correctionnel indépendant et c'est probablement ce qui se produira un jour » (EC, 1976b). Il précise cependant dans le rapport de 1977 ne pas avoir reçu et ne pas prévoir de recevoir des directives du ministre directes ou indirectes à l'égard de son travail.

Le rapport MacGuigan (1977) met également l'accent sur cette problématique et soutient qu'un ombudsman devrait toujours faire rapport au Parlement, car il s'agit d'une condition essentielle de son indépendance et donc d'efficacité aussi bien en pratique qu'en théorie. Dans sa recommandation n°37, ce comité réclame expressément ce changement. Lors de l'entrée en fonction de Ron Stewart, ce dernier rappelle les doutes de certains sur la bonne foi de son bureau émis en raison du fait qu'il relève du

[94] Des propos recueillis auprès de certains membres du personnel et certains détenus illustrent, en effet, l'absence de distinction faite entre l'Enquêteur correctionnel et le Service correctionnel du Canada.

ministre chargé du SCC. Il souligne que, malgré la déclaration faite par son prédécesseur en 1977 sur l'absence de directives reçues du ministre, il y a déjà eu des enquêtes entreprises à la demande de ce dernier qui a également pour mission d'approuver tous les employés du BEC. L'Enquêteur correctionnel mentionne, de plus, dans son rapport de 1978, que quelle que soit son objectivité réelle, le problème posé est celui de la perception des détenus menacée par une perte de crédibilité et une tache rendue plus difficile comparativement à celle d'un ombudsman qui relève du Parlement. En 1981, l'ouvrage d'Anderson aborde à son tour la spécificité canadienne qu'il analyse comme une situation précaire en soulignant que l'Enquêteur correctionnel dépend du renouvellement annuel du ministre.

Dans une lettre adressée au ministre en 1983, l'Enquêteur correctionnel profite de la demande d'enquête sur les événements d'Archambault pour rappeler la lutte menée pour obtenir une autonomie qui le rattacherait directement au Parlement. Le rapport de 1986 est l'occasion encore une fois de relever que la nomination par la loi sur les enquêtes devait être temporaire avant qu'une loi assure définitivement son indépendance. Il appuie son argumentation en soulignant que le rapport du sous-comité de 1977 et le rapport du comité consultatif chargé par le Solliciteur général d'étudier la gestion des établissements correctionnels de 1984 recommandent tous deux que l'Enquêteur correctionnel relève directement du Parlement. Il démontre dans ce même rapport le caractère illogique de sa dépendance du ministère en rappelant qu'il n'a même pas le droit d'examiner toutes les plaintes de la compétence de ce dernier comme son statut actuel devrait logiquement lui permettre.

Après l'entrée en vigueur de la loi de 1992, qui ne lui a pas conféré cette indépendance, l'Enquêteur correctionnel fait part de sa déception en affirmant les propos suivants : « La caractéristique fondamentale de l'ombudsman est son indépendance de l'organisme gouvernemental qu'il enquête issu du fait qu'il est comptable devant le Parlement » (EC, 1993, p.1). Il constate que, dans la loi, l'Enquêteur correctionnel rend toujours compte au Parlement par l'intermédiaire du ministre bien que lui soient donné le mandat et les attributions d'un ombudsman avec une certaine structure et des délais pour que le ministre présente les rapports au Parlement. Il en conclut que la loi lui permet cependant de maintenir et promouvoir son indépendance et efficacité.

Cette question du lien direct avec le Parlement ne sera, alors, plus guère abordée dans les rapports annuels. En 2000, le sous-comité sur la loi sur le système correctionnel et la mise en liberté sous condition du comité permanent de la justice et des droits de la personne fait le constat de la perception erronée de la position de l'Enquêteur correctionnel par rapport au Service correctionnel (DeVilliers, 2000). Ce rapport affirme que les témoignages démontrent un problème majeur d'apparence d'indépendance qui est perçue comme aussi importante que l'indépendance réelle. Le comité formule la recommandation (n°28) déjà plus toute nouvelle que les rapports soient déposés simultanément au ministre et au Parlement afin d'augmenter la crédibilité et l'efficacité de l'Enquêteur correctionnel.

Lors de notre rencontre, l'Enquêteur correctionnel en poste réaffirma à la fois l'indépendance concrète de son bureau et son désir de pouvoir un jour avoir un lien direct avec le Parlement :

> Personally I believe we should have a direct report to the Parliament, I think that the independence of the office requires that... we've stated that publicly before... I do believe that this office should be independent of the department... and the relationship with the department is very good, they are respectful, very hand off, I don't report to the deputy, I don't have the department staff here, the minister doesn't make demand, doesn't edit my report. It is my report and it goes the way I want it... I don't understand why we don't report to Parliament... I hope it will happen in the next 5 years but we are very focused with the issues and we don't have a lot of time to go the political process... built the public support for those kind of things so that is a challenge.

Pour Leo, un enquêteur du BEC, le problème n'est pas juste une question de principe, mais a bien des conséquences sur le sort réservé aux rapports annuels :

> It is a big problem... that is why... you cannot put the minister in a position where they are gonna pick one senior adviser advise over one other... The report is being table in the House some Friday afternoon and there is no minister there... just sweep under the carpet because it is kind of an embarrassment for them, to the minister and to the services.

E. Bilan de l'impact

Le bilan de l'efficacité de ce mécanisme nous permet de contraster d'un côté les succès significatifs dont témoignent les enquêteurs du BEC rencontrés au niveau de la résolution des litiges individuels ; et de l'autre la frustration du bureau de l'Enquêteur correctionnel au niveau des recommandations concernant des problèmes systémiques de politique correctionnelle qui sont, elles, peu suivies d'effet. Le contrôle exercé connaît, en effet, des limites propres à son statut d'ombudsman telles que ne pas pouvoir modifier les décisions du Service correctionnel. Sans pouvoir de contraindre, sa réussite est grandement conditionnée à la coopération obtenue de l'administration. Il est donc dépendant des relations tissées avec le Service correctionnel du Canada à tous les niveaux de sa hiérarchie pour l'efficacité de son travail. Avec le personnel comme avec les détenus, l'importance du relationnel apparaît primordiale dans le travail de l'Enquêteur correctionnel. C'est, en effet, au moyen de l'outil relationnel qu'il exerce son seul pouvoir : son influence. Cette influence ne peut guère s'évaluer quantitativement et qualitativement avec précision. Pour l'Enquêteur correctionnel en poste, le bilan de l'impact est à la fois difficile à mesurer et forcément insuffisant.

> It is incremental, I'm not the most patient person so I don't think that the impact is as great as it needs to be… I think there is obvious indicators of impact, we make recommendations, you see the CSC respond by the formulation of new policy, by changing organisational or institutional behaviour… sometimes just their very presence create a difference, the impact comes in ways that is very hard to measure… hard to say that it was our intervention that create the change that led to the improvement but you know that if you weren't there the discussion wouldn't even have happen… so I think the impact is obvious at that level, also when you look at the responses in the annual report. In many cases, CSC say we agree and this is things we are doing about it and I think that is certain indication of impact… but I'm impatient (Howard Sapers, Enquêteur Correctionnel).

Quel que soit l'impact direct, l'ensemble des écrits consultés s'accorde sur la fonction symbolique ou philosophique de l'ombudsman correctionnel. Pour reprendre l'expression de Fulmer (1981) : « The prison ombudsman is a logical extension of both historical efforts to democratize the prisons and the relatively new fondation of legalism ». C'est, en effet, comme élément de démocratisation des lieux de détention que l'ombudsman est pensé. Il est élaboré comme la meilleure solution pour protéger les droits des détenus (Fitzharris, 1973). L'Enquêteur correctionnel, tel que conçu au Canada, participe à l'équilibre du système dans son ensemble en apportant un équilibre entre les détenus et l'institution dans le but d'améliorer ou contrôler les droits des personnes incarcérées.

IV. L'implication dans les prisons françaises : du Médiateur de la République au Contrôleur général des Lieux de privation de Liberté en passant par le Défenseur des droits

1. La brève intervention du Médiateur de la République

En France, l'ombudsman nommé Médiateur de la République a, depuis 1973, pour mission d'aider les citoyens qui contestent une décision ou un comportement des administrations de l'État. Les personnes incarcérées en France se trouvaient donc sous la juridiction du Médiateur de la République, mais les statistiques montraient qu'il était, jusqu'à récemment, fort peu sollicité en ce domaine (entre 2 à 8 saisies par an entre 1997 et 1999). La saisie par les détenus restait largement théorique en raison de la méconnaissance de cette institution par les détenus qui sont, par leur situation, restreints à la fois dans leur capacité d'information et d'action (Canivet, 2000 et Médiateur de la République, 2005c).

En 2000, la commission Canivet recommandait la mise en place d'un organe spécifique de contrôle des établissements de détention de type ombudsman dénommé « Contrôleur général des prisons » qui, assisté d'une équipe de contrôleurs, aurait eu pour mandat de contrôler tous les aspects de la vie carcérale et de la gestion des établissements ainsi que d'évaluer les politiques pénitentiaires et leur exécution. Les litiges individuels seraient, eux, de la compétence de « médiateurs de prison » qui, davantage décentralisés, auraient un pouvoir d'investigation et de médiation des plaintes des détenus. Il ressortait, en effet, de la proposition du rapport Canivet, la nécessité d'établir un mécanisme spécifique et non pas rattaché au Médiateur de la République en raison d'une part de la difficulté de saisie de ce dernier par les détenus et d'autre part de la connaissance du milieu carcéral nécessaire à son efficacité. Il est pertinent de relever que la proposition de la commission Canivet consistait à défragmenter le mandat de l'Enquêteur correctionnel tel que conçu au Canada, puisqu'en effet le volet contrôle et le volet résolution de litiges étaient repartis entre deux entités distinctes. Cette proposition, inspirée du modèle canadien, fut sérieusement envisagée, mais le gouvernement français a finalement annoncé en septembre 2004 retenir la solution consistant à placer des médiateurs des prisons sous l'autorité du Médiateur de la République. Cette initiative, proposée par la Commission consultative des Droits de l'Homme (CNCDH, 2004), fut formalisée dans une convention signée le 16 mars 2005 par le Garde des Sceaux (ministre de la Justice) et le Médiateur de la République afin d'expérimenter pendant 18 mois de l'intervention de délégués du Médiateur de la République dans 10 établissements préalablement désignés[95] (République française, 2005b).

Comme le mentionne la convention, « le Médiateur de la République s'engage à se tenir à l'écoute des personnes détenues pour faciliter le règlement amiable des différends dans leurs relations avec les administrations de l'État, les collectivités publiques territoriales, les établissements publics et tout autre organisme investi d'une mission de service public, et pour faciliter ainsi leur réinsertion » (Médiateur de la République, 2005b). Le ministre de la Justice s'engage pour sa part à faciliter l'accès et les permanences des délégués et fournir un crédit de prise en charge d'une quote-part des dépenses afférant à l'expérimentation. La convention précise que le Médiateur est

[95] Les maisons d'arrêt de Fresnes, St Etienne, Aix-Luynes, Epinal, Toulon et Nanterre, les centres de Marseille, Melun, Bapaume et la centrale de Poissy ont été choisis (Médiateur de la République, 2006).

responsable du recrutement, de la formation et de l'encadrement des délégués dont il est garant de l'indépendance (art 3). Le Médiateur de la République a choisi de désigner les cinq premiers délégués parmi des personnes déjà en fonction, disposant de l'expérience du milieu ouvert et volontaires pour l'expérience. Ces délégués ont reçu une formation spécifique[96] par des représentants de l'administration pénitentiaire et des magistrats.

Les délégués n'intervenaient que dans les établissements où il existe un point d'accès au droit qui fournit aux détenus une information juridique généraliste. Cette clause avait pour objectif d'optimiser « l'efficacité de l'action des délégués » et de leur permettre de « se concentrer sur le cœur de [leur] mission : le règlement des litiges avec les administrations » (Médiateur de la République, 2005c). Dans une entrevue consacrée au magazine le Nouvel Observateur, le Médiateur tenait à clarifier sa mission : « Nous n'avons pas de vocation à être les procureurs systématiques des administrateurs ni leurs défenseurs » (Le Nouvel Observateur, 9 novembre 2005, p.11).

L'article 4 de la convention stipule que les personnes détenues doivent recevoir une information complète sur l'institution du Médiateur et les modalités d'une réclamation individuelle. Les détenus, informés par la diffusion d'un dépliant, pouvaient obtenir un rendez-vous avec le délégué en s'adressant directement par écrit (sous pli fermé) ou en étant référés par le point d'accès au droit ou par le service pénitentiaire d'insertion et de probation. Une permanence (en principe une demi-journée par semaine) était assurée au sein de la détention par un délégué dans un local permettant des entretiens confidentiels avec les détenus. Les délégués du Médiateur continuaient donc d'exercer des permanences en milieu ouvert sur des domaines extérieurs au milieu pénitentiaire (Médiateur de la République, 2005c). Les délégués intervenaient en prison avec les mêmes prérogatives et pouvoirs qu'à l'extérieur et ils ne rendaient des comptes qu'au Médiateur de la République (Médiateur de la République, 2005b).

Cette expérimentation entre un Enquêteur correctionnel spécialisé et un ombudsman généraliste fut consacrée en 2009 par la loi pénitentiaire. Cette initiative a, en effet, rencontré un certain succès puisque le premier rapport de suivi après 6 mois d'expérimentation (en réalité entre 5 et 2 mois après l'installation concrète) indiquait déjà que les délégués avaient reçu près de 124 saisines dont 109 ont été évaluées recevables. Sur ces 124 saisines, 108 étaient directes et 16 étaient référées par le point d'accès au droit ou par le service pénitentiaire d'insertion et de probation. Le traitement de ces plaintes a donné lieu à 58 entretiens (Médiateur de la République, 2005d). En 2010, suite à la généralisation de l'expérience, ce sont 150 délégués bénévoles qui sont

---

[96] www.mediateur-republique.fr.

intervenus dans l'ensemble des prisons, 63 au moyen d'une permanence régulière et 101 desservies au cas par cas. Ainsi 61300 détenus qui ont bénéficié d'un accès direct aux délégués du Médiateur qui ont traité 3595 demandes (Médiateur de la République, 2010).

Si le nombre de plaintes reçues était déjà en soi un premier indicateur des besoins de la population carcérale et un élément de justification de cette expérimentation, le Médiateur insiste sur le fait que l'indépendance des délégués a été respectée et que les détenus ont fréquemment exprimé « leur satisfaction de pouvoir être reçus et écoutés... par une autorité extérieure au monde pénitentiaire et judiciaire » (Médiateur de la République, 2005d, p.1). Le faible nombre de saisines hors compétence fut interprété comme un indice de la qualité de l'information fournie aux détenus, information qui doit régulièrement être renouvelée en raison des mouvements de population. Le Médiateur insiste d'ailleurs sur l'importance de l'existence d'un point d'accès au droit. Cet élément qui avait été posé comme préalable à l'installation d'un délégué en 2005 (Médiateur, 2005d) est identifié comme problématique en 2010 dans les établissements où ils sont absents (Médiateur de la République, 2010).

Quant au contenu des saisines, le Médiateur de la République relevait déjà que les litiges de la vie quotidienne en détention peuvent trouver une issue par l'intervention des délégués, qu'il s'agisse de la disparition d'objets personnels, de démarches administrative (retraite, reconnaissance d'enfants...) ou encore de l'accès adapté pour la fille handicapée d'un détenu. Dans une entrevue, le Médiateur affirmait :

> Nous sommes indépendants. Les détenus l'ont compris. Et ils nous saisissent de litiges sur les calculs de réduction de peine, l'accès à Internet pour leur formation, les effets personnels égarés par l'administration sans explication. Des parents nous ont demandé la lettre que leur fille suicidée avait laissée dans sa cellule...» (Le Nouvel Observateur, 9 novembre 2005, p.11).

Au-delà des cas individuels, le rapport de suivi dénotait également que le traitement de ces cas peut donner lieu à une amélioration dont l'impact est collectif.

> Ainsi il est difficile de faire renouveler ses papiers d'identité lorsque l'on est en prison, les préfectures exigeant que le requérant se présente en personne. Est-ce bien le rôle de la prison de fabriquer des sans-papiers ? Nous avons débloqué 40 dossiers de ce type à Marseille (Le Nouvel Observateur, 9 novembre 2005, p.11).
>
> À Poissy, après avoir écouté les requêtes qui remontaient soit par les médiations, soit en direct, tous les processus internes ont été revus : la fouille, les nouveaux arrivants... Ce sont des petites évolutions, mais qui se révèlent essentielles dans ce milieu fermé de la prison, véritable caisse de résonance où, s'il n'est pas

désamorcé, le moindre incident devient vite un problème grave en puissance (Pierre, délégué en milieu carcéral).

Le commissaire européen aux droits de l'homme (CE, 2006) a soutenu et évalué positivement l'action menée par les délégués du Médiateur. Il suggéra d'ailleurs l'extension de cette initiative propice à diminuer sensiblement les tensions en prison. Le Médiateur (2010, p60) mentionnait que l'intervention des délégués est un « facteur d'apaisement et de réduction des tensions », « susceptible de déminer des conflits latents ». Il est difficile d'évaluer le travail réalisé par les délégués en prisons de 2005 à 2011, période trop courte pour savoir si, au-delà de son rôle de négociateur, cette institution pouvait pleinement exercer les pouvoirs « garants de son indépendance », notamment l'injonction de décisions de justice inexécutées, l'engagement de poursuites disciplinaires, la formulation de recommandations publiques et l'exigence de rapports aux corps d'inspection concernés.

2. La récente constitutionnalisation de l'ombudsman français : le Défenseur des droits

En 2008, le Médiateur de la République est remplaçé par le Défenseur des droits. Ce nouvel ombudsman, qui se substitue également à la Haute Autorité de Lutte contre les Discriminations et pour l'Egalité (HALDE), la Commission nationale de Déontologie de la Sécurité (CNDS) et au Défenseur des enfants, voit son rôle consacré dans la révision constitutionnelle du 23 juillet 2008. Cette constitutionnalisation est à la fois une consécration et une élévation du rôle de cette institution désormais placée au-dessus des acteurs politiques et autres services publics. L'indépendance de cette autorité constitutionnelle se veut garantie par une nomination par le Président de la République, soumise au vote de l'Assemblée nationale et du Sénat pour un mandat de 6 ans non renouvelable et non révocable.

Le Défenseur des droits peut être saisi par toute personne s'estimant lésée par le fonctionnement du service public et dispose également d'une faculté de s'autosaisir. Ses pouvoirs et moyens d'action sont plus importants que ne l'étaient ceux du Médiateur de la République. Il dispose notamment d'un pouvoir d'injonction renforcé par lequel il peut enjoindre l'administration concernée de prendre des mesures. Il peut proposer aux parties de conclure une transaction, il peut être entendu devant toute juridiction nationale ou européenne et il peut également saisir le Conseil d'État. Il dispose donc de modes d'intervention gradués, « qu'il s'agisse de la recommandation en droit ou en équité, du règlement amiable des conflits, de la transaction civile ou pénale » (Défenseur des droits, 2012 p.4). Les moyens d'actions sont par conséquent plus étendus, notamment avec un pouvoir d'audition, de mise en demeure et vérification sur place.

Institué en 2011, le défenseur des droits englobe donc les fonctions du Médiateur de la République et par conséquent les délégués intervenant en milieu carcéral ont donc été absorbés par cette nouvelle institution au mandat élargi. Si le défenseur se caractérise désormais par un réseau commun et un accueil unique, les permanences en prison ont été maintenues (Défenseur des droits, 2012). La loi organique du 29 mars 2011 prévoit d'ailleurs que le Défenseur désigne un ou plusieurs délégués pour chaque établissement pénitentiaire. Le rapport 2012 mentionne que 150 délégués assurent une présence dans l'ensemble des établissements pénitentiaires (hormis les centres de semi-liberté, les centres pour peines aménagés et les établissements pénitentiaires pour mineurs). Ils tiennent des permanences hebdomadaires régulières dans 62 établissements et à la demande dans les autres. Ils ont reçu plus de 3000 demandes en 2012 ; « Les détenus représentent 1 pour 1000 de la population, mais 5 % de ceux qui s'adressent à nous soit 50 fois plus que la moyenne » (Défenseur des droits, 2013, p9). Quant au contenu des réclamations adressées par les détenus, 1/3 vise l'administration pénitentiaire, parmi lesquelles on retrouve principalement des allégations de violences physiques (62 %) et de comportements et propos déplacés (14 %). La problématique des fouilles à nu est identifiée comme récurrente en dépit des modifications apportées par la loi de 2009 sur ce point. Le défenseur souligne avec préoccupation que ces saisines envers l'administration se démarquent par un fort taux de classement en raison du désistement ou de l'absence de réponse des réclamants à l'origine de ces saisines. Parmi les autres sujets de préoccupation, le rapport 2012 mentionne la question de l'accès aux soins ou encore de l'accès à l'information concernant les transferts. Toutefois, les interventions des délégués sont aussi diversifiées que l'est la réalité carcérale. Le rapport 2012 donne l'exemple de l'accès aux visites d'une mère se déplaçant avec un appareil respiratoire et une bouteille d'oxygène ou encore d'une détenue en grève de la faim en raison d'un transfert (Défenseur des droits, 2013).

3. La mise en place du Contrôleur général des lieux de privation de liberté

A. Un nouveau contrôle spécifique

Suite à la ratification du Protocole facultatif à la Convention de l'ONU contre la torture et autres peines ou traitements cruels, inhumains ou dégradants, la France s'est dotée en 2008 d'un organisme habilité à effectuer des visites « dans tout lieu placé où se trouvent ou pourraient se trouver des personnes privées de liberté sur l'ordre d'une autorité publique ou à son instigation, ou avec son consentement express ou tacite ». Son champ de compétence est donc clairement spécifique aux lieux de privation de liberté énumérés de façon non exhaustive :

- des établissements pénitentiaires : maison d'arrêt, centre pénitentiaire, centre de détention, maison centrale, établissement pour mineurs, centre de semi-liberté, centre pour peine aménagée, le centre national d'observation
- des établissements de santé, plus particulièrement : des établissements ou unités de santé recevant des personnes hospitalisées sans leur consentement (hospitalisation d'office ou à la demande d'un tiers), des chambres sécurisées au sein des hôpitaux, des unités pour malades difficiles (UMD), des unités médicojudiciaires (UMJ)
- des établissements placés sous l'autorité conjointe du ministère de la Santé et du ministère de la Justice tels que : les unités d'hospitalisation sécurisées interrégionales (UHSI), les unités hospitalières spécialement aménagées (UHSA – non encore ouvertes), l'établissement public de santé national de Fresnes, le centre socio-médico-judiciaire de sûreté
- des locaux de garde à vue des services de police et de gendarmerie
- des locaux de rétention douanière
- des centres et locaux de rétention administrative des étrangers
- des zones d'attente des ports et aéroports
- des dépôts ou geôles situés dans les tribunaux
- des centres éducatifs fermés
- de tout véhicule permettant le transfèrement des personnes privées de liberté.

Cette liste non exhaustive applique donc le critère de l'autorité publique, ce qui signifie que toute initiative d'une personne privée entraînant dans les faits une privation de liberté ne peut conduire à une intervention du contrôle général. Le dernier rapport du CGLPL plaide en faveur d'une extension de compétence pour les actions de salariés d'une société de sécurité privée concernant notamment les personnes âgées placées en établissements d'hébergement (CGLPL, 2013). Le contrôleur affirme qu'en dépit des différences existantes, « du point de vue de la garantie des droits fondamentaux, aucune différence dans la manière dont devraient être conduites les visites dans les établissements pour personnes âgées et les celles qui ont été menées jusqu'alors » (CGLPL 2013, p.293).

Sa mission générale de veiller à ce que les personnes privées de liberté soient traitées avec humanité et dans le respect de la dignité inhérente à la personne humaine consiste à « s'assurer que les droits intangibles inhérents à la dignité humaine sont respectés, s'assurer qu'un juste équilibre entre le respect des droits fondamentaux des personnes privées de liberté et les considérations d'ordre public et de sécurité est établi, mais aussi, et surtout prévenir toute violation de leurs droits fondamentaux » (site internet du CGLPL). Il est cependant rapidement apparu nécessaire de délimiter les champs d'action respectifs de Contrôleur et des ombudsmans généralistes, le Médiateur de la République dans un 1er temps et le Défenseur des droits par la suite. Afin de clarifier l'étendue et les limites de leurs sphères de compétence, le CGLPL a signé des conventions en 2009 avec le Médiateur de la République et en 2011 avec le Défenseur des droits. Dans une entrevue, le Contrôleur simplifie les choses en affirmant : « Au Médiateur le règlement de litiges ; au Contrôleur la prévention des atteintes aux droits fondamentaux » (Médiateur Actualités, 2011). Cette distinction est donc formalisée afin d'éviter des démarches inutiles et redondantes. Il est prévu que si le Défenseur est saisi d'une réclamation relative à des faits mettant en cause l'état, l'organisation ou le fonctionnement d'un établissement de privation de liberté, il saisit le Contrôleur. Et inversement, ce dernier doit saisir le Défenseur de toute réclamation d'une personne physique s'estimant lésée en raison d'un dysfonctionnement administratif, d'une atteinte aux droits ou à l'intérêt supérieur de l'enfant ou d'un manquement au respect de la déontologie de la sécurité.

Pour assurer ses fonctions en toute indépendance, ce contrôleur indépendant ne reçoit d'instructions d'aucune autorité et est nommé pour six ans, sans révocation ou renouvellement possible. Par ailleurs, il ne peut être poursuivi à raison des opinions qu'il émet ou des actes qu'il accomplit dans l'exercice de ses fonctions et ne peut pas exercer d'autres activités professionnelles ou de mandats électifs. Son équipe est composée de 17 contrôleurs à temps plein ainsi qu'un secrétaire général, 5 chargés d'enquête et 3 collaborateurs administratifs. Le Contrôleur général des lieux de privation de liberté est en effet plafonné à vingt-sept emplois par la loi de finances 2012. Pour faire face à aux besoins, cette équipe est complétée par 18 intervenants extérieurs qui agissent comme contrôleurs à temps partiel sans renoncer à leur occupation principale (dans l'administration ou non). Ces effectifs, équivalent à 25 enquêteurs à temps plein pour 5500 lieux de privation de liberté, ont été sévèrement critiqués par l'Observatoire international de Prisons qui le compare avec l'Angleterre où une quarantaine de contrôleurs interviennent dans 190 lieux.

Au niveau des compétences, les enquêteurs sont recrutés parmi magistrats, fonctionnaires, praticiens hospitaliers, commissaires divisionnaires, etc. Les collaborateurs externes, contrôleurs à temps partiel, sont issus eux d'un éventail plus large d'expérience : avocats, pédopsychiatre, proviseur de lycée, attaché de ville, pasteur et récemment un photographe qui « ajoute l'image à l'expression écrite » (CGLPL, 2013).

B. Ses moyens d'actions : visites de contrôle, saisines, enquêtes et recommandations

Il dispose pour cela d'un droit d'investigation et d'entretien confidentiel avec toute personne, d'un droit d'obtenir toute information et toute pièce utile à l'exercice de sa mission, mais surtout d'un large droit de visite programmées ou inopinées de tous les lieux concernés. Les rapports annuels indiquent en moyenne 153 établissements visités par an, soit depuis sa création un total de 665 établissements sur les 5219 pour lesquels il est compétent. En 2012, 77 % des visites effectuées étaient inopinées.

Le dernier rapport annuel (2013) dresse un bilan de la présence sur des contrôleurs dans les différents lieux visités depuis sa création ; équivalent en durée à deux ans en garde à vue, neuf ans en détention, trois ans et demi en hospitalisation, dix mois en centre éducatif fermé et un an et trois mois en rétention. Le contrôleur insiste d'ailleurs sur la longueur du séjour dans les établissements qui permet non seulement de rencontrer plus de personnes et consulter plus de documents, mais aussi que les contrôleurs « deviennent partie du fonctionnement des lieux ; que les préventions se dénouent ; que les informations « officielles » généreusement données d'emblée s'affinent avec le filtre de l'effectivité des normes testé dans la vie concrète » (p.289).

À l'issue de chaque visite, les contrôleurs établissent un prérapport transmis au responsable de l'établissement qui fait valoir ses observations et rédigent ensuite un rapport de visite. Ces comptes-rendus sont précis et touchent les différents aspects de la réalité carcérale : isolement des cabines de fouilles, l'insuffisance des produits d'hygiène, la nécessité de visite médicale à l'arrivée en détention, le droit de propriété, etc. Ces rapports de visite, qui évaluent l'organisation et le fonctionnement de l'établissement ainsi que des conditions de vie des détenus et de travail du personnel, sont transmis au ministre concerné. Le contrôleur regrette d'ailleurs les carences de transmission du rapport aux administrations locales (notamment les responsables d'établissement) qui restent trop souvent dans l'ignorance du contenu du rapport final auquel elles ont pourtant contribué par leurs observations. Il relève que celles-ci prennent connaissance de ces rapports que lorsque le contrôleur lui-même prend l'initiative de les diffuser sur son site web[97].

[97] Le dernier rapport évoque certaines entraves au travail du Contrôleur (lettres ouvertes ou prélevées au passage pour qu'elles n'arrivent pas, menaces de déclassement ou déclassement de postes de travail) qui expliqueraient que certaines personnes renoncent à écrire, appeler ou rencontrer les contrôleurs. Si l'article 21 du Protocole facultatif des Nations Unies se rapportant à la Convention contre la torture et autres traitements cruels, inhumains et dégradants interdit expressément ces comportements, le Contrôleur remarque que la France a usé de son droit de « réserve » et n'a pas repris ce point dans la loi. Il qualifie cette réserve et le silence de la loi « d'encouragement aux représailles et à leur quasi-impunité » (CGLPL, 2013).

Quant à la question des saisines, le Contrôleur général a le droit de mener des investigations auprès des établissements concernés lorsque les faits portés à sa connaissance semblent porter atteinte aux droits fondamentaux d'une personne privée de liberté. Il reçoit chaque année un nombre croissant de lettres de saisines : 1272 en 2009, 3276 en 2012, 3788 en 211 et 4072 en 2012. En moyenne depuis la création du CGLPL, 79 % des saisies viennent de personnes détenues et 9 % de leurs proches. La grande majorité (93 % en 2012) concerne des établissements pénitentiaires et touche des questions de transferts, accès aux soins, conditions matérielles et activités.

Les courriers reçus peuvent influencer les visites et une synthèse de ceux-ci est systématiquement remise aux contrôleurs afin d'attirer leur attention sur certains aspects. Dans certains cas mettant en cause le respect des droits fondamentaux, le contrôleur ouvre un dossier d'enquête (environ 730 par an) et saisit les autorités concernées (souvent les directeurs d'établissements). Les enquêtes diligentées en 2012 (2013) concernent l'accès aux soins (17 %), le maintien des liens familiaux (13 %), la protection de l'intégrité physique (13 %), l'accès au travail, aux formations et aux activités (12 %) ainsi que le respect de la dignité des personnes privées de liberté (8 %).

Le contrôleur peut d'ailleurs, dans le cadre de sa mission de prévention contre les atteintes aux droits des personnes qui pourraient se trouver dans la même situation que la personne à l'origine de la saisine, décider de mener une enquête sur place. Ces enquêtes approfondies sont donc distinctes des enquêtes sur le fonctionnement d'un établissement faites lors des visites de contrôle et portent sur des thématiques particulières telles que l'accès à l'informatique, la place des enfants en détention ou encore les conditions de prise en charge de certaines populations (personnes souffrant d'un handicap et personnes transsexuelles).

Les rapports annuels sont l'occasion pour le CGLPL de présenter ces recommandations organisées par chapitres théoriques. C'est l'occasion pour le contrôleur de demander au gouvernement certaines réformes (telle que celle du droit disciplinaire), de formuler des « rappels » (tel que la non-discrimination dans le traitement des demandes d'activités et d'emploi) ou encore d'exiger des mises en conformité (tel que la mise hors service des cellules disciplinaires d'une dimension exiguë, conformément aux recommandations du comité européen de prévention de la torture (rapport général 2010) qui fixe la surface minimum habitable à 6 m²) (CGLPL, 2013).

C. Ses moyens de pression : les recommandations et avis publics

Après avoir transmis au ministre le rapport de visite, le Contrôleur général des lieux de privation de liberté peut formuler des recommandations qu'il choisit de rendre ou non publiques. Ainsi les recommandations de portée générale, s'appliquent à un ensemble d'établissements, au-delà de celui visité, sont publiées au Journal officiel de la République Française. Depuis sa création, le CGLPL a rendu publiques 17 recommandations, dont 2 selon la procédure d'urgence prévue par l'article 9 de la loi du 30 octobre 2007. Ce fut le cas en 2011 suite à la visite du centre pénitentiaire de Nouméa, appelé Camp Est au cours de laquelle les contrôleurs ont relevé une violation grave des droits fondamentaux. Également en 2012, lorsque les contrôleurs visitant le centre pénitentiaire des Baumettes, à Marseille, constatent « une violation grave des droits fondamentaux, notamment au regard de l'obligation, incombant aux autorités publiques, de préserver les personnes détenues, en application des règles de droit applicables, de tout traitement inhumain et dégradant ». Il est pertinent de relever que le Contrôleur rend également publiques les photos de l'établissement prises lors de la visite, témoignage éloquent de l'état pitoyable des conditions d'hébergement.

Les avis publics consistent en la possibilité pour le CGLPL de proposer au Gouvernement des modifications de dispositions législatives et réglementaires. Les avis constituent donc en une synthèse thématique des observations effectuées par le Contrôleur général et son équipe à la suite de l'ensemble des visites d'établissements. Au nombre de 13 depuis la création de l'institution, les avis formulés touchent les thématiques des documents personnels, la surpopulation, l'usage de la semi-liberté, l'accès à l'informatique, l'usage du téléphone ou encore la prise en charge des personnes transsexuelles.

V. Conclusion

Ce chapitre nous a permis de faire le tour d'horizon des contrôles de type ombudsman développés en France et au Canada. Au Canada, les deux niveaux de gouvernement ont permis la mise en place d'un système dual où les pénitenciers fédéraux sont contrôlés par un ombudsman spécialisé et les prisons provinciales par des ombudsmans généralistes. Notre analyse a cependant montré que bien que généralistes, les ombudsmans provinciaux assignent plus ou moins formellement des ressources spécifiques au traitement des plaintes des détenus. En France, les délégués des prisons, tout en restant des généralistes qui interviennent dans les multiples domaines de compétence de l'ombudsman, connaissent une certaine spécialisation en raison de la formation reçue et de leur assignation à un établissement de détention. Quelle que soit la formule adoptée, il semble bien exister, dans les milieux de pratique et dans la littérature, un certain consensus sur la spécialisation nécessaire pour le travail de l'ombudsman en milieu carcéral. L'Enquêteur correctionnel, ombudsman exclusif des pénitenciers canadiens, est convaincu du caractère évident et nécessaire de cette spécialisation que ce soit au niveau provincial ou fédéral, de façon institutionnelle ou organisationnelle.

> I obviously think there is a need for that... the work is specialized, the volume of work also dictated it and if you look at the provincial ombudsman, one of the highest category, busiest area of work for provincial ombudsman is corrections. So corrections is specialized, it is a specialized part of the federal service, a specialized part of the federal mandate and I think it is justified, justified by the volume. If there was a generic ombudsman, federal, I think that you would find very quickly they would become specialized units or programs or substructure because the volume of work would dictate it (Howard Sapers, Enquêteur correctionnel).

Certains auteurs insistent en effet sur le caractère formel de la spécialisation et argumentent en faveur de l'ombudsman correctionnel. Birkinshaw (in Maguire, 1985), dans son plaidoyer pour la création d'un ombudsman correctionnel en Grande-Bretagne, affirme que l'ombudsman général rencontre des limitations que l'ombudsman correctionnel ignore. Selon lui, un ombudsman général est, la plupart du temps, limité dans ses pouvoirs d'investigation au sein des pénitenciers, mais surtout limité de par le fait qu'il ne peut critiquer une règle ou politique des services correctionnels. Notre recherche indique cependant qu'au Canada les ombudsmans provinciaux, bien que disposant d'un mandat général, consacrent une grande partie de leurs ressources aux plaintes émanant des services correctionnels et n'hésitent pas à analyser sévèrement leurs pratiques et leurs politiques. Certains ombudsmans provinciaux comme ceux du Québec et du Saskatchewan ont même, ponctuellement, rédigé des rapports spécifiques sur l'état des prisons qui n'ont rien à envier à ceux de l'ombudsman spécialisé qu'est l'Enquêteur correctionnel. Les développements en France témoignent d'une spécialisation qu'elle soit formelle ou factuelle, permanente ou sporadique.

Selon Anderson (1981), un ombudsman correctionnel, s'il ne peut confronter le système comme le ferait un juge, peut cependant attaquer diverses problématiques de celui-ci. L'auteur précise, néanmoins, que l'ombudsman correctionnel rencontre une limite essentielle qui est celle de la coopération des services correctionnels (Anderson, 1973). En effet, il soutient que sans le support de la hiérarchie, un ombudsman correctionnel ne servirait qu'à accentuer le fossé existant entre les détenus et les gardiens. Nos résultats soutiennent cette analyse tout en l'élargissant au cas des ombudsmans généralistes. Au Canada, l'Enquêteur correctionnel et les ombudsmans provinciaux interviennent, de façon critique, sur les problèmes ponctuels et systémiques des services correctionnels. Ils rencontrent, à des degrés divers, les limites de leurs facultés d'obtenir la coopération des divers acteurs du système correctionnel. Nos résultats ont, sur ce point, montré que le succès ou l'échec de l'ombudsman est donc grandement dépendant de la personnalité et des habiletés de celui-ci. Les stratégies adoptées, le bon jugement et les qualités humaines de la personne exerçant cette fonction semblent aussi importants et parfois davantage que les lois elles-mêmes.

Si les lois ne sont pas toujours les plus importantes, le droit en général est cependant un élément central dans la mission de l'ombudsman. Pour l'ombudsman, le droit est bien un outil de contestation des abus du pouvoir des services correctionnels et donc une ressource pour contrôler ce pouvoir des institutions étatiques. Par la mission de contrôle du respect des lois par les services correctionnels, l'ombudsman met en œuvre la dimension symbolique du droit comme protection contre le pouvoir au service des plus faibles. Les normes juridiques que l'ombudsman contrôle donnent leur force et effectivité aux droits des détenus et viennent s'opposer au pouvoir discrétionnaire de l'État. En ce sens, l'ombudsman se situe donc au cœur de l'État de droit dans lequel le droit est le principal outil de contrôle du pouvoir. Notons cependant que le contrôle tel que conçu par l'Enquêteur correctionnel et les ombudsmans provinciaux s'étend au-delà du droit positif existant pour englober les principes plus larges de justice et d'équité.

L'institution d'ombudsman occupe une place à part ; elle n'entre pas distinctement dans la catégorisation faite par Gramsci entre la société politique et la société civile et elle s'immisce dans les divers niveaux de l'État identifiés par Bergeron. Nos résultats indiquent que l'ombudsman n'appartient pas à l'appareil dynamique central de l'État qui constitue la gouverne ou l'État contrôlant. Les ombudsmans ne sont pas des agents étatiques et ne font pas partie des rouages indispensables au fonctionnement de l'État. L'ombudsman n'exerce, en effet, aucune des quatre fonctions centrales de l'État contrôlant, qu'il s'agisse de gouvernement, de législation, d'administration ou de juridiction. De notre analyse, il ressort cependant que le travail de l'ombudsman s'effectue sur les divers degrés d'action de ces quatre fonctions étatiques. Bergeron relevait que les deux fonctions de gouvernement et de législation s'exercent à un premier degré d'impération des normes tandis que les fonctions d'administration et de juridiction s'exercent à un second degré d'exécution des normes. L'ombudsman intervient sur ces différents registres puisque sa mission dans les établissements de détention le conduit à contrôler à la fois l'impération et l'exécution des normes. Nous constatons également que l'ombudsman analyse et contrôle en effet les règles politiques produites par les fonctions de gouvernement et d'administration, mais également les règles juridiques produites par les fonctions de législation et de juridiction.

L'ombudsman n'appartient pas non plus à l'État contrôlé ou la politie. Il est cependant un outil aux mains de la société qui compose ce niveau de l'État. En sollicitant l'ombudsman pour intervenir en prison, l'État contrôlé (la société composée des détenus et des personnes libres) utilise l'institution d'ombudsman pour interpeller et questionner l'État contrôlant (la gouverne). Cette interpellation ne se fait pas au moyen d'activations ascendantes puisqu'en effet l'ombudsman ne représente pas les détenus auprès de l'institution de l'État contrôlant que sont les services correctionnels. Néanmoins, l'ombudsman peut, selon nous, être analysé comme un moyen d'actions politiques préfonctionalisés pour les citoyens. Dans une certaine mesure, l'ombudsman semble bien être un effecteur de messages et signaux émis par les citoyens au même titre que les partis, les groupes d'intérêt et les organismes consultatifs. Cependant, dans le cas plus complexe de l'ombudsman les messages et signaux émis vers l'État contrôlant (décideurs politiques, juges et administrateurs) ne sont pas exclusivement ceux des citoyens, mais également ceux qui émanent des ombudsmans eux-mêmes à l'issue de leur travail d'analyse. Comme nous l'avons vu, un ombudsman intervient parfois de sa propre initiative et interpelle les institutions de l'État sur des problématiques qui ne sont pas quantitativement ou qualitativement celles que la société civile, à travers les détenus, met de l'avant.

Si l'on analyse les activités des ombudsmans étudiés dans ce chapitre selon la typologie de conduites politiques de Bergeron, nous pouvons identifier la variété des messages que les ombudsmans adressent à l'État. Le plus souvent les ombudsmans ont, vis-à-vis des institutions qu'ils contrôlent, des conduites politiques de type consensuel. Les ombudsmans adoptent rarement une conduite de contribution en exprimant envers les services correctionnels et l'État des espérances faibles ou muettes qui constituent des signaux de légitimation latents (ce pourrait être le cas de l'expérience française). Le plus fréquemment, l'action des ombudsmans étudiés s'apparente à la conduite de participation puisqu'ils expriment des aspirations avouées constituant des signaux explicites de légitimation. Assez souvent, ils véhiculent envers les services correctionnels des objections décidées qui s'analysent en signaux de légitimation implicites et caractérisent la conduite d'opposition.

Il arrive que, par moments, les ombudsmans aient, envers l'institution qu'ils contrôlent, des conduites politiques de type dissensuel. Certains rapports des ombudsmans canadiens ou français semblent bien constituer des messages des dénonciations véhémentes et donc des signaux neutralisants identifiés à la conduite de contestation. Dans quelques cas beaucoup plus rares, les ombudsmans adoptent une conduite proche de la dissidence en formulant des accusations formelles ou tout au moins des menaces d'accusations formelles qui se traduiraient donc en signaux de légitimation conditionnels envers l'État. Notre analyse nous amène à conclure qu'en aucun cas les ombudsmans étudiés ont eu pour conduite politique d'adresser aux services correctionnels des condamnations radicales qui caractériseraient la conduite de rébellion. Ces condamnations qui s'analyseraient comme des signaux de légitimation retirés rendraient totalement inutile et impossible le maintien de l'institution d'ombudsman. Il serait, en effet, contraire et contre-productif au mandat de l'ombudsman de rompre tout dialogue et de s'opposer totalement aux autorités avec lesquelles il doit jouer de son influence et de sa persuasion pour avoir une efficacité quelconque.

En poursuivant la catégorisation des niveaux de l'État, nous pouvons affirmer que les ombudsmans n'appartiennent pas non plus au niveau de l'État contrôleur, appelé le régime. Cependant, les institutions d'ombudsmans ne sont pas la création spontanée d'une entité inconnue, mais bien la résultante d'une action de l'État. Si l'ombudsman existe, c'est bien qu'il est habilité à le faire par l'État contrôleur lui-même, qui accepte ainsi d'être contrôlé dans des limites qu'il a lui-même stipulées. L'acte volontaire de l'État d'habiliter des ombudsmans pour contrôler ses institutions peut, donc, s'analyser comme un acte posé dans le cadre d'au moins une des deux super fonctions du régime : la légitimation. En effet, au niveau interne, en acceptant l'existence d'un ombudsman, l'État accomplit une fonction de légitimation et manifeste un comportement qui le justifie auprès de ses membres humains et institutionnels.

L'ombudsman n'appartient donc à aucun des niveaux de l'État, mais il maintient cependant des liens étroits avec ceux-ci. En effet, il intervient sur les diverses fonctions de l'État contrôlant, au moyen de conduites et signaux de légitimation identifiés à l'État contrôlé et sur l'initiative et selon des modalités de l'État contrôleur. Par le seuil des habilitations entre ces trois niveaux, l'ombudsman légitime et confirme le régime dans sa position, intervient sur les règles produites par les fonctions de la gouverne et exprime les messages de la politie.

Crozier et Friedberg (1977) nous aident à comprendre à quel point, le pouvoir des ombudsmans est de nature relationnelle et donc inséparable de la relation à travers laquelle il s'exerce. L'analyse du fonctionnement des ombudsmans révèle, en effet, l'existence de négociations, de résistances et de communications défensives identifiées par Mucchielli (1988). L'action des contrôles de type ombudsman se déroule bien dans un contexte d'interdépendance stratégique et dans un rapport de négociation asymétrique existant entre les ombudsmans et les services correctionnels dans leurs relations d'échange et de négociation.

Les relations entre ombudsmans et services correctionnels sont au cœur de la mission des premiers. Nous avons en effet analysé que la faisabilité et l'efficacité des institutions d'ombudsmans reposent sur les relations négociées avec les organismes qu'ils contrôlent. Parmi les critiques formulées à l'encontre de ces mécanismes, Vagg (1994) souligne qu'au Canada, les ombudsmans provinciaux et l'Enquêteur correctionnel ne disposent dans leurs rapports d'aucune force contraignante et ne sont guère devenus des acteurs importants de l'univers carcéral. Cette recherche indique, en effet, que leur efficacité découlent principalement de la considération et de l'autorité morale attachée à leurs fonctions puisqu'ils ne disposent que de leur capacité de critique et de persuasion pour corriger les torts causés. À ce titre, l'expression « magistrature d'influence » résume bien la situation des ombudsmans.

En étant dénués de pouvoir de contrainte, les ombudsmans assoient leur efficacité principalement sur les négociations entreprises avec les services correctionnels. La capacité d'action et la possibilité pour les ombudsmans d'obtenir des résultats reposent clairement sur les négociations et la mise en œuvre de rapports d'influence et de pouvoir. Pour eux, l'exercice du pouvoir réside véritablement dans l'interaction et dans la capacité de structurer l'échange négocié de comportement en leur faveur. L'analyse des contrôles de type ombudsman révèle, en effet, à quel point, dans leurs relations de pouvoir, les mécanismes de contrôle se doivent d'obtenir la coopération d'autres personnes pour la réalisation de leurs objectifs. Le pouvoir et la coopération sont bien, dans le cas des ombudsmans, unis par un lien de conséquence.

CHAPITRE 4

Les contrôles politiques ; la démocratie au travail ?

Après avoir analysé les contrôles supranationaux et les contrôles de type ombudsman, une catégorie particulière ressort de cette recherche empirique. Divers organismes nationaux ont directement ou indirectement une fonction de contrôle sur l'État et plus précisément les prisons. Rattachés au pouvoir exécutif, législatif ou judiciaire, des commissions et des comités s'impliquent régulièrement que ce soit de façon permanente ou ponctuelle sur la question des prisons et de leur contrôle. Ces mécanismes sont réunis dans ce chapitre, sous le terme contrôles politiques.

I. Le contrôle parlementaire : des outils de transparence

Au Canada comme en France, le législateur se voit assigner, parallèlement à son rôle traditionnel de créateur de normes, une mission de contrôle des établissements de détention par le biais de commissions d'enquête ou de droit de visite permanent.

1. Le contrôle des parlementaires français

Depuis 2000, les activités parlementaires sur le thème des prisons ont été importantes à la fois quantitativement et qualitativement, et ce, au-delà des implications régulières des parlementaires à travers le travail des rapporteurs du budget de l'Administration pénitentiaire ou encore les questions orales au gouvernement.

A. Les commissions d'enquête

Les commissions d'enquête ne figurent pas dans la Constitution, mais leur existence remonte à la Monarchie de Juillet. La création d'une commission d'enquête, au Sénat comme à l'Assemblée nationale, résulte d'une proposition de résolution déposée par un ou plusieurs parlementaires qui fait ensuite l'objet d'un rapport par la commission permanente compétente et sur lequel l'AN ou le Sénat se prononce en séance publique. Les commissions d'enquête se composent d'un président, 2 vice-présidents, 2 secrétaires et un rapporteur qui forment le bureau et d'un maximum de 30 membres représentant proportionnellement les divers groupes politiques. Les commissions travaillent dans un délai limité puisque le rapport doit se faire au plus tard 6 mois après l'adoption de la résolution. Ces commissions ont un rôle d'information et de contrôle et disposent pour cela de pouvoirs importants d'enquête, de communication de documents et de convocation. Les travaux des commissions se clôturent par la rédaction de rapports qui réunissent les suggestions des parlementaires. Les rapports sont par la suite déposés, mentionnés au Journal officiel et publiés.

a. La commission d'enquête de l'Assemblée nationale et le rapport Floch (2000)

Début 2000, 4 propositions de résolution tendant à créer une commission d'enquête sur les conditions de détention sont enregistrées à la présidence de l'Assemblée nationale (2078, 2079, 2106, 2118). Dans trois de ces propositions, l'exposé des motifs mentionne le livre du médecin-chef à la prison de la Santé comme élément déclencheur. Ces propositions invoquent également la surpopulation, les suicides, les conditions d'hygiène, de santé et de sécurité des personnes détenues et deux d'entre elles insistent sur le caractère déplorable et indigne de la France comme le « pays des droits de l'homme » (2079). Il est pertinent de relever qu'une proposition (2106) s'appuie sur le travail de l'Observatoire international des Prisons et une autre (2118) souligne la condamnation de la France par la Cour européenne des Droits de l'Homme. La fonction de contrôle du Parlement ressort également dans la justification de création de la commission d'enquête.

> En effet, s'il y a un domaine sur lequel les commissions d'enquête parlementaires trouvent toute leur justification, c'est bien dans le contrôle du fonctionnement d'institutions aussi 'fermées' que le monde carcéral (Proposition de résolution 2078). L'un des rôles essentiels du Parlement est de contrôler l'action du gouvernement. Une commission d'enquête sur la situation dans les établissements pénitentiaires français et les conditions de vie des détenus contribuerait à cet indispensable devoir de transparence (Proposition de résolution 2106).

Après un examen commun par la Commission des lois, le rapporteur retient la proposition 2118, ayant l'objet le plus large incluant ceux des autres propositions et y ajoute deux objectifs concernant la réinsertion des détenus et le développement des alternatives à l'incarcération. Le débat dans l'hémicycle de l'Assemblée nationale se caractérise avant tout par le consensus des parlementaires sur la nécessité d'une telle commission d'enquête (AN, 3 février 2000a). Si le rapporteur Forni se félicite de la création d'une commission d'enquête qui participe à « la mission de contrôle de l'application des politiques publiques » du Parlement, les parlementaires soulignent qu'ils vont ainsi contribuer à l'application des peines et devenir « de véritables conseillers du gouvernement en matière de justice ». En évoquant, dans le débat, les fondements de ce contrôle, ils font clairement référence à la fonction de représentation de tous les citoyens ainsi qu'aux notions de démocratie, d'État de droit et de respect des droits de l'homme. Les droits de l'homme apparaissent clairement comme le thème unificateur des députés qui affirment à de nombreuses reprises l'attachement spécial de la France à ce sujet. Pour reprendre les propos d'un député, il s'agit d'un : « sujet consensuel, ni de droite, ni de gauche puisqu'il tient à la défense des droits de l'homme et à l'image de notre pays, qui aime à donner des leçons de droits de l'Homme au reste du monde » (AN, 3 février 2000a, p3). Le consensus est tel que l'article unique de la résolution est adopté à l'unanimité (AN, 3 février 2000b). La commission aura donc une mission de 6 volets : dresser un état des lieux rigoureux et objectif de la situation dans les prisons françaises, examiner les conditions de détention, les éventuelles atteintes aux personnes et les suites données par l'administration, établir un bilan du suivi médical, étudier l'application du droit du travail, réfléchir à la limitation de l'usage abusif de la détention provisoire et analyser la situation du personnel pénitentiaire afin de proposer des solutions permettant le renforcement de ses moyens de travail.

Enregistré à l'Assemblée nationale le 28 juin 2000, le rapport de la commission (du nom du rapporteur Floch) précise dans son introduction qu'il s'agit de « la première fois depuis 125 ans, depuis la création de la IIIe République » (AN, 2000, p.9) qu'une commission d'enquête parlementaire est créée sur les prisons. Les travaux de la commission se sont concentrés sur cinq mois au cours desquels tous les établissements pénitentiaires du territoire français ont été visités et 37 auditions réalisées. Parmi les personnes entendues se trouvent notamment des magistrats, des représentants d'ONG telles que l'Observatoire international des prisons et la Ligue des droits de l'homme ainsi que le président du CPT. Une délégation de la commission s'est, également, rendue au Canada pour s'entretenir avec les membres du Service correctionnel du Canada. Le rapport mentionne que, durant ces travaux, aucun député n'a rencontré d'obstacles dans la réalisation des visites et il qualifie de parfaite la collaboration entre tous les groupes parlementaires. Le rapporteur souligne notamment le niveau d'implication et de consensus des députés composant la commission.

> Et l'équipe que nous étions, tout le monde s'est passionné, on a eu un vrai débat, des vraies discussions et on a réussi à se mettre d'accord sur le contenu du rapport voté à l'unanimité. Chose rare. Mais en même temps une prise de conscience des uns et des autres, tout groupe politique confondu de dire c'est un outil bizarre dans une société la prison… à quoi ça sert ? Et c'est la grosse question du rapport (Normand, député).

Soixante et onze propositions touchant de façon approfondie tous les aspects de la privation de liberté concluent le rapport. Le premier constat fait par la commission dans son rapport est celui de la surpopulation. Les parlementaires observent, en effet, que la moyenne nationale de densité dans les maisons d'arrêt est de 132 % et que certains établissements atteignent ou dépassent les 200 %. Parmi les causes, le rapport mentionne l'augmentation de la durée de détention, elle-même dû à un alourdissement des peines et un moindre recours aux procédures d'individualisation des peines. Cette surpopulation a pour conséquences un non-respect des textes sur l'isolement individuel, un travail plus rendu difficile pour le personnel et surtout des conditions de vie en détention qui peuvent être considérées comme inhumaines et dégradantes[98].

La commission souligne que, si certains établissements doivent être fermés, l'adoption d'une loi pénitentiaire doit être le préalable à la construction de nouvelles prisons. Les parlementaires constatent en effet, le foisonnement des normes pénitentiaires sans hiérarchie ayant pour conséquence des droits incertains, rattachés à des autorisations conditionnelles source d'inégalités. Cependant, la commission ne se contente pas d'une analyse normative de la détention, mais met l'accent sur les réalités de la vie en détention. Espace dans les cellules, fréquence des douches, relations humaines affectées par les choix technologiques sécuritaires, règles de vie disparates quant aux services et matériel autorisé selon les établissements ou encore le paradoxe du régime le plus strict pour les prévenus sont autant d'éléments analysés par la commission. Le rapport confronte en effet, les textes, les projets et les plans annoncés à la pratique quotidienne (souvent diversifiée) dans chaque établissement.

À de nombreuses reprises, la commission souligne le manque de moyens mis en œuvre pour résoudre certaines pratiques problématiques ou rendre efficace et étendre certaines initiatives positives. Le rapport témoigne, en effet, d'un travail de réflexion sur de nombreuses thématiques qu'il s'agisse de l'incarcération des mineurs, la place du directeur, les difficultés du personnel ou le sens de la peine. Le questionnement sur le sens de la peine et de l'incarcération apparaît en filigrane dans l'intégralité du rapport. En effet, le rapport tente de répondre à la question de fond de l'utilité de la prison en

---

[98] Sur ce point, la commission parlementaire fait clairement référence au CPT.

s'appuyant sur les témoignages et les analyses des personnes auditionnées. La commission propose de faire de la réinsertion une priorité. Il importe, en effet, de redéfinir la mission de la peine pour que l'insertion ne soit plus « le parent pauvre de l'Administration pénitentiaire » (p.179) reléguée au rang d'obligation de moyen bien après l'obligation de résultat qu'est la sécurité. C'est à ce titre que la commission insiste pour que les établissements soient au cœur des cités pour favoriser la réinsertion, l'emploi et les liens familiaux. Cette réflexion sur le sens de la peine pose également la question de l'« indispensable maîtrise de la population pénale » (p. 235). Sur ce point et c'est le seul, la commission n'est pas unanime, le numerus clausus ayant été rejeté par le groupe RPR. Il semble cependant que la commission questionne l'incarcération comme réponse systématique et se prononce clairement en faveur du développement d'alternatives disposant des moyens nécessaires à leur crédibilité et leur efficacité.

Finalement, à l'issue de sa réflexion, la commission conclut à la nécessité de mettre en place un contrôle extérieur. Après avoir analysé les propositions de la commission Canivet[99] jugées trop complexes, la commission se prononce en faveur d'un contrôle aux fonctions moins scindées basée sur l'exemple canadien de l'Enquêteur Correctionnel. Le rapport recommande la création d'une instance indépendante, permanente et unique de contrôle des établissements de détention disposant de pouvoirs étendus et redevable auprès du premier ministre.

Parmi les 71 propositions qui concluent le rapport, la plupart suggèrent des orientations de politiques pénitentiaires plus ou moins concrètes selon les cas. Si le rapport propose de réévaluer ou réorganiser certains aspects, parfois le ton est davantage impératif et le rapporteur utilise les expressions « il est indispensable de… », « nécessite de », « incontournable ». L'introduction du rapport se conclut sur la nécessité d'une mobilisation générale et d'un effort financier pour que les travaux de la commission ne restent pas lettre morte comme en 1875.

b. La commission d'enquête du Sénat et le rapport Cabanel (2000)

Déposées en janvier 2000, les propositions 165 et 183 évoquent les récentes déclarations du médecin-chef Véronique Vasseur ainsi que les conclusions du rapport de visite du Comité européen de prévention de la torture pour réclamer la création d'une commission d'enquête dont le travail serait centré sur « les conditions de détentions des détenus dans les maisons d'arrêt et sur l'étendue et l'effectivité des contrôles relevant des autorités

[99] Nous reviendrons plus en détail sur cette commission Canivet qui, à la demande du gouvernement, s'est intéressée à la question du contrôle extérieur des établissements de détention.

judiciaires et administratives » (165) et de recueillir des informations « sur la situation des établissements pénitentiaires en France » (183). Le rapport de la commission des lois (209) conclut à la recevabilité juridique et à l'opportunité d'une telle commission et en reprenant les deux propositions, donne pour mission à la commission d'enquêter sur « les conditions de détentions dans les établissements pénitentiaires, en particulier, au regard de la présomption d'innocence, dans les maisons d'arrêt ». La Commission aura également pour mandat de s'assurer de « l'étendue et de l'effectivité des contrôles relevant des autorités judiciaires et administratives ».

Le rapport de commission, déposé le 28 juin 2000, souligne le fait que la commission a été créée suite à l'émotion suscitée par la publication du livre de Véronique Vasseur et à l'initiative de 4 groupes politiques distincts. Si la dernière commission d'enquête date de 1873, quelques initiatives sénatoriales démontrant un intérêt pour ces questions ajoutées au travail des rapporteurs budgétaires successifs permettent au rapporteur d'affirmer que : « Bref, au-delà de l'actualité d'un court ouvrage de circonstance, qui a justement réveillé l'opinion publique, le Sénat avait quelque légitimité à enquêter sur le monde carcéral en approfondissant une réflexion engagée depuis longtemps » (Sénat, 2000, p.10).

La méthodologie employée par les sénateurs a consisté tout d'abord à réaliser 11 séries d'auditions publiques et télévisées de 60 personnalités. Parmi les personnes auditionnées, nous relevons la présence de magistrats, responsables d'ONG (OIP, LDH...) et président du Comité européen de prévention de la torture ainsi que le président de la Commission nationale consultative des droits de l'homme. Des entrevues ont, également, été réalisées avec des détenus et des membres du personnel. Les membres de la commission ont également eu accès à divers documents et ont adressé un questionnaire détaillé aux 187 établissements pénitentiaires français. Si la commission de l'AN avait fait le choix de visiter tous les établissements de détention, les sénateurs ont concentré leur visite sur un échantillon représentatif constitué de 28 établissements aux tailles et modes de gestion divers. Comme le mentionne un membre de cette commission, les sénateurs ont surtout visité des maisons d'arrêt.

> Alors nous au niveau du Sénat, contrairement à l'Assemblée nationale on avait décidé de s'intéresser essentiellement et uniquement aux maisons d'arrêt parce que c'est là qu'il y a le plus de problèmes, ou à la fois il y a la surpopulation la plus importante, on arrive à avoir des 200-240% de taux d'occupation parfois, c'est là où il y a le problème, où cohabitent détenus condamnés et prévenus qui sont encore innocents au regard de la loi parce que toujours pas passés en justice, donc y a une cohabitation qui peut être dangereuse, y compris notamment comme une population carcérale très jeune, donc la prison aujourd'hui est plus une école de la

> récidive qu'une école de la réinsertion donc c'est assez dangereux (Thierry, sénateur).

Le rapport indique que les établissements ont été avisés la veille de l'arrivée de la commission. Le rapporteur tient à souligner que :

> La commission d'enquête ne jurerait pas que l'annonce de ses déplacements n'a pas été à l'origine de quelques coups de peinture, d'un nettoyage plus approfondi des locaux voire d'un allégement des quartiers disciplinaires. S'il en était ainsi, son passage n'aurait pas été complètement inutile. Il reste que l'état de délabrement et d'abandon d'un grand nombre d'établissements visités ne permettait en aucune manière un quelconque camouflage d'une réalité souvent sordide (Cabanel, 2000, p.15).

Thierry, sénateur interviewé, se rappelle, en effet de ces opérations de camouflage constatées lors des visites : « on arrivait parfois ou ça sentait encore la peinture parce que quelques heures avant, ils avaient passé un coup de peinture pour essayer de rendre un peu plus acceptable cet univers carcéral ».

Comme dans le cas de la commission de l'Assemblée nationale, le niveau d'implication et la cohésion des membres composant la commission semblent avoir été particulièrement remarquables.

> Le fait de la cohésion, c'est le travail que l'on a fait pendant ces 6 mois. Quand on vit les choses d'une manière aussi intensive, d'aussi près de la réalité, on est tous ressortis à la fois bouleversés et ça a fait tomber toute une série d'idées préconçues. Moi j'ai vu des gens, des parlementaires qui au départ étaient sur l'idée « c'est bien fait, ils ont comme ça vis-à-vis de la société à payer la note » et au fur et à mesure se rendent compte que c'était autre chose et puis dans la mesure où ils ont mesuré que la prison produisait des récidivistes, ils se sont rendu compte que sauf à les garder pour tout jamais derrière les murs de la prison, tous ceux qui sortaient, ressortaient pour l'essentiel comme des délinquants chevronnés et quand on regarde les différents dossiers en justice, chaque fois qu'ils ressortent de prison ils commettent des actes toujours plus importants, avec des délits plus aggravés. Donc on est arrivé à ce constat-là, plus une opinion publique sensibilisée par les médias, donc c'était porteur (Thierry, sénateur).

Le rapport produit à l'issue des travaux de la commission du Sénat est un document complet qui présente une synthèse descriptive, explicative et critique de la situation des prisons françaises. Bien que la commission se soit penchée sur les maisons d'arrêt, les thématiques abordées et l'analyse critique qui en est faite sont similaires à celles de la commission de l'Assemblée nationale. Le rapport traite, en effet, entre autres, de la mutation de la population pénale, du malaise du personnel, de l'état déplorable des structures.

Les membres de la commission font en effet le même constat que les députés concernant l'allongement des durées de détention liées à l'alourdissement des peines prononcées.

On retrouve dans ce rapport le même questionnement sur l'incarcération de catégories de détenus tels que les personnes âgées, les malades mentaux ou encore les étrangers en situation irrégulière qui pour la plupart n'ont « rien à faire dans nos prisons ». Cependant, ce rapport se distingue, selon nous, de celui des députés par le ton et les expressions utilisés dans le texte du rapport. Car si en effet, le contenu est similaire ; les termes employés sont à la fois plus critiques et cinglants : « prison-hôpital, prison-hospice, prison-asile, prison-refuge, prison suicidaire ». Parmi les sous-titres utilisés, on peut, en effet, lire : « des prisons républicaines aux oubliettes de la société », « les conditions de détention dans les maisons d'arrêt : une situation indigne de la patrie des droits de l'homme », « les portes ouvertes à l'arbitraire carcéral », etc. De plus, il est important de relever qu'indépendamment du style employé, le rapport diffère également au niveau de sa présentation puisque tout au long du rapport, la commission sénatoriale critique la situation existante sans exprimer ses pistes de solutions. C'est dans la dernière partie que sont présentées les propositions de la commission en reprenant le plan thématique du corps du rapport.

Les solutions que propose la commission sénatoriale diffèrent de celles de la commission de l'Assemblée nationale principalement en termes d'approche. Si les députés privilégient l'idée de faire une grande loi pénitentiaire, les sénateurs affirment être persuadés que « on ne changera pas les prisons par la seule loi », notamment en raison du constat que les conditions de détention ne sont pas, pour l'essentiel, de nature législative et que la majorité des problèmes découlent de l'inapplication du droit confronté à l'épreuve des faits. Le rapport souligne, en effet, que le processus d'adoption d'une loi est souvent long et complexe et face à la situation d'urgence constatée, la commission préconise des propositions concrètes et rapides à mettre en œuvre. La commission du Sénat se prononce en faveur d'un débat d'orientation sur la politique pénitentiaire en automne 2000 au Parlement. L'objet de ce débat serait l'adoption d'un plan d'urgence d'actions à court et long terme. Trente mesures d'urgence sont proposées dans le rapport. Ces mesures touchent les six problématiques principales soit : la lutte contre la surpopulation, la remotivation des personnels, les bâtiments, les droits et devoirs des détenus, la modernisation des méthodes de gestion et le renforcement des contrôles. Le rapport se conclut en ces termes : « Il y a urgence… Il y a urgence depuis 200 ans » (Cabanel, 2000, p.128). Parmi les 30 mesures d'urgences qui concluent le rapport, trois concernent le renforcement des contrôles. La commission recommande de : « créer un organe de contrôle externe et indépendant des établissements pénitentiaires, doté de larges pouvoirs d'investigation ; de relancer l'exercice des contrôles des magistrats dans les établissements pénitentiaires et de renforcer la coopération entre l'autorité judiciaire et l'administration pénitentiaire ».

B. Propositions de loi

Enquêter et dénoncer les carences existantes dans les prisons françaises ne constituent pas les seuls moyens d'action des parlementaires. Bien souvent, dans le domaine correctionnel comme dans les autres domaines, les parlementaires n'attendent pas l'initiative du gouvernement, mais proposent des lois à faire adopter par les hémicycles. À l'issue des commissions d'enquête sur la situation des prisons en 2000, les députés et les sénateurs ont rédigé diverses propositions de loi afin de mettre en œuvre les recommandations énoncées dans leurs rapports respectifs. La situation d'urgence constatée par les commissions d'enquête exigeait, selon eux, de ne pas attendre la loi pénitentiaire en préparation par le gouvernement et qui avait a peu de chance d'être adoptée avant les présidentielles de 2002.

Du côté du Sénat, environ 5 mois après le dépôt du rapport de la commission sénatoriale, les deux sénateurs qui avaient été président et rapporteur de la commission d'enquête (Hyest et Cabanel) déposent une proposition de loi (115) « relative aux conditions de détention dans les établissements pénitentiaires et au contrôle général des prisons ». La proposition souligne que si, en effet, la plupart des 30 mesures d'urgence proposées par la commission ne sont pas de nature législative, certaines nécessitent cependant pour leur mise en œuvre une loi modifiant le Code de Procédure pénale ; notamment la question de la surpopulation dans les maisons d'arrêt, des détenus atteints de maladies graves et la création d'un contrôleur général des prisons. À propos du contrôle, les sénateurs affirment qu'il est le levier indispensable pour faire évoluer la prison et qu'il faut le mettre en place rapidement, car il y a urgence (p.37). La crainte que se referme cette « fenêtre de tir » propice au changement et que les prisons ne soient plus une priorité est maintes fois soulignée par les orateurs. « Encore quelques semaines, quelques mois, et le désintérêt des populations conduira alors à l'oubli de cette espèce de plaie béante des flancs de la République que représente le système carcéral ayant deux ou trois siècles de retard » (p.22). L'inefficacité des contrôles existants et la nécessité d'un contrôleur général des prisons font l'objet d'un tel consensus que les 7 articles de la proposition de loi sur ce sujet sont adoptés sans être amendés.

À l'Assemblée nationale, le rapporteur de la commission d'enquête Floch, appuyé plus de 200 députés, dépose en 2001 une proposition de loi (3016) instituant un mécanisme de contrôle des prisons qui ne serait pas limitée aux établissements pénitentiaires, mais concernerait, sur le modèle du Comité européen de prévention de la torture, tous les lieux d'enfermements publics ou privés. Ce sera la première d'une des nombreuses propositions de loi de contrôle des prisons émanant de députés. En 2002, le député Hunault (3578) propose un « contrôleur général des prisons » nommé en Conseil des ministres qui aurait pour compétence : « le contrôle des conditions générales de détention, de l'état des prisons, de l'application du statut de détenu, des rapports entre administration et détenus, des pratiques professionnelles et de la déontologie du personnel pénitentiaire ainsi que de l'exécution des politiques pénitentiaires ». En 2003, un groupe composé entre autres de 2 anciens gardes des Sceaux, propose une loi sur la peine et le service public pénitentiaire (970) qui touche 4 aspects : le sens de la peine, le service public pénitentiaire, la condition juridique de la personne détenue et le contrôle extérieur des établissements pénitentiaires portant sur « les conditions générales de détention dans les établissements pénitentiaires et sur le respect de la condition juridique des détenus à l'exclusion des litiges d'ordre individuel opposant l'un de ceux-ci à l'administration ». En 2004, le projet de loi Lebranchu (970) reprend une fois de plus l'idée d'un contrôleur général des prisons.

C. Visites des établissements

Quand, en 2000, les parlementaires ont entrepris de visiter les prisons françaises sous le mandat des commissions d'enquête, il s'agissait pour certains de leur première expérience du milieu. Si les parlementaires ont en effet la possibilité de visiter les lieux de détention, très peu utilisaient cette opportunité dans le cadre de leur mandat parlementaire. Le droit de visite n'étant pas, jusqu'à récemment, codifié, il s'agissait d'une démarche informelle et souvent personnelle. En 1999, le ministère de la Justice avait facilité les démarches de 40 parlementaires qui avaient souhaité visiter les prisons. Ainsi une minorité de parlementaires, comme Thierry que nous avons rencontré, avaient donc une certaine expérience du milieu carcéral.

> Je me suis retrouvé à découvrir pour la première fois de ma vie ce qu'était l'univers carcéral, en plus dans une maison d'arrêt qui comme toutes les maisons d'arrêt avait une forte surpopulation carcérale. Et donc découvrir un univers qui m'a glacé d'effroi au-delà de ce qu'on peut imaginer quand on est à l'extérieur de l'autre côté des murs, de découvrir ce qu'est la réalité de la prison. Mais la visite a été plus émotionnelle que vraiment un travail, c'était sur une journée et une journée où la direction de l'établissement a fait en sorte de bien encadrer notre visite donc j'ai eu qu'un aperçu, mais déjà un aperçu saisissant.

Au moment où les parlementaires concluent leurs rapports des commissions d'enquête, un amendement à la loi du 15 juin 2000, déposé par le député Warsman vient instituer les visites comme nouveau moyen de contrôle des prisons pour les parlementaires. Les élus sont donc depuis cette date

« autorisés à visiter à tout moment les locaux de garde à vue, les centres de rétention, les zones d'attente et les établissements pénitentiaires » (art720-1-A du CPP). Si cet amendement n'a pas précipité tous les parlementaires aux portes des prisons, certains utilisent cette opportunité assez régulièrement.

> Moi je l'utilise, quand j'ai besoin d'aller visiter ou quand je veux aller visiter une prison, je téléphone une demi-heure ou une heure avant au directeur, je dis « j'arrive », c'est tout. Et jamais personne ne m'a fermé la porte. En fait, moi je suis assez bien connu dans les prisons (rires) donc on n'ose pas, ils se disent : « il va nous faire un scandale si on lui ferme la porte ».

Il arrive parfois que les députés entreprennent des visites ponctuelles pour réagir aux actions du gouvernement. En février 2004, deux sénateurs ont, en collaboration avec l'OIP, visité deux prisons pour marquer leur réaction à l'absence de réponse du Garde des Sceaux au rapport du Comité européen de prévention de la torture. Un de ces sénateurs évoque sa motivation à poursuivre le travail entamé en 2000 par les commissions d'enquête.

> J'ai fait partie des parlementaires et je dirais sans aucune gloriole, mais des rares parlementaires qui ont continué à essayer de faire en sorte que nous puissions dans la logique de l'analyse et des propositions que nous avions pu faire, continuer à faire ce travail-là et à faire entendre cette voix. Ce qui m'amène à avoir un travail où je continue d'aller dans les prisons puisque la loi m'en donne la possibilité, d'aller les visiter. Ce qui m'a amené il y a peu de temps à aller à la maison d'arrêt de T pour vérifier à la demande de l'OIP et sur la base du rapport du CPT si après le délai qui avait été donné au gouvernement et à l'Administration pénitentiaire, je suis allé constater sur place ce qui avait été fait ou pas fait et à la sortie de ma visite, j'ai fait un petit rapport adressé à l'OIP et au CPT mais aussi adressé à l'ensemble des députés et sénateurs du département concerné et aussi à l'ensemble des députés et sénateurs des anciennes commissions d'enquête pour leur rappeler, pour faire un travail de mémoire, pour leur dire nous ne pouvons pas nous déjuger à ce point, continuons de nous mobiliser et essayer de faire évoluer les choses.

Ce sénateur, très impliqué, témoigne de l'attitude du personnel et des administrateurs de l'Administration pénitentiaire lors de ces visites. Il explique qu'il est souvent nécessaire de s'expliquer et de faire ses preuves.

> J'ai parfois le sentiment d'être un petit peu le poil à gratter ou l'empêcheur de tourner en rond ou l'enquiquineur pour ne pas dire autre chose. Parce que quand j'arrive dans les prisons, les directeurs ils sont pas très contents de me voir arriver… J'essaie de faire en sorte de montrer au directeur comme au personnel de l'AP que je ne suis pas quelqu'un qui a en point de mire l'AP mais quelqu'un qui essaie de concilier et de faire améliorer les conditions de détention et conditions de travail pour les personnels en pensant que c'est une seule et même question. Donc j'essaie de montrer que je suis surtout pas un adversaire de l'AP mais au contraire

que j'essaie de faire évoluer, et même de faire évoluer leur métier dans un sens plus intelligent pour qu'ils ne soient pas simplement des porteurs de clés et qu'ils puissent avoir de véritables relations humaines et au sens d'un travail de réinsertion à l'intérieur des prisons... Ben, je vous dis, à la fois je leur pose un vrai problème... Donc ce sont des rapports qui sont des rapports pas faciles, mais ou bon, dès que j'arrive j'essaie pas de rassurer, mais de les mettre à l'aise et de montrer que je ne viens pas pour les embêter, bien au contraire (Thierry, sénateur).

Parfois l'attitude de l'Administration pénitentiaire manque de transparence et nécessite la conduite de visites non annoncées.

À T, au fur à mesure de mon passage, j'ai découvert après parce que ce sont les détenus qui me l'ont dit par écrit, que les gardiens de prison enlevaient toutes les paillasses là où il y avait 2 ou 3 détenus par cellule pour me montrer les cellules ou il y avait que 2 détenus au maximum. Bon ce petit jeu, bon ça peut exister, c'est pour ça que je fais le plus souvent des visites sans m'annoncer. Je tape à la porte et bon c'est un peu plus difficile pour eux d'organiser ma visite comme ils peuvent le faire quand c'est une visite officielle... (Thierry, sénateur).

L'anniversaire de ce droit de visite des parlementaires est, depuis quelques années, marqué par des opérations « Visitez les prisons » conduites en collaboration avec certaines associations comme l'OIP et l'Association des chrétiens contre la torture. Ainsi en 2003, 67 parlementaires ont visité 37 établissements. 39 parlementaires se sont rendus dans 29 établissements entre le 8 et 10 décembre 2005[100]. À ces opérations ponctuelles, s'ajoutent des visites individuelles. Durant les 6 premiers mois de l'année 2013, pas moins de trente parlementaires français se sont rendus dans onze établissements pénitentiaires sur l'ensemble du territoire national. Même s'il s'agit d'une faible proportion des 800 parlementaires français, ces opérations ont cependant une portée pratique et symbolique importante. La loi pénitentiaire de 2009 a étendu ce droit aux représentants du Parlement européen élus en France et un projet de loi, soutenu par des associations, envisage que les élus puissent être accompagnés par les médias.

D. Actions informelles et initiatives personnelles

Les liens des parlementaires avec les membres de la société civile, organisées ou non en associations, sont multiples et complexes. Ces liens prennent souvent vie dans les interactions informelles. Certains parlementaires sont, en effet, activement impliqués dans des associations régionales ou nationales sur des thématiques qui les touchent plus particulièrement telles que la réinsertion des détenus tandis que d'autres participent de façon moins

[100] Le Nouvel Observateur (11 décembre 2005).

formalisée aux activités d'associations œuvrant sur les thématiques du milieu carcéral. Indépendamment de soutien et de participation formels ou informels, les parlementaires qui s'impliquent le font parfois en combinant les opportunités offertes par leurs mandats et les objectifs partagés avec certaines ONG. En 2005, une collaboration entre associations et parlementaires a donné lieu aux premières journées parlementaires sur la prison conçues comme une occasion de promouvoir les changements nécessaires. Pour les parlementaires qui agissent au sein ou en partenariat avec les ONG, ces actions concertées en réseau sont, une fois la confiance établie, gage d'efficacité.

> On s'est testé mutuellement du point de vue de la sincérité, jusqu'où on était prêt à aller dans nos engagements respectifs et donc avec un souci de ne pas être instrumentalisé et moi de ne pas instrumentaliser telle ou telle association. Donc en veillant à chaque fois à rester bien dans le cadre de mon mandat de parlementaire et des objectifs que je me suis fixés, je travaille avec énormément d'associations, ce qui me permet d'être efficace à la fois du point de vue de l'information, de la connaissance des choses, mais aussi ensuite pour répercuter… parce que chacun prit isolément on se sent impuissant par rapport à tous les problèmes. Ça nous permet de porter le problème à un niveau médiatique qu'on n'arriverait pas à porter si on était tout seul, ça donne du crédit à notre activité, ça nous donne une autorité. Moi dans mon travail de politique et de parlementaire, je donne un prolongement dans leur activité, dans leur intervention jusque dans des lieux où ils n'ont pas la possibilité eux d'intervenir et finalement des lieux où se prennent les décisions politiques, notamment le Parlement. Donc ça contribue à réhabiliter la politique, quand j'interviens moi sur les lois, bien sûr qu'il y a le travail de mon groupe, de mon parti, mais je travaille avec des avocats, des magistrats, des éducateurs, des gens du mouvement associatif qui ont une expérience, qui ont une réflexion donc les amendements que je fais portent cette qualité-là avec un sérieux, une efficacité dans les arguments… Donc c'est au-delà de la question de la réhabilitation du politique, pour moi c'est une garantie dans la qualité du travail collectif. Je ne pourrais pas moi faire bien mon travail parlementaire si je ne faisais pas ce travail en réseau. Je n'aurais pas la même efficacité ni la même intelligence politique pour porter ce que je porte si ce n'était pas le fruit du travail de dizaine, de centaines de personnes derrière moi… On appelle ça la démocratie participative. Moi je suis convaincu que c'est l'avenir… Donc ça donne une plus grande efficacité (Sénateur).

E. L'impact des travaux parlementaires

a. Les commissions parlementaires et propositions de lois : les déceptions et luttes

Les rapports des commissions parlementaires ont été largement relayés par les médias français. Avant même la publication des rapports, le journal Libération se félicite du fait que la représentation nationale s'empare d'un débat dont elle a été exclue depuis 125 ans, les commissions d'enquête sont qualifiées de « chance pour la démocratie » (Libération, 15 février 2000). Le magazine L'Express publie des interviews avec les deux rapporteurs des commissions ; le député Floch (30 mars 2000a) s'exprime sur les alternatives à l'incarcération pour les délits mineurs et le sénateur Cabanel (30 mars 2000b) insiste sur la nécessité de faire rentrer le droit en prison et d'instaurer un contrôle extérieur. Le 26 juin 2000, un article du quotidien le Monde titre « les députés découvrent l'inhumanité du système carcéral français » et mentionne que les députés visitant souvent pour la première fois les prisons, sont revenus fortement ébranlés dans leurs convictions sur le système carcéral. L'article annonce en détail les grandes lignes du rapport. Le même quotidien consacre le 6 juillet 2000 une page entière aux deux rapports parlementaires en soulignant le constat accablant dressé. Le journal analyse les divergences des deux rapports quant aux solutions à apporter (grande loi ou mesures d'urgence), mais salue l'unanimité et l'absence de clivage politique du travail parlementaire.

Suite aux deux rapports des commissions d'enquêtes parlementaires, le gouvernement a, comme il l'avait annoncé, mis en place un groupe de travail de la Chancellerie, le Conseil d'orientation stratégique[101] ayant pour mission d'élaborer une loi pénitentiaire. Les parlementaires se sont vus, à leur grand regret, exclus de ce groupe de travail quoique consultés. Nous relevons que l'exclusion des parlementaires était, en effet, contraire aux déclarations faites par le Garde des sceaux devant le Sénat le 21 novembre 2000. Le quotidien Le Monde (27 février 2001) publie un article sur la formation du Conseil d'orientation stratégique et témoigne des frictions existantes parmi les parlementaires qui n'ont pas été conviés à participer. L'article mentionne que la Chancellerie avait prévu d'inviter les parlementaires, mais y a renoncé au motif qu'il était impossible de faire siéger tous les parlementaires qui s'occupent des prisons. Dans le même article, le député Floch réagit en affirmant : « la vraie raison, c'est que le ministère préfère travailler en circuit fermé. Les parlementaires sont plus perçus comme des gênants que des aidants ». La députée Boutin qualifie, elle, la création de ce Conseil « d'enterrement de première classe ». Les parlementaires insistent sur le fait que le Conseil devra coordonner ses travaux avec une mission parlementaire qui, selon le député Mamère, servira de « piqûre de rappel ». En effet, en réaction, la Commission des lois de l'Assemblée nationale décide alors, le 27 mars 2001 de disposer d'une instance de réflexion participant à l'élaboration du projet de loi en créant une mission d'information sur le suivi de la commission d'enquête. Les conclusions de cette mission de suivi, analysées

[101] Nous relevons entre autres dans la composition du COS la présence de Canivet, Zakine (ancien président du CPT), six magistrats et le président de la Ligue des Droits de l'Homme (LDH).

par la Commission des lois le 27 juin 2001 illustrent, en fait, l'absence d'actions entreprises depuis les résultats de la commission d'enquête.

Le conseil d'orientation stratégique dévoile les grandes lignes et finalement l'avant-projet de loi en juin 2001 et propose une nouvelle version modifiée en réponse aux réactions du personnel pénitentiaire en novembre 2001. Le texte de loi sera finalisé en janvier 2002, mais ne sera pas adopté avant l'échéance des élections présidentielles d'avril 2002. Durant cette même période (juillet 2000 à avril 2002), les parlementaires ont, en vain, tenté de faire adopter des lois par les diverses propositions de loi que nous avons déjà recensées dans la section précédente. La déception devant l'absence de concrétisation des fruits des commissions d'enquête était très présente chez les parlementaires que nous avons rencontrés à l'époque et ce quelque que soit leur appartenance politique.

> … un travail de réflexion qui a permis à l'AN et au Sénat d'arriver sur des positions identiques du point de vue de l'analyse, du point de vue de l'état des lieux et d'arriver sur des propositions ou identiques ou très complémentaires et qui auraient dû permettre de déboucher sur une grande loi pénitentiaire qui devait venir et qui hélas n'est jamais venu en débat. On a eu l'avant-projet, il était intéressant, mais il n'est jamais venu… mon sentiment est de regrets et de colère par rapport à la période en 2001 où on aurait dû légiférer, où il y avait toutes les conditions qui étaient réglées puisque le Parlement était d'accord, l'opinion publique était d'accord, le projet de loi était prêt.

Les raisons invoquées sont essentiellement d'ordre politique. Les parlementaires reconnaissent que l'approche des élections a rendu le projet de réforme des prisons moins populaire et beaucoup moins rentable électoralement.

> Pas plus de suites au rapport, bon d'abord parce que les conditions politiques ont changé… C'est pas payant la prison au niveau électoral, ce n'est pas payant, mais ça intéresse des gens, moi je vois dans ma circonscription, ça ne m'a pas enlevé une voix, ça m'a peut-être pas apporté non plus, mais si vous faites que des choses qui rapportent des voix, alors là vous êtes un mauvais parlementaire (N, député)

Le contexte électoral était défavorable à la réforme du système pénitentiaire en raison notamment du contexte de lutte contre le terrorisme et du sentiment d'insécurité qui caractérisent la fin de l'année 2001 et le début 2002. Les parlementaires rencontrés reconnaissent l'existence d'un virage sécuritaire et répressif qui a imprégné la campagne électorale et défavorisé le projet de loi pénitentiaire. Selon les tendances politiques, les parlementaires sont plus ou moins critiques face à l'attitude des partis politiques sur ce sujet.

Un sénateur rencontré critique sévèrement l'attitude des partis politiques de gauche comme de droite dans leur lutte pour le monopole du thème de la sécurité de la campagne électorale.

> Tout le monde était convaincu que le gouvernement allait mettre le projet de loi et ce qui s'est passé, c'est septembre 2001 avec les attentats de New York. Vous allez me dire : quel lien ? Mais à partir de 2001, on était en 2e lecture au Sénat sur la loi Sécurité… et on a vu arriver toute une série d'amendements qui au nom de la lutte contre le terrorisme étaient essentiellement des amendements visant à s'attaquer à la petite délinquance… Donc on a été dans cette spirale-là parce qu'il y avait aussi l'élection présidentielle et le poids de l'extrême droite dans ce pays. On a eu une surenchère à droite et à gauche, où la gauche a voulu montrer que la sécurité étant un élément essentiel fondamental de la République.

Le fait que le gouvernement issu des élections de 2002 n'ait pas repris le projet de loi, pourtant issu d'un consensus, ne semble surprendre aucun des parlementaires rencontrés. Les parlementaires de l'opposition constatent avec regret l'écart entre les politiques mises en œuvre et les recommandations des commissions d'enquête et ceux de la nouvelle majorité qualifient cet état de fait de réajustement de politique qui répond notamment aux préoccupations des citoyens.

> Le changement de gouvernement et de majorité en 2002 a eu pour effet de recadrer un peu l'action de l'État sur ses missions régaliennes, la sécurité, l'armée et la justice. On voit bien que la prison, et c'est peut-être le fond du dossier, n'est pas une préoccupation dans les démocraties. Pourquoi ? Parce qu'il implique qu'il y ait des moyens financiers alors que la préoccupation première de nos concitoyens, c'est d'avoir plus de crèches, plus de routes, plus d'infirmières, plus d'écoles et donc les prisonniers sont en général… mal traités.

Nous identifions un autre sursaut de l'activité parlementaire en vue de poursuivre le travail des commissions d'enquête dans les propositions de résolution Zimmermann (AN1706) et Masson (S397) déposées respectivement devant l'Assemblée nationale et le Sénat en 2004. Le 28 juin et 1er juillet 2004, soit quelques jours après le début de l'opération « Visitez les prisons », sont, en effet, enregistrés à la présidence de l'AN et du Sénat, deux propositions de résolution tendant à la création d'une commission d'enquête sur la situation dans les prisons et ses perspectives d'évolution. Ces deux propositions, qui ne diffèrent qu'à quelques virgules près, demandent la création d'une commission examinant : l'évolution des conditions de détention depuis les rapports des commissions d'enquête de 2000 ; la gestion des flux pénitentiaires dans une logique de réduction de la surpopulation tant par les alternatives à la prison que par la construction de nouveaux établissements ; ainsi que les mesures pour améliorer les conditions de travail, de sécurité et de formation du personnel en tenant compte de l'objectif de surveillance et de réinsertion sociale. L'exposé des motifs de ces propositions souligne, en effet, la dégradation de la situation depuis 2000, en s'appuyant sur le rapport de l'OIP et les chiffres records de personnes incarcérées. Ces propositions de résolution ne seront pas adoptées par le Parlement.

Il faudra attendre 2009 pour que soit adoptée une nouvelle loi pénitentiaire qui garantit aux détenus l'usage de certains droits notamment la domiciliation, le maintien des liens familiaux, le droit au travail et à la formation. Cette loi, inspirée des travaux parlementaires, prévoit également le développement d'alternatives à la détention provisoire et des aménagements de peine pour diminuer le surpeuplement des prisons et une meilleure distinction des régimes de détention en fonction de la personnalité des prisonniers.

Le rôle des parlementaires ne s'achève pas pour autant une fois la loi promulguée comme l'illustre le rejet du budget de l'Administration pénitentiaire par le Sénat au moment de projet de loi de finances de 2012. Les sénateurs ont en effet jugé que les orientations de ce budget ne traduisaient pas celles de la loi de 2009. Le contrôle parlementaire se réalise également par des initiatives telles que celle de la commission des lois et la commission sénatoriale pour l'application des lois qui a entrepris de contrôler les conditions de la mise en œuvre de la loi de 2009. Au moyen d'entretiens et déplacements, les corapporteurs dressent dans leur rapport d'information du 4 juillet 2012 un bilan sévère de l'application de la loi. Deux ans après sa mise en vigueur, ils constatent que si la loi a bien fixé pour la première fois un cadre de référence autour de l'objectif de réinsertion et de la reconnaissance de la dignité et la responsabilisation, son application se heurte encore à de nombreux obstacles, notamment les retards des décrets d'application, l'insuffisance de moyens et l'augmentation du nombre des personnes détenues (Sénat 2012). Malgré leurs déceptions, les parlementaires poursuivent donc leur travail comme le démontre encore le récent rapport d'information de la commission des lois de l'Assemblée nationale sur les moyens de lutte contre la surpopulation carcérale (AN, 2013).

b. Les visites des prisons : un impact nécessairement médiatique

Les visites des parlementaires dans les prisons ne donnent pas toujours lieu à des documents officiels ou des références écrites. Indépendamment d'interventions informelles sur place ou d'enrichissement de l'expérience des parlementaires qui les réalisent, les visites auraient peu d'impact direct sans la couverture médiatique dont elles font parfois l'objet. En 2004, les médias ont couvert intensivement les visites des parlementaires dans les prisons. La réaction méprisante du ministre de la Justice de l'époque au rapport du CPT diffusé début 2004 a notamment incité deux sénateurs à organiser avec l'OIP deux visites d'établissements devant lesquels les journalistes attendaient leurs réactions. Ces visites ont donné lieu à des articles dans la presse régionale et nationale[102].

La campagne « Visitez les prisons ! », lancée à l'initiative d'un groupe d'ONG (dont l'OIP et l'ACAT) en juin 2004 avait clairement pour objectif la sensibilisation des parlementaires et du public au moyen d'actions concentrées dans le temps et intensivement couvertes par les médias. Durant une semaine entière[103], le quotidien Libération a consacré à cette campagne une colonne intitulée « Élus au parloir » qui reprend les témoignages de parlementaires, tous partis confondus. Le quotidien dresse, dans son édition du 23 juin, un bilan ferme de ces témoignages qui condamnent sans appel l'état des prisons françaises. L'article cite les rapports du CPT et de la CNCDH et mentionne l'initiative Zimmerman et Masson d'une nouvelle commission d'enquête. Le quotidien le Monde a également relayé les visites des parlementaires durant la campagne 2004. Le journal constate que les parlementaires reviennent constater la dégradation des prisons dans une campagne analysée comme la première action militante des parlementaires depuis les commissions d'enquête (18 juin 2004). L'article du 25 juin 2004 constate que la réaction des parlementaires en visite est de proposer une nouvelle commission d'enquête ou relancer la proposition de loi adoptée par Sénat 26 avril 2001. Selon le journal, la démarche des parlementaires apparaît comme une alternative à la politique du tout immobilier de Perben.

Il convient donc de relever que les actions des parlementaires, notamment les visites, sont souvent relayées de façon conséquente par les médias. Il semble que bien souvent les parlementaires recherchent cette attention médiatique pour augmenter leur impact.

> C'est un travail où on éclaire sur une situation, où on la dénonce. Et effectivement le meilleur moyen et moi je m'en prive pas, c'est de parler aux journalistes qui à partir de là peuvent faire des articles et dès qu'il y a des articles, la Chancellerie commence à téléphoner au directeur, le directeur téléphone au gardien-chef qui appelle ses gardiens et à partir de là y a des choses qui bougent (T, sénateur).

Il est, cependant, important pour les parlementaires rencontrés de se défendre contre d'éventuelles accusations de récupération de cette attention médiatique pour leur propre carrière. Pour eux, le faible rendement électoral de leur implication en prison vient justement prouver qu'ils n'agissent pas pour augmenter leur notoriété. À ce propos, Thierry, sénateur, souligne : « je ne viens pas non plus pour essayer de trouver une notoriété à travers quelques éclairages médiatiques où j'essaierais de me servir de la prison comme un

[102] Libération (22 février 2004), Le canard enchaîné (3 mars 2004, entre autres
[103] Libération (du 16 au 23 juin 200).

support promotionnel, d'autant qu'électoralement ce n'est pas le secteur le plus rentable ».

c. Limites et étendue des pouvoirs des parlementaires

Si les commissions et propositions ont davantage contribué au débat sur l'état des prisons qu'à la concrétisation d'une loi pénitentiaire, les parlementaires rencontrés ne semblent pas se sentir limités dans leurs actions. Les initiatives personnelles, les contacts plus ou moins formels, les visites, les questions au gouvernement et les saisies d'instances sont autant d'outils au service des parlementaires. Le témoignage de Thierry, sénateur, illustre les multiples possibilités d'action dont dispose un parlementaire.

> Moi je n'ai aucune limite, je réponds régulièrement à toutes les sollicitations, je prends des initiatives personnelles. Par exemple les inondations et la centrale Y qui a été obligée d'être évacuée, bon personne ne m'a rien demandé, j'étais en rapport avec les familles de détenus... Donc qu'est-ce que j'ai fait derrière ? Comme chaque fois, j'ai interrogé avec une question écrite le gouvernement, j'ai profité du débat parlementaire pour interroger directement le gouvernement, dénoncer cette situation-là et demander au gouvernement ce qu'il comptait faire puis je suis allé sur place à S pour me rendre compte personnellement de cette situation et discuter avec des détenus... Donc, j'essaye comme ça de faire en sorte que mes visites ne soient pas simplement un témoignage, mais quelque chose d'utile et si possible que ça puisse permettre même si le bougé est infime, que ça puisse permettre quelque chose. Et dans l'ensemble, chaque fois que j'ai l'occasion de faire ce travail, y a toujours quand même un résultat. Soit ça sensibilise à travers l'opinion publique, soit de manière intérieure, je reçois des lettres de détenus qui me disent « après votre passage, voilà comment ça s'est passé ». Même des détenus que je n'avais pas eu l'occasion de rencontrer, mais comme le téléphone marche très bien à l'intérieur, donc des détenus au courant me remercient de ma visite et en même temps me disant « grâce à vous, y a eu telle amélioration sur tel aspect ». Alors, ce n'est jamais des questions essentielles, mais bon, même si ça améliore leur ordinaire ou ça permet d'avoir une douche de plus dans la semaine, pour eux c'est important et ma visite elle n'a pas été inutile non plus.

Les parlementaires tentent de renforcer l'impact de leurs actions en se regroupant de façon plus ou moins formelle. Depuis 2004, des rencontres parlementaires sur les prisons sont organisées pour sensibilisation des acteurs concernés (personnels de l'administration pénitentiaire, juges, représentants d'associations, aumôniers de prisons...). Un groupe d'études sur les prisons a même été créé à l'Assemblée nationale.

Les moyens d'action existent, donc, pour que les parlementaires exercent un véritable contrôle sur les établissements de détention français. Il est cependant important de mentionner qu'assez peu de parlementaires utilisent leurs pouvoirs pour intervenir sur le milieu carcéral. Comme le reconnaissent eux même, les parlementaires rencontrés, ils constituent une minorité de sénateurs et de députés impliqués. Les parlementaires qui déposent des propositions de loi ou de résolution, qui visitent les prisons et dénoncent les conditions de détention sont souvent les mêmes. Dans le cadre de cette étude, il semble évident que les parlementaires que nous avons rencontrés sont justement ceux qui sont le plus impliqués en raison d'une part, des choix faits lors de l'échantillonnage et d'autre part de leur acceptation de nous accorder une entrevue. Nous concluons qui si les parlementaires ont le plus souvent la volonté et les moyens d'œuvrer comme mécanisme de contrôle des prisons, une faible proportion d'entre eux agit concrètement en ce sens. Le plus souvent, les parlementaires invoquent le contexte sécuritaire, les contraintes budgétaires, les échéances électorales et les luttes partisanes pour justifier l'immobilisme qui caractérise l'état des prisons françaises. Pour sa part, Normand, député, renvoie ses collègues parlementaires devant les responsabilités que leur mandat leur confère.

> Les parlementaires peuvent et doivent être maîtres d'œuvre sur le problème de la sanction dont la prison fait évidemment partie éminente. C'est eux qui sont maîtres du Code pénal et du Code de Procédure pénale… c'est eux qui votent aussi les budgets de l'AP, les budgets de la justice… Et c'est vrai aussi que les parlementaires ont là un rôle éminent à jouer dans ce domaine particulier… Mais c'est vraiment le parlementaire qui est le maître d'œuvre d'une réforme ou d'une non-réforme et derrière ça évidemment c'est lui qui décidera des moyens humains, financiers, économiques ; qui devra avoir une réflexion sur l'échelle des peines, sur la nature de la peine et sur le contrôle, le contrôle de l'application de la loi par le juge par exemple(…)Donc là aussi, le rôle du parlementaire, du législateur est éminemment important, ce n'est pas un rôle annexe, c'est lui qui en est responsable. Moi je dis aujourd'hui que c'est les parlementaires qui sont responsables de la situation dans les prisons… C'est le législateur qui a voté tel ou tel texte qui a permis au pouvoir exécutif de faire ce qu'il fait aujourd'hui. Donc qu'on n'aille pas dire c'est l'administration, non non, non, non, c'est le législateur qui assume la pleine et entière responsabilité. Il assume ou il n'assume pas, mais qui est responsable de ça.

2. Le contrôle des parlementaires canadiens

Le législateur canadien se voit, de par son mandat, assigner une mission de contrôle des établissements de détention. Ce contrôle peut s'exercer au moyen de sous-comités ponctuels ou de droit de visite permanent.

A. Le sous-comité MacGuigan (1977)

Durant les dernières décennies, le plus célèbre comité parlementaire sur les prisons canadiennes est le *sous-comité sur le régime d'institutions pénitentiaires au Canada* présidé par l'honorable MacGuigan en 1977. La constitution de ce comité fait suite à une période mouvementée de soulèvements et d'émeutes dans les pénitenciers canadiens. Le gouvernement donne alors mandat au *Comité permanent de la justice et des questions juridiques de la Chambre des communes* d'enquêter sur l'état des pénitenciers canadiens. Le mandat impliquait d'enquêter notamment sur le régime des institutions à sécurité maximale et sur toute question qui relève de l'administration de ces institutions.

Le sous-comité MacGuigan (1977) était composé d'un président, un vice-président, 11 membres et 15 personnels et un greffier. Il a visité 24 institutions, dont sept aux États-Unis. 72 audiences officielles ont été menées et 407 témoins ont été entendus. Les parlementaires et les membres du personnel du sous-comité ont interrogé individuellement des détenus, des gardiens, des médecins, des agents de classement, des psychiatres, des épouses d'agents et des citoyens intéressés. Plus de 2000 détenus et membres du personnel ont été interrogés. Finalement, de nombreuses lettres et mémoires ont été adressées au sous-comité par des particuliers ou des organismes tels que les Comités consultatifs de citoyen ou les sociétés Elisabeth Fry et John Howard

Le travail du sous-comité MacGuigan (1977) donna lieu à un rapport public déposé à la Chambre des Communes. Le sous-comité constate que le Service canadien des pénitenciers est en pleine crise et insiste sur la pertinence de la mise en œuvre des recommandations formulées. Le rapport contient 65 recommandations tantôt très spécifiques, tantôt générales sur des aspects aussi variés que l'habillement des détenus, la qualification et formation du personnel, l'organisation du système, la justice au sein des établissements, etc. Il recommande entre autres le respect de la règle de droit en prison, l'abandon de l'arbitraire et l'établissement d'une procédure disciplinaire équitable. Le sous-comité mentionne également la nécessité de favoriser le recours aux solutions de rechange à l'incarcération ainsi que la socialisation des détenus. Sur ce dernier point, le sous-comité préconise la mise en place de comités consultatifs de citoyens dans tous les établissements.

Dans sa réponse au rapport du sous-comité, le Solliciteur général (1977) approuve la plupart des recommandations formulées. Sur leur application concrète, le ministre mentionne les discussions, études ou améliorations en cours et il soulève parfois des limites de nature structurelles ou financières. Pour certaines recommandations simples (port du badge), le Solliciteur adopte la solution proposée et annonce son délai de mise en œuvre. Pour d'autres, la prise de décision impliquant des changements fondamentaux est reportée à l'analyse de rapports ou de négociations en cours.

De nombreuses recommandations du comité MacGuigan ont été, en effet, suivies et mises en œuvre. Le rapport Carson (1984), que nous approfondirons plus loin, dresse, sept ans plus tard, la mise à jour des suites données aux recommandations du sous-comité MacGuigan. En 1984, des soixante-cinq recommandations formulées, trente-cinq avaient été mises en œuvre intégralement (Carson, 1984). Douze ont été mise en œuvre avec des réserves ou modifications, neuf doivent l'être à long terme et sept ont été rejetées. Concernant le respect de la règle de droit, sept des dix recommandations ont été mises en œuvre notamment le maintien de l'Enquêteur correctionnel, la création d'une procédure de règlement des griefs des détenus et l'instauration de comités consultatifs de citoyens.

Ce rapport est fréquemment cité et semble avoir eu un impact important sur le système carcéral au Canada. Mentionnons toutefois que, perçus par certains comme un événement avant tout politique qui concrétise l'activité des politiciens en réaction à une situation de crise, les travaux du sous-comité sont analysés par Dandurand (1977) comme une tentative de contrer la politisation des détenus et des gardiens et redonner le pouvoir sur les prisons aux parlementaires.

B. Le sous-comité Devilliers (2000)

Près de 20 ans plus tard, en 1999, le *Comité permanent de la justice et des droits de la personne de la Chambre des communes* institue sous la présidence du député De Villiers un sous-comité chargé de faire un examen approfondi des dispositions et de l'application de la *Loi sur le système correctionnel et la mise en liberté sous condition* de 1992. Le Parlement avait, en effet, prévu dans la loi elle-même un examen de son fonctionnement après un délai d'application de cinq ans. Ce sous-comité avait un mandat large d'examen de la loi et d'évaluation du travail de l'Enquêteur Correctionnel.

Le sous-comité De Villiers (2000) a mené son examen en tenant des audiences publiques au Parlement et dans certaines villes canadiennes. Il s'est également rendu dans 17 établissements correctionnels de divers niveaux, diverses régions et assisté à des audiences de libération conditionnelle. Lors des visites, il a entendu à huis clos des équipes de gestion, des agents de correction, des agents de libération conditionnelle, des détenus, des membres des comités consultatifs de citoyens ainsi que des représentants de l'Office des droits des détenus, de l'Association des services de réhabilitation sociale du Québec, de diverses sociétés John Howard et Elisabeth Fry, du bureau de l'Enquêteur correctionnel. Le comité a également procédé à l'examen de mémoires envoyés par diverses personnes ou organismes intéressés notamment ceux précédemment mentionnés.

Le rapport du sous-comité De Villiers déposé au Parlement en mai 2000 contient de nombreuses recommandations (53). De l'amélioration des programmes communautaires pour les délinquants en liberté sous condition à l'arbitrage des décisions d'isolement préventif en passant par les droits reconnus aux victimes ; les recommandations du comité abordent divers aspects de la loi. Cinq recommandations concernent le bureau de l'Enquêteur Correctionnel : le dépôt de son rapport au Parlement, l'étude automatique de celui-ci par un comité permanent de la Chambre des Communes, l'enquête systématique des cas de décès et blessures graves et l'augmentation du budget nécessaire à ses ressources humaines et matérielles. Le sous-comité recommande également que soit incluse dans la loi la constitution de comités de citoyens ainsi que leur rôle de conseillers, observateurs indépendants et agents de liaison.

Dans l'ensemble, le rapport de ce sous-comité a eu relativement peu d'impact puisque la loi n'a pas subi de modification substantielle. Le rapport soulignait que le travail du sous-comité ne devait pas marquer la fin du rôle du Parlement, mais bien le début. Le comité recommandait notamment que soit procédé à un examen exhaustif de la loi dans 5 ans pour évaluer pleinement l'évolution du système et les mesures prises pour mettre en œuvre les conclusions et recommandations du rapport. Ce délai étant désormais largement expiré, il conviendra de voir si un tel examen sera entrepris par le Parlement canadien.

C. Les visites des établissements

L'historique de l'évolution des pénitenciers fait par la CNLC mentionne l'implication d'Agnès MacPhail, première femme à se faire élire député à la Chambre des communes en 1922. En s'impliquant sur le régime carcéral, MacPhail suscita, à l'époque, étonnement et réprobation notamment dans la presse[104]. En 1935, elle se présenta à l'improviste au pénitencier de Kingston en affirmant qu'elle avait le droit, en tant que députée, de visiter l'établissement.

Si MacPhail était, sans nul doute, une pionnière, les parlementaires, tous comme les juges, disposent officiellement, depuis 1992, d'un droit de visite des établissements de détention inscrit dans la *Loi sur le système correctionnel et la mise en liberté sous condition* (art 72). Le droit de visite des parlementaires ne peut être interdit ou suspendu que dans les limites raisonnables fixées par le règlement pour assurer la sécurité (art 72 de la loi).

[104] Historique de la Commission nationale de Libération Conditionnelle : www.npb-cnlc.gc.ca.

Le directeur d'un pénitencier peut interférer à ce droit uniquement en cas de risques de compromettre la sécurité qui ne peuvent être enrayés par des restrictions. Les parlementaires ont donc un droit d'accès et de contrôle large et sans limites territoriales, mais ces contrôles sont, en pratique, occasionnels et rattachés à des circonstances telles que la création d'un comité ou des événements exceptionnels.

> J'ai eu ma 1re expérience avec le milieu carcéral en tant que député… J'ai été amené à m'intéresser au sujet… dans le cadre d'une étude d'un sous-comité du comité de la justice qui nous a amenés à faire le tour du Canada et de différentes institutions carcérales des Maritimes à la Colombie-Britannique avec rencontres avec des prisonniers, des avocats, des différents intervenants… ce qui m'a frappé c'est la dichotomie entre ce qui est véhiculé dans le langage populaire et la situation réelle du milieu carcéral (Antoine, député fédéral).

Comme en témoigne Howard, ancien député provincial, les parlementaires au niveau provincial ont, également, un droit de visite identique :

> Certainly I have never been refused access to any federal or provincial institutions in any of my capacities. I have never been told « no, you can't go in ». There is always security concern and times when it is difficult to access. But as a ministry of legislative assembly, certainly I tour many, many facilities.

Dans les faits, peu de députés visitent les institutions fédérales et provinciales. Ce sujet, n'est pas vraiment d'actualité, comme le mentionne Antoine, député.

> Théoriquement les députés fédéraux ont leur mot à dire au point de vue législatif et un rôle d'avertissement ou de remise – pour ceux qui sont intéressés – dans le discours politique et du débat politique de la dureté ou du manque de sévérité des peines… Une fois que la personne est derrière les barreaux, entre le moment où elle entre et où elle sort, il y a comme un trou noir que députés s'intéressent à peu près pas.

II. Le contrôle politico-administratif et judiciaire

1. Les contrôles politico-administratifs et judiciaires en France

A. La commission Canivet : un travail ponctuel d'envergure

En juillet 1999, le Garde des Sceaux annonça la création d'un groupe de travail chargé de dresser les pistes d'amélioration pour le contrôle extérieur des établissements pénitentiaires. La présidence de cette commission fut assignée à un haut magistrat, Guy Canivet, premier président de la Cour de cassation. Parmi les membres de cette commission, sont présents les secrétaires généraux des divers syndicats pénitentiaires, deux avocats, un procureur, un député, un sénateur (Cabanel), un professeur d'université, un aumônier, un président de section du Conseil d'État et, plus surprenant, le président de France Télécom.

Cette commission avait pour mandat de répondre à diverses interrogations du Garde des Sceaux parmi lesquelles : comment accroître l'efficacité du contrôle des établissements pénitentiaires par l'autorité judiciaire ? Comment assurer l'instruction et la réponse aux requêtes individuelles des personnes détenues ainsi que le contrôle général des conditions de détention ? Quelle doit-être la répartition des rôles entre les différentes instances de contrôles ? (Canivet, 2000).

Après un an de travail de documentation et d'audition, la commission Canivet remit en 2000 un rapport approfondi au Garde des Sceaux. Avec 263 pages auxquelles s'ajoutent 339 pages d'annexes, ce rapport représente le travail le plus complet jamais réalisé sur le contrôle extérieur des établissements pénitentiaires. Le rapport dresse, en effet, un état des lieux exhaustif des divers mécanismes de contrôles existants. La commission insiste cependant sur le fait qu'« un contrôle extérieur aussi perfectionné soit-il ne peut pallier les carences du droit, ni celle de son application » (Canivet, 2000, p.18). C'est pourquoi le rapport de la commission consacre des développements importants à l'étude du droit de la prison « encore inachevé » et de son application « perfectible ». La commission relève ainsi les défaillances et insuffisances de la législation et des mécanismes de contrôles actuellement en place[105] tout en se tournant aux contributions et incitations venues de l'étranger dont notamment du Canada. Finalement, la commission Canivet achève son rapport par des propositions concrètes pour une amélioration du contrôle extérieur. Le rapport énonce ainsi des conditions préalables au contrôle telles que la réforme du droit pénitentiaire, la juridictionnalisation des décisions des juges de l'application des peines, l'accès des détenus au droit et la responsabilisation accrue des directeurs d'établissements. Selon la commission, seulement lorsqu'un cadre de référence sera aménagé, un contrôle efficace pourra être instauré. Le rapport propose, alors, de répartir le contrôle extérieur entre trois organes.

Un contrôleur général des prisons indépendant aurait notamment pour compétence le contrôle des conditions générales de détention, de l'état des prisons, de l'application du statut de détenu et de l'exécution des politiques

[105] Nous ne détaillerons pas ici les conclusions de la commission Canivet sur chacun des mécanismes de contrôle puisque nous avons dans les diverses sections de cette thèse fait régulièrement référence à l'analyse de cette commission.

pénitentiaires. Assisté d'un corps de contrôleurs, il serait détenteur de pouvoirs permanents de visite, d'audition, d'obtention de documents, de recommandation et de publication de rapports.

Des médiateurs des prisons indépendants auraient pour compétence la gestion et la médiation des requêtes des détenus concernant les litiges avec l'administration pénitentiaire. Ils disposeraient pour l'instruction des requêtes de pouvoirs de visites, d'auditions et d'obtention de document.

Finalement des délégués du médiateur des prisons, citoyens bénévoles, seraient assignés à chaque établissement. Ayant pour mission d'observer les conditions de détention, ces délégués permettraient ainsi une ouverture du milieu carcéral vers plus de transparence en permettant au public de s'intéresser à la prison. Ils disposeraient pour cela de droit de visite, d'auditions, de transmission des requêtes des détenus et de saisine du directeur régional ou du ministre de la Justice.

La commission Canivet propose, de plus, une structure et un fonctionnement détaillé de ces trois organes dont les relations sont également prévues. Comme nous le voyons dans de nombreuses sections de cet ouvrage, les divers projets de contrôle extérieurs émanant des parlementaires, des magistrats ou des ONG, se réfèrent très souvent aux propositions de la commission Canivet.

B. Des commissions de surveillance aux conseils d'évaluation : un mécanisme en quête de crédibilité

En France, des commissions de surveillance[106] ont été instituées en 1972 auprès de chaque établissement pénitentiaire. Présidée par le préfet ou sous-préfet, chaque commission était composée de 21 membres extérieurs à l'Administration pénitentiaire. Dans chaque commission, des membres de droit étaient désignés en raison de leurs fonctions administratives ou judiciaires. On y retrouvait des membres de la magistrature notamment le président du tribunal, le procureur de la République, le juge d'application des peines et éventuellement le juge des enfants. Étaient également membres de droit le maire de la commune, le bâtonnier de l'ordre des avocats, l'inspecteur d'Académie, le commandant de la gendarmerie et les présidents de la chambre de commerce et de la chambre des métiers. Un membre du conseil régional ainsi que les directeurs départementaux des affaires sanitaires et sociales, de la protection judiciaire de la jeunesse, de la sécurité publique, de la jeunesse et des sports, du travail et de la main d'œuvre complétaient la liste des membres de droit. Finalement un représentant des œuvres d'assistance aux détenus et

[106] Les commissions de surveillance sont régies par l'article 727 et l'article D180 du Code de Procédure pénale.

trois à six personnes appartenant à des œuvres sociales ou choisies pour leur intérêt aux questions carcérales venaient s'ajouter à la commission de surveillance.

Les commissions de surveillance avaient pour mission de contrôler, entre autres, la sécurité, la salubrité, les soins, le travail, le régime disciplinaire, l'enseignement, la réinsertion sociale et l'inobservation des règlements. En se réunissant annuellement dans l'établissement, chaque commission procédait à l'audition du directeur, la visite des installations et éventuellement l'audition de toute personne susceptible de lui apporter des informations. Elle pouvait, si elle l'estime utile, communiquer au ministère de la Justice des observations, critiques ou suggestions.

Une souvent faite à ces commissions de surveillance concernait leur manque d'autorité, car elles ne pouvaient exiger qu'une solution soit apportée aux problèmes qu'elles dénoncent (Cligman, Gratiot et Hanoteau, 2001). Nonobstant, cette absence de pouvoir exécutoire n'était pas la critique principale formulée envers les commissions. Les documents analysés et les entrevues réalisées portent, en général, un jugement négatif sur le fonctionnement réel des commissions de surveillance. Leur pratique montrait, en fait, un contrôle réduit à sa plus simple expression. La commission Canivet (2000), les commissions d'enquêtes parlementaires (Floch, 2000 et Cabanel, 2000) ainsi que diverses associations dénoncent le fait que les établissements étaient rarement visités, le minimum prévu d'une visite annuelle n'était pas toujours respecté et les détenus souvent non informés de cette visite. Le rapport demandé par le gouvernement au préfet Philippe Faure sur « les relations des préfets avec les services de l'Administration pénitentiaire et les établissements qui en dépendent » indique de plus que les membres n'utilisaient pas la possibilité d'entendre le personnel et les détenus (Faure, 1999).

Stern (1998) et Canivet (2000) dressent le constat qu'en France le contrôle annuel des commissions de surveillance locales était un contrôle purement formel et sans pouvoir et le rapport Cabanel (2000) parle de « rituel sans portée ». Un constat général de non-efficacité a été dressé par la commission Canivet (2000) qui souligne le caractère davantage honorifique qu'efficace de ces commissions qualifiées de « visites de château » au cours de laquelle le directeur montrait ce qu'il voulait au pas de course à des autorités qui envoyaient bien souvent leurs substituts à ce qui semblait être une corvée. Le caractère davantage officiel qu'efficace de ces commissions nous a, en effet, été confirmé par quelques-uns de leurs membres rencontrés en entrevue.

> La commission de surveillance, c'est une grosse machine annuelle qui ne sert pas à grand-chose sauf à donner de l'information. Chaque année, le préfet de la région préside une commission qui entend le rapport du directeur d'établissement sur la situation, bilan de l'année écoulée. Qu'est-ce qui s'est passé ? Quels sont les

problèmes ? Comment ça fonctionne ? Et c'est à cette occasion que les autorités locales peuvent demander des explications sur le fonctionnement et qu'ils font en même temps une visite de l'établissement pour voir comment ça marche, comment ça se passe. C'est une grande messe, vous avez 50 personnes dans une salle, on entend le rapport du directeur, le préfet fait de précisions etc. C'est une grande messe assez officielle ou se disent des choses très officielles sur l'État… en réalité il se passe rien d'autre que la prise de date pour d'autres réunions où on travaille vraiment. On travaille pas dans un truc comme ça, c'est très officiel (C, JAP).

Pour Philippe Maitre, chef de l'inspection des services pénitentiaire au moment des travaux des commissions parlementaires, l'explication de cette inefficacité réside dans la composition de la commission de surveillance. Il dénonce « cette addition de proximité qui stérilise la capacité de critique de fonctionnaires, de magistrats, de représentants d'organisations extérieures qui seront appelés à se revoir et qui continueront de travailler ensemble » (Cabanel, 2000).

Quelques soient les explications abordées, l'ensemble des écrits consultés et témoignages recueillis convergent donc pour conclure que ces commissions de surveillance, indépendamment de leur dénomination, n'exerçaient pas, dans leur fonctionnement pratique, de mission de contrôle des prisons françaises[107]. Qualifiée d'institution qui a fait « la preuve séculaire qu'elle ne marchait pas » (Cabanel, 2000, p329) ou encore « preuve de son inutilité (Floch, 2000, p.103), la commission de surveillance était perçue comme une institution à réformer ou abolir. Alors que le rapport Floch (2000) concluait à une nécessaire redéfinition de la mission de ces commissions, le rapport Cabanel (2000) allait plus loin et suggérait leur suppression dans certains cas ou tout au moins une recomposition qui ferait plus de place aux élus et aux représentants du secteur associatif. La commission Canivet (2000) proposait de remplacer les commissions de surveillance par une « conférence d'établissement » qui serait placée sous l'autorité d'un contrôleur général des prisons et réunirait toutes les administrations et les autorités judiciaires chargées du contrôle de l'établissement.

La loi pénitentiaire de 2009 viendra en effet réformer ces commissions rebaptisées « conseils d'évaluation ». Si le Code de procédure pénale est modifié en décembre 2010, c'est une circulaire du 23 janvier 2012 qui apporte plus de précision sur cette réforme. La composition du conseil d'évaluation diffère peu des commissions de surveillance ; la place des magistrats y est renforcée par l'ajout des présidents et procureurs des juridictions compétentes, le président du conseil régional (désormais impliqué dans les activités de formation professionnelle) y est nouvellement invité et les intervenants extérieurs ne sont plus limités en nombre, mais incluent un représentant des

[107] Voir notamment Libération (27 octobre 1999).

visiteurs de prison, des différents cultes religieux et de chaque association intervenant dans l'établissement. Cette ouverture vers l'extérieur se fait par contre au détriment d'associations impliquées, mais qui n'interviennent pas en détention tel que la Ligue des droits de l'homme, désormais exclue. Plus essentiel encore, certains critiquent une composition qui est encore plus lourde que ne l'étaient les commissions de surveillance.

> Il n'est pas sûr néanmoins que cette nouvelle instance, dont la composition est encore plus lourde que celle de la commission de surveillance – qui ne comprenait « que » vingt-quatre membres, joue un rôle efficace. Les interlocuteurs de vos corapporteurs se sont d'ailleurs montrés sceptiques sur l'organisation du conseil. À l'évidence, et contrairement au souhait du législateur, le pouvoir exécutif n'a pas tiré les enseignements de l'échec des commissions de surveillance en donnant à ces nouvelles structures une composition allégée qui leur permette d'exercer à la fois un rôle d'évaluation et de proposition (Rapport d'information du Sénat, 2012).

En ce qui concerne les attributions des nouveaux conseils, la substitution « d'évaluation » au terme « surveillance » indique bien le changement opéré. Le conseil est chargé non pas de contrôler, mais « d'évaluer les conditions de fonctionnement de l'établissement ». La circulaire du ministère indique que cette mission s'inscrit dans une perspective dynamique qui permet de proposer toutes mesures de nature à améliorer ces conditions de fonctionnement. On peut toutefois y relever un indice parmi d'autres d'une institutionnalisation des conseils par l'administration pénitentiaire qui assure désormais le secrétariat du conseil. Si l'article D. 236 du CPP prévoit la possibilité des membres du conseil d'être délégués pour visiter l'établissement aussi fréquemment que le conseil l'estime utile, la circulaire mentionne qu'il apparaît « opportun que le chef d'établissement convie régulièrement les membres du conseil d'évaluation à visiter son établissement ». Il semble donc que la réforme mise en place ne donne pas aux conseils les moyens pour se qualifier de contrôle extérieur indépendant de l'Administration pénitentiaire.

C. Les magistrats français : une mission de contrôle délaissée

Le chef de chaque établissement de détention a pour obligation d'informer de tout incident grave le préfet, le procureur de la République et le magistrat saisi du dossier du détenu concerné. De façon plus générale, le juge d'application des peines et le magistrat compétent doivent être informés régulièrement des mesures de suspension de l'emprisonnement individuel, de la mise à l'isolement, des sanctions disciplinaires ainsi que des effectifs et capacités d'accueil de l'établissement.

Le Code de procédure pénale prévoit également un pouvoir de visite des établissements pénitentiaires pour divers membres de la magistrature. Le juge d'application des peines doit ainsi visiter les établissements sous sa juridiction pour vérifier les conditions de détention et pour faire part de ses observations aux autorités compétentes. Les procureurs, le président de la chambre d'instruction pour les personnes en détention provisoire, le juge d'instruction et le juge pour enfants sont aussi dotés de ce droit de visite prévu aux articles D176 à D179 du CPP.

La pratique semble démontrer que les juges d'instruction sont, en fait, peu présents. Le rapport de la commission d'enquête de l'Assemblée nationale de 2000 constatait de façon unanime l'absence des juges d'instruction en détention (Cabanel, 2000, p.160). Un ancien juge d'instruction rencontré analyse sa propre expérience.

> Moi, je ne parle même pas de contrôle, je l'ai fait de manière assez ponctuelle lorsque j'étais juge d'instruction, je ne le vivais même pas comme un contrôle des conditions de détention. C'était pour moi une autre façon de rencontrer mon détenu, quelques détenus seulement, ceux que je connaissais et qui se trouvaient là, présents dans la maison d'arrêt à ce moment-là... Mais je le percevais beaucoup plus comme une sorte de poursuite d'une relation individuelle à une époque où le juge d'instruction était véritablement comptable, responsable de ses détenus, c'est lui qui les avait envoyés en prison et c'est lui qui les sortirait un jour... En tout état de cause, il ne s'agissait pas d'un contrôle.

Le rapport de la commission d'enquête du Sénat constate que les obligations de contrôle des magistrats sont peu ou pas remplies : les juges d'instruction sont, en effet, rarement présents et « même s'ils sont fortement présents dans les établissements, tous les juges de l'application des peines n'effectuent la visite mensuelle destinée à vérifier les conditions dans lesquelles les condamnés exécutent leur peine » (Cabanel, 2000, p.105). Dans les faits, les visites sont donc peu fréquentes et vite expédiées. Un témoignage recueilli illustre bien le déroulement et l'état d'esprit des visites des magistrats.

> Je le vis moi-même en tant que contrôleur, au titre de président de la chambre d'instruction et comme juge d'instruction, j'allais voir également, de temps en temps, des détenus, en réalité, on ne se préoccupe jamais de l'ensemble, c'est-à-dire qu'on ne se sent pas véritablement responsable de l'ensemble, parce qu'on se dit qu'il y en a d'autres mieux placés que nous. Le président de chambre d'instruction, qui devrait aller tous les trimestres, qui y va, dans le meilleur des cas une fois dans l'année, hein, visiter ces maisons d'arrêt, en réalité, c'est une visite purement formelle. On est reçu par le directeur. On fait une visite avec un sous-directeur ou un gradé, bon, en réalité, c'est ce qu'on appelle dans l'armée, un peu, la tournée des popotes. C'est-à-dire qu'on nous présente ce qui va bien, on justifie plus ou moins bien ce qui ne va pas trop bien, par exemple l'état de saleté repoussant d'une cour de promenade parce que les détenus – alors on peut dire que c'est de leur faute, évidemment – balancent par la fenêtre tous les détritus alimentaires... ça

s'entasse le long des fenêtres… Alors, quand c'est comme ça, le directeur, qui nous accompagne, dit : « Ah, c'est un problème, je n'ai pas les moyens, malheureusement etc. ». Mais on n'ira pas plus loin… On n'ira pas, le lendemain ou la semaine suivante, voir s'il a fait le ménage. On dira : « Tiens, c'est dommage, parce que dans telle autre maison d'arrêt c'était mieux tenu. ». Mais finalement, le président de chambre d'instruction que je suis, va faire un rapport au premier président, chef de la cour d'appel, d sur ce qu'il a vu… et puis ça va en rester là ! Mais… on ne va pas demander des comptes au directeur. On ne va pas transmettre au directeur régional, on ne va pas faire remonter notre rapport à la direction des maisons pénitentiaires à Paris. C'est dans une espèce de relation de courtoisie, les choses vont se régler avec le directeur. Et puis, sur le livre d'or de l'établissement, en partant, on dira que, ma foi, la visite est satisfaisante, la soupe est bonne, l'impression générale est excellente.

Des témoignages identiques ont conduit la commission Canivet (2000) à relever que le contenu de ce pouvoir de visite n'est nullement précisé et que les juges d'application des peines font face à un réel manque d'effectif et de pouvoirs nécessaires pour un réel contrôle.

Une chose essentielle à savoir, c'est que si les juges d'application des peines ont des pouvoirs en prison, ils n'ont de pouvoir que limités à l'aménagement des peines, point. Le reste ne les concerne pas, c'est administratif. Y a une dualité, un bicéphalisme très net, je n'ai rien à dire sur la vie en détention, rien ! Sauf si j'apprends qu'une infraction bien entendu a été commise en détention par un administratif, un surveillant, un détenu. Alors là comme tout agent de l'État, je suis tenu de la dévoiler au procureur, c'est tout… il y a des prérogatives qui sont nettement identifiées et nous nous n'intervenons que dans la vie quotidienne par avis, avis qui ne lient pas l'administration. Transferts, règlement intérieur par exemple, quand le règlement intérieur est fait le JAP émet son avis et puis le juge est avisé de toutes les sanctions disciplinaires, il est avisé des procédures de confinement, c'est-à-dire d'isolement, il est avisé donc il sait ce qui se passe obligatoirement, en terme de peines administratives, les cachots, les cellules disciplinaires et autres sanctions, il en est avisé.

Les juges d'instruction rencontrés affirment, cependant, disposer d'un certain pouvoir de type informel en raison des relations établies avec les détenus et la direction de l'établissement qu'ils contrôlent.

En pratique, bien entendu, j'ai mon mot à dire et s'il se passe des choses je peux le dire, c'est une question de relations, j'ai d'excellentes relations avec la direction, bien entendu. On se respecte, on s'estime mutuellement et si on peut faire un truc, un détenu qui me demande un changement de cellule, ce n'est pas à moi… je n'ai rien à dire là-dessus. Mais si je dis un mot au directeur avec qui j'ai des bons rapports, bon on va voir ce qu'on peut faire bien sûr… Alors ça peut se limiter à un signalement, mais… en tout cas il n'y a pas d'empiètement de compétence, mais c'est un contrôle, on peut dire informel oui qui peut déboucher sur des mesures de la part des autorités de la prison qui elles sont seules compétentes pour régler et réglementer toute la vie des détenus (Clément, juge d'application des peines).

Les quelques témoignages recueillis semblent indiquer que les magistrats ne sont cependant pas indifférents à l'état des prisons françaises. Les juges rencontrés semblent être bien conscients des problèmes du milieu carcéral, mais ils ne se sentent pas en mesure de pouvoir opérer ou initier un changement.

> Je sors de là malheureux, je dirais, mal à l'aise, en me disant que la situation n'est pas bonne, elle est même parfois franchement catastrophique, et que je n'y peux rien. Et que ce n'est pas cette visite qui va changer quoi que ce soit. Je n'ai aucune influence dans ce domaine, je le sais. Je le sais en entrant, je le sais encore davantage en sortant (Vincent, magistrat).

Ce défaitisme envers le système donne aux visites réalisées un état d'esprit de compréhension et de connivence avec les autorités carcérales. Le témoignage d'un magistrat rencontré évoque justement comment la compassion est davantage présente que l'esprit critique de contrôle.

> Et les contrôles qu'exercent les autres autorités judiciaires, le président de la chambre d'instruction, le procureur général, sont un peu des contrôles... je ne dirais pas de complaisance, ni de connivence, le mot serait encore plus fort, mais c'est la visite officielle, si vous voulez. L'autorité judiciaire, assez naturellement, c'est la même maison, c'est le même ministère, si vous voulez. On connaît les difficultés de la tâche des chefs d'établissements, des personnels, donc assez naturellement on est avec eux, si vous voulez. Si le directeur nous dit : « Ben voyez, l'état des cellules, ce bâtiment a été construit n'importe comment, il y a de l'humidité, etc. », on dira : « Monsieur le directeur, vous n'avez pas de chance ». On n'ira pas dire : « L'année prochaine ou dans 6 mois, je veux que ce soit impeccable ». Ce n'est pas du tout cet esprit-là qui est le nôtre. On va compatir aux difficultés du directeur. On se dira en sortant : « Mon Dieu, c'est pas drôle d'être un chef d'établissement dans un établissement pareil ». Ce n'est pas nous qui allons, de toute façon, modifier la situation ou faire muter le directeur... Donc, ce contrôle, j'en reviens toujours à ça, il est inefficace. C'est pas ça, un contrôle (Vincent, magistrat).

La compassion et le respect envers le travail des directeurs sont alimentés par le fait que si la magistrature et la pénitentiaire sont deux administrations différentes, elles appartiennent cependant au même ministère. Les directeurs ont une formation comparable à celle des magistrats, ils font les mêmes études de droit et ils appartiennent tous à l'appareil répressif. Il est, de plus, important de relever que les magistrats sont, en fait, les pourvoyeurs de l'administration pénitentiaire et seraient donc, comme le souligne l'un d'entre eux, malvenus de critiquer l'état de surpopulation des prisons françaises.

> On ne peut pas leur demander des performances à partir du moment où, nous-mêmes, fournisseurs, nous savons très bien qu'ils ne peuvent pas refuser nos clients. Donc, on aurait, ensuite, mauvaise grâce à leur dire : « Dites donc, ils sont bien serrés, là, dans la cellule ». Ce n'est pas moi, personnellement, mais c'est nous, juges, qui leur avons envoyé – les juges d'instruction, le tribunal correctionnel, le président de cour d'assises, enfin, bon, quel que soit le fournisseur – qui leur avons envoyé tous ces détenus-là. On aurait mauvaise grâce ensuite à dire : « Ce n'est pas terrible, les conditions de détention, chez vous. » On ne peut pas ! On ne peut pas ! C'est pour ça qu'on est là dans un système interne, un système où, dans le meilleur des cas, c'est une relation interne, un contrôle interne. C'est cette proximité qui caractérise toutes ces visites, tous ces contrôles, et je mets le mot entre guillemets, et qui fait qu'ils sont inefficaces.

L'inefficacité du rôle de contrôle accordé aux magistrats français relève donc davantage de la connaissance commune que d'un tabou que l'on cherche à dissimuler. Ce contrôle a, par ailleurs, fait l'objet d'investigation et de débat aussi bien institutionnel, scientifique, parlementaire que médiatique. Herzog Evans (1997) qualifie ce contrôle de « poudre aux yeux » puisque les juges ne sont pas des autorités de contrôle et n'ont pas de véritable pouvoir de contrôle. En 1999, un article du journal « Libération » (27 octobre 1999) titrait : « En prison, la justice rase les murs : Les magistrats n'exercent pas le rôle que leur donne la loi ». Pour sa part, le rapport de l'Assemblée nationale (Floch, 2000) concluait la critique de ce contrôle en énonçant qu'il fallait « mettre fin à l'indifférence des magistrats ». Cette commission proposait, en effet de redéfinir les pouvoirs des magistrats en donnant par exemple un pouvoir d'injonction au juge d'application des peines. De son côté, la commission Canivet (2000) proposait, elle, de préciser dans les textes les pouvoirs et les modalités de contrôles des magistrats et de charger les premiers présidents de cours d'appel et les procureurs généraux de vérifier la réalité et l'effectivité de ces contrôles. Les articles du CPP ont bien été modifiés en 2010, suite à l'adoption de la loi de 2009, mais les changements ne viennent pas renforcer ces obligations de visite et l'un relève même le minimum de visite (par mois ou par an selon le juge) a été retiré du code.

D. La défunte Commission nationale de déontologie de la sécurité (CNDS)

Crée en 2000, au moment où les parlementaires achèvent le travail des commissions d'enquête, la Commission nationale de déontologie de la sécurité (CNDS), autorité administrative indépendante, se composait de 14 membres :

le président de la République, deux sénateurs et deux députés nommés par le président de chaque assemblée, un conseiller d'État désigné par le président du Conseil d'État, un magistrat de la Cour de cassation désigné par le président de cette cour, un conseiller maître désigné par le président de la Cour des comptes et six personnalités désignées par les autres membres (un professeur d'université en médecine légale, une assistante sociale, un chercheur, un avocat, un commissaire honoraire et un responsable de programme contre les discriminations).

Cette commission était « chargée de veiller au respect de la déontologie par les personnes exerçant des activités de sécurité sur le territoire de la République » (art 1). Son domaine de compétence s'étendait donc aux autorités publiques (policiers, gendarmes, surveillants de prison…), aux services publics (agents de surveillance des transports en commun) et aux personnes privées (employés de gardiennage, surveillance, transports de fonds…). La déontologie, telle que conçue par la commission, « se définit étymologiquement comme la science des devoirs : à la charnière du droit et de la morale »[108]. Selon la commission, la déontologie régit le comportement professionnel, mais tend également à créer un état d'esprit. La brochure descriptive de la commission énonce clairement que les manquements à ce corps de règles n'ont pas nécessairement de qualification pénale.

Une fois saisie par un député ou sénateur, la commission pouvait procéder à des vérifications sur place (avec ou sans préavis), convoquer toute personne, se faire communiquer toute information et document utiles par les autorités publiques et les personnes privées concernées et également demander aux ministres de saisir les corps de contrôles appropriés. La commission pouvait ensuite communiquer au procureur de la République d'éventuelles infractions pénales, informer les autorités concernées d'éventuelles fautes disciplinaires et proposer au gouvernement des modifications de législation. La commission avait également le pouvoir d'adresser aux autorités publiques des avis et recommandations visant à remédier aux manquements constatés en fixant un délai de réponse. Si l'avis et la recommandation n'étaient pas suivis d'effet dans le délai fixé, la commission pouvait établir un rapport spécial publié au journal officiel. Finalement, la commission remettait annuellement un rapport d'activité au Président de la République et au Parlement ; ce rapport est rendu public.

L'analyse des rapports annuels nous permet de constater que la CNDS intervient et rencontre le Médiateur de la République et tient des réunions de travail des organismes tels que le CPT et la Croix Rouge (CNDS, 2003). En effet, la délégation du CPT a requis lors de sa visite de 2003 de rencontrer le président de la CNDS.

---

[108] Brochure CNDS.

Durant ces quelques années d'existence, la commission a vu son activité se développer considérablement dans l'ensemble de ses domaines de compétence et notamment le domaine carcéral. Si la Commission a été saisie à vingt reprises lors de sa première année d'exercice, elle a reçu, l'année suivante, une quarantaine de saisies parmi lesquelles six concernaient l'administration pénitentiaire (CNDS, 2003). En 2004, le nombre total de saisies atteignait 107, la plupart initiées par des députés et sénateurs socialistes ou communistes[109]. Dans le cas des saisines concernant l'Administration pénitentiaire, il arrivait assez fréquemment que les faits en question soient portés à l'attention d'un parlementaire par l'OIP ou par la Ligue des droits de l'homme. Les saisines de la commission touchaient parfois les actions directes du personnel : maintien d'entraves durant un accouchement[110], allégations de violences par un agent[111], violences sexuelles imputées à un surveillant stagiaire[112], exhibitionnisme et comportement obscène d'un surveillant[113], chantage ou menaces par un fonctionnaire[114], déroulement d'une fouille générale[115], intervention du Groupe d'Intervention de la Police nationale ou des Équipes régionales d'Intervention et de Sécurité (ERIS)[116]. À d'autres reprises, ce sont les inactions de l'administration pénitentiaire que questionnaient les saisines dans les cas de suicides de détenu[117], de décès[118] ou de sévices commis par un codétenu sans que le personnel intervienne[119].

Le plus souvent, la commission enquêtait sur les cas dont elle était saisie en réalisant des auditions des directeurs et des agents concernés, des détenus requérants ou témoins et parfois des familles des détenus[120] sur place ou dans les bureaux de la commission. La CNDS se faisait également régulièrement communiquer les règlements et circulaires pertinents ainsi que les dossiers des détenus ou les rapports d'incidents. Chaque dossier était traité par deux membres qui réalisaient un projet de visite et/ou de recommandation. L'enquête de la commission s'achevait le plus fréquemment en avis adressés au ministre de la Justice avec un délai, en général de deux à trois mois, pour y répondre. De façon synthétique, mentionnons qu'en 2003-2004, la CNDS

[109] Bien qu'assez faiblement représentés dans les deux assemblées figurent souvent parmi les auteurs de saisies (7 saisines sur 39 en 2002, 27 saisines sur les 70 de l'année 2003 et 24 saisines sur 107 en 2003).
[110] Saisine 2004-6.
[111] Saisine 2002-19.
[112] Saisine 2002-28.
[113] Saisine 2002-31.
[114] Saisine 2003-13.
[115] Saisine 2003-15.
[116] Saisine 2004-14., 2004-31.
[117] Saisine 2002-30., 2003-26, 2003-48.
[118] Saisine 2002-34, 2003-61.
[119] Saisine 2002-25.
[120] Saisine 2002-30.

avait émis des recommandations sur les escortes en milieu hospitalier[121], les transferts de détenus[122], l'intervention des services d'ordre[123] ou encore les suicides en quartier disciplinaires[124].

La commission entretenait des rapports limités avec les médias puisque tenue au secret professionnel à l'exception du rapport annuel publié. Les relations avec les ONG étaient à la fois complexes et essentielles car si les ONG ne pouvaient saisir directement la commission, elles étaient souvent à l'origine de la saisine des parlementaires par des ONG et de transmission d'informations à la CNDS avant même l'arrivée de la saisine.

Parmi les limitations propres à la structure et à la composition de la CNDS, la première concernait le mode de saisine puisque l'obligation de convaincre un parlementaire de saisir la commission ne facilitait pas l'accès à celle-ci. La deuxième limite était celle du délai de saisie de cette commission. Comme le prévoyait la loi, la CNDS devait impérativement être saisie dans un délai d'un an à partir de l'avènement des faits. Finalement, la structure et les moyens de la commission étaient limités et ne semblaient pas en mesure de faire face à une augmentation exponentielle des saisines comme le constatait le commissaire européen aux droits de l'homme (CE, 2006a).

Outre ces limites internes, il convient de souligner la réalisation du pouvoir d'investigation de la commission dépendait souvent de la diligence et la coopération de divers acteurs et institutions. Le problème se posait notamment en matière de demande des pièces de procédure au Procureur de la République. Certaines personnes réagissent, en effet, de façon moins coopérative aux sollicitations et convocations de la CNDS.

> Il y en a beaucoup qui sont complètement offusqués qu'on leur demande des comptes. Je suis obligée, ce que j'appelle dans mon jargon, de leur « tordre les bras » pour leur rappeler la loi, la LOI ! Quand ils disent : « j'ai déjà tout dit » ou « mais j'ai rien à me reprocher » ou « c'est très vieux, je ne me souviens de rien » ou « mais enfin, vous me dérangez, vous croyez que j'ai que ça à faire », « j'ai pas à vous rendre des comptes ». Bon. Là, je suis obligée d'expliquer que, oui, dans la loi, c'est écrit que lorsqu'on veut entendre quelqu'un, il doit venir. Point barre (Wendy, permanente de la CNDS).

La CNDS ne disposait pas de pouvoir exécutoire et ne pouvait forcer une institution ou un ministère à changer sa politique ou ses pratiques. La CNDS obligeait cependant les autorités à prendre connaissance de certains problèmes et à formuler une réponse écrite sur leurs actions de résolution de ceux-ci. La commission exécutait, de plus, un suivi des engagements du ministère. Le

[121] Saisines 2004-2, 2004-3 et 2004-6.
[122] Saisines 2004-14 et 2004-53.
[123] Saisines 2004-3, 2004-14 et 2003-31.
[124] Saisines 2003-26, 2003-48 et 2004-14.

pouvoir de la CNDS résidait donc non pas dans l'impération, mais dans la communication comme outil de transparence. Cet impact de la communication était également perçu comme particulièrement pertinent et utile pour les personnes détenues auxquelles est donnée la parole.

> Vous savez, le propre de notre commission, c'est de donner la même valeur aux témoignages de tous ceux qu'on entend. C'est le premier point. Et ça, je crois que c'est ce qui ressort de plus en plus. C'est que les gens qui font appel à nous sont EN-TEN-DUS. Et c'est énorme. C'est énorme. On m'a déjà dit que... la situation morale d'un détenu, après qu'on l'ait entendu, s'était beaucoup améliorée, parce qu'il avait le sentiment qu'il y avait une instance qui l'avait entendu comme un être à part entière (Wendy, permanente de la CNDS).

La loi portant création de la CNDS lui accordait comme pouvoir le plus conséquent la possibilité de publier ses avis et ses recommandations au Journal officiel en cas d'absence de réponse ou de réponse insuffisante des autorités concernées. Dans une affaire, précédemment mentionnée (saisine du 11 avril 2003), la CNDS a justement utilisé son ultime pouvoir. N'ayant pas reçu de réponse du Garde des Sceaux à cet avis, les membres de la CNDS ont décidé de publier un rapport spécial au Journal Officiel[125]. C'est donc au sujet de l'administration pénitentiaire, qui ne devait pas initialement être de la compétence de la commission, que la CDNS a pour la première fois utilisé le pouvoir de publication que lui accordait l'article 7 de la loi du 6 juin 2000. Elle le fera à nouveau en 2008 au sujet d'une agression de détenu pour laquelle elle constatait le « refus par le garde des Sceaux de prendre mesure de l'extrême gravité du comportement de ses fonctionnaires ».

Suite à la révision constitutionnelle de 2008, la CNDS a disparu et depuis mai 2011, ses missions sont désormais confiées au Défenseur des droits. Cette absorption est jugée regrettable par certains. Des membres de la CNDS craignent que le Défenseur des droits, individu nommé par le président, ait davantage de difficultés à modifier les pratiques problématiques de la police et l'administration pénitentiaire qu'un collège au statut indépendant : « Si la commission ne peut plus mener un examen approfondi des dossiers et exercer un contrôle nourri de collégialité et de débats, elle risque de se transformer en un "bureau des plaintes". Ce serait une triste régression.»

[125] CNDS (2004b).

E. La Commission nationale consultative des Droits de l'Homme (CNCDH)

a. Création et composition de la CNCDH

La commission, tel qu'elle existe aujourd'hui, est le résultat d'une évolution progressive de la *Commission consultative pour la codification du droit international et la définition des droits et devoirs des États et des droits de l'homme* crée en 1947. Son président, René Cassin œuvra notamment au projet de Déclaration universelle des droits de l'homme dont la version finale sera adoptée aux Nations Unies en 1948. Cette commission, réactivée en 1984, va connaître plusieurs évolutions de statut et de compétence aux moyens de consécration législative, nouvelles nominations et arrêté ministériel entre 1990 et 2008.

La commission actuelle se caractérise par une composition pluraliste de 64 personnalités et représentants d'organisations issues de la société civile. On y retrouve notamment 23 membres d'ONG œuvrant dans le domaine des droits de l'homme ou de l'action humanitaire (notamment l'Association des Chrétiens contre la Torture, la Croix Rouge, la Ligue des Droits de l'Homme et l'Observatoire international des Prisons) et 7 représentants de syndicats. S'y ajoutent des personnalités qualifiées et des experts siégeant dans des organisations internationales (notamment le sous-comité de prévention de la torture des Nations unies). La présence d'un député désigné par le président de l'Assemblée nationale et d'un sénateur désigné par le président du Sénat permet la liaison avec le pouvoir législatif. Par ailleurs, les représentants du pouvoir exécutif peuvent participer aux travaux et aux discussions, mais n'ont pas voix délibérative. Le Défenseur des Droits siège également parmi les membres de la CNCDH.

b. Mandat et attributions de la CNCDH

La Commission nationale consultative des Droits de l'Homme « veille au respect des droits de l'homme et des libertés fondamentales » (CNCDH, 2003, p.1). Le domaine de compétence de la CNCDH s'étend à la totalité du champ des droits de l'homme autant au niveau international que national. Au niveau international, elle contribue à la préparation des rapports que la France soumet aux organisations internationales et éclaire, par ses avis, les positions de la France dans les négociations multilatérales portant sur les droits de l'homme. Au niveau national, la CNCDH fournit des avis consultatifs au gouvernement français. Elle agit alors sur saisine du premier ministre et des membres du gouvernement ou par autosaisine. Elle peut donc de sa propre initiative appeler l'attention des pouvoirs publics

Elle a une double fonction de conseil et de proposition. Cette double fonction s'exerce aussi bien en amont de l'action gouvernementale lors de l'élaboration des projets de loi ou de règlements, des politiques et des programmes, qu'en aval pour vérifier l'effectivité du respect des droits de l'homme dans les pratiques administratives ou dans les actions de prévention (CNCDH, 2004). En pratique, les membres s'inscrivent dans une sous-commission[126] qui se réunit tous les mois et prépare des projets d'avis, d'étude et de textes sur les sujets qui lui sont soumis.

c. Le travail de la CNCDH sur les droits des personnes incarcérées

La CNCDH rend chaque année de nombreux avis concernant les droits de la personne dans leur globalité, le droit international humanitaire, la justice et sécurité, l'éthique, etc. Certains de ces avis abordent directement ou indirectement le sujet des prisons françaises et leurs mécanismes de contrôle.

• La France et ses obligations internationales

La CNCDH a notamment, dans un avis du 3 juillet 1998, dressé un échéancier des rapports de la France devant les organes conventionnels des Nations Unies. L'avis recommande notamment que la France présente ses rapports dans les délais requis et que soient mentionnés ses avis pertinents. La commission recommande également que la préparation de ces rapports fasse l'objet d'un véritable débat, qu'un représentant de la CNCDH participe à la présentation des rapports devant les comités et que le contenu des rapports et des observations finales des comités soient largement diffusés. En janvier 2004, la CNCDH adopte un avis[127] sur le 3e rapport périodique de la France au Comité des Nations Unies contre la torture. La commission, qui a été concertée lors de la préparation du rapport, regrette « le caractère purement technique et abstrait (du rapport) qui ne donne pas la mesure des enjeux politiques et éthiques pour la société française, faute de présenter une vue d'ensemble de la politique française en la matière » (CNCDH, 2004). La CNCDH affirme qu'il serait opportun d'évoquer les enjeux sans ambiguïté et que le but du rapport n'est pas de préciser les textes en vigueur, mais leur application concrète. L'avis de la commission réfère à la commission Canivet, à la création de la CNDS, à la condamnation de la CEDH et au rapport du CPT. Nous relevons également que, dans un avis du 17 juin 2004, la

[126] Six sous-commissions existent actuellement : Droits de l'homme et évolution de la société, Questions internationales, Questions nationales, Éducation et formation aux droits de l'homme et droits de la femme, de l'enfant et de la famille, Droit international et action humanitaire et Lutte contre le racisme et la xénophobie.
[127] Avis du 22 janvier 2004.

commission insiste fortement sur la nécessité pour la France de signer le protocole facultatif à la Convention des Nations Unies contre la torture. La CNCDH précise : « l'existence du CPT ne saurait servir de prétexte pour retarder la mise en place d'un mécanisme interne et d'un système international équivalent ».

• Les prisons françaises

Le premier document conséquent de la CNCDH sur la thématique carcérale est une réflexion sur le sens de la peine publiée en 2002. Par la suite, la commission a réalisé et adopté en mars 2004 une étude sur les droits de l'homme dans la prison. La décision de consacrer un travail de fond à la question des prisons françaises s'inscrivait dans un contexte particulier caractérisé par les rapports des commissions d'enquête parlementaires, le rapport Canivet, les condamnations de la CEDH et surtout les rapports du CPT. La CNCDH a donc constitué un groupe de travail ad hoc composé d'une vingtaine de membres parmi lesquels des représentants d'ONG, des spécialistes et des anciens détenus. L'Administration pénitentiaire a également été sollicitée. Le groupe de travail, qui s'est réuni à sept reprises en 2003 a disposé de moyens limités, principalement des auditions puisque ne bénéficiant pas de droit de visite en détention. Le membre de la CNCDH que nous avons rencontré précise cependant que le groupe de travail entreprenait toujours de confronter les données fournies par une association membre et par le ministère et si la divergence était trop importante, les données étaient mises de côté afin de ne pas compromettre le sérieux et la fiabilité de la démarche de la commission. Le rapport de cette étude est le fruit d'un travail « éminemment collectif » issu de la diversité même des membres du groupe de travail.

> Au sein même de la CNCDH, sur le travail que nous avons effectué, il y avait à la fois des abolitionnistes, et des partisans de la peine d'emprisonnement, de la prison, pour faire simple. Le fait est que nous sommes parvenus les uns et les autres, avec des idées différentes sur la fonction de la prison dans notre société, à dégager au moins un fond commun qui est, donc, ce rapport concernant cette approche des droits de l'homme. Quelle que soit notre philosophie de départ… les discussions ont été vives, mais on a essayé justement de mettre ce problème de côté, car notre sujet ce n'était pas : « faut-il ou non supprimer la prison ? », c'était : « la prison étant ce qu'elle est, quelle est la place des droits de l'homme ? ».

Nous relevons, en effet, que le rapporteur du groupe de travail était le président de l'OIP, connu pour son approche critique. Dans sa première partie, le rapport vise à « sortir la prison de l'exception juridique » et recommande la définition du statut juridique de la personne privée de liberté hiérarchisée selon quatre niveaux en tant que personne humaine, citoyen, justiciable et usager. La commission se prononce, également, pour la mise en œuvre d'un contrôle extérieur tel que proposé par la commission Canivet (2000). Dans la deuxième partie du rapport, intitulée « garantir le respect des droits fondamentaux », la CNCDH étudie les différentes catégories de droits fondamentaux à mettre en œuvre en prison dans divers domaines tels que le respect de la dignité, la protection de l'intégrité, le droit à la vie privée et familiale, le droit à l'enseignement et à la formation, l'application du droit du travail, le droit de vote et les droits collectifs. La commission aborde ainsi des questions aussi précises que la fréquence et les conditions de douches, mais également des questions beaucoup plus générales telles que la proportionnalité des sanctions.

La réponse du gouvernement, datée de janvier 2005, explicite, recommandation par recommandation, la position de celui-ci. Dans certains cas, il explique qu'une circulaire est venue définir certains points, comme c'est le cas pour les modalités de fouille. Sur d'autres problématiques, le gouvernement rejette les suggestions de la CNCDH : « il n'est pas envisageable de supprimer le quartier disciplinaire au profit du seul confinement en cellule individuelle » (République française, 2005). Sur un des points les plus importants du rapport, la loi pénitentiaire et le statut de détenu, le gouvernement affirme souscrire aux principes énoncés par la CNCDH mais il estime cependant qu'il n'y a pas de nécessité de réforme législative et que la réglementation française s'attache déjà au respect de ces principes généraux. Le gouvernement annonce avoir privilégié des mesures urgentes telles que la construction de nouvelles places de prison et la création de nouveaux emplois. Au sujet du contrôle extérieur des établissements de détention, le gouvernement fournit une réponse détaillée qui est, à notre connaissance, le seul document, clarifiant la position du gouvernement de l'époque sur cette question. Le document indique que le gouvernement envisage non pas de créer une nouvelle commission, mais de renforcer les pouvoirs d'instances existantes telles que la CNDS ainsi que l'intervention des délégués du Médiateur de la République dans les prisons (République française, 2005). Il convient de souligner cette solution n'a pas été retenue par la suite et les deux instances invoquées, CNDS et Médiateur ont depuis disparues.

En 2007, la CNCDH publie un rapport qui compile les études et les réflexions qu'elle a menées sur ce sujet entre 2002 et 2006. Cet ouvrage volumineux se compose de 2 tomes : le premier consacré au sens de la peine et à l'effectivité des droits de l'homme dans la prison et le second aux alternatives à l'incarcération. On dans le 1er tome l'avis de 2002, le rapport de 2004 ainsi que des ajouts sur les questions de l'accès aux soins et du maintien des liens familiaux.

La commission s'est également prononcé à l'occasion de différents projets de loi : en 2007 et 2013 sur la récidive, en 2008 sur la loi pénitentiaire et en

2012 sur l'exécution des peines. Dans toutes ses interventions, la CNCDH insiste sur l'état critique de la détention en France.

d. L'impact du travail de la CNCDH

Les réponses du gouvernement illustrent la difficulté d'évaluer l'impact du travail de la CNCDH. Interrogé sur cette influence, son président mentionne : « L'influence de la commission est réelle et doit être mesurée sur une échelle de temps assez large pour être évaluée à sa juste valeur. Certains avis sont à effet immédiat, d'autres sont repris plusieurs années après avoir été émis » (Médiateur de la République, 2005a). Le pouvoir de la commission est avant tout un pouvoir d'influence et d'inspiration.

> L'impact est difficile à mesurer, parce que, parfois, on veut bien nous faire savoir qu'on a donné suite à telle ou telle proposition très précise de la CNCDH… Le gouvernement dira, par exemple, que sur deux cents articles d'un projet de loi, deux ou trois articles étaient directement inspirés de propositions de la CNCDH. On se retrouve, là, directement, si je puis dire, inspirateurs de ces réformes, mais, effectivement, cette influence directe, elle est nécessairement limitée, parce que nous ne sommes pas les seuls à avoir des réflexions dans ce domaine, il y a bien d'autres organismes, bien d'autres personnes qui contribuent à cette réflexion d'ensemble. Mais, c'est surtout, je pense, de manière indirecte qu'on espère avoir ce rôle d'influence. On a, ici, l'idée que, par la qualité et le sérieux de notre travail, on peut, justement, déterminer, le gouvernement du moment, ou l'opposition d'aujourd'hui et le gouvernement de demain, à un certain nombre de réformes et d'évolutions. C'est surtout ce rôle-là que l'on s'efforce de tenir, si vous voulez… nous essayons d'avoir ce pouvoir d'influence (Vincent, membre de la CNCDH).

Le travail d'influence des décideurs est justement un travail dans l'ombre qui ne permet pas souvent la reconnaissance directe du travail de commission comme la CNCDH.

> On voit dans les débats parlementaires, par exemple, que nos travaux sont assez souvent utilisés… on voit que les options, les opinions émises par la commission sont reprises… pas toujours sourcées, on ne nous les attribue pas, mais l'argument est repris. Donc, on sait qu'en fait le rapport a été lu, utilisé, alors tantôt par l'opposition, par la majorité… c'est le débat démocratique, c'est normal. Mais on sent que notre travail est dans le débat. Ça sert à ça, aussi. Ça sert à alimenter, également, en arguments les uns et les autres et c'est aussi une satisfaction. (Vincent, membre de la CNCDH).

Ce pouvoir d'influence de la CNCDH ne s'adresse pas uniquement aux décideurs, mais également de l'opinion publique.

> C'est un travail qui se veut un travail de concours apporté au gouvernement, mais il est évident qu'à partir du moment où ces rapports sont publiés, mis en ligne par exemple, on s'adresse aussi à l'opinion publique. On diffuse cette information, cette réflexion, en souhaitant sensibiliser nos concitoyens aux questions que nous avons traitées ; la presse reprend donc peu ou prou ces questions et chacun d'entre nous s'emploie à diffuser un peu les idées, les préoccupations qui ont été les nôtres, Nous espérons que, à moyen ou à long terme, tout cela contribuera à l'évolution des idées. C'est un peu sur ces deux plans, à la fois, je dirais, à court terme par rapport au gouvernement, à plus long terme par rapport à l'opinion et à la société civile, qu'on s'efforce d'avoir ce travail d'influence (Vincent, membre de la CNCDH).

Dans ce travail de sensibilisation du public, le relais des travaux de la CNCDH par les médias est souvent important. Les rapports sur les prisons ont notamment été couverts en détail par les quotidiens français[128], contribuant ainsi à un certain impact sur l'opinion publique.

> Quant à la suite d'un travail comme celui-ci, la presse fait un écho plus ou moins large à la publication d'un rapport, on se dit qu'une partie de l'objectif est atteint et qu'il y a des relais d'opinion qui vont se mettre en route et que finalement, on peut, peut-être pas cette année, l'année prochaine, mais on peut contribuer à l'évolution de la société, à une plus grande sensibilité... Si nous pouvons persuader nos concitoyens qu'il y a des actions à mener, bon bien c'est ça le rôle de la CNCDH, c'est d'essayer de faire passer cette information-là, aussi... l'idée étant aussi que la CNCDH devait occuper ce terrain, dans un débat qui est quand même un débat d'actualité, pour, à son tour, tirer les sonnettes d'alarme et donner un minimum de publicité à toutes ces questions qui retombent assez vite dans l'oubli, il faut le dire, parce que l'opinion publique n'est pas très sensibilisée à toutes ces questions-là (Vincent, membre de la CNCDH).

Cette volonté d'ouverture du public se conjugue avec l'idée d'ouverture au public des lieux de détention au moyen des médias. Saisie par le ministère de la Justice qui prépare une nouvelle loi sur le secret des sources des journalistes, la CNDH, dans son avis du 25 avril 2013, supporte le projet de permettre aux journalistes d'accompagner les députés et les sénateurs ainsi que les représentants au Parlement européen élus en France lors de leurs visites des prisons. Elle va même plus loin et recommande l'ouverture aux journalistes des établissements pénitentiaires, centres de rétention administrative, zones d'attente et locaux de garde à vue même en dehors de la présence de parlementaires.

[128] Voir notamment Le Monde (18 mars 2004, 2 mars 2007) et Libération (30 mars 2004).

2. Les contrôles politicoadministratifs et judiciaires au Canada

Il n'existe pas d'équivalent canadien aux deux commissions françaises analysées précédemment. Si les commissions des droits de la personne ou commission de réforme du droit existent parfois au niveau fédéral ou provincial, leur mandat n'inclut pas la mission de contrôle des établissements de détention.

Les juges canadiens disposent d'un droit d'accès aux pénitenciers consacré par l'article 72 de la loi de 1992. Il convient de relever que la loi ne précise guère le rôle et les modalités de ce pouvoir de visite. Si nous n'avons guère pu obtenir de données fiables sur l'exercice de ce droit, il ressort de l'inexistence de documentation et du contenu de témoignages recueillis dans les pénitenciers que très peu de magistrats utilisent ce droit de visite. Quand les juges s'impliquent et visitent les établissements de détention, c'est le plus souvent dans le cadre de commissions d'enquête initiées par le pouvoir exécutif. Au Canada, nous avons recensé un certain nombre de comités mixtes, souvent présidés par un magistrat, ayant travaillé sur la question des pénitenciers. Si certaines commissions d'enquête sont très anciennes, nous limiterons notre recherche aux commissions ayant existé depuis 1935.

A. La commission royale Archambault (1938)

À une époque marquée par des conditions de détention empirées par la Dépression, les pénitenciers sont l'objet d'agitation et d'émeutes importantes entre 1932 et 1936. Sous la pression des événements et de l'activisme de Macphail, première femme députée, le gouvernement libéral nouvellement élu en 1935 annonça la création d'une commission d'enquête.

Sur recommandation du ministre de la Justice, le comité du Conseil privé du Gouverneur général désigne le juge Archambault et deux autres commissaires pour enquêter sur le système pénal du Canada. Les travaux de la commission ont été réalisés entre octobre 1936 et décembre 1937 et le rapport a été déposé en avril 1938 (Archambault, 1938). Sur cette période, les commissaires ont visité 113 institutions, dont 60 à l'étranger. Si la commission n'avait pas, dans son mandat, à connaître des établissements provinciaux, les commissaires ont estimé que certains sujets relèvent à la fois des autorités provinciales et des autorités fédérales et ils ont donc décidé de visiter 49 établissements provinciaux. Certaines de ces institutions étaient des prisons tandis que d'autres étaient en fait des maisons de correction, des casernes, des écoles industrielles, etc.

Les travaux se sont, principalement, concentrés sur les 7 pénitenciers fédéraux du Canada qui font chacun l'objet d'un rapport spécifique détaillé. Pour ces sept pénitenciers, les commissaires ont consacré 108 jours de visites et ont rencontré 1840 détenus et 200 agents. La commission fonctionna, en effet, sur le principe d'auditions à huis clos de tous détenus ou membres du personnel qui, en étant informés par affichage, souhaitaient témoigner. Les commissaires ont, également, réalisé des auditions privées avec des juges, des fonctionnaires, des officiers de policiers et des ex-détenus entre autres. Des auditions publiques ont été tenues dans chaque province afin que des associations ou des personnes intéressées puissent s'exprimer. Finalement, près de 1200 lettres, mémoires et manuscrits ont été reçus et analysés (Archambault, 1938).

Le rapport de la commission Archambault (1938) est très complet et aborde en 32 chapitres les divers aspects de la gestion des institutions et du traitement des détenus. Indépendamment des rapports propres à chaque pénitencier, la commission présente ses résultats par thèmes. Les commissaires relèvent des caractéristiques communes aux pénitenciers. Les bâtiments sont anciens et la ventilation et le chauffage sont défectueux ; la discipline est basée sur trop de règlements et une liste d'infraction trop longue ; le travail et l'exercice proposé sont insuffisants et l'enseignement n'est pas satisfaisant et conforme aux règlements. Les commissaires constatent également que le personnel n'a pas de formation appropriée.

La commission conclut ses travaux par 88 recommandations qui concernent aussi bien la discipline imposée, les soins médicaux fournis que la structure des pénitenciers. Si certaines recommandations suggèrent des améliorations, d'autres sont plus radicales et demandent que l'éducation dispensée aux détenus ou encore l'administration des établissements soit complètement réorganisée. Parmi les recommandations les plus importantes, la commission propose de créer une commission des pénitenciers ayant pleine autorité sur la gestion des établissements et également une commission des libérations conditionnelles indépendante. La recommandation n70 conseille d'adopter un système de liberté surveillée de type probation tel qu'implanté en Angleterre. Le rapport Archambault (1938) s'inspire, également, du système britannique pour recommander la création de commissions de visiteurs composées d'un juge, un médecin et d'un représentant d'une association de bienfaisance. Ces commissions auraient pour mission de « visiter et inspecter régulièrement les différents pénitenciers, d'entendre les plaintes des détenus et les appels qu'ils feront des décisions rendues par le tribunal disciplinaire et de faire rapport de leurs conclusions » (Archambault, 1938, p360). Parmi les recommandations formulées, nous relevons également celle qui souligne que les prisons canadiennes devraient se conformer à tous égards à l'ensemble des règles pour le traitement des prisonniers élaborés par la commission internationale pénale et pénitentiaire.

Le travail de la commission Archambault fut considéré comme l'étude sur les pénitenciers la plus exhaustive jamais entreprise au Canada et son rapport devint « la bible de ceux qui souhaitaient introduire des méthodes modernes dans la pénologie canadienne » (ministère de la Sécurité publique, 2000). Suite au rapport Archambault, le Canada adopta le projet de loi C-34 qui modifie la Loi sur les pénitenciers et crée une commission administrative. Toutefois, la réorganisation en profondeur recommandée par le rapport Archambault ne sera pas réalisée et la création d'une commission indépendante pour les libérations conditionnelles ne fut pas retenue (ministère de la Sécurité publique, 2000). De plus, le début de la Seconde Guerre mondiale est venu mettre en suspens la nouvelle loi et faire quelque peu oublier le rapport Archambault.

B. Le comité Fauteux (1956)

Institué en 1953, un comité fut chargé de faire enquête sur les principes et les méthodes suivis au Service des pardons du ministère de la Justice du Canada. La direction de ce comité fut confiée à un juge de la Cour suprême, Gérald Fauteux. Si le mandat de ce comité se centrait sur la mise en liberté sous condition, le comité entreprit d'examiner tout le système correctionnel. Parmi les 44 recommandations formulées, huit seulement portaient sur la libération conditionnelle. Le comité Fauteux réitère en fait de nombreuses critiques formulées dans le rapport Archambault. La recommandation la plus importante visait la création d'une commission des libérations conditionnelles sous la forme d'un organisme quasi judiciaire. Le gouvernement donna suite à ce rapport par l'adoption de la loi sur la libération conditionnelle de 1959.

C. Le comité Ouimet (1969)

En 1965, le comité canadien de la réforme pénale et correctionnelle est, sur recommandation du ministre de la Justice, nommé par décret du conseil pour étudier « tout le domaine de la correction, dans son sens le plus large » (Ouimet, 1969, p.iii). Un mandat très large est donc donné à ce comité. Le comité[129] se compose de 5 membres, le juge Ouimet, un juriste, un ancien sous commissaire de la Gendarmerie Royale du Canada, un criminologue, un directeur d'association et 30 consultants.

Durant ses travaux, le comité a visité 28 pénitenciers fédéraux, 4 écoles de formation du personnel et 38 établissements pénitentiaires provinciaux. Les commissaires se sont également rendus à l'étranger pour visiter 40 autres établissements. Le comité n'a pas réalisé d'audiences publiques, mais a recueilli les mémoires et les exposés d'associations (58), de détenus (8) et de particuliers (42). Des spécialistes ont, de plus, été sollicités pour préparer des

---

[129] Le comité sera finalement placé sous l'autorité du ministère du Solliciteur général lors de la création de ce nouveau ministère.

rapports. Le comité Ouimet a finalement rendu public en 1969 son rapport imposant (plus de 550 pages) intitulé « Justice pénale et correction : un lien à forger » qui couvre le processus pénal à partir des enquêtes de police jusqu'à la portée du casier judiciaire.

Concernant l'incarcération, le comité critique en termes clairs la prison classique. Le rapport mentionne qu'il est « difficile de concevoir un dispositif qui prépare plus mal à la vie en société que la prison classique » (Oumiet, 1969). Les prisons ont, selon les commissaires, fourni « le produit humain d'une forme d'organisation antisociale qui soutient le comportement criminel ». Le comité Ouimet met, donc, l'accent sur la réinsertion sociale et les propositions vont donc dans le sens d'améliorer les prisons au moyen de classement, traitements, formations qui doivent inciter le détenu à reprendre sa place dans la société. Le rapport insiste à de nombreuses reprises sur l'utilisation excessive qui est faite de l'incarcération au Canada et recommande notamment de recourir davantage au milieu ouvert. En matière de libération conditionnelle, le comité Ouimet recommande la décentralisation des activités de la commission de libération conditionnelle et insiste sur la nécessité de rendre plus indépendant le processus. Le rapport innove également en abordant la question des organismes bénévoles et de leur association souhaitable avec les gouvernements.

Si les recommandations suggèrent souvent la mise en œuvre de réformes, il convient cependant de relever que sur certains aspects, le comité Ouimet conclut finalement au maintien du système existant. Sur la question de la répartition de compétence entre les pénitenciers fédéraux et les prisons provinciales, le comité, après avoir détaillé les diverses options possibles, se prononce en faveur du système en place.

Les travaux du comité Ouimet sont très fréquemment cités comme référence dans les études qui lui sont postérieures. Il semble bien, comme l'indique Lalande (2000), que ce rapport a exercé une influence importante sur les orientations canadiennes en matière de pénologie. Près de 20 ans plus tard, la commission royale Archambault (1987) analyse les travaux du comité Ouimet comme ayant eu une profonde influence sur l'évolution du système pénal canadien.

D. Le groupe de travail Sauvé (1977)

La constitution de ce groupe de travail fait clairement référence aux recommandations du rapport Ouimet sur la participation des organismes bénévoles au travail correctionnel. Le groupe d'étude sur le rôle du secteur privé dans le domaine de la justice pénale est mis en place par le comité permanent des sous-ministres[130] sous la présidence du juge Sauvé. Le groupe de travail avait cinq objectifs précis touchant à la communication, la structuration de planification, le financement ainsi que l'inventaire et l'analyse descriptive des programmes et des services des secteurs privés et gouvernementaux.

Le groupe d'étude a donc entrepris en 1976 un vaste processus de consultation et de dialogue avec les organisations et groupes communautaires. Un guide de discussion avait été rédigé et distribué en 5500 exemplaires pour solliciter des mémoires écrits de la part des organisations et des particuliers. Parmi les 25 mémoires reçus, nous relevons ceux des sociétés John Howard et Elisabeth Fry. Dans chaque province, des groupes de travail ont rédigé des rapports pour contribuer aux travaux du groupe d'étude.

Le rapport de ce groupe d'étude intitulé *la participation communautaire dans le domaine de la justice pénale* (Sauvé, 1977) propose 27 recommandations qui visent à raffermir et stabiliser les services rendus par les ONG et le public dans le domaine de la justice pénale. Qu'il s'agisse de dresser l'inventaire complet des services, de l'appui financier des ONG ou encore du partage de responsabilité entre le secteur privé et le gouvernement, les recommandations de ce rapport constituent à ce jour le document le plus complet sur le sujet.

E. Le comité Carson (1984)

En 1984, un comité consultatif chargé par le Solliciteur général d'étudier la gestion des établissements correctionnels est mis en place. Ce comité est créé suite à trois études portant sur les suicides et les incidents violents survenus au sein du Service correctionnel du Canada, notamment l'enquête de l'Enquêteur correctionnel sur l'émeute de 1982 à l'établissement d'Archambault. Le comité était composé de six membres aux expertises diverses : un universitaire ancien président de la commission de la fonction publique, un ancien sous-directeur de pénitencier qui fut vice-président de la CNLC et secrétaire du comité Ouimet (1969), un directeur exécutif des services d'orientation autochtones, un président de syndicat et ancien membre de la fonction publique, une directrice de société John Howard et Elisabeth Fry locales, et un ancien sous commissaire du SCC.

Les travaux de ce comité ont été réalisés sur une courte période de 4 mois au cours de laquelle des mémoires ont été recueillis et divers hauts fonctionnaires ont été rencontrés. Le comité a de plus visité 28 établissements ainsi que plusieurs bureaux de libération conditionnelle où ils ont « observé

[130] Le CPSM est un comité des sous-ministres s'intéressant au système correctionnel canadien. Il est présidé par le solliciteur général adjoint du Canada.

des employés et les détenus dans des aires de travail et de loisirs et pendant des cours de formation » (Carson, 1984, p.2). Dans chaque établissement, les membres du comité ont rencontré la direction, le comité des détenus et les autres groupes de détenus, des représentants du syndicat, les membres de comités consultatifs de citoyens ainsi que l'Enquêteur correctionnel.

Le comité se dit impressionné par les progrès accomplis depuis le rapport du sous-comité MacGuigan en 1977. Il constate le respect des normes internationales, la mise en œuvre de nombreuses politiques d'équité et une gestion judicieuse et professionnelle. Le rapport dresse l'historique de la gestion du SCC et analyse la gestion actuelle au niveau du leadership, des ressources humaines et de l'organisation. Un chapitre est consacré aux mesures contre la violence dans les établissements. Les recommandations ne formulent pas souvent de conseils concrets, mais sont davantage des incitations à « examiner attentivement » ou « consacrer une attention soutenue ». Dans son rapport, le comité effectue un travail important de mise à jour des suites données aux recommandations du sous-comité MacGuigan de 1977.

F. La commission royale Archambault (1987)

La commission canadienne sur la détermination de la peine est créée en 1984 par décret du Conseil sur la base de la loi sur les enquêtes. Cette commission royale indépendante qui déposa son rapport directement au Gouverneur général en conseil se composait de 9 commissaires parmi lesquels 6 juges, un avocat, un universitaire et un conseiller parajudiciaire. Cinq chercheurs et trois employés administratifs complétaient l'équipe de cette commission d'enquête.

La commission était chargée d'examiner le processus de la détermination des sentences au Canada en étudiant la question des peines maximales, l'efficacité des alternatives possibles et en travaillant à l'élaboration de lignes directrices de détermination de la peine. Comme le mentionne le rapport (Archambault, 1987), ce vaste mandat conduisait à envisager le processus de détermination de la peine comme un ensemble d'éléments intégrés exigeant une politique unifiée.

Pour réaliser ce mandat, la commission a collecté de nombreux mémoires adressés par des particuliers, des groupes ou associations et des magistrats. Dans le rapport produit (Archambault, 1987), la commission insiste sur l'importance de ces mémoires compte tenu du fait qu'elle n'a pas pu, faute de ressources, organiser des audiences publiques. Les commissaires ont, durant les 28 mois d'activité de la commission, rencontré diverses organisations et associations professionnelles et communautaires parmi lesquelles l'association canadienne des sociétés Elisabeth Fry et les sociétés John Howard. La méthode de travail de la commission a été complétée par trois sondages d'opinion publique sur les questions pénales ainsi que diverses enquêtes réalisées auprès des professionnels de la justice pénale. Finalement un programme de recherche particulièrement élaboré a été articulé autour d'études juridiques, de préparations de monographies, d'analyses des textes publiés et de recherches empiriques.

Comme l'indique un courrier adressé au Gouverneur général, les recommandations du rapport constituent « un projet de réforme global des lois et pratiques canadiennes relatives aux sentences » (Archambault, 1987). Les recommandations visent à fournir aux juges un cadre de détermination des sentences et les commissaires proposent la création d'une commission permanente des sentences pour parachever les lignes directrices et compiler et diffuser des informations adéquates sur les pratiques de détermination de la peine. En constatant que les sanctions pénales, avec certitude, sont source de souffrance, mais que les bienfaits sociaux qui en résultent sont moins certains, la commission se prononce pour l'intégration du principe de modération dans la détermination des sentences. Le rapport mentionne que « la modération dans le recours à l'incarcération revêt une certaine urgence, eut égard au surpeuplement des prisons » (Archambault, 1987).

La commission recommande également l'abolition des peines minimales obligatoires, un recours accru aux sanctions communautaires et l'abolition de l'emprisonnement automatique pour défaut de paiement d'amende. Les commissaires suggèrent, de plus, de supprimer la libération conditionnelle totale et d'établir un système de libération anticipée sans condition établi sur des critères explicites. Si la plupart des recommandations précises du rapport Archambault n'ont pas été mises en œuvre, il convient de relever que les conclusions de cette commission ont eu une influence importante au niveau du discours et de la philosophie des principes de détermination de la peine (Lalande, 2000).

G. La commission Arbour (1996)

Suite à certains incidents survenus à la prison des femmes de Kingston en 1994, le Gouverneur en conseil autorisa le Solliciteur général à nommer une commission chargée de faire enquête et rapport sur l'état et l'administration des affaires du Service correctionnel du Canada (SCC) concernant les incidents. Disposant par décret, de larges pouvoirs d'enquête, la commission devait tirer des conclusions impartiales sur les incidents et leur gestion par le SCC et recommander des améliorations à apporter aux politiques et pratiques correctionnelles. Si en général les incidents qui surviennent dans les pénitenciers ne font pas l'objet d'enquête instituée par le Gouverneur général, la diffusion télévisée de la bande vidéo des incidents et le rapport spécial de l'Enquêteur correctionnel sur le sujet ont, dans ce cas, déclenché une commission d'enquête d'envergure.

Sous la direction du commissaire Arbour, l'équipe de la commission se composait d'une adjointe, deux conseillers juridiques, cinq enquêteurs, quatre personnes chargées du contrôle des éléments de preuve, cinq chercheurs, dix personnes chargées des communications, de l'administration et de la traduction des travaux de la commission. Comme le mentionne le rapport produit (Arbour, 1996), les travaux de la commission d'enquête se divisaient en deux phases : l'établissement des faits et les consultations sur les politiques. Durant la phase d'établissement des faits, la commission a tenu des audiences publiques, a reçu des représentations écrites et plus de 100 personnes ont été entendues par les enquêteurs. Pour la phase de consultations sur les politiques, la commissaire a visité plusieurs prisons pour femmes, rencontré le personnel ainsi que les universitaires et chercheurs spécialistes de l'incarcération des femmes. Durant les deux phases, la commission a reconnu la qualité de « parties intéressées » au SCC mais également à des organismes comme l'Enquêteur correctionnel, l'association canadienne des sociétés Elisabeth Fry, le comité consultatif de citoyen ou encore le comité des détenus.

Au moins autant que les incidents en soit, l'enquête touchait la réaction du SCC face à ces événements. Ainsi le rapport Arbour (1996) dénonce le défaut de respect de la primauté du droit dans le système correctionnel et notamment au niveau de l'administration institutionnelle, régionale et nationale. La commission souligne, en effet, la nécessité pour le SCC d'accroître sa capacité d'enquêter sur lui-même. Le rapport Arbour (1996) se montre très critique envers les travaux du comité d'enquête interne constitué par le commissaire du SCC pour examiner les événements. La commission constate, en effet, les nombreuses erreurs ou omissions du comité d'enquête qui « donne au lecteur non averti une impression totalement fausse de ce qui s'est produit » (p.128). Le comité d'enquête interne met, en effet, l'accent sur la dangerosité des détenues et minimise les lacunes de l'intervention des autorités.

Au sujet des mécanismes externes, la juge Arbour dénote que le bureau de l'Enquêteur correctionnel est « de loin le plus efficace et le mieux équipé » pour exercer la fonction d'observateur indépendant (Arbour, 1996). Le rapport indique une position mitigée sur le rôle du Comité consultatif de citoyen lors de ces événements, mais souligne, à l'occasion que le SCC devrait cesser de réprimer les membres du CCC. Finalement, la commissaire insiste sur le rôle remarquable joué par l'association canadienne des sociétés Elisabeth Fry.

Au-delà des événements ayant suscité la création de cette commission d'enquête, la juge Arbour dresse un constat sévère du SCC.

> …cette enquête révèle une absence troublante d'engagement de la part du SCC à l'égard des idéaux de la justice. Je suis fermement convaincue qu'une supervision

> judiciaire accrue est essentielle... les carences révélées par les faits étaient sérieuses et préjudiciables aux détenus à tous les égards... Rien ne permet de suggérer que le Service soit disposé ou capable de s'amender sans une orientation et un contrôle judiciaire (Arbour, 1996, p.214).

Parmi les nombreuses recommandations formulées, la commissaire recommande la création d'un poste de sous commissaire pour les femmes, la réorganisation de l'affectation du personnel masculin et la composition exclusivement féminine des équipes d'intervention des établissements de détention pour femmes, l'abolition de la pratique de détention prolongée en isolement préventif. La commissaire recommande également que les comités d'enquête comprennent toujours un membre extérieur au SCC. Le rapport mentionne par ailleurs que la profession juridique et le milieu judiciaire devraient être davantage sensibilisés aux questions correctionnelles. La recommandation 13 indique notamment qu'il serait souhaitable de rappeler à tous les juges leur droit de visite des établissements pénitenciers du Canada.

Le rapport Arbour constitue toujours la référence en matière de commission d'enquête sur des événements particuliers. Si la généralisation opérée par la commissaire est souvent décriée par le personnel du Service correctionnel du Canada[131], les arguments développés sont à la base de nombreuses modifications de pratiques et de politiques et la qualité de son analyse est grandement reconnue.

III. CONCLUSION

Ce chapitre fait apparaître l'importance du rapport étroit existant entre le pouvoir et le droit. À travers les mécanismes étudiés, c'est bien la dimension symbolique du droit qui est mis en œuvre. Le droit est, ainsi, un outil qui peut être mobilisé dans le contrôle du pouvoir de l'État (Sommier, 2003). C'est en tentant de modifier, créer et influencer les normes juridiques que les mécanismes de contrôle cherchent à faire acquérir leur force et effectivité aux droits de l'homme en prison. Dans la perspective des théories de l'État de droit, le droit est bien utilisé par les mécanismes étudiés comme un outil de contestation des abus du pouvoir et une ressource pour contrôler ce pouvoir. L'idée de contrôler le pouvoir à l'origine de ces contrôles est, bien, issue du concept de responsabilité de l'État qui a le devoir de rapporter, expliquer et justifier ses actions et ses décisions en raison de l'autorité et du pouvoir qui lui sont délégués par le peuple (Vagg, 1994). Pour certains mécanismes, la délégation est explicite comme c'est le cas des parlementaires directement élus par le peuple. Pour d'autres mécanismes, cette délégation est indirecte et

---

[131] Témoignages recueillis lors d'entrevues informelles.

résulte du fait que ces contrôles sont initiés, votés, composés ou redevables devant des autorités représentatives élues. L'État et ses organes administratifs et répressifs (dont les prisons) tirent, également, leur force de la délégation de la puissance par le peuple.

Les contrôles analysés dans ce chapitre se situent dans le premier niveau de présentation de l'État identifié par Bergeron ; celui de la gouverne ou l'État contrôlant. Ce niveau constitue l'appareil dynamique central de l'État et se compose alors des divers agents étatiques qui constituent les indispensables rouages du fonctionnement de l'État. Ces agents (législateurs, juges, commissaires, consultants, fonctionnaires...) agissent à un niveau fonctionnel même s'ils ne gouvernent pas tous au sens fort du terme. Les rapports de commissions royales composées de magistrats, les commissions d'enquête parlementaires, les avis de commissions permanentes transmis aux administrations ou au gouvernement, tous ces mécanismes assimilables à l'État contrôlant se manifestent par des liens plus ou moins directs avec les quatre fonctions centrales identifiées par Bergeron : gouvernement, législation, administration, juridiction. Toutefois, nous avons analysé que si ces mécanismes de contrôle visent à intervenir aux niveaux d'impération et d'exécution des normes, peu atteignent des réalisations concrètes sur l'un ou l'autre de ces objectifs.

Selon Bergeron, une des dimensions des fonctions de l'État contrôlant réside dans les règles produites : les fonctions de gouvernement et d'administration produisant des règles essentiellement politiques tandis que les fonctions de législation et de juridiction produisant, elles, des règles principalement juridiques. Nous avons relevé que bien souvent, les règles produites par les mécanismes de contrôle politique sont des propositions de normes juridiques qui sont en même temps des déclarations de normes politiques (sur le sens de la peine ou la place des droits humains).

Si les contrôles analysés dans ce chapitre n'appartiennent pas aux deux autres niveaux de l'État, il convient de rappeler que les trois niveaux, politie, gouverne et régime sont indissociablement liés. Les deux niveaux supérieurs, le régime et la gouverne entretiennent, en effet, des rapports bidirectionnels nommés par Bergeron seuils des habilitations. Ces seuils d'habilitation réfèrent à l'idée que si les gouvernants ou les législateurs sont désignés par les citoyens au moyen du processus électoral et à un autre niveau si les conseillers, les commissaires et les administrateurs sont nommés ou affectés à une mission ou un service de l'État, c'est qu'ils avaient tous déjà été habilités à le devenir selon les dispositions du régime lui-même. Dans le cadre de ces contrôles également, l'État dit qu'il sera contrôlant tout en acceptant d'être contrôlé dans des limites stipulées par lui-même.

Ces relations impliquent, nous l'avons vu dans le cas du contrôle des prisons, divers acteurs : ministres, parlementaires, commissions et comités législatifs ou indépendants, juges, médias, etc. Tous les mécanismes et ces entités de contrôle interagissent avec le système, l'administration et très souvent entre elles. Nous sommes bien confrontés à une pluralité d'organisations et d'acteurs qui interagissent entre eux et justifie donc une approche interactionniste qui considèrent ces relations non pas de façon statique, mais évolutive et en connexion avec les positions structurelles et les intérêts de chaque mécanisme. Les niveaux micro et macro de relations négociées entre organismes de contrôles et administrations forment des structures dans lesquelles l'exercice du pouvoir mène à des sortes spécifiques de rapports, explications et justifications. En recourant aux analyses systémiques telles que développées par Mucchielli (1998), Crozier et Friedberg (1977), il est possible d'analyser la complexité des relations entre les divers mécanismes étudiés. Tout d'abord au niveau des nombreux liens d'appartenances et rattachements institutionnels ; les juges sont présents au sein d'organismes tels que la CNDS, de la CNCDH, de la commission Canivet et des conseils d'évaluation et les parlementaires sont représentés au sein de la CNDS, de la CNCDH et de la commission Canivet. Le rapporteur d'une commission d'enquête parlementaire fait partie de l'équipe composant la commission Canivet. De plus indépendamment de ces rattachements institutionnels, des transferts de personnel sont observables entre la magistrature et les commissions comme la CNDS et la CNCDH. À titre d'exemple, un ancien président de la CNCDH fut président de la CNDS.

Les relations ne se limitent pas à la présence de personnes appartenant à la même institution ou au même corps professionnel. Comme nous l'avons vu à de nombreuses reprises, les divers mécanismes se consultent et procèdent à des auditions les uns les autres dans le déroulement de leur travail. Les commissions parlementaires ont, notamment, auditionné et/ou cité dans leurs travaux des magistrats, le rapport Canivet et le président de la CNCDH. Ainsi, dans certains cas, les travaux d'un organisme motivent un autre à s'intéresser à la question des prisons et inspirent quelquefois les actions prises et les solutions proposées ; comme dans le cas de la commission Canivet.

Parfois, les liens entre les divers mécanismes dépassent le simple échange d'idées et de compétences. Le Parlement, par exemple, a participé à la création de la CNDS et est intervenu pour que son champ de compétence puisse inclure l'Administration pénitentiaire. De plus, les députés étaient les activateurs de ce mécanisme de contrôle puisqu'ils étaient les seuls habilités à saisir cette commission.

Le concept de jeu développé par Crozier et Friedberg (1977) semble bien s'appliquer aux mécanismes étudiés dans ce chapitre. Nous identifions, en effet, divers phénomènes de relations, de pouvoir et d'interdépendance au-delà des concepts de structures, rôles et personnes. Sans, bien sûr, concevoir l'ensemble de ces contrôles comme un tout, il est possible d'entrevoir une certaine action organisée. Les buts des organismes étudiés et les systèmes de relations formels ou informels qui forment des réseaux de décisions et d'information illustrent ce processus de construction d'interactions et d'interdépendance qui caractérise le jeu. Le contexte d'interdépendance stratégique identifié par Crozier et Friedberg (1977) apparaît particulièrement évident dans le cadre des contrôles analysés dans ce chapitre. À travers la création, la composition ou le fonctionnement des divers mécanismes, il est possible d'observer des rapports de négociation asymétriques par lesquels s'échangent des ressources entre des acteurs bien souvent inégaux.

Si la plupart des mécanismes de contrôle semblent indépendants des autres dans l'accomplissement de leur travail, bien souvent leur capacité d'action et la possibilité d'obtenir des résultats reposent justement sur les négociations et la mise en œuvre de rapports de pouvoir avec l'Administration pénitentiaire et les autres mécanismes. On pourrait, bien sûr, vouloir évaluer le pouvoir et le succès des commissions ou comités en calculant le nombre de propositions qui ont mené à une réforme législative. Cette opération ne donnerait qu'une vision simpliste et limitée de l'influence des organismes étudiés et dénoterait une méconnaissance de la nature du travail de réforme du droit (Murphy, 2005). Ces mécanismes ayant pour la plupart des enjeux à long terme, il serait certainement plus riche d'évaluer leur réussite en fonction de la qualité, la pertinence et la sagesse des propositions formulées à la lumière des besoins de la société et sur ce point, le travail réalisé semble bien remarquable.

L'aspect répétitif des recommandations et des conclusions des divers mécanismes de contrôles agit comme une justification et validation réciproque de ceux-ci. Pour tenter de savoir si ce renforcement mutuel et ces interactions multiples sont nécessaires à l'efficacité de ces contrôles, il convient de concevoir que l'exercice du pouvoir réside dans l'interaction (Friedberg, 1993 et Mucchielli, 1998). Le pouvoir, ainsi conçu est, donc, inséparable de la relation à travers laquelle il s'exerce puisqu'il réside dans la capacité de structurer l'échange négocié de comportement en sa faveur. Dans ces relations de pouvoir, la coopération d'autres organismes est nécessaire à la réalisation d'un projet, ici la réforme du système pénitentiaire. Le pouvoir et la coopération sont donc des conséquences naturelles l'une de l'autre. Pour réussir, chaque mécanisme de contrôle vise à se faire connaître et reconnaître par les autres et influencer et aider indirectement les autres acteurs. Si les concrétisations de ces échanges ne sont pas toujours atteintes, il semble parfois que réfléchir et discuter des enjeux constitue, selon la perspective choisie, la véritable réussite ou le seul objectif réaliste des mécanismes de contrôle. Ces réflexions et échanges résultent très souvent en élaboration de normes sur le « devoir-être » du milieu carcéral qui, si elles ne sont pas immédiatement instituées et appliquées, constituent néanmoins des points de repère normatifs particulièrement pertinents et utiles.

CHAPITRE 5

Le contrôle par la société civile ; l'activisme des citoyens ?[132]

Si comme nous venons de le voir dans les chapitres précédents, l'État est souvent, à des degrés divers, l'instigateur du contrôle exercé sur les prisons, il convient de relever que parfois ce sont les citoyens qui s'approprient l'initiative et/ou la mise en œuvre de ce contrôle. En effet, faire confiance à l'État de droit, autrement dit, faire confiance au droit, pour garantir les droits de l'homme est rapidement apparu comme insuffisant. L'État de droit permet, en effet, de protéger les droits existants, mais il ne permet pas vraiment l'élargissement du champ des libertés et l'émergence de nouveaux droits puisqu'il dépend de l'État et de la volonté politique de celui-ci. Il est donc impossible d'aborder la question des droits de l'homme, et notamment des droits des personnes incarcérées, sans aborder celle du rôle du citoyen. La démocratie, en tant que participation des citoyens au pouvoir, est une condition et un moyen de garantie et de développement des droits de l'homme dont le respect dépend de la capacité des citoyens à se mobiliser pour les défendre et les transformer en cause civique. Berman (1997) affirme à ce propos :

> It's fine to speak about human rights… The world is full of countries that adopt the best constitutions and proclaim the rights of man…(and) fail to achieve very much democracy. And why is that? It's because democracy requires a certain kind of citizen. It requires citizens who feel responsible for something more than their own well-feathered little corner; citizens who want to participate in society's affairs, who insist on it; citizens with backbones; citizens who hold their ideas about democracy at the deep level.

Jackson (2002) mentionne que c'est justement ce genre de citoyen qui est à la base d'associations de plus en plus nombreuses qui entendent faire reconnaître et respecter les droits des groupes les plus vulnérables tels que les

---

[132] Certaines sections de ce chapitre ont fait l'objet de publication sous la forme d'un article référencé dans la bibliographie (Lehalle, 2005).

droits des prisonniers. En effet, Stern (1998) affirme qu'il existe de nombreuses organisations non officielles, des groupes d'anciens détenus et des défenseurs des droits de l'homme, entre autres, qui se battent pour protéger les droits des détenus. À cet égard, Canivet (2000) constate que c'est souvent l'absence d'indépendance des organes officiels chargés du contrôle qui a suscité l'émergence de nombreuses associations locales, nationales et internationales.

Nous développerons dans ce chapitre le contrôle directement exercé sur les établissements de détention par les citoyens. Nous aborderons, notamment, un contrôle citoyen original instauré au Canada, les comités consultatifs de citoyens. Nous analyserons également le contrôle exercé par un certain nombre d'associations ou ONG pertinentes. Si les ONG qui abordent, explicitement ou implicitement, ces questions sont nombreuses, c'est la consultation des textes fondateurs et énoncés de mission des ONG qui nous a permis d'en sélectionner certaines en fonction de leur rôle sur la question de la surveillance et du contrôle des établissements de détention et des droits des prisonniers de droit commun.

I. UNE INNOVATION CANADIENNE : LES COMITÉS CONSULTATIFS DE CITOYENS

1. Création

Initiés dans quelques pénitenciers dès 1965, les comités de citoyens (CCC) ont été développés à l'échelle nationale suite au rapport MacGuigan (1977). Le rapport insistait, en effet, sur la nécessité que des citoyens aient accès aux établissements de détention et puissent ainsi « évaluer les politiques et procédures correctionnelles ». Environ 600 citoyens sont aujourd'hui impliqués dans près de 100 comités dans le pays (SCC, 2004a). En effet, depuis 1990, tous les établissements correctionnels, mais aussi tous les bureaux de libération conditionnelle doivent être, en principe, dotés d'un CCC.

Chaque directeur de pénitencier fédéral est responsable de la constitution et du fonctionnement du comité rattaché à son établissement. Les membres qui composent ces comités sont nommés par le directeur avec le consentement du sous commissaire du Service correctionnel du Canada. Leur formation qui implique notamment des visites, des rencontres ainsi que des enseignements sur des domaines comme la sécurité et le langage des détenus est assurée par le SCC. Le Service est, de plus, responsable de former les comités de façon continue sur toute nouvelle politique.

L'existence et le fonctionnement de ces comités n'ont pas été codifiés dans la *Loi sur le système correctionnel et la mise en liberté sous condition,* mais trouvent leur fondement dans le paragraphe 7 (1 à 5) du *Règlement sur le système correctionnel et la mise en liberté sous condition* et la directive du commissaire n°23 (SCC, 2003a).

2. Mission

La mission des CCC consiste, en réunissant les membres une fois par mois dans l'établissement, à contribuer à la protection de la société et accroître la qualité du processus correctionnel par les liens et les conseils qu'ils offrent au personnel, au public et aux détenus.

Par leur participation bénévole au processus correctionnel fédéral, les CCC contribuent à la protection de la société. En effet, grâce aux liens étroits qu'ils entretiennent avec le personnel du SCC, le public et les délinquants, ainsi qu'aux recommandations et conseils impartiaux qu'ils donnent, ils contribuent de cette façon à accroître la qualité du processus correctionnel (SCC, 1995).

Les comités consultatifs de citoyens jouent trois rôles distincts. Premièrement, ils conseillent le Service correctionnel du Canada sur les opérations, les programmes, les politiques et les projets correctionnels. Deuxièmement, ils interviennent comme observateurs indépendants et impartiaux du déroulement des opérations et des activités quotidiennes du Service correctionnel du Canada. Troisièmement, les CCC ont un rôle d'agent de liaison qui communique avec la société et informe le public. Interrogé sur le fondement de l'action des CCC, Oscar, président régional des CCC, mentionne la notion « d'accountability ».

the public needs to hold the government of Canada accountable for their actions and theirs decisions… I believe that our comitees are the biggest thing is making the CSC accountable for their actions, that they are not wasting money, that they are not undercutting the value of life, of human being… when you are dealing with human being, there is accountability… and at the same time holding the inmates accountables.

Dans l'énoncé de mission des comités de citoyens, on ne retrouve pas l'objectif de contrôle des pénitenciers. Il y est affirmé que le fonctionnement de ces comités en tant qu'« observateurs indépendants » est essentiel afin de gérer le SCC selon les principes de transparence et d'intégrité (SCC, 1995). Une analyse trop rapide conduirait à interpréter cet énoncé de mission comme l'affirmation statutaire d'un rôle de contrôle. Les détails de ce rôle d'observateurs indépendants révèlent, en fait, qu'il s'agit d'aider le Service correctionnel à évaluer et à contrôler la qualité des soins fournis, de la surveillance exercée et des programmes offerts conformément à la loi, aux valeurs, aux textes et à la mission du Service. Ainsi, en théorie, les comités de citoyens contribueraient de façon très limitée à un certain contrôle légaliste et réglementaire de l'action du SCC.

Même lors de situations de crise au sein d'un établissement, leur rôle d'observateurs indépendants se limite à faire un compte rendu objectif de la situation qui peut, « avoir pour effet de pondérer la réaction du public et de situer l'événement dans son contexte même s'il peut, par la même occasion, informer la collectivité des problèmes reliés à la crise » (SCC, 1999). L'énoncé de mission affirme que, par ce rôle, « les membres du CCC peuvent expliquer les mesures prises pour résoudre la situation et informer les intéressés que des dispositions sont prises pour assurer la sécurité de la collectivité ». Dès lors, il est possible d'affirmer que leur mission principale n'est pas le contrôle de la prison par la société, mais davantage celui d'un relais d'information vers la société.

3. Fonctionnement

Les comités consultatifs de citoyens sont structurés en trois niveaux : des comités locaux auprès de chaque établissement, des comités régionaux pour chacune des régions administratives du Service correctionnel du Canada et un comité national de direction qui réunit les présidents des comités régionaux. Chaque comité local est composé de 5 à 15 membres qui représentent la collectivité et sa composition démographique en termes d'âge, d'ethnie, de sexe, de langue (art. 10 de la directive SCC (2003a)). Néanmoins, une étude récente, menée par le SCC, nous indique que le profil des personnes qui composent les CCC ne correspond pas à celui de la population canadienne en général (SCC, 2004b). Les membres sont plus âgés, plus instruits et plus nombreux à avoir un conjoint et des revenus élevés. Ils appartiennent moins souvent aux minorités visibles et près de 38 % sont des retraités.

Les membres s'impliquent dans le CCC le plus souvent par l'intermédiaire d'un autre membre. Parmi les raisons invoquées, on retrouve l'idée s'engager dans la communauté (66 %), mieux connaître le système de justice pénale (40 %), contribuer à la sécurité de la société (40 %) et aider les délinquants (30 %). Plus de la moitié des membres le sont depuis plus de 3 ans et y consacrent environ 4 h par mois (SCC, 2004b).

Les comités exercent donc un contrôle sur place et disposent pour cela d'un accès total à l'établissement sans besoin de s'annoncer. Les membres peuvent participer aux diverses réunions des comités de l'établissement et s'entretenir avec tout membre du personnel et tout détenu. Le manuel des CCC donne divers exemples d'activités à observer : soins, isolement, audience disciplinaire, rangées, repas, mesures prises par le directeur durant une situation de crise. Même si, selon Oscar, président régional, 90 % du travail du CCC consiste à écouter les différents acteurs, leur rôle d'observateur n'est pas uniquement passif, mais implique bien des actions proactives et une implication dans la vie de l'établissement.

Ainsi, à titre d'illustration de leurs activités, mentionnons que dans un même établissement, un membre du comité consultatif se rend à la réunion de comité de gestion de l'institution et donne son avis sur la gestion du courrier des détenus ou le retard du processus de plaintes et griefs. La semaine suivante, un autre membre, ancien médecin, est présent à la réunion du comité de détenus et du comité des affaires de santé. Il écoute les préoccupations des détenus et du personnel sur le nouveau système de détention ionique des drogues utilisé sur les visiteurs ou encore la question de la fumée secondaire dans l'établissement. Il termine sa visite en allant rencontrer quelques détenus à la cafétéria. La même semaine, un autre membre formule par écrit des commentaires sur la paie des détenus en réponse à une consultation nationale et prépare son communiqué de presse pour rassurer le public inquiet d'une libération imminente. De chez lui, un autre membre s'investit pour le maintien du programme canin de l'établissement en recherchant des maîtres-chiens et des éleveurs comme partenaires locaux.

Tous les membres ont divers échanges par email pour fixer l'ordre du jour de leur réunion mensuelle. Le directeur de l'établissement est généralement présent ou représenté lors de cette réunion au cours de laquelle les citoyens du comité font part de leurs observations et opinions, demandent des explications et formulent des recommandations. Les membres sollicitent alors de la direction des explications ou des actions sur des thèmes aussi divers que l'usage des numéros de téléphone 1.800 par les détenus, le délai de réception des effets personnels, la présence d'une infirmière la nuit ou encore le nouveau portique de sécurité. Dans une réunion, le CCC exprime à la direction ses préoccupations face à l'absence de contrôle du contenu des sacs de gym des membres du personnel qui font du sport dans le gymnase durant la pause du midi.

4. Des interlocuteurs diversifiés

Les comités ont dans leur mission de transparence du processus correctionnel, divers interlocuteurs clés : les détenus, le personnel, les gestionnaires qui reçoivent leurs conseils et finalement les médias et le public qu'il faut sensibiliser, informer et représenter.

A. Le Service correctionnel du Canada

La coopération obtenue du Service correctionnel du Canada est variable. Selon les CCC, les membres rencontrent uniquement la direction dans la réunion mensuelle ou au contraire mangent régulièrement à la cafétéria avec le personnel de tous les échelons. Si certains membres des CCC mentionnent la suspicion exprimée par le personnel à leur égard, ils soulignent cependant que certains employés communiquent avec eux. « Some staff really do not understand why we are here, so they have the tendency to be a little weird and other staff are more than happy to share with us » affirme Oscar, président régional des CCC.

La recherche réalisée par le SCC indique que les membres des CCC ne sont pas pleinement satisfaits de leurs interactions avec le SCC (SCC, 2004 b). 45 % des membres estiment, en effet, que le SCC pourrait appuyer davantage les CCC et 17 % affirment que le SCC les empêche de remplir leur mandat. Pour 39 % des membres ayant répondu à cette recherche, la communication avec le SCC est une question problématique à améliorer.

Nos observations semblent indiquer, en général un relationnel et une écoute acceptable de la part du SCC. Les interlocuteurs de la direction semblaient à l'aise avec les interventions et les requêtes des CCC. Par ailleurs, un sondage effectué auprès des directeurs (Demers, 2000) indiquait que les CCC étaient hautement appréciés. Le SCC symbolise notamment cette appréciation en remettant aux nouveaux membres un document encadré et en photographiant celui-ci serrant la main du directeur d'établissement.

Nous avons toutefois noté qu'assez souvent le directeur délègue la tâche de se rendre aux réunions du CCC à son adjoint administratif ou adjoint à la sécurité. Nous avons également assisté à des réunions de CCC tendues. Dans un cas, la source de cette tension clairement verbalisée résidait dans le refus de la direction de financer sur les fonds du SCC le repas des membres dont la réunion prenait place au moment du souper. Des commentaires cyniques des deux bords ont ponctué la réunion et la remise par la direction de nouveaux porte-cartes pour les membres a été accompagnée de remarques sur leur similitude avec des colliers de chien.

Le témoignage de Victor, directeur de pénitencier pendant plus de 10 ans, illustre bien la dualité d'approche et de perception de l'utilité des CCC et notamment l'importance du choix des membres composant les comités.

> Les CCC, ça ouvrait la prison… C'était une bonne formule, j'ai aimé ça quand j'ai été capable de choisir un peu plus mes membres de CCC… je les ai vu comme des gens qui avaient deux rôles : parler de nous à l'extérieur, dans les milieux où ils évoluent, nous, on a pas beaucoup de crédibilité à aller parler de ça parce qu'on est payé par la compagnie, on n'est pas cru, eux oui. L'autre aspect c'est d'avoir un questionnement par des personnes qui connaissent des opérations, un directeur de CEGEP[133] sur ton comité qui vient voir comment l'école est organisée, il sait de quoi il parle et je ne veux pas qu'il me parle comment l'école doit marcher en prison, mais comment l'école doit marcher, comment la buanderie doit marcher… Il y a encore le défi constant de savoir à quoi ça sert, pas tous les directeurs les utilisent de la même façon. Cela dépend qui tu as comme membre… si tu te

[133] Dans le cursus scolaire canadien, le CEGEP est l'équivalent du lycée en France.

retrouves qu'avec des vieux monsieurs qui ne savent pas quoi faire et qui veulent venir manger des sandwiches et prendre du café un après-midi par mois... certains venaient pour voir des criminels, voir des bandits... c'est différent, mais quand tu peux cibler et bien choisir ton monde... La difficulté, c'est qu'à chaque fois qu'il arrive quelque chose d'important il faut appeler le comité, si tu l'oublies t'es dans la difficulté, les consulter pour des procédures... ça étire le temps, cela a rendu la machine un peu plus grosse... Ça peut te mettre dans l'eau bouillante très facilement.

B. Les détenus

Du côté des détenus, leurs interactions avec les CCC sont diversifiées. Dans certains établissements, les détenus peuvent déposer leurs demandes ou commentaires dans une boîte à lettres située à côté de celle du mécanisme interne de plaintes et grief. Très souvent, lors de leur présence dans les pénitenciers, les membres du CCC sont interpellés par les détenus pour des échanges verbaux rapides au cours desquels ils informent le CCC de nouvelles pratiques ou d'événements survenus dans la semaine. Nous avons observé un détenu confiant à un membre du CCC la lettre de son avocat faisant mention d'un recours judiciaire contre le SCC afin que celle-ci ne soit pas conservée dans sa cellule.

De façon plus formelle, les détenus sont sollicités à venir s'exprimer lors des réunions du CCC et certains groupes de détenus arrivent à ces réunions avec des requêtes ou des informations organisées et imprimées sous forme de bulletin. Certains membres du CCC s'impliquent spontanément ou à la demande du comité des détenus dans les activités sociales. Ainsi nous avons assisté à des échanges au cours desquelles les membres du CCC proposaient d'aider à fournir la documentation sur la célébration de la semaine de l'histoire des noirs au Canada tandis que les détenus sollicitaient le comité pour fournir des moules à gâteaux en forme de lapin de Pâques pour préparer la fête prévue avec les enfants des détenus.

Cependant, comme le mentionne Oscar, président régional des CCC, la confiance se construit au fil du temps et n'est pas toujours présente : « some of the inmates think we are the spy of corrections ».

C. La communauté

L'aspect communautaire des CCC implique que les membres choisis soient impliqués dans la communauté proche de l'établissement. Les membres des CCC, résidents de la région, ont un droit de parole au sein de l'établissement, mais également de la collectivité, médias y compris. Les comités interviennent dans les journaux et les émissions télévisées. Oscar, président régional des

CCC mentionne cependant que, par respect, il ne fait pas d'intervention dans la presse sans aviser au préalable le directeur de l'établissement concerné.

Dans leurs communautés, les membres des CCC organisent diverses rencontres, entre autres dans les collèges et les clubs d'âge d'or. Certains CCC innovent par la création d'exposés visuels ou de visite virtuelle des pénitenciers comme support de ces présentations à la communauté (SCC, 2004c). Les actions impliquent parfois les détenus comme dans le cas du projet « Bike for Kids » qui permet aux délinquantes d'un pénitencier de l'Atlantique de réparer les bicyclettes des enfants défavorisés.

Le dernier rapport annuel porte un regard critique sur la réalisation de cette mission de liaison : « un élément de notre mandat que nous n'avons pas adéquatement réalisé est notre rôle d'agents de liaison avec la collectivité. Il y a de bons exemples de succès en la matière mais, souvent, les comités n'arrivent pas jouer correctement ce rôle » (CCC, 2011, p.9).

Le manuel suggère aux membres des CCC d'entrer en contact avec différents groupes parmi lesquels est mentionnée la société John Howard (SCC, 2003b). Dans les faits, ces relations doivent souvent se limiter aux contacts informels tels que des actions communautaires conjointes. La politique actuelle de la plupart des CCC est de ne pas inclure en leur sein des membres d'autres groupes ou ONG. Les témoignages des membres de la John Howard Society et de l'Office des Droits des Détenus, deux ONG canadiennes, concordent pour souligner que leur participation spontanée ou sollicitée s'est achevée avec leur éviction des CCC.

> We had a member of JHS at CAC, they say she should quit because of conflict of interest and they didn't want to be associate with advocacy (Ryan, directeur de la JHS-Canada).
>
> Lors de leur création des CCC, ils se sont adressés à nous pour participer, on a refusé… ils ont insisté et on a réévalué et on a dit oui… On avait bien accepté que l'information que l'on pouvait obtenir ne pouvait pas servir à l'ODD… les gardiens étaient pas capables de supporter ça, ce qui fait qu'après un certain temps ils m'ont mis dehors… sans raison vraiment valable… ça a fait des problèmes donc on est pas resté (Laurent, président de l'ODD).

Dans les deux cas, le souci d'impartialité des CCC a fait en sorte d'exclure des ONG fortement impliquées sur le dossier des prisons. « John Howard, Elisabeth Fry, they are advocates… we are not advocates » explique Oscar, président régional des CCC. Ce refus de tout militantisme est d'ailleurs clairement explicité dans le manuel des CCC.

> Notre seul parti pris est notre dévouement à accroître la qualité des services correctionnels dans l'intérêt des Canadiens et des Canadiennes… Dans le code de conduite, le premier est le devoir de demeurer impartial… Nous sommes des

observateurs impartiaux, non des militants. Nous devons donc veiller soigneusement à ce que nos rapports avec d'autres groupes ou personnes ne nuisent pas à l'impartialité dont nous devons faire preuve, mais qu'ils servent seulement à enrichir nos connaissances et nous aident à orienter nos actes de manière appropriée.

Selon lui, cette objectivité est atteinte en étant justement à l'écoute de tous les acteurs concernés.

> I have to listen to all sides and then I make an informed decision... I am not gonna advise on something if I haven't heard the concerns of the inmates, the concerns of the staff and the concerns of the public and try to put all trough together, I can be very objective. We have to be objective, we have no choice (Oscar, président régional des CCC).

5. L'impact des CCC

Une première analyse permet de préciser que leur mission principale n'est pas le contrôle du Service correctionnel du Canada par la société, mais celui d'un regard extérieur et de relais d'information. Il ressort également que ces comités, tout en étant un contrôle citoyen de par leur composition, sont, de par leur mode de nomination et de fonctionnement, un contrôle institutionnalisé au sein du Service correctionnel du Canada. La brochure des CCC mentionne de façon peu équivoque que « la fonction des CCC est administrée par le truchement du SCC ». Un président de comité interviewé, Nathan, nous a même affirmé que, pendant longtemps, les comités étaient en fait, de par leur manque de formation, juste utiles pour redorer l'image du Service correctionnel. Il est vrai que l'ouverture que démontre le SCC en permettant au public d'observer ses activités est fréquemment mentionnée comme preuve de son intégrité et de sa responsabilisation. Cette reconnaissance est parfois même officielle puisque les CCC se sont vu décerner divers prix tels que le prix Chapter de ACA.

C'est cette réputation de vitrine de transparence qui persiste quand on parle des CCC. Les propos du directeur de la société John Howard du Canada confirment le manque de crédibilité attaché aux CCC.

> They do that with CAC, they use them all the time, it is the people they pick, they put in that position, they find them and they can probably control them and often they say « we are open and transparent, we have CAC », I think that they are pathetic as an institution, to be taken seriously they need to be independent... They are good people but the structure itself protect the status quo (Ryan, directeur executif de JHS).

La présidente de l'ASRSQ (Association des services de réhabilitation du Québec, une association québécoise sur laquelle nous revenons dans les développements suivants) mentionne elle aussi cette mauvaise réputation des CCC mais dénote cependant une certaine amélioration.

> C'est plus ou moins efficace selon les personnes qui sont là, c'est sûr que si une personne qui siège sur ce comité-là, elle gobe facilement le discours institutionnel… y a eu des moments où les CCC étaient perçus comme là pour tamponner les décisions des autorités, pendant ces années-là les liens n'étaient pas étroits. Là en ce moment ils sont meilleurs, on travaille avec eux autres certains dossiers (Julie, présidente de l'ASRSQ).

Oscar, président régional des CCC, nous indique être conscient de la réputation que leur donne leur statut. Il considère toutefois les liens institutionnels avec le SCC comme le prix à payer de leur liberté d'action : « as gouvernement appointed it can be a bad reputation but I don't look at it that way, as appointed we have access to the institution at any time of the day, I have been there at 3 am ».

N'ayant pas de pouvoir décisionnaire, le principal impact de ces comités s'actualise au quotidien. L'influence qu'ils peuvent exercer se fait au moyen des conseils objectifs indépendants et opportuns qu'ils fournissent aux gestionnaires et qui seront peut-être suivis d'effet. Ils peuvent, également, en agissant à titre d'observateurs indépendants dans le cadre de situation de crise, contribuer au retour au calme en fournissant au public une vue, en principe impartiale, des événements. L'impact et le succès de ces comités sont donc très variables selon les établissements, les personnes impliquées et la coopération obtenue.

La recherche réalisée en 2004 par le SCC indique que 50 % des membres des CCC estiment avoir peu ou pas d'impact sur politiques, les programmes, la sensibilisation du public et la gestion des crises (SCC, 2004 b). Cependant, interrogés sur leur contribution à la qualité du processus correctionnel : 43 % répondent oui, 38 % plus ou moins et 20 % pas du tout. De façon plus générale, 67 % des membres disent apporter une réelle contribution au SCC et 54 % estiment que le SCC tient compte de leurs recommandations. Oscar, président régional des CCC témoigne du sentiment d'impact de l'implication dans les CCC : « I can go to sleep at night and know that my community advance, I am safe… I believe in my heart that we are making a little difference in someway… Members would stop if they didn't think they are making a difference ». Il semble, en effet, que seulement 21 % des membres qui quittent les CCC le font par manque de satisfaction sur l'influence de leur implication (SCC, 2004). Nathan, président d'un CCC, mentionne pour sa part que les CCC n'ont pas de limitations autres que les leurs et ils peuvent, en fait, bouger des montagnes. Pour accentuer les contrastes, il compare l'impact des

CCC tantôt au caractère stationnaire d'un vélo d'appartement et tantôt à celui d'un réel « chien de garde ».

La conviction d'agir comme mécanisme de contrôle indépendant transparaît, en effet, du discours de certains membres rencontrés. Ils seraient, selon eux, les seuls à pouvoir jouer pleinement ce rôle de « chiens de garde » en raison justement de leur statut de citoyens libres, objectifs et désintéressés.

> The others, how can they be impartial, they can't be. We are just citizens, I have no stake on what is going on, I am not a shareholder, I don't have money invested in CSC… who better to do it than the average citizen… we are not the United Nations or an other NGO, I think there is a bias there in a lot of cases… May we should be under an other auspice et be reporting to somebody else but I really do believe that the average citizen are the best group to do that… if you are being pay to do that, how can you be objective (Oscar, président régional des CCC).

Il semble donc que l'originalité de ce mécanisme instauré dans un but de transparence s'exprime dans l'institutionnalisation faite d'une participation citoyenne au contrôle de la légalité qui peut, spontanément, en fonction des individus, se mettre à fonctionner comme un contrôle citoyen humaniste.

II. Les ONG internationales : un intérêt relatif pour le Canada et la France

1. L'Association pour la Prévention de la Torture (APT) [134]

En 1977, Jean-Jacques Gautier fonde le comité suisse contre la torture sur l'idée que le meilleur moyen de prévention était d'établir un mécanisme international de visite des établissements de détention sur le modèle du Comité international de la Croix Rouge.

Devenue l'association de prévention de la torture (APT), cette ONG indépendante travaille dans le monde entier afin de prévenir la torture et les mauvais traitements des détenus. L'idée à la base de sa création se retrouve dans l'énoncé de ses trois objectifs : 1) poursuivre l'adoption et promouvoir le respect des standards prévenant la torture et les mauvais traitements ; 2) encourager et suivre l'établissement d'un fonctionnement efficace des mécanismes de visites dans les centres de détention et autres mécanismes de contrôle ; 3) réunir des expertises juridiques pour offrir une formation aux acteurs nationaux qui se battent pour la prévention de tels traitements.

L'APT est donc spécialisée dans la promotion d'un instrument : les visites. Chloé, chargée du programme *visites*, fait remarquer que l'objectif étant la

[134] www.apt.ch. APT Online et newsletters.

prévention et non pas la dénonciation, l'APT est « une association de type un peu professionnelle plus orientée vers les spécialistes que vers les membres ».

Au niveau européen, l'influence de l'APT semble incontestée. Si nous avons déjà mentionné comment l'APT et son fondateur sont à l'origine de la Convention européenne de prévention de la torture et par conséquent du CPT, il convient de souligner l'implication constante de l'association au soutien de ce dernier. Selon la responsable du programme *visites*, l'association était même, à l'origine, chargée d'organiser la formation des nouveaux membres du CPT. De plus, l'APT publie fréquemment des documents relayant le rôle, les méthodes et les normes du CPT (APT, 1996, 1997 b, 1999, 2002c et d). L'association a notamment réalisé, conjointement avec le Conseil de l'Europe, un document intitulé « une visite du CPT, de quoi s'agit-il ? » qui s'adresse aux représentants des forces de l'ordre pour expliquer le rôle et la mission du CPT (APT, 1999). Le pamphlet, diffusé sur le site du CPT, a été traduit dans près de 20 différents langages. L'APT a, également, organisé en 1994 un séminaire sur le bilan et les perspectives après cinq ans d'activités du CPT (APT, 1995). De plus, au niveau normatif, l'APT est l'auteur de guides de jurisprudence sur la torture et les mauvais traitements qui synthétisent la jurisprudence de la CEDH sur le sujet (APT, 2002a).

L'APT est aussi très active pour supporter concrètement l'action du CPT. En 2002, un atelier d'experts[135] sur « comment améliorer l'implantation des recommandations du CPT » a été organisé par l'APT au Conseil de l'Europe. En 2003, l'association a réalisé des ateliers de formation sur la mise en œuvre des recommandations du CPT à l'attention du personnel pénitentiaire de Moldavie (APT, 2003a). Les membres de l'APT se rendent régulièrement à Strasbourg pour participer à des consultations.

Au niveau onusien, l'association, située à Genève, participe aux travaux de la Commission des droits de l'homme et du Comité contre la torture (CAT) dont elle suit les travaux et auxquels elle adresse ses rapports et prises de position. C'est notamment sur le dossier du protocole additionnel à la Convention contre la torture que l'APT est le plus impliquée. Comme nous l'avons déjà mentionné, l'APT et son fondateur sont reconnus comme étant à l'origine de ce protocole (APT, 1997a). L'association qui avait milité de façon assidue pour l'existence de protocole est aujourd'hui active sur le dossier de la signature et la ratification de celui-ci. L'APT contribue à faire connaître et adopter ce protocole au moyen de conférences, ateliers et publications. En 2004, l'association a publié un manuel complet sur le protocole et son application (APT, 2004). Depuis l'APT tient à jour un état des lieux constant des signatures du protocole ainsi qu'un suivi des initiatives entreprises pour

---

[135] Parmi les participants, on recense des représentants du CPT, du secrétariat et de l'assemblée parlementaire du CE, diverses organisations internationales, de gouvernements et ONG.

inciter les différents pays à signer et ratifier ce protocole. Pour le Canada, l'APT s'est associée avec Amnesty International pour adresser une lettre ouverte au gouvernement demandant la signature du protocole. En France, l'APT a agi en partenariat avec l'Association des Chrétiens contre la torture (ACAT) pour faire pression sur le gouvernement afin qu'il ratifie ce protocole. Dans le cadre de ces actions conjointes, l'APT vise « non pas à dire quel mécanisme implanter, mais à faciliter et donner les outils aux ONG locales » (Chloé, responsable du programme *visites* de l'APT). Dans cet objectif, l'association travaille à l'élaboration d'une banque de données sur les mécanismes nationaux de visites afin de capitaliser l'expérience des mécanismes existants et transmettre cette information. En effet, l'APT est également très active sur le volet national de ce protocole qui prévoit pour les États signataires la mise en œuvre d'un système de contrôle national.

Si l'APT soutient les mécanismes de contrôle supranationaux, elle encourage aussi les visites des lieux de détention par des instances nationales. L'association stimule notamment le contrôle parlementaire par des activités telles que la formation de commission parlementaire en Suisse ou des auditions devant le parlement allemand et latino-américain (2001 et 2003 b). L'APT soutient également le contrôle des commissions de la vérité en Amérique latine (2003b) et des ombudsmans (APT, 1998 et 2000a). L'association insiste finalement sur l'importance de visites faites par des ONG : « Civil society and in particular national NGOs should also be recognised as necessary watchdogs » (APT, 2003a, p.3).

Pour soutenir les divers mécanismes de visite, l'association est l'auteur de divers guides pratiques de « comment visiter les établissements de détention ». Publié en 2003, un ouvrage de près de 200 pages s'adresse spécifiquement aux ONG pour les conseiller sur la création et le fonctionnement de programmes de contrôle des conditions de détention (APT, 2003c). De la composition des équipes de visites au comportement à adopter sur les lieux en passant par des conseils sur quoi observer, l'APT fournit par cet ouvrage le document le plus complet existant sur la méthodologie d'une visite des lieux de détention. Pour réaliser cet ouvrage, l'APT a notamment sollicité des services d'une consultante dotée d'une expérience de 10 ans au sein du Comité international de la Croix Rouge. En 2004, une nouvelle version de cet ouvrage inclut le nouveau protocole facultatif à la convention onusienne et élargit son audience au-delà des ONG pour s'adresser aux divers organismes potentiels de visite des établissements de détention (APT, 2004). En 2010, un nouveau guide pratique à l'intention des Institutions nationales des droits de l'homme est venu compléter la documentation avec maintes précisions sur comment enquêter, réaliser des entrevues, réunir des preuves, etc (APT, 2013). Selon la responsable du programme *visites*, ces ouvrages, rapidement diffusés, répondent à une demande concrète des acteurs gouvernementaux et non gouvernementaux impliqués dans le contrôle des établissements de détention.

De façon encore plus concrète encore, l'APT organise des séminaires d'experts afin de favoriser les échanges d'expériences entre les divers acteurs impliqués dans le contrôle des prisons (APT, 2003a). L'association anime régulièrement des ateliers de formation à l'attention de policiers comme ce fut le cas, notamment, en Suisse (APT, 2003a), en Turquie et au Botswana (APT, 2003b). En 2003, une formation a été donnée aux bureaux de l'ombudsman en Colombie (APT, 2003b). Des ateliers sur le contrôle des lieux par les ONG locales sont fréquemment organisés (APT, 2000b).

L'APT joue aussi un rôle de lien entre organismes supranationaux et organismes citoyens comme en témoignent les réunions organisées en parallèle à la 56ème session de la Commission des droits de l'homme qui réunissaient le Rapporteur spécial contre la torture, deux membres du CPT et des représentants du CICR et de Penal Reform International (APT, 2000).

2. Amnestie Internationale (AI)

Fondée en 1961, Amnestie Internationale a eu comme objectif premier de libérer les personnes incarcérées en raison de leurs convictions, soit « les prisonniers de conscience ». Son objet, d'abord limité aux droits civils et politiques, s'est ensuite étendu aux droits de l'homme au sens large[136]. Si, comme le mentionne Morgan et Evans (1994), AI est davantage concernée par les prisonniers que les prisons, elle travaille activement pour surveiller les conditions de détention et notamment l'application des Règles minimas pour le traitement des détenus adoptées par les Nations Unies en 1957 (Maran, 1999). En ayant des délégués dans de nombreux pays, AI fait chaque année une centaine de visites dans une douzaine de pays dans un but d'investigation, de dialogue avec le gouvernement et de procédures légales. Une douzaine de rapports sont publiés par an en plus du rapport annuel qui couvre environ 140 pays. Qu'il s'agisse de publications mensuelles ou trimestrielles, de manuels pour l'action contre la torture, de rapports thématiques sur les assassinats politiques (AI, 1983) ou la peine de mort (AI, 1979) ou sur des pays spécifiques tels que l'Indonésie (AI, 1977a), les publications d'AI depuis les années soixante sont nombreuses et variées.

AI dresse régulièrement la liste des pays qui ne respectent pas les droits de l'homme et intervient pour les voir censurés par la Commission des droits de l'homme de Nations Unies. Si on imagine le plus souvent AI intervenir dans des pays exotiques aux mauvaises réputations, l'inscription des États Unis dans cette liste noire des droits de l'homme montre que l'action d'AI porte

[136] www.amnesty.org. Mission and reports.

également sur les conditions de détentions dans les pays occidentaux. En effet, en 1999, AI a effectué la visite d'un pénitencier américain en compagnie de Silvia Casale, présidente du CPT agissant en capacité d'expert volontaire (AI, 1998). De plus, divers rapports ou communiqués ont abordé les problématiques des prisons de sécurité maximum (AI, 1999), les viols et abus sexuels des hommes et femmes détenues dans les pénitenciers (AI, 1999) ou encore les détenus atteints du VIH (AI, 2000).

Les rapports annuels d'AI sur la France et le Canada sont souvent assez succincts, mais ils dénoncent activement certains incidents et soulèvent les problématiques rattachées à l'emprisonnement dans ces pays notamment l'isolement prolongé (AI, 2001a et 2002a).

A. Amnestie Internationale et la France

Concernant la France, mentionnons à titre d'exemple que le rapport de 75-76 s'intéressait à l'emprisonnement des objecteurs de conscience et des autonomistes bretons. Ce rapport mentionnait, également, qu'un appel lancé au Président a résulté en la commutation de la peine de mort prononcée à l'encontre d'un mineur (AI, 1976). Dans les rapports des dix dernières années, la France préoccupe principalement AI pour les cas de violences policières sur le terrain (notamment deux personnes tuées par la police en 2000) et lors de la détention administrative de demandeurs asiles (AI 2001a, 2002a, 2003). Le rapport 2004 (AI, 2004) attire l'attention sur deux cas de personnes mortes durant leur déportation forcée. AI appuie ses constatations en mentionnant notamment le rapport de visite du CPT à l'aéroport de Roissy en 2002 ainsi que les avis de la CNDS (AI, 2004). Dans ses rapports annuels, l'association dénonce les délais et les obstacles aux jugements des policiers auteurs des violences et évoque un certain climat d'impunité qui résulte finalement en impunité de fait (AI, 2003). Sur ce sujet, AI a entrepris des actions ciblées de dénonciations et d'interpellation des autorités (AI, 1998a, 2002 b et 2005a). L'association s'est également prononcée en faveur d'un contrôle des autorités (AI, 2005 b).

En 2000, AI s'est intéressée aux prisons françaises et notamment aux rapports des commissions d'enquête parlementaires. Le rapport 2003 mentionne le jugement de la CEDH concernant l'affaire Papon. L'association se dit préoccupée par l'impact potentiellement nocif de l'isolement prolongé sur la santé physique et mentale des détenus et elle soulève également le cas d'un détenu diabétique sans soins. En 2003, AI a effectué deux visites en France au cours desquelles elle constate les tensions existantes en prison en raison de la surpopulation. L'association insiste sur les taux élevés de suicides et d'actes de violence commis par les gardiens et les détenus (AI, 2004). Le dernier rapport évoque la « crise des prisons » en se basant notamment sur le rapport du CPT sur la visite réalisée en 2003. En 2001, AI mentionnait déjà les conclusions dressées par le CPT à l'issue de la visite de 2000 (AI, 2001).

La section française d'AI entreprend parfois des actions de pressions au niveau national. La question de la torture est notamment abordée au moyen de campagnes et de diffusion de brochures d'information (AI, 2008).Cependant, les personnes contactées à AI-SF nous ont confirmé ne pas travailler sur les prisons françaises à part certains cas précis de décès en détention. Mentionnons toutefois qu'AI-SF contribue parfois indirectement à l'avancement de ce dossier comme en atteste son action en faveur de l'adoption du protocole facultatif à la Convention contre la torture. Sur cette question, en effet, AI-SF a publié, en 2004, un rapport et une lettre ouverte au Président de la République[137] qui recommandent la signature et ratification de la France (AI-SF, 2004a et 2004b). Cette association fait aussi régulièrement des déclarations publiques qui relayent et appuyent le travail d'organisme comme le Comité européen de prévention de la torture (CPT) : « Amnesty International engage les autorités françaises à mettre en œuvre sans délai les recommandations formulées par le Comité européen pour la prévention de la torture (CPT) dans son rapport publié le 19 avril 2012 »[138].

B. Amnestie Internationale et le Canada

Concernant le Canada, AI s'intéressait en 1976 à un cas d'extradition vers les États-Unis. Trente ans plus tard, ce sont toujours les extraditions qui préoccupent AI. L'association attire l'attention sur 2 cas potentiels d'exécution de Canadiens par les États-Unis en 2000 (AI, 2001). AI soulève le cas d'un Canadien torturé après avoir été déporté par les États-Unis en Syrie (AI 2004 et 2005) et relève l'existence de risques de torture pour six personnes susceptibles d'être déportées par le Canada dans des pays où elle est pratiquée. Les récents rapports annuels d'AI (2012, et 2013) mentionnent également les problématiques de violences policières et de protection des réfugiés, mais la question des lieux de détention au Canada ne fait pas l'objet de commentaires.

Au niveau national, AI-Canada ne travaille pas spécifiquement sur les prisons canadiennes, mais aborde parfois certaines problématiques telles que la situation des femmes détenues (AI, 2004). Notons également qu'à l'occasion des rapports du Canada au Comité contre la torture des Nations Unies (CAT), AI-Canada s'implique et adresse son propre rapport au comité. Le document aborde ainsi des dossiers thématiques tels que les populations autochtones, l'usage des pistolets paralysants et recommande la ratification du protocole facultatif à la Convention contre la torture (AI-Canada, 2004). Les

---

[137] Cette lettre ouverte était notamment cosignée avec de nombreuses associations telles que ACAT-France, AFC, LDH, PRI et OIP.

[138] Déclaration publique du 19 avril 2012, index : EUR 21/005/2012

deux plus récents communiqués[139] de cette ONG mettent l'emphase sur la « réticence » du Canada à ratifier les conventions internationales concernées et son manque de progrès dans la mise en œuvre des recommandations du Comité contre la torture.

Que ce soit à l'échelle nationale ou internationale, l'influence d'AI est régulièrement reconnue. Comme Wilson (1993) et Maran (1999) le relèvent, sa collaboration avec les Nations Unies et le CPT, semble être souvent un facteur central dans le fonctionnement de ces institutions. À titre d'exemple, elle a récemment soumis ses observations à l'Office des Nations unies sur la drogue et le crime dans le cadre de l'examen en cours des Régles minima. Son influence s'étend également à d'autres instances gouvernementales, intergouvernementales ou non gouvernementales à travers la formation et le transfert d'expertise. Sur le sujet qui nous intéresse, différentes sections d'AI interviennent et publient des documents sur *comment surveiller et enquêter en matière de torture, traitements cruels, inhumains et dégradants et les conditions de détention*. À titre d'exemple, un ouvrage de la section néerlandaise d'AI, publié en 2001, explique précisément comment collecter les informations, préparer et réaliser les enquêtes dans les lieux de détention et évaluer les informations obtenues.

3. Human Rights Watch (HRW)

Human Rights Watch débuta en 1978 en tant que Helsinki Watch fondé pour contrôler le respect des accords d'Helsinki par les pays du bloc soviétique. Dans les années 80, Americas Watch est mis en place et divers comités commencent à couvrir diverses régions du monde. En 1988, les comités sont unifiés pour fonder Human Rights Watch dont la mission est de défendre les droits de l'homme dans le monde. Cette organisation, financée exclusivement par des fondations privées et des particuliers, se compose de plus de 150 professionnels, avocats, journalistes, universitaires, experts de diverses nationalités auxquels se joignent un certain nombre de volontaires. HRW est basé à New York et opère dans ses bureaux aux États-Unis, en Europe ainsi qu'en Afrique, au Liban, à Hong Kong et Toronto. Des bureaux temporaires sont également implantés dans les régions où sont conduites des enquêtes intensives.

Le travail de HRW consiste à conduire des enquêtes sur des violations de droits de l'homme et à diffuser ses constatations. Cet organisme publie, chaque année, un rapport mondial. Le rapport annuel 2002[140] aborde la question des prisons parmi les problématiques spécifiques. HRW insiste alors

---

[139] Communiqués du 31/10/2012 et du 17/05/2013 sur le site www.amnesty.org

[140] www.hrw.org. Human Rights Watch World Report 2002.

sur les problèmes de surpopulation, de délabrement des infrastructures, de déficiences sanitaires, de violence et d'abus qui caractérisent les prisons de nombreux pays, y compris les pays les plus développés. Si de nombreux pays sont cités dans l'exposé, le Canada et la France ne sont aucunement mentionnés.

Au sein de HRW a été mis sur place, en 1987, le *Prison Project*[141] qui enquête sur les conditions de détention par le biais des groupes régionaux. L'association effectue parfois des visites des établissements de détention quand les gouvernements les y autorisent selon des conditions qu'elle juge acceptables tels que la liberté de choix des établissements et la liberté de parler aux détenus. Cet organisme a d'ailleurs développé une méthodologie pour l'enquête sur les prisons qui donne lieu à la formation des membres de HRW mais également d'autres ONG tels que le Comité international de la Croix Rouge. L'objectif de ce projet est, certes, d'inciter à l'amélioration des conditions de détention dans les pays, en ayant pour guide les Règles minimas pour le traitement des détenus des Nations Unies, mais il vise également à placer le problème des conditions de détention dans l'agenda international des droits de l'homme. Pour cela, le *Prison Project* a participé, en 1994) au groupe de travail de l'ONU sur le protocole optionnel de la Convention contre la torture et fait diverses déclarations devant les organes onusiens concernés par cette problématique tels que la Commission des droits de l'homme, la Commission sur la prévention du crime et le Rapporteur spécial contre la torture.

Des rapports spécifiques sur le traitement des prisonniers sont régulièrement produits par HRW. Entre 1989 et 2001, 23 pays ont fait l'objet de rapports de HRW sur les conditions de détention auquel s'ajoutent un rapport global sur les prisons (HRW, 1993) et six monographies touchant des problématiques observées dans les prisons américaines tels que les viols de prisonniers, le traitement des malades mentaux, l'isolement et les abus sexuels des femmes détenues (HRW, 2001, 1999 et 1996). Aucun rapport sur les conditions de détention en France et Canada n'a été, à ce jour, publié par HRW.

L'organisation dresse, sur son site internet, un état des lieux de l'impact de ses actions. HRW mentionne notamment avoir dirigé une coalition internationale pour interdire l'utilisation d'enfants soldats, avoir gagné avec ses partenaires le prix Nobel de la paix pour leur campagne contre les mines, avoir été un des premiers à avoir réclamé un tribunal international sur les crimes en ex-Yougoslavie, avoir fourni des preuves au tribunal international sur le Rwanda et avoir joué un rôle actif dans les actions légales prises contre

---

[141] www.hrw.org. The Prisons Project.

Pinochet. Les conditions de détention ne semblent pas être répertoriées parmi les exemples d'impact du travail d'HRW.

Les travaux d'HRW génèrent régulièrement une couverture médiatique importante au niveau international et local. Cette médiatisation est un des moyens d'action privilégiés par HRW : « The publicity helps to embarass abusive governments on the eyes of their citizens and the world ». L'organisation est, en effet, très fréquemment mentionnée dans la presse comme une source fiable.

> …an american based organisation with considerable credibility built over years of hardnosed investigations into rights abuses across the globe. Its findings cannot simply be swept under the carpet with dismissive statements (Uganda, 2004[142]).
> The reports of the New-York based Human Rights Watch have become extremely important. On a shoestring budget and with no permanent Western experts or large office in Kabul, frequently harassed and critized by the US, the UN and the warlords, HRW has documented practically every aspect of the growing crisis in a series of detailed reports which have offered sensible recommendations. Cogent and eminently practical, these reports have gone far beyond an account of human rights abuses in the country (Rashid, 2004[143]).

Les autorités concernées par les rapports critiques de HRW sont, en effet, moins élogieuses envers l'organisation. Le gouvernement de l'Angola[144] parle de manque de crédibilité et de campagne basée sur l'imagination. Les autorités chinoises[145] évoquent fabrication et distorsion des faits. Le gouvernement de l'Uganda[146] considère le rapport de HRW « a rubbish born of a fevered imagination ». Du côté des universitaires, Morgan et Evans (1994) soulignent que le fait que cette ONG n'ait pas de droit de visite et voit souvent son accès aux établissements refusé incite à s'interroger sur la valeur des rapports qui s'appuient alors comme source d'information principale sur les médias et des groupes de correspondants locaux.

4. Penal Reform International (PRI)

Penal Reform International est une ONG internationale fondée à Londres en 1989 et qui compte des membres dans 80 pays. Outre le siège à Londres et ses 13 employés, PRI dispose de 4 bureaux régionaux au Kazakhstan, en

---

[142] cf. www.hrw.org.

[143] cf.www.hrw.org.

[144] Réponse officielle du gouvernement angolais aux rapports de HRW, 13 janvier 2004 (www.hrw.org.).

[145] Propos du porte-parole du ministre chinois des Affaires étrangères lors d'une conférence de presse le 12 décembre 2000 (www.hrw.org.).

[146] Propos du conseiller du président ougandais Museveni, 28 mars 2004 (www.hrw.org).

Russie, en Géorgie et à Jordan qui emploient un total de 20 personnes. Le président de PRI, Othmani, récemment décédé, était un militant de longue date qui a passé plus de 10 ans de sa vie en prison. Après avoir milité pendant neuf années au sein d'Amnesty International, il a fondé PRI pour intervenir au-delà de la question des prisonniers politiques (Othmani, 2002). La nomination, en 2004, de Mary Robinson en tant que Présidente honoraire de PRI est venue renforcer la crédibilité de cette ONG sur la scène internationale.

Cette organisation vise une réforme pénale en faisant la promotion pour : 1) le développement et l'implantation des instruments internationaux de droit de la personne concernant notamment l'application de la loi et les conditions et standards de détention ; 2) l'élimination de toute discrimination injuste et non éthique dans les mesures pénales ; 3) l'abolition de la peine de mort ; 4) la réduction de l'usage de l'emprisonnement dans le monde et 5) l'usage d'alternatives constructives à l'incarcération qui encourageraient la réintégration sociale en prenant en compte les intérêts des victimes[147].

PRI, qui a aujourd'hui un statut consultatif aux Nations Unies et au Conseil de l'Europe, n'entretient pas de relations avec les gouvernements en ce qui concerne la gestion et l'orientation de ses activités. Cependant, l'organisation sollicite et accepte des fonds gouvernementaux pour entreprendre certains programmes approuvés. PRI tente ainsi travailler en partenariat avec les gouvernements sans compromettre son indépendance et autonomie.

Pour atteindre ces objectifs, le PRI procède par une approche régionale et pratique qui vise à assurer la coopération des ONG locales et des gouvernements à l'entreprise de réforme de leur système pénal. L'association fournit donc une expertise technique et pratique aux ONG et aux gouvernements, aide à l'implantation des ONG et au développement de modèles alternatif et assure la formation en droits de l'homme des ONG et des officiels de certains gouvernements. Un programme international de formation en matière pénale et pénitentiaire a notamment été mis en place. Ce programme de trois ans, financé par l'Union européenne, offre des outils concrets de soutien aux réformes pénales et pénitentiaires. L'organisation publie également des ouvrages généraux sur ce thème. La publication du manuel intitulé « Good Prison Practice : Making the Standards Work » en 2001 illustre bien le travail fait par le PRI (2001). Un chapitre de cet ouvrage est d'ailleurs consacré aux contrôles et inspections des prisons pour inciter la mise en œuvre de tels mécanismes. Ce travail de fond confirme la dimension plus générale et théorique des activités d'analyse critique menées par PRI qui peut ainsi exercer une influence sur divers pays comme le Canada et la France. Dans le même sens, un colloque sur le contrôle des conditions de détention en Europe a été organisé par PRI en 1996 (PRI, 1997). L'association produit sur

---

[147] www.penalreform.org. Presentation of Penal Reform International.

le thème de l'emprisonnement des articles généraux approfondis et documentés ainsi que des interventions variées sur des thèmes précis tels qu'un guide en image des règles de Bangkok sur la détention des femmes (PRI, 2013). Elle a récemment soumis ses observations à l'Office des Nations unies sur la drogue et le crime dans le cadre de l'examen en cours des Régles minima. Notons cependant qu'en matière d'interventions concrètes, PRI ne travaille pas sur les deux pays concernés par cette recherche.

5. La Fédération Internationale des Droits de l'Homme (FIDH)

La FIDH est une ONG fédérative qui a pour vocation d'agir concrètement pour le respect de tous les droits humains. Créée en 1922 par quelques ligues de défense des droits, elle regroupe aujourd'hui 178 organisations. La fédération internationale coordonne et soutient les actions de ses ligues qui sont non-partisanes, non confessionnelles et indépendantes de tout gouvernement. Leur vocation est généraliste basée à la fois sur des actions à long terme d'éducation et de sensibilisation et sur des actions immédiates de prévention des violations des droits de l'homme et d'améliorations concrètes. Grâce à son réseau de ligues et de partenaires, la FIDH réalise des missions internationales d'observation et d'enquête de terrain. Elle dénonce les violations des droits humains et sensibilise l'opinion publique et les autorités au moyen de pétitions, conférences de presse, publications et rapports. La FIDH fournit, de plus, un relais du travail de ses ligues sur le plan international. Elle s'investit ainsi auprès des organisations supranationales afin de faire pression pour garantir le respect des droits de l'homme.

> Chaque année, la FIDH guide plus de 60 représentants de ses associations membres dans les méandres des principaux organes de l'ONU et de leurs sessions... Dans le cadre de la Commission et de la Sous-commission des droits de l'homme des Nations Unies, la FIDH offre ainsi aux défenseurs des droits de l'homme une opportunité unique de s'adresser directement aux membres des organes de contrôle, aux fonctionnaires des Nations Unies et aux représentants des gouvernements et des ONG (FIDH, 2006).

Chaque année, au moins trente ligues et associations nationales interpellent les organes de l'Union européenne, via la FIDH, interlocutrice quotidienne des responsables européens. Les résolutions du Parlement européen portant sur les droits de l'homme sont régulièrement adoptées notamment sur la base des informations recueillies auprès de la FIDH et de ses organisations membres. Les données de la FIDH ont influencé l'élaboration et le suivi des politiques de coopération économique entre l'Union européenne et les États. Au bureau de Paris, se rajoutent des délégations proches des instances de l'Union européenne, des Nations unies et de la Cour pénale internationale afin d'assurer un suivi régulier à destination de ses organisations membres et de contribue à l'orientation des politiques en matière de droits de l'homme.

A. En France : la Ligue des droits de l'homme

La Ligue française pour la défense des droits de l'homme et du citoyen (LDH) est une organisation civique, laïque, politique sans être partisane qui « se situe à l'intérieur de la République, quitte à en être, délibérément, la mauvaise conscience » (LDH, 2006). La LDH se définit comme un contre-pouvoir qui inscrit son action dans le cadre de l'État de droit et de la démocratie. Son projet semble à la fois politique et éthique. Parmi ses domaines d'actions, figure le respect des droits de la personne par les forces de police et de gendarmerie et par l'administration pénitentiaire. Elle exprime sur ce sujet une position forte de critique et de contrôle citoyen.

> Quant aux prisons (la LDH) estime qu'elles sont restées des lieux d'inhumanité, alors que "la peine privative de liberté a pour but l'amendement et le reclassement social des détenus" et que les établissements pénitentiaires doivent être soumis au regard constant et vigilant des citoyens. Elle demande que, dans le cas de la police comme dans celui des prisons, un organisme indépendant chargé de leur surveillance et de leur contrôle soit mis en place (LDH, 2006).

La ligue a, sur ce thème des prisons, deux pôles d'action. Le premier est un pôle juridique qui reçoit les courriers des détenus et leurs familles et réalise un travail de conseil. S'il s'agit d'un problème grave, la LDH peut également décider de se porter partie civile auprès des tribunaux. Le deuxième pôle d'action repose sur les activités du groupe de travail *Prisons* qui se réunit régulièrement pour réfléchir sur l'actualité et les questions de fond, initier des actions avec d'autres associations travaillant dans le champ pénitentiaire et définir les positions de la LDH. Ce groupe a pour préoccupation « de lever l'opacité (qui ne fait qu'alimenter tabous, rumeurs, stéréotypes et ignorance) entourant la réalité carcérale, de progresser dans l'application du droit, de voir reculer les incarcérations et leurs durées, de trouver un sens à la peine » (LDH, 2006). Il réalise donc un travail de veille et interpelle les parlementaires et les ministres « soit de façon démocratique par voie de courrier indépendant, soit de façon médiatique ». En dehors du travail de veille, le groupe de travail fait surtout un travail théorique qui a pour vocation d'aider les ligueurs à connaître ce dossier. L'idée de base de ce fonctionnement est de former les membres de la ligue pour qu'ils puissent eux même, de façon indépendante, entreprendre des actions locales. Pablo, responsable du groupe *Prisons*, mentionne en effet que les ligueurs ne sont « pas des gens qui suivent, mais des gens qui portent… et l'objectif de faire de chaque ligueur un militant potentiel qui connaît le dossier ».

Le travail du groupe est dirigé principalement vers les membres de la ligue, mais également vers l'extérieur pour « synchroniser des actions avec toutes les sections intéressées et/ou proches d'établissements pénitentiaires » (LDH, 2006). Ce groupe publie fréquemment des documents d'information et de réflexion sur des thématiques variées telles que la liberté d'expression en prison, le travail en prison, l'incarcération des mineurs ou encore les prisons privées. En 2012, une campagne avait été entreprise pour favoriser l'effectivité du droit de vote en prison. Le responsable du groupe a publié une analyse engagée des politiques pénales et carcérales et de leur confrontation à la réalité en détention (Frize, 2004). A l'échelle locale, les groupe de travail « Prisons » des sections de Colomiers et de Toulouse a publié en mars 2013 un rapport d'enquête sur le fonctionnement de la maison d'arrêt de Seysses.

Cependant l'approche de la ligue et du groupe *Prison*s vis-à-vis des médias est assez distante. Pour Pablo, contrairement à la LDH, les médias travaillent sur le mode réaction et non pas sur le mode analyse. Il refuse donc par principe le dialogue avec les médias qui « volent le débat » en relayant des faits divers qui « font du tort à l'analyse ». Le responsable estime, en effet, que l'usage des médias n'est pas bénéfique aux contre-pouvoirs et il privilégie plutôt les actions directes indépendantes ou en collaboration avec d'autres ONG.

En 1999 déjà, la LDH s'associait avec l'OIP et l'ACAT pour dénoncer « le malaise des prisons » et exiger un contrôle indépendant dans une lettre ouverte aux parlementaires. Le document soulevait notamment le problème de l'omission du champ pénitentiaire dans la compétence de la future CNDS (FIDH, 1999). Le responsable du groupe *Prisons* est, de plus, intervenu, en 2000, auprès de la commission d'enquête parlementaire. En 2001 également, la LDH s'est adressée au premier ministre pour réclamer l'inscription de la loi pénitentiaire à l'ordre du jour du Parlement (LDH, 2001). En 2002, la ligue a cosigné avec divers partenaires, dont l'ACAT, l'AFC, PRI un nouvel appel en faveur d'un contrôle extérieur des prisons (AI, 2002). Par un communiqué publié en 2004, la LDH tente de faire pression sur le gouvernement pour qu'il daigne répondre à un avis émis par la CNDS et souligne par la même occasion le mépris du Garde des sceaux pour les rapports de l'OIP et du CPT. La LDH dénonce une attitude du gouvernement « en rupture complète avec les constats et les souhaits de la représentation nationale unanime… et qui révèle sa volonté de faire des prisons, un lieu de non-droit et de pure répression » (LDH, 2004). En 2013, c'est par une lettre ouverte au Président de la République que la LDH se joint à 27 organisations pour rappeler au gouvernement ses promesses de réforme pénale (Collectif-Platerforme des 28, 2013).

La LDH s'associe donc régulièrement avec d'autres ONG sur le dossier des prisons, que ce soit pour inciter les parlementaires à visiter les établissements, favoriser la distribution du guide de l'OIP dans les bibliothèques, etc. Mentionnons que les liens de la LDH avec les parlementaires sont notamment formalisés par l'existence d'un intergroupe parlementaire qui réunit députés, sénateurs et parlementaires européens proches de la LDH. Cet intergroupe qui relaie les positions de la LDH peut donc apporter des amendements aux textes législatifs et éventuellement présenter des projets de loi (LDH, 2003). La LDH était également représentée par son président au sein du Conseil d'orientation stratégique du projet de loi pénitentiaire. La LDH semble donc bien jouer un rôle aussi bien dans les mouvements sociaux que dans les institutions (LDH, 2003). Le responsable du groupe prison, Pablo, souligne sur ce point la position unique de la LDH :

> On est généraliste donc on a un bénéfice par rapport aux associations spécialisées sur la prison... quand on parle de la prison on en parle avec une vision philosophique, idéologique, économique qui est large... ça permet de toucher des gens qui auraient fait une autocensure assez rapide des spécialistes de la prison.

Au niveau des ligues locales tout particulièrement il souligne la considération et l'impact du travail effectué.

> On incite les ligueurs à se manifester comme contre-pouvoir existant... si un directeur sait qu'il n'y a pas de ligue dans le coin, il se comporte pas toujours de la même façon que s'il sait qu'il y a une ligue active... Un directeur interpellé par une ligue locale ne peut pas ne pas répondre, un ministre interpellé par le bureau national peut ne pas répondre, mais pas au niveau local (Pablo, responsable du groupe *Prison* de la LDH).

Les actions peuvent prendre diverses formes. À titre d'exemple, le groupe de travail « Prisons » des sections de Colomiers et de Toulouse a publié en mars 2013 un rapport d'enquête sur le fonctionnement de la maison d'arrêt de Seysses. L'impact de cette action de contre-pouvoir est, selon son témoignage, de nature à la fois éducative et préventive.

> Et si on n'était pas là ?... on se dit on sert à rien, on y arrive pas... on voit pas ce qu'on fait, on a l'impression que rien avance, mais y a deux points sur lesquels on avance beaucoup, le premier c'est la formation des citoyens... le débat en marche, c'est absolument capital, ça a une influence sur les actions au quotidien, les émotions, sur les votes éventuellement, la façon de penser et ensuite on ne peut pas mesurer ce qui se passerait si on était pas là, on a l'impression qu'on n'est pas un contre-pouvoir, mais si on n'était pas là, on saurait ce que c'est qu'un contre-pouvoir, ce que c'est quand il n'y a pas de contre-pouvoir (Pablo, responsable du groupe *Prison* de la LDH)

B. Au Canada : la Ligue des droits et libertés

Au Canada, la ligue des droits et libertés du Québec est la seule ligue rattachée à la FIDH. La LDL organise régulièrement des campagnes de sensibilisation, des événements-bénéfices, des conférences ou encore des actions d'éducation civique. Si comme nous le verrons dans la section consacrée à l'ODD, la ligue avait, à une époque, un représentant chargé des questions carcérales, elle est, de nos jours, peu active sur la question des prisons. La LDL se mobilise davantage sur des campagnes reliées l'érosion des droits fondamentaux depuis le 11 septembre 2001 et notamment les dispositions antiterroristes prises par le Canada (LDL, 2004).

6. L'Association des Chrétiens pour l'Abolition de la Torture (ACAT)

L'Action des chrétiens pour l'abolition de la torture (ACAT) est créée en France en 1974 par une quarantaine de chrétiens de toutes confessions. En 1987, la fédération des ACAT est constituée avec les différents groupes existants dans près de trente pays. L'ACAT a pour fondement éthique une croyance religieuse qui invite les chrétiens à prendre la défense de leurs semblables. Son objectif est l'abolition de la torture et de la peine de mort partout dans le monde et elle emploie pour cela des actions diversifiées. L'ACAT veille grâce à son réseau d'informateurs et celui d'autres ONG et elle informe et dénonce par des conférences, des campagnes de presse et des publications. Elle soutient les victimes par des lettres et signatures. Elle intervient auprès des gouvernements par des prises de position et des recommandations et elle suscite également réflexion et sensibilisation par des colloques, séminaires ou outils pédagogiques. La fédération des ACAT est dotée d'un statut consultatif auprès des Nations-Unies, du Conseil de l'Europe et de la Commission africaine des droits de l'homme.

A. ACAT-Canada

Fondée à Montréal en 1984, année de l'adoption de la Convention contre la torture des Nations Unies, l'ACAT-Canada organise des rencontres, des journées de réflexion et une campagne annuelle. Cependant son action principale prend la forme de lettres ou pétitions envoyées aux gouvernements responsables de torture (environ 600 lettres par année). Elle participe à des consultations convoquées par le gouvernement canadien en préparation de l'Assemblée annuelle de la Commission des droits de l'homme à Genève. L'association canadienne affirme également exercer une vigilance sur ce qui se passe au Canada et notamment la question des conditions de détention.

Nous observons cependant que la question des conditions de détention au Canada ne fait l'objet d'aucune campagne ou intervention spécifique de la part de l'ACAT-Canada depuis plusieurs années.

B. ACAT-France

L'ACAT-France est beaucoup plus impliquée dans le dossier des prisons. En fait, l'action autour des lieux privatifs de liberté est l'un des deux axes d'actions de l'ACAT-France. Il s'agit de : « veiller au respect, par les institutions sensibles que sont la police, l'armée, la gendarmerie, la justice et l'administration pénitentiaire, du droit de ne pas être soumis à la torture ou à des peines ou traitements cruels, inhumains ou dégradants ».

Disposant d'une structure plus importante, elle réunit une quinzaine de salariés, plus de 900 bénévoles, 10 000 adhérents et donateurs et des milliers de sympathisants. Régulièrement l'ACAT-France présente et diffuse dans ses publications et son site internet le travail d'organismes supranationaux de contrôle. L'association collabore avec le CPT par la transmission d'informations sur des cas particuliers ou des thématiques, des entretiens avec la délégation avant la visite et un suivi des rapports et des recommandations faites (ACAT, 2005b et 2005d). En 2005, l'ACAT, en collaboration avec l'AFC et la LDH, relança notamment le gouvernement sur le retard de publication du rapport du CPT (AI, 2005c). Au niveau onusien, l'ACAT-France publicise les rapports du CAT et milite, avec Amnesty, en faveur du protocole facultatif à la Convention contre la torture (ACAT, 2005d). Il lui est arrivé, en 1998, d'adresser directement au CAT un contre rapport de la situation en France. Ce document fournissait aux experts des informations sur les réalités et les pratiques en France à partir desquelles ils ont pu interroger de manière plus concrète la délégation de l'État français (ACAT, 2002). En 2008, l'ACAT-France a présenté ses « préoccupations » au Conseil des Droits de l'Homme en vue de l'examen périodique universel de la France.

Cependant, l'action de l'ACAT est davantage basée sur les 10 000 adhérents que sur le grand public. L'association vise à informer ses adhérents et leur proposer des actions. Ainsi en 2004, l'association a lancé une campagne « Détenus en France : humaniser pour réinsérer » qui visait à faire changer le regard du public sur le monde pénitentiaire. L'ACAT proposait à ses adhérents de prendre contact avec le milieu pénitentiaire pour s'informer et rechercher une activité positive pour l'humanisation de la prison. Les adhérents, en collaboration avec l'Administration pénitentiaire avaient ensuite pour travail de mettre en valeur et faire connaître au public cette activité qu'elle soit culturelle, artistique, médicale, sportive ou autres. De plus, grâce à ses adhérents présents dans toute la France, l'ACAT-France a constitué un réseau Vigilance sur les lieux privatifs de liberté qui se mobilise pour informer et prévenir les mauvais traitements dans ces lieux.

Un autre exemple d'action consiste en la diffusion auprès des parlementaires d'un ouvrage « Visitez un lieu de détention en France : guide pratique » (ACAT, 2003). Ce guide réalisé en collaboration avec l'APT a été conçu pour inciter et guider les parlementaires à visiter les prisons françaises. Le document est, en fait, une version française du guide publié par l'APT dans laquelle sont situés les contrôles existants en France avant de proposer conseils et méthodologie de visite des lieux de détention. Le guide propose une grille des informations à recueillir et des éléments à observer ainsi que des références aux normes nationales et internationales qui doivent être respectées (ACAT, 2003). Les adhérents de l'ACAT étaient incités en 2003 à remettre un exemplaire de cet ouvrage aux députés et sénateurs de leur région. Comme le mentionne le responsable du secteur prison de l'ACAT, Denis, cette démarche a également permis à l'association d'identifier les parlementaires intéressées par les problèmes de prison.

Stimuler le contrôle politique des parlementaires sur les prisons est en effet une des actions centrales de l'ACAT sur ce dossier. L'association est cosignataire avec diverses ONG des appels « Visitez les prisons » adressés aux parlementaires depuis quelques années[148]. De plus, l'ACAT entre régulièrement en contact avec les parlementaires identifiés pour solliciter la saisine de la CNDS. Ainsi, en activant le contrôle parlementaire, l'ACAT stimule par la même occasion celui de commissions comme la CNDS[149]. Le responsable du secteur prisons rencontré, Denis, nous indique que l'association est, également, en relation étroite avec la CNCDH avec laquelle elle travaille sur le dossier des prisons et l'idée de rédiger une charte pour guider l'action du gouvernement.

L'impact de l'ACAT est difficile à déterminer. Selon Denis, la pression exercée a une fonction de contrôle évidente : « La pression qu'on exerce au niveau du gouvernement c'est une façon d'exercer un contrôle... ils savent qu'ils ne peuvent pas se permettre de faire n'importe quoi, il y a un regard extérieur ». Il ressort, également, de l'analyse des activités de cette association que ce contrôle est parfois exercé de façon indirecte par les organismes dont

[148] Opération abordée plus en détail dans le chapitre précédent.

[149] De diverses façons, cette association qui ne peut saisir directement la CNDS tente de contribuer au travail de celle-ci. En 2005, l'association a notamment publicisé les difficultés budgétaires de la CNDS qui ne disposait, en septembre, que de 500 euros pour finir l'année : « Unique autorité en mesure d'enquêter avec indépendance sur les bavures commises par les forces de l'ordre... la paralysie de la CNDS est inacceptable » (ACAT, 2005a). L'ACAT a même été jusqu'à proposer un prêt à la CNDS afin qu'elle puisse continuer à instruire les affaires dont elle est saisie (ACAT, 2005e).

ils sont le relais et le soutien notamment les contrôles supranationaux et politiques.

7. La Croix Rouge (CR)

Si Comité international de la Croix rouge (CICR) ne concerne pas l'objet de cette recherche en raison de son mandat limité aux prisonniers de guerre ou de situations de conflits armés, il est, cependant, pertinent de s'intéresser aux comités nationaux impliqués dans le dossier des prisons. En France, la Croix Rouge (CR) intervient notamment dans 83 prisons françaises et participe souvent à des commissions telles que les commissions de surveillance et la CNCDH.

Les bénévoles de la CR étaient jusqu'à récemment connus en détention pour l'aide aux indigents (kits d'hygiène et vêtements), les programmes de formation aux premiers secours, les colis de Noël et parfois l'accueil des familles de détenus.

> L'action phare, lorsque vous parlez à des détenus de la Croix-Rouge, en prison, tous vont vous dire : « Les colis de Noël »... c'est le traditionnel colis de Noël. Bon... l'intérêt des colis de Noël, dans le temps, il y a 10-15 ans, c'était qu'on pouvait avoir, via ce colis, des produits qu'on ne pouvait pas avoir le reste de l'année... Aujourd'hui, en cantine, on peut pratiquement acheter tout ce qu'on veut, sur le plan alimentaire... Et donc ce n'est plus l'action phare... c'est la formation aux premiers secours... lorsqu'on réussit, ça donne un diplôme européen, c'est le seul diplôme, en France, qui a une reconnaissance européenne... qui est reconnu, après, par le patronat, évidement, et qui est un petit plus par rapport à la réinsertion des personnes sortant de prison.... Quelque chose qui est terriblement valorisant pour la personne détenue qui le passe. Bien souvent on a des témoignages de détenus qui disent : « C'est la première fois de ma vie que j'ai un diplôme »... C'est une façon aussi pour nos bénévoles d'aborder des thématiques qui sont : l'usage de la violence, le rapport à l'autre, le rapport à la loi, aux règles dans la vie, à la cohabitation intelligente en ce bas monde, des domaines qu'il est bon de pousser à réfléchir avec les personnes en prison et parfois, on peut espérer qu'il y ait un déclenchement ou un changement d'optique sur le sens de la vie des personnes que l'on rencontre en détention (Tristan, chargé de mission *prisons* de la CR).

La CR anime parfois des actions de prévention de l'alcoolisme et de la toxicomanie et des séances d'écoute et de dialogue. La CR s'est, de plus, engagée à accueillir dans son réseau 1000 travaux d'intérêt général comme alternative aux courtes peines d'emprisonnement (CR, 2004).

Une convention signée en 1999 avec la direction de l'Administration pénitentiaire est venue définir les principes et les objectifs de l'intervention de la Croix-Rouge. Il y est mentionné que l'action de la CR en milieu carcéral vise trois missions : contribuer à l'amélioration des conditions de vie et au maintien des liens familiaux, contribuer aux actions de préparation à la sortie et favoriser l'insertion des personnes sortantes de prison (CR, 1999). Ainsi, cette convention formalise les actions classiques de la CR :les mesures de placement à l'extérieur, l'accueil et l'accompagnement des personnes sortant de prison, l'éducation à la santé, la lutte contre l'illettrisme, l'apprentissage des premiers secours, la lutte contre l'indigence et l'aide aux familles de détenus. À ces activités s'ajoutent deux actions expérimentales : la création d'une ligne téléphonique d'écoute et de soutien et la création d'un foyer de vie pour accueillir durablement les personnes sortant de prison après une très longue sentence. En 2000, les missions et les axes d'intervention de la CR en prison ont été consolidés par la signature d'une charte signée entre le président de la CR et le Garde des Sceaux (CR, 2000). La convention et la charte sont pour cette association « les deux clés... les passeports pour entrer en prison ».

Pour répondre aux trois objectifs de son intervention, la CR a développé un réseau de référents-prison.

> Le référent-prison est, pas forcément, mais bien souvent un bénévole de la Croix-Rouge, qui, sur le plan local, a l'accord du Président local de la Croix-Rouge et du Président départemental de la Croix-Rouge pour être nommé, donc, référent-prison... Ces gens-là, la première chose qu'ils ont à faire... ils ont un travail de pivot. Un pivot, déjà... un travail vis-à-vis de l'Administration pénitentiaire ou des instances qui ont le pouvoir en prison. Je veux parler non seulement du directeur de prison, mais le responsable du SPIP[150], le responsable du service scolaire... donc notre représentant, sur le plan local, le référent-prison, a des rapports privilégiés avec ces personnes-là. C'est lui, aussi, qui est censé faciliter le travail et l'entrée en prison des personnes Croix-Rouge qui vont mener une action. Un référent-prison, c'est pas forcément celui qui va faire le travail sur le terrain, c'est celui, surtout, qui facilite, c'est un facilitateur de travail, qui coordonne le travail de la Croix-Rouge sur le plan local. Il a aussi un travail, à rendre compte du travail mené dans les prisons auprès de son propre Président sur le plan local, auprès aussi du Président départemental de la Croix-Rouge ainsi qu'auprès du siège... Ça, c'est le référent-prison (Tristan, chargé de mission *prisons* de la CR).

En 2001, Tristan, un ancien détenu, parallèlement secrétaire de l'OIP[151], est nommé par le président de la CR, chargé de mission du département *prison* pour former et animer le réseau des référents-prison.

> Ces 5 derniers mois, par exemple, j'ai fait 3 sessions de formation de référents-prison, pour, à peu près, un peu plus de 90 référents-prison, donc des gens qui

---

[150] Services pénitentiaires d'Insertion et de Probation.
[151] Cette personne occupe désormais la présidence de l'OIP.

> aujourd'hui… connaissent le milieu carcéral, au moins théoriquement, parce que certains étaient vraiment des tout nouveaux dans ce milieu-là. Donc, ma tâche, dans la formation, c'est de leur faire connaître la prison, ce qu'il faut faire, ce qu'il ne faut pas faire, leur proposer, j'allais dire pratiquement « clé en main », des actions qui doivent être effectuées en prison, au nom de la Croix-Rouge et constituer ce réseau de référents-prison et les inciter à travailler au niveau du réseau Croix-Rouge (Tristan, chargé de mission *prisons* de la CR).

Plus d'une centaine, les référents-prison interviennent dans un établissements sur deux. Ils reçoivent une formation de deux jours centrée sur la connaissance de l'institution pénitentiaire et des acteurs associatifs, une présentation des actions menées par les bénévoles et des mises en situation. La mission de ces référents est de représenter la CR auprès de la direction de chaque établissement pénitentiaire, d'organiser et assurer le suivi des actions et de faire le lien avec les associations intervenant en milieu carcéral (CR, 2004).

Le chargé de mission rencontré mentionne les embûches rencontrées par les bénévoles de la CR au cours de leurs missions en prison ; il arrive en effet que le personnel fasse attendre deux, trois heures un bénévole qui vient juste déposer des vêtements. Il souligne qu'il s'agit avant tout d'un problème relationnel et qu'il est primordial d'être « équidistant » entre le personnel et les détenus. Tristan estime malgré cela que la valeur de la CR est reconnue par l'Administration pénitentiaire.

> L'Administration pénitentiaire sait très bien que nous n'allons pas faire tout et n'importe quoi et que nous envoyons des gens qui sont formés, des gens qui ont des compétences dans certains domaines, et c'est ça que nous mettons au service, donc, des personnes détenues en particulier, et aussi, éventuellement auprès du personnel surveillant (Tristan, chargé de mission *prisons* de la CR).

Un exemple de cette reconnaissance est notamment la remise au président de la Croix-Rouge de la médaille pénitentiaire pour services rendus.

Il convient cependant de relever que l'action de la CR en détention ne s'apparente nullement à un contrôle, mais bien à un rôle humanitaire marqué par un devoir de réserve.

> On a un devoir de réserve qui est lié, tout simplement, à un de nos principes, qui est celui de la neutralité et l'indépendance. Si on constate qu'il y a un abus qui est commis dans tel ou tel lieu, on va pas s'adresser aux médias, on va pas mettre ça sur la place publique. Par contre, on fait remonter l'information en interne et on gère, au niveau de la direction de la Croix-Rouge, l'information qui nous parvient. Pour en référer auprès du Garde des sceaux, soit du directeur de l'Administration pénitentiaire, si éventuellement il y a ce type de problème qui se pose. En tout cas, il n'y a pas d'esclandre de notre part (Tristan, chargé de mission *prisons* de la CR).

La CR en général et son chargé de mission en particulier supporte néanmoins l'idée d'un contrôle extérieur des établissements de détention.

> Nous n'avons pas d'organe de contrôle de l'Administration pénitentiaire, alors que la majeure partie des administrations françaises ont des organes de contrôle indépendants. Je pense qu'une majorité des problèmes existants aujourd'hui dans les prisons pourraient être résolus en partie du fait de l'existence d'un organe de contrôle indépendant. Donc, évidemment, nous sommes favorables à ce qu'il y ait un corps de ce type-là qui soit constitué en France (Tristan, chargé de mission *prisons* de la CR).

III. LES ONG NATIONALES ET LOCALES : UN CONTRÔLE DE PROXIMITÉ

1. En France

A. L'Observatoire International des Prisons (OIP)

Créé en 1990, l'Observatoire international des Prisons est une organisation militante qui réunit des personnes soucieuses du respect des droits de l'homme détenu. Son objectif est clairement de mobiliser l'attention générale sur le sort réservé à l'ensemble des personnes privées de liberté selon le triptyque « Observer, Alerter, Protéger ». L'OIP se définit comme un « contre-pouvoir citoyen » vis-à-vis de l'institution carcérale et à ce titre, il ne s'agit pas d'un comité de soutien ou syndicat de détenus, ni d'une organisation d'experts inspecteurs ou encore d'une association humanitaire. Dotée d'un statut consultatif à l'ONU depuis 1995, l'OIP ne sollicite pas pour agir de mandat officiel ou d'autorisation d'accès aux établissements.

Son action est basée sur la vigilance citoyenne, organisés en 9 groupes locaux d'observations et plus de 40 correspondants locaux dont le rôle est de « mettre la prison à portée de regard de tous en exerçant une mission d'observation et de protection des personnes incarcérées, en alertant par voie de communiqué les autorités pénitentiaires, les instances judiciaires, les médias, l'opinion publique chaque fois qu'il relève un manquement aux droits de l'homme ou un dysfonctionnement dans l'établissement » (OIP, 2000).

a. Une action de vigilance et d'alerte locale

Les groupes locaux doivent donc organiser un dispositif d'observation qui leur permet d'être informés rapidement de toute situation problématique en détention. Relais de proximité, ils agissent alors comme réseau d'informateurs en lien avec les détenus et leurs proches, le personnel pénitentiaire ou des intervenants. Ces informateurs sont invités par les groupes locaux à les alerter dès qu'ils peuvent attester d'un dysfonctionnement ou d'un manquement au droit. La brochure distribuée par un groupe local au personnel, aux détenus et aux familles mentionne à cet effet : « Si vous êtes témoin d'actes inhumains, ne restez pas dans le silence. Contactez-nous, même anonymement ». Un pamphlet s'adresse exclusivement aux familles de détenus pour les encourager à témoigner. Les propos de Mélina, responsable d'un groupe local témoigne des difficultés que représente cette constitution de réseau d'informateurs.

> Et, il a fallu ensuite prendre des contacts. Bon, ça c'est très éprouvant, parce que vous êtes obligé, soit d'aller voir des surveillants – il y a quelques surveillants maintenant qui viennent à l'OIP quand ils en peuvent plus, quand ils voient des choses qui vraiment ne vont plus, ils viennent nous le dire –, mais la plupart du temps, il faut y aller… On va essayer de discuter, essayer qu'il vous amène des renseignements. Ce n'est pas évident, parce qu'ils savent qu'ils n'ont pas le droit. Alors, on leur dit bien : « Vous avez un devoir de réserve, d'accord, mais il y a aussi un devoir de dire des choses qui vont très mal… si vous assistez à un assassinat, vous n'allez quand même pas le couvrir sous prétexte d'un devoir de réserve ! ». Le devoir de réserve, il faut arriver à leur expliquer que c'est ne pas divulguer les choses qui sont à l'intérieur, ne pas divulguer ce qui pourrait rendre la prison…, enfin, les évasions possibles, la sécurité intérieure, mais que tout ce qui s'y passe de mal, il faut quand même le dénoncer. Et ça, c'est pas évident. Donc j'ai rencontré des surveillants super, vraiment, qui ne me disaient pas tout, mais des petites choses et puis à un moment donné, on les met à la suite, et puis voilà. Et puis, aller voir les visiteurs de prison, aller voir les aumôniers. Il faut aller voir tous ces gens-là pour leur expliquer ce qu'on fait et qu'ils comprennent bien. Qu'ils comprennent aussi que tout est anonyme… je vais les voir et je leur demande et puis après, ils font comme ils veulent… Et on va voir sans arrêt, sans arrêt. On va, sans arrêt, devant la prison ; on va sans arrêt devant, au parloir, pour voir les familles. On leur donne des renseignements comme ça. On leur dit : « Familles de détenus, vous avez besoin de témoigner, on a besoin de vous et les détenus qui sont à l'intérieur, surtout les futurs, vont avoir besoin de tout ce qu'on fait. Ça va être long, mais si vous ne venez pas, eh ben on ne pourra rien faire. ». Voilà, ça c'est notre travail, d'essayer d'aller vraiment… au charbon (Melina, responsable d'un groupe local de l'OIP).

L'OIP sollicite également les avocats pour obtenir des informations.

> On prend rendez-vous avec des avocats. On cherche d'abord les pénalistes. Ceux qui sont les plus célèbres, peut-être ; ceux qui ont le plus d'affaires, donc le plus de détenus en prison. On va les voir. On se présente. On dit : « Voilà, on est l'OIP. On a besoin de vous aussi. Faites-nous sortir les renseignements » (Melina, responsable d'un groupe local de l'OIP).

Avant de rendre public un événement, l'OIP vérifie systématiquement les faits en recoupant divers témoignages et en procédant à des enquêtes.

> Une fois qu'on a les renseignements, il faut les recouper. Parce qu'on est conscients, aussi, qu'on peut... soit des surveillants peuvent nous apporter des choses fausses pour discréditer l'OIP, soit les détenus, parce qu'ils ont besoin qu'on s'occupe d'eux, peuvent nous raconter des choses fausses, ou parce qu'ils veulent se venger d'un gardien. Donc, il faut qu'on recoupe tout, très, très sérieusement, qu'on ne laisse pas échapper quelque chose. Alors des fois, c'est extrêmement stressant, parce qu'on sait des choses, on est à peu près sûr que c'est vrai et on ne peut pas les faire sortir, parce qu'on ne les a pas assez recoupées. On n'a pas assez trouvé de personnes qui les ont recoupées. Donc, on peut pas. Et ça, c'est très dur pour nous. On a des choses en instance, qui sont dures, et qu'on peut pas faire sortir (Melina, responsable d'un groupe local de l'OIP).

Le *guide de l'alerte* rédigé par l'OIP mentionne aux groupes locaux certains critères de fiabilité et précision des informations. Selon ce document, l'information n'est pas complète si elle ne répond pas aux questions suivantes : qui, quoi, quand, où, comment et pourquoi. Comme l'indique le *guide de l'observation* diffusé par le bureau de Paris aux groupes locaux, l'OIP ne demande pas confirmation des faits à la direction de la prison, mais contacte cependant celle-ci pour étayer son enquête et pouvoir mentionner la version officielle de l'administration dans le communiqué d'alerte. Les communiqués sont adressés au bureau national, aux médias et divers acteurs pertinents.

> Beaucoup de médias ne font ressortir les communiqués de presse que quand c'est quelque chose un peu spectaculaire... On envoie des communiqués de presse qui ne sont jamais repris par la presse. Alors, nous, on les envoie, aussi, ailleurs, on les envoie à tous les gens qu'on connaît... les conseillers généraux, les maires, les députés, les machins, et ce communiqué de presse qui n'est pas sorti sur le journal, je les envoie à ces gens-là. Qu'ils puissent pas me dire après : « On n'était pas au courant. ». Vous comprenez ce que je veux dire ? Voilà. Donc, on les envoie au maximum de gens... On les envoie au National, qui le fera ressortir soit dans « Dedans-Dehors », soit, si c'est trop tard, dans le prochain rapport (Daniel, permanent du bureau national de l'OIP).

Indépendamment de cette mission d'observation et d'alerte, certains groupes interviennent sur différents domaines tels que le soutien des sortants de prison et également au niveau de la sensibilisation dans les quartiers et dans les écoles.

Dans le cadre de leurs actions, les groupes locaux entretiennent volontairement peu de relations avec l'administration pénitentiaire.

Généralement, il y en a relativement peu. D'ailleurs, c'est un peu… ça fait partie aussi de notre formation aux adhérents et aux groupes locaux, c'est de dire qu'il faut limiter au strict nécessaire les relations avec l'Administration pénitentiaire, tout simplement parce que… la plupart des gens ne sont pas des brutes épaisses… un directeur de prison, à part quelques exceptions qui sont des gros bourrins… généralement, ce sont des gens qui ont une formation, qui font leur travail… Et plus on est amenés à les rencontrer, plus on est amenés à les comprendre. Et commencer à rentrer dans une démarche de comprendre, finalement ça nous éloigne de l'action de l'OIP, ou ça risque de nous éloigner de l'action de l'OIP, parce qu'on sait que… le pauvre directeur, c'est pas de sa faute, lui, il est obligé, il y a la surpopulation, et finalement, plus on rentre dans une relation avec la personne, et plus ce sera difficile D'organiser une action de pression forte parce que, bon, on est humain… Donc, on essaye de limiter au strict minimum, bien évidemment, les relations pour pas justement rencontrer ce type de difficultés, parce que, humainement, ça peut être, quand même, difficile… Plus il y a de relations, plus c'est difficile de rentrer dans le lard… Et on l'a vu, avec l'expérience de certains groupes locaux qui, à certaines périodes, par exemple, avaient été invités par le directeur à visiter la prison, à prendre le café, et c'est vrai que, du coup, on s'était rendu compte que, plus le relationnel s'installait et moins l'action fondamentale de l'OIP se faisait, parce que ça rendait les choses compliquées, on était amenés à comprendre que c'était pas si simple, pas si facile, et du coup le fondamental de l'OIP se fait plus, dans ces cas-là (Daniel, permanent du bureau national de l'OIP).

De son côté, un directeur de prison nous exprimait son vécu d'une interaction avec un groupe local de l'OIP.

J'ai reçu les deux étudiants qui s'occupaient de cette antenne, ils m'avaient posé des questions sur deux cas de suicides, ils m'avaient posé des questions et je dois dire que pour le coup, cela m'avait aidé parce qu'eux avaient un contact avec la famille que nous, on ne pouvait pas avoir. On avait expliqué comment s'était déroulé un suicide, pourquoi on n'avait pas pu contacter la famille… Cela avait été ponctuellement positif parce que les personnes elles-mêmes n'étaient pas négatives et on avait pu s'entendre ; quand on a des personnes ouvertes on peut faire comprendre, expliquer là où on a été bons et là où on a été pas bons (Victor, directeur d'établissement).

b. Des actions d'envergure nationale

Les permanents du bureau national travaillent étroitement avec les groupes locaux dont ils aident la création, la formation et le fonctionnement. Au niveau national, l'association entreprend des actions préventives éducatives en informant les détenus de leurs droits à travers des publications telles que des guides du prisonnier (OIP, 2012) ou des brochures thématiques rendues accessibles en détention. L'OIP offre également une permanence juridique à travers le courrier qui permet aux détenus et à ces proches de faire des dénonciations au besoin.

L'OIP joue aussi un rôle dans la promotion et l'adoption de lois ou mesures renforçant les droits des détenus comme en atteste son audition devant les commissions d'enquête parlementaires Cabanel (2000) et Floch (2000). Lors du projet de loi pénitentiaire mis en œuvre en 2001, l'OIP avait entrepris une vaste consultation des détenus, des intervenants et des membres du personnel. Envoyé à 600 exemplaires dans les établissements et disponibles sur internet, un questionnaire anonyme visait à donner la parole aux détenus et aux intervenants exclus de la consultation sur l'élaboration de la loi. Lors de la campagne présidentielle de 2002, l'OIP a, de plus, sollicité et diffusé les réponses des candidats sur des questions touchant aux droits des détenus, la réinsertion, la peine d'incarcération et la situation des prisons.

L'association est le plus connue pour ses actions réactives de « médiatisation des carences de l'institution carcérale ». Pour tout événement, qu'il soit local ou national, l'OIP agit et alerte l'opinion et les pouvoirs publics.

Quand il constate des problèmes systémiques, l'OIP intervient au moyen de publications. Des rapports à vocation internationale examinent la situation de divers pays en termes de nombre de détenus, cellules, incidents rapportés et problématiques. Pour le Canada, les rapports de 1994 et 1996[152] mentionnaient les événements survenus à la prison de Kingston et les résultats de l'enquête de la juge Arbour. Pour la situation française, l'OIP publie régulièrement des états des lieux des conditions de détention. Le dernier ouvrage de ce type propose plus de 300 pages de documentation et analyse thématique et détaillée des politiques pénales et carcérales et diverses problématiques du milieu carcéral (OIP, 2011). Le rapport reprend notamment certaines constatations faites par le CPT, la CNDS et la CNCDH et dénonce leur absence de mise en œuvre. En 2004, le ministre de la Justice avait rejeté et qualifié de « grotesques » les conclusions du rapport de l'OIP (Libération, 29 janvier 2004).

La revue « Dedans-Dehors » est, également, un médium de diffusion des informations du milieu carcéral et des activités de l'OIP et des divers acteurs intéressés au milieu carcéral. La revue relaie fréquemment les projets des parlementaires,[153] mais aussi les arrêts de la CEDH[154], les rapports du CPT[155],

---

[152] Section canadienne rédigée par le président de l'ODD.
[153] Dedans Dehors, août 2004a.
[154] Dedans Dehors, avril 2006.
[155] Dedans Dehors, février 2004, avril 2004a, février 2006a et avril 2006.

les rapports de l'ONU,[156] les expérimentations du Médiateur[157], les rapports de la CNCDH[158] ou encore les avis de la CNDS[159].

Parallèlement à ses publications propres, l'OIP entretient des relations étroites avec les médias.

> L'OIP a été créé à la base par un journaliste, et c'est vrai qu'on a un petit peu gardé à la fois les méthodes d'enquête, mais également la manière de communiquer, c'est-à-dire qu'on fait un gros travail avec la presse, de relations avec la presse, justement pour que soient bien reprises, également, les choses... Faire comprendre aux journalistes pourquoi on dénonce telle chose, pourquoi c'est important (Daniel, permanent du bureau national de l'OIP).

Notre recherche nous permet, en effet, d'affirmer que l'OIP jouit d'une couverture médiatique importante dans la presse nationale et locale. Poursuivant une action menée sporadiquement avec quelques élus, la campagne « Visitez les prisons » entreprise en juin 2004 avec plusieurs associations a incité près de 50 parlementaires à exercer leur mission de contrôle et effectuer des visites de prisons. Cette campagne a été suivie de près pendant plusieurs jours par les principaux médias d'information[160].

La plus récente campagne de l'OIP consiste à tenir des États généraux de la condition pénitentiaire dont l'aboutissement était d'interpeller les pouvoirs publics et les candidats aux élections présidentielles en 2007. Lancée officiellement en mars 2006 par Robert Badinter, cette démarche consiste à recueillir les doléances des personnes détenues, de leurs familles et des professionnels et bénévoles du milieu pénitentiaire. Avec la participation du Médiateur de la République et de 10 organisations signataires (dont la LDH), l'OIP a entrepris de donner la parole aux acteurs du milieu pénitentiaire sur le sens de la peine, les missions de l'administration pénitentiaire, les droits et obligations des détenus et l'instauration d'un contrôle extérieur[161]. Les questionnaires, accessibles sur internet et distribués par les médiateurs dans les prisons ont atteint 20.0000 personnes. Le manifeste, produit de cette consultation, a été ensuite transmis aux candidats afin de solliciter leur engagement et leur signature. Parmi eux, 7 ont signé sans réserve, 1 en a rejeté le contenu et 1[162] n'a pas voulu s'engager, mais a formulé certaines propositions.

---

[156] Dedans Dehors, février 2006b.
[157] Dedans Dehors, décembre 2004.
[158] Dedans Dehors, août 2004b, avril 2005 et décembre 2005.
[159] Dedans Dehors, avril 2004b, juin 2004, décembre 2004, février 2005 et juin 2005.
[160] Notamment Libération (du 16 au 22 juin 2004).
[161] Dedans Dehors, décembre 2005 et avril 2006.
[162] C'est ce dernier, Nicolas Sarkozy qui gagnera les élections.

Quelque que soient les diverses activités de l'OIP, elles démontrent un ancrage conséquent auprès d'un solide réseau de relations tant au niveau local que national qui rendent possible des actions conjointes avec des partenaires diversifiés. Selon Daniel, permanent du bureau national de l'OIP, l'action et la crédibilité de l'OIP ont évolué dans le sens d'un plus grand impact.

> Je pense que les actions qu'on a pu mener ou les choses qu'on a dites ne sont pas fausses, ou dénuées de fondement… et puis, ça aussi, l'action que ça peut faire puisque cette médiatisation des dysfonctionnements, en général, est plutôt reprise, donc, en fait, on a une certaine force et en même temps, on est, relativement, pas appréciés pour ça…, parce qu'on dérange, à travers tout ça… On est reconnus. C'est vrai que des choses qui ne se produisaient pas au début, à la création de l'OIP, c'est un communiqué de presse du ministre de la Justice en réponse à un communiqué de presse de l'OIP. Il y a, au début, à la création de la section française, l'OIP faisait un communiqué, le Ministère ne réagissait pas. Maintenant, le Ministère se justifie ou se… défend. Donc on voit l'impact, un petit peu, que peuvent avoir certaines de nos actions, maintenant. C'est pas rien, quoi. C'est assez important. Alors, bien évidemment, ça dérange, car à chaque fois qu'on mène une action, qu'on lance une campagne, qu'on dénonce quelque chose, comme c'est repris par les médias, ça fout une pression et donc c'est pas apprécié, à la fois au sein du Ministère, mais également, localement. Quand il s'agit d'une action locale sur une prison, ben oui, ça dérange, puisque tout à coup, l'administration est obligée de se justifier… Mais plus personne – ce qui est assez marrant et ce qui a beaucoup changé, depuis les dernières années, c'est que, au début, c'était, les réactions, c'était de dire : « C'est faux, l'OIP dit n'importe quoi » – tandis que maintenant, effectivement, les réponses de l'administration, c'est plutôt de dire…, de s'expliquer, ou de se justifier, ou de dire : « On a pris des mesures pour que ça ne se reproduise plus ».

c. L'OIP et le contrôle des prisons

Les militants rencontrés, à la base comme à la direction, s'accordent pour affirmer qu'ils n'exercent pas de réel contrôle sur les prisons. Au mieux, comme le dit Melina, responsable d'un groupe local de l'OIP : « on contrôle ce qu'on nous ressort, mais on ne peut pas contrôler ce qui se passe à l'intérieur ». Le milieu carcéral ne considère pas, non plus, l'OIP comme un contrôle et un directeur d'établissement mentionnait à ce propos : « Il ne me serait jamais venu à l'idée que ces personnes puissent avoir un rôle de contrôle, il s'agissait de jeunes qui avaient adhéré à l'OIP et qui devenaient des spécialistes autoproclamés de on sait pas quoi… ils connaissaient pas du tout ce monde-là ».

Les membres de l'OIP mentionnent parfois qu'une association comme l'OIP ne devrait pas exister et n'existerait pas si l'État prenait ses responsabilités et instaurait un contrôle extérieur fiable et indépendant. L'OIP est d'ailleurs très impliquée sur ce dossier du contrôle. Auditionnée par la commission Canivet en 2000, l'OIP prend régulièrement position pour la création d'un mécanisme de contrôle indépendant.

L'association vise, de plus, à inciter les mécanismes de contrôle existant à exercer leur rôle. L'OIP s'adresse régulièrement aux directions régionales de l'administration pénitentiaire, au ministère de la Justice, à la Direction des Affaires sanitaires et sociales ou encore à l'Inspection générale des Affaires sociales. Les communiqués s'adressent également aux organes de contrôle judiciaire : « Au quotidien… le moindre communiqué de presse qu'on fait est envoyé au Président du Tribunal du coin, au Procureur, au Juge de l'Application des Peines, enfin, voyez, tout le monde judiciaire concerné ». Daniel, permanent de l'OIP, affirme qu'il est déjà arrivé que l'OIP déclenche ainsi des inspections des services pénitentiaires, judiciaires ou ministériels.

L'association est également active pour solliciter la mise en œuvre du contrôle parlementaire. Nous avons déjà mentionné les actions « Visitez les prisons » entreprises de façon conjointe ou de façon indépendante par l'OIP.

> Nous, on les sollicite en permanence, pour faire ce boulot-là, de contrôle. On leur demande… On leur dit : « Voilà ce qu'on sait sur la prison, les dysfonctionnements, il y a des personnes détenues qui ont subi ça et ça, vous pouvez les rencontrer… »… donc on leur dit : « Allez faire une visite surprise », on leur demande de le faire, ça. Puis ce qu'on essaye d'organiser autour c'est une publicité, une médiatisation de l'événement, parce que, c'est intéressant que, par exemple, la presse interroge le député ou le sénateur quand il sort, qu'il vient de voir les dysfonctionnements et qu'il réagit à chaud. C'est fort, quoi. Donc, ça met un peu de pression, encore. Donc, ça, on les sollicite énormément là-dessus, tous bords… des gens de toutes couleurs politiques, de tous bords parce que c'est neutre, enfin, ça doit être neutre, ce contrôle… Quand on voit, par exemple, qu'un député ou un sénateur d'une région ne se préoccupe pas du tout de la prison de sa région, on en fait venir un d'un département voisin, si possible d'une couleur politique différente… parce que, au bout du compte, l'essentiel, c'est qu'il y ait un vrai contrôle et qu'il y ait un vrai respect des droits des personnes détenues. Après, la manière dont les choses s'organisent : pas d'état d'âme, sur la manière de le faire. Donc, ça, c'est un contrôle qu'on sollicite souvent. Voilà… qui est assez important, parce que derrière il y a quand même des interpellations au ministre de la Justice à l'Assemblée ou au Sénat, voyez, des choses qui peuvent… en tout cas qui laissent des traces. Je veux dire, après, on peut pas dire : « On savait pas » ou tout… parce que les traces elles sont là, quand même, il y a des comptes-rendus, de l'Assemblée nationale, il y a des courriers faits par des parlementaires, donc c'est des choses qui restent (Daniel, permanent du bureau national de l'OIP).

Régulièrement, l'association joue le rôle de relais et de tribune de l'activité des parlementaires. À titre d'illustration, mentionnons qu'entre 1999 et 2005, les initiatives ou témoignages des parlementaires ont été publiés très fréquemment dans la revue de l'OIP. De plus, l'OIP vient parfois soutenir un projet de loi parlementaire comme ce fut le cas avec le projet sénatorial du 26 avril 2001 que l'association a repris et relancé auprès des groupes parlementaires et des médias. L'OIP activait également le contrôle déontologique de la CNDS (désormais disparue) par le biais des parlementaires.

Au niveau local, l'OIP informe l'autre mécanisme de contrôle qu'est la commission de surveillance. Les propos de Daniel, permanent du bureau national de l'OIP, indiquent cependant que l'inefficacité de ces commissions donne à cette transmission d'informations un caractère principalement formel.

> Les commissions de surveillance. Il y a, dans chaque établissement pénitentiaire, une commission de surveillance qui est présidée par le préfet et qui est censée se réunir une fois par an et se préoccuper des problèmes… Ça marche pas, ils font pas leur boulot, ils font rien et, vraiment, ça sert à rien. Donc, les communiqués de presse, on les envoie au préfet, bien évidemment, donc ça fait partie des destinataires, mais on se préoccupe absolument pas, malheureusement, de cette instance qui existe depuis des années et qui sert à rien… C'est la plus proche, donc ça devrait être une des plus efficaces, parce qu'il y a quand même le Préfet, il y a un représentant du Maire, il y a le Bâtonnier… tout un tas de gens, et dans la réalité, on se rend compte que ça ne sert à rien !

Au niveau européen, l'OIP collabore également avec le CPT.

> Bien évidemment, tout ce qu'on dénonce, enfin tout ce qu'on rend public comme dysfonctionnement, on en envoie une copie au Comité de Prévention de la Torture, au Conseil de l'Europe. Qui, d'ailleurs, quand il vient pour faire des visites en France sur les questions des prisons auditionne tout un tas de gens… on est, à chaque fois, auditionné dans ce cadre-là, également, mais on les informe, au fur et à mesure, des choses (Daniel, permanent du bureau national de l'OIP).

Aux yeux de Daniel, le CPT est d'ailleurs le seul organisme à vraiment jouer un rôle de contrôle. Le contrôle idéal serait, selon lui « un CPT à la française ».

Les militants rencontrés insistent, en effet, sur leur premier souhait : fermer la porte et disparaître une fois qu'un réel contrôle sera instauré.

> On a pas vocation à devenir, justement, ce fameux organe de contrôle extérieur… par contre on dit que nous disparaîtrons le jour où il y aura cet organe qui sera mis en place, qui fonctionnera, et qui sera bien un organe indépendant, c'est-à-dire qu'on continuera à exister lorsque cet organe existera et qu'il n'aura pas prouvé qu'il est véritablement indépendant et qu'il assume bien son rôle de contrôle et, éventuellement, de dénonciation des atteintes aux droits de l'homme en prison… Nous sommes une des rares associations dont le premier souhait est de disparaître (Daniel, permanent du bureau national de l'OIP).

Malgré leur refus de définir leurs actions comme un contrôle, il nous paraît évident que le rôle de vigilance, que l'OIP s'attribue en attendant la création d'un réel mécanisme de contrôle qui entraînerait sa dissolution, s'inscrit dans le cadre d'un contrôle citoyen. Pour Daniel, permanent, le contrôle extérieur ne nuirait pas aux activités de l'OIP en raison de leurs objectifs et modes d'actions distincts et complémentaires.

> On n'est pas non plus sur les mêmes vitesses de fonctionnement… Quand on est une association militante et que, finalement, en 24h, on peut réagir et organiser quelque chose et quand on est une instance installée, nationale, qui, de toute façon, ne pourra pas réagir… du tout à la même vitesse et… qui aura pas, non plus, toute cette action de sensibilisation, qu'on fait, à travers notre action de vigilance citoyenne… et je pense qu'un organisme officiel n'aurait pas cette action-là, citoyenne, quoi. Donc, ça peut tout à fait être complémentaire. Et même, à la limite, pour nous, ce serait précieux d'avoir un organisme comme le CPT, qu'on sait indépendant, susceptible d'agir, et qu'on pourrait saisir, ou informer, au fur et à mesure (Daniel, permanent du bureau national de l'OIP).

B. L'Association Française de Criminologie (AFC)

L'association française de criminologie a pour objectif principal de rapprocher chercheurs, enseignants, personnes morales et praticiens qui travaillent sur le phénomène criminel et la manière dont il est défini et développé. Si son mandat semble bien distant de l'idée de contrôle, il s'agit néanmoins d'une association qui exerce en fait des pressions importantes sur les décideurs pertinents au milieu carcéral. L'AFC est en effet cosignataire de lettres ouvertes adressées au Président de la République (AI-SF, 2004b) et au Garde des Sceaux (AFC, 2003). L'AFC intervient également auprès des parlementaires lors des opérations « Visitez les prisons » et d'autres initiatives ponctuelles. Le symbole de l'association représente d'ailleurs un hémicycle sur lequel l'AFC vise à exercer une influence. Des commentaires sur les initiatives du Garde des Sceaux, les projets des lois et les recommandations du Conseil de l'Europe sont régulièrement rendus publics par cette association qui réunit presque 500 membres. La nécessité de contrôle externe des prisons est un des dossiers de travail de l'AFC.

Celui qui était jusqu'à récemment président de l'AFC[163] est par ailleurs impliqué au conseil scientifique criminologique du Conseil de l'Europe et dirige une structure informelle d'information sur les politiques pénales et pénitentiaires. L'AFC est également à l'origine de la création du *collectif Octobre 2001* cofondé en partenariat avec l'ACAT-France, la LDH, l'OIP,

[163] Le dynamisme de l'AFC a souvent été attribué à la personnalité de son président. Un récent changement de président vient poser la question de la continuité des activités de cette association.

PRI et de façon partielle AI-SF à l'occasion du XXe anniversaire de l'abolition de la peine de mort en France. De nombreux élus ont également signé la déclaration faite par le collectif qui appelle à une réflexion collective et démocratique sur le sens de la peine et les moyens affectés à son exercice (AFC, 2001). Le collectif Octobre 2001 incite à un travail comparatif au niveau européen sur les peines prononcées contre les crimes graves et ce, dans la perspective de définir ce que devrait être la peine maximale encourue. En 2003, le collectif adressa au Garde des Sceaux un courrier explicitant sa position sur les recommandations du conseil de l'Europe et interpellant le ministre sur la question des libérations conditionnelles et les détenus de longue durée. Cette initiative était conjointe avec d'autres associations telles que l'ACAT-France et la LDH.

Ainsi, nous relevons que si l'AFC n'exerce pas réellement de contrôle, ses activités et son implication dans divers comités, regroupements et institutions illustrent bien les liens existants entre les divers acteurs concernés par la question du contrôle des prisons.

2. Au Canada

Au Canada comme ailleurs, certaines organisations non gouvernementales exercent de, par leurs actions de vigilance, un certain contrôle des établissements de détention et des droits des détenus. Nous donnerons quelques exemples de ces ONG actives sur la question des établissements de détention.

A. Les sociétés John Howard (JHS)

L'association canadienne la plus connue est sans conteste la société John Howard du Canada. L'origine de cette société remonte à 1867, date à laquelle un premier groupe d'aide spirituelle aux prisonniers est formé à Toronto. Le premier regroupement qui s'attribuera le nom de John Howard voit le jour en 1931 en Colombie Britannique. En 1962, est finalement créée la société John Howard du Canada qui fédère les sociétés locales et provinciales dont le but est de comprendre et répondre aux problèmes posés par la criminalité et le système de justice criminelle. Les principes fondateurs de cette société évoquent notamment le droit de tous de vivre dans une société sure et paisible, la responsabilité de respecter les lois, le droit de toute personne aux prises avec le système carcéral d'être traitée avec dignité, équité, justice et compassion et l'idée que toute personne a le potentiel de devenir un citoyen responsable. La société John Howard du Canada vise également à s'assurer que tous les détenus conservent les droits et privilèges des citoyens à l'exception de ceux explicitement retirés par la sanction imposée. Selon cette association, toute personne a le droit et la responsabilité d'être informée et impliquée dans le processus de justice criminelle et les ONG ont un rôle vital à jouer dans ce processus.

La société John Howard du Canada emploie diverses méthodes pour atteindre ses objectifs. Elle travaille avec les personnes aux mains de la justice ; révise, évalue et milite pour des changements dans le processus de justice criminelle ; participe à l'éducation du public sur ces questions et fait la promotion de la prévention du crime à travers des activités sociales communautaires. À travers tout le Canada, à l'exception du Québec où la société tente de se reconstituer, 65 bureaux de la société John Howard offrent de nombreux programmes et services. Les activités de la société John Howard du Canada et des sociétés John Howard locales sont, en effet, multiples et diversifiées ; il s'agit aussi bien de lobbying auprès des décideurs, d'activités de recherche, des enseignements dans les collèges en passant par des services offerts en détention ou en communauté.

Les sociétés John Howard locales et provinciales sont au cœur de cette association. Chacune a son propre comité de direction et est gérée de façon indépendante. Le directeur du bureau national insiste sur le fait qu'il s'agit dans sa création et son fonctionnement d'une « grass-root society ». Au niveau local, les sociétés sont responsables des activités de réforme et d'éducation communautaire. Les membres de ces sociétés ont le plus souvent accès aux établissements de détention pour participer à diverses activités communautaires et fournir des services tels que la planification et l'aide à la libération, l'hébergement et le transport des familles de détenus ou l'aide aux demandes de pardon. Certaines sociétés sont en charge de maisons de transition et remplissent les fonctions de supervision de libération conditionnelle et d'évaluation communautaire. Indépendamment de ces activités pratiques, un récent projet du bureau national incitait notamment les sociétés locales et provinciales à travailler davantage sur les politiques.

Le bureau national et les différentes sociétés sont financés par des donations, des subventions d'United Way ainsi que par des subventions gouvernementales pour certains projets. L'ensemble des sociétés entretient de nombreuses relations avec d'autres ONG locales et nationales. JHS fait partie de l'association canadienne de justice criminelle et coordonne certaines actions avec des partenaires tels que les sociétés Elisabeth Fry. Le directeur du bureau national mentionne cependant que cette coopération se fait plus facilement au niveau national qu'au niveau local où ces ONG sont souvent en situation de compétition notamment dans la course au financement.

En général les activités de communications, de recherche et de publications sont gérées par le bureau national. Le directeur exécutif de JHS, Ryan, est impliqué dans de nombreux comités du gouvernement fédéral et du SCC avec lesquels il a des contacts réguliers. Avec le SCC, les rapports sont, selon lui, bons et respectueux. Il souligne cependant que la relation varie selon le degré de critique : « If I say things they like, they like me; if not, they don't, they always feel that criticizism is unfair » (Ryan, directeur de JHS-Canada). Il est donc, selon lui, relativement important de doser les critiques et de reconnaître les éléments positifs accomplis par le SCC : « If they see you as a person who just criticize… you are just a problem and they will turn you off ». Ryan dénote cependant une distinction importante entre le personnel du SCC au niveau national et institutionnel. Aux plus hauts niveaux, les personnes impliquées seraient plus compréhensives et ouvertes au travail de JHS que ne l'est le personnel local (notamment les gardiens) qui juge parfois les membres des sociétés JH comme des « prisonner's rights lovers ».

De nombreuses publications, avis ou commentaires sont rendus publics chaque année par la société John Howard du Canada sur des sujets de fond tels que les jeunes délinquants, l'alphabétisation, la politique des drogues et le domaine correctionnel. En 1999, JHSC a rédigé un mémoire sur la révision de la loi sur le système correctionnel et la mise en liberté sous condition de 1992. Adressé à la Chambre des communes, le document reconnaît les mérites de la loi et formule deux recommandations principales qui concernent les mécanismes de contrôle du SCC (JHS, 1999). La société John Howard recommande que le processus d'enquête interne soit modifié pour que soient nommées enquêteurs des personnes n'ayant pas d'aspirations de carrière au sein du SCC. Des juges à la retraite sont suggérés par l'association en raison de leur indépendance et expertise. La deuxième recommandation concerne l'Enquêteur correctionnel au sujet duquel le mémoire indique le manque de crédibilité tant que les problématiques qu'il dénonce ne seront pas résolues de façon juste et rapide.

> Because the prisoner does not have public sympathy, the CSC is not under the same pressure to be responsive. Special measures are necessary to ensure that issues raised by the Correctional Investigator will be dealt with fairly and in a timely manner. At the same time, it is not fair to the CSC to have the CI pursue the same issue from year to year if they think the criticism is unreasonable. There must be a better mechanism to resolve the issue (Ryan, directeur de JHS-Canada).

La société John Howard suggère que soit mis en place un mécanisme qui gérerait les différends entre le Service correctionnel du Canada et l'Enquêteur correctionnel en proposant une résolution au Solliciteur général. Le SCC serait alors, sauf opposition du Solliciteur général, tenu de se conformer à cette décision. De son côté, l'EC serait tenu d'abandonner ce dossier si la décision confirme la position du SCC.

En 2012, année célébrant les 50 ans de cette association, la société John Howard a été particulièrement active pour exprimer ses préoccupations face au projet de loi C-10. Les membres sont intervenus dans les médias, ont témoignés devant des comités parlementaires et écrit au Sénat. En dépit du fait que cette loi est désormais réalité, ils demeurent très vigilants quant aux changements en cours qu'il s'agisse de la fermeture de certains pénitenciers, des coupures budgétaires au Service Correctionnel ou encore des prélèvements sur la paye des détenus pour couvrir leur frais d'hébergement.

Interviewé sur la fonction de la JHS, Ryan, le directeur du bureau national estime avoir une mission de chien de garde. Il mentionne cependant la nécessité d'un contrôle externe aux structures multiples. Il constate, en effet, qu'à différents moments, certains organismes sont plus actifs que d'autres sur certains dossiers. Selon lui, la diversité est, de plus, un atout pour ne pas être dépendant de l'expertise et de la volonté d'une personne. Le caractère extérieur est essentiel pour l'évolution du système de justice criminelle : « it is only through advocacy, some outside window that the system can ever change, I don't think it has ever come from inside » (Ryan, directeur de JHS-Canada).

B. Les sociétés Elisabeth Fry (EF)

L'association canadienne des sociétés Elisabeth Fry (CAEFS) est une fédération de sociétés autonomes qui travaillent sur la question des femmes confrontées au système de justice. Ces sociétés ont pour objectifs d'encourager les réformes du système de justice criminelle, de développer des programmes et services de bonne qualité et de promouvoir la vigilance et la compréhension du public sur les besoins de femmes et les solutions à y apporter.

L'association canadienne des sociétés Elisabeth Fry entreprend diverses actions d'analyse des politiques, de recherche, de production de mémoires et de rapports à l'attention des autorités et du public. En 2001, CAEFS s'est adressée à la commission canadienne des droits de la personne au sujet des violations des droits vécues par les femmes dans les prisons canadiennes. Cette commission a par la suite rédigé un rapport spécial et reçut, en 2003, les soumissions orales et écrites d'organismes tels que la CAEFS (CAEFS, 2003). Le document de cette association propose une mise en contexte de la condition des femmes incarcérées en soulignant notamment les conclusions des rapports Arbour (1996) et McGuigan (1977), des rapports de l'Enquêteur correctionnel ainsi que les travaux de la commission de réforme du droit du Canada. La CAEFS milite pour la mise en œuvre de recommandations concernant les amendements de législations et politiques, la création d'inspecteur général des prisons pour femmes et le financement d'aide juridique. L'association achève son rapport de 2003 en sollicitant un plus grand contrôle des établissements : « CAEFS recommends that the CHRC regularly visit women's prisons and that they also encourage judges and members of Parliament to exercise their rights of access to federal prison » (CAEFS, 2003, p.57). Dans les dernières années, la CAEFS s'est impliquée dans l'enquête sur le décès d'Ashley Smith, dans la formulation de plaintes auprès de la Commission des droits concernant les femmes autochtones et les femmes ayant des problèmes de santé mentale ; dans l'appui et le conseil lors de procédures de détermination de la peine et devant la Cour suprême. De façon générale, cette association est intervenue par divers moyens politiques et médiatiques afin de contester les réformes pénales actuelles.

Au plan local, les 24 sociétés Elisabeth Fry offrent de multiples services et programmes aux femmes marginalisées aussi bien en communauté (logement lors de permissions de sortie ou libération anticipée aide aux démarches administratives ou judiciaires...) qu'au sein des murs des établissements. Les activités au sein des établissements de détention peuvent être des activités de socialisation, de soutien, de conseil ou d'aide pratique. Un exemple d'activité qui illustre justement le relais entre la communauté et la prison est celui des programmes de sortie sous escorte. Ce sont, en effet, les membres de la société Elisabeth Fry qui assurent parfois l'escorte des femmes lors de ces sorties. Basée sur cette solide expérience de terrain, les sociétés EF participent également au fonctionnement d'autres organismes de contrôle comme en atteste l'implication de la société EF lors des événements de Kingston et les travaux de la commission d'enquête de la juge Arbour (1996).

Dans les diverses provinces et territoires qui composent le Canada existent également de nombreuses associations locales. Nous illustrerons les actions de celles-ci en explorant, pour le Québec, deux associations, l'Office des droits des détenus et l'Association des services de réhabilitation du Québec.

C. L'Association des Services de Réhabilitation du Québec (ASRSQ)

L'Association des services de réhabilitation du Québec est une association provinciale qui réunit en partenariat 63 corporations sur 103 points de service[164]. Les acteurs sont très diversifiés et on y retrouve des services sociaux, des agences spécialisées, des institutions para-publiques, des organismes communautaires, des mouvements religieux et d'action bénévole (ASRSQ, 1992). L'association regroupe notamment 22 maisons de transition fédérales ou provinciales (ASRSQ, 2003a).

Les objectifs de ce regroupement sont notamment de sensibiliser les intervenants du système judiciaire et correctionnel aux positions du secteur communautaire. L'ASRSQ souhaite également sensibiliser et informer le public afin d'accroître la participation de la société dans l'administration de la justice et la réinsertion sociale des délinquants.

[164] www.asrsq.ca (septembre 2013). Il est pertinent de mentionner que la société John Howard était l'un des cinq membres fondateurs de l'ASRSQ (ASRSQ, 2002).

L'association entreprend chaque année des actions de formation des intervenants, de recherche sur des préoccupations d'actualité (tels que l'insertion sociale) et des colloques sur des thèmes tels que les besoins des contrevenants et le casier judiciaire. L'ASRSQ participe, de plus, au comité de concertation et de coordination entre le Service correctionnel du Canada et les partenaires communautaires ou encore la conférence du Solliciteur général du Canada sur les meilleures pratiques en matière correctionnelle. L'association assure son volet sensibilisation par la publication d'une revue « Porte Ouverte » et la participation à de nombreuses entrevues dans les médias (23 entrevues accordées aux médias en 2003 selon ASRSQ (2003a)).

L'association intervient également auprès des commissions parlementaires fédérales et provinciales au moyen de mémoires ou interventions orales. L'ASRSQ a notamment adressé des mémoires au Sénat et à la Chambre des communes, à la Commission canadienne sur la détermination de la peine (1988), au Comité permanent de la justice et des droits de la personne (2002b) ainsi qu'à la Commission des institutions du Québec (2003b). L'association a relancé régulièrement le gouvernement provincial sur la mise en vigueur de la loi sur le système correctionnel, loi au sujet de laquelle elle avait rédigé un mémoire. La directrice de l'ASRSQ dénote une profonde différence entre le système provincial et fédéral. Le système fédéral de par son formalisme favorise les revendications au plan politique auprès des parlementaires notamment à travers les tables de concertations et le comité permanent de la Chambre des communes. Les échanges avec ce comité peuvent, selon les propos de Julie, la directrice de l'ASRSQ prendre diverses formes.

> Quand le gouvernement fédéral veut légiférer, il peut y avoir un projet de loi et la Chambre peut en confier l'examen au comité permanent qui lui peut entreprendre des consultations ? Des fois ils vont nous appeler ou venir nous rencontrer… On va devant le comité dire si on est d'accord et pourquoi… ou on peut, nous, inviter le comité à se pencher sur une question… ou des mécanismes plus informels, on connaît les membres du comité et on peut décider de rencontrer chacun des membres ou aller par les critiques de chacun des partis politiques

Au niveau provincial, l'absence de structure similaire, rend l'action d'associations comme l'ASRSQ plus fastidieuse puisqu'il faut « aller un à un avec les ministres et les députés ».

Parmi les grands dossiers de l'ASRSQ, la réforme correctionnelle, la participation des citoyens, les mesures de rechange à l'incarcération et la privatisation des prisons reviennent fréquemment. Dans le bilan dressé à l'occasion de son 40e anniversaire, l'ASRSQ considère être parvenue à devenir un point de référence au Québec et, de plus en plus, au Canada (ASRSQ, 2002a). Au sujet de l'impact du travail de l'association, le témoignage de la présidente mentionne : « Ce qui est malheureux c'est qu'on le voit après et longtemps après ». Elle affirme que souvent l'impact n'est immédiatement perceptible, mais peut parfois être confirmé, après coup, par des personnes extérieures.

> Maintenant je le vois parce ce que même des sous-ministres qui sont partis à la retraite nous disaient « ben si votre association n'avait pas été là, te ou tel truc serait passé »... même des sous-ministres qui m'ont dit nous avoir utilisé des fois pour faire le contrepoids à des mouvements qu'ils sentaient venir de l'intérieur par exemple des syndicats (Julie, directrice de l'ASRSQ).

En dépit de son implication importante sur certains dossiers, il est possible de conclure que l'ASRSQ n'est pas directement intéressée et dédiée au contrôle des établissements de détention à la différence de l'Office des Droits des Détenus.

D. L'Office des Droits des Détenu(e)s (ODD)

L'Office des droits des détenu(e)s voit le jour en tant que comité de travail au sein de Ligue des droits et libertés du Québec. Mis en place pour étudier les conditions de détention, l'ODD se fixe alors comme mission d'informer la population et de défendre les droits des détenus en veillant notamment à l'application des règles minima pour le traitement des détenus adoptées en 1955 par les Nations Unies.

L'ODD agit, sert et informe dans le cadre des lois en vigueur, mais en référence constante aux prescriptions de la Charte canadienne des droits et libertés, de la Déclaration universelle des droits de l'Homme (1948), du Pacte international relatif aux droits économiques, sociaux et culturels (1966), ainsi que d'autres instruments internationaux relatifs aux droits humains.

L'ODD, par la suite dissocié de la Ligue, se radicalise dans sa lutte en adoptant une attitude abolitionniste. Dès lors, cette association axe son action sur trois objectifs : à court et moyen terme la défense de tous les droits des personnes incarcérées et l'amélioration des conditions de détention et à long terme, l'abolition de toute forme d'emprisonnement (ODD, 1981).

Concrètement l'ODD répond aux demandes des détenus et de leurs familles, récolte les informations et, à partir des cas individuels, développe une analyse du problème pour en faire un événement d'actualité et influencer les politiques. Se définissant comme un groupe de pression, l'Office des Droits des Détenus utilise, pour atteindre ses objectifs, des pressions sur les instances dépositaires de la puissance publique au moyen d'interpellations, de courriers, de conférences de presse, de participation à des débats télévisés et de publications diverses. De plus, l'ODD a occasionnellement utilisé la voie judiciaire parmi ses stratégies d'action. En effet, malgré le fait de voir son action limitée par un refus d'accès aux pénitenciers fédéraux, cette association fut, pendant longtemps, très dynamique et développa des initiatives originales telles qu'un diaporama de sensibilisation diffusé dans des collèges ou encore la Charte des droits des détenus adoptée par la FIDH en 1982 (FIDH, 1983).

Les relations de l'ODD avec le personnel et les autorités correctionnelles furent pendant longtemps « très conflictuelles » selon Laurent, son président de l'époque. Les pressions exercées par le personnel pénitentiaire sont, selon lui, à l'origine de l'expulsion de l'ODD par la ligue et par un comité consultatif de citoyen dans lequel il s'était impliqué. La consigne des services correctionnels de refuser toute entrevue télévisée si l'ODD était présent illustre également ces tensions.

Au niveau des partenaires externes, l'ODD n'a jamais eu de liens ou collaboration formelle avec des organismes comme l'Enquêteur correctionnel ou le Protecteur du citoyen. Cependant l'association réfère parfois les détenus à ces mécanismes de contrôle et il est intéressant de relever que la personne au bureau du Protecteur qui a travaillé au rapport spécial de 1985 était un ancien membre actif de l'ODD. Si les liens ne sont donc pas officialisés, ils peuvent ainsi être de nature informelle ou utilitaire. Laurent, président de l'ODD, nous expliquait notamment que le rapport du Protecteur du citoyen leur avait été utile en venant renforcer la crédibilité de l'ODD.

> Le rapport nous a été très utile, car les journalistes étaient souvent sceptiques, mais avec la publication du rapport, cela a donné de la crédibilité à notre discours… après ça l'approche était différente, ils remettaient moins en question. Avant ils questionnaient, après ça ils le faisaient plus.

L'ODD composé de « citoyens ayant à cœur l'évolution et l'humanisation de la Justice » est, selon les propos de son président, un contre-pouvoir qui exerce une fonction de contrôle dans la mesure où il agit et réagit aux abus du pouvoir. À ce volet réactif s'ajoute, selon lui, une efficacité préventive : « les résultats, on ne peut pas les mesurer de façon formelle… notre efficacité est une efficacité de prévention, les abus y en aura toujours, mais il y en aura moins ».

Il convient cependant de constater le récent déclin de l'ODD. D'une équipe très active qui se réunissait toutes les semaines dans les locaux de l'association, l'activité s'est par la suite limitée à un site internet et quelques interventions publiques. Très peu actif en tant que moyen de pression, l'ODD a maintenu le volet informatif et critique notamment par la publication en 2002, par deux de ses membres d'un ouvrage sur les droits des détenus (Bernheim et Brousseau, 2002). La sortie du livre « Les droits des personnes incarcérées : les règles, la réalité et les ressources » coïncidait d'ailleurs avec la célébration des 30 ans de l'Office des droits des détenus. Cet ouvrage qui s'inspire du guide du prisonnier de l'OIP, veut rendre compte de l'état actuel de la législation, mais également de l'état des pratiques quotidiennes des droits des détenus. Par cette publication, l'ODD dénonce, une fois de plus, l'écart existant entre des lois à l'esprit généreux et progressiste et la pratique de l'application de ces lois trop souvent non conforme à cet esprit.

IV. L'IMPACT DU TRAVAIL DES ONG

Si l'on s'attache à évaluer l'influence réelle des actions des diverses ONG, il faut constater que ces organisations remplissent, en France et au Canada, une fonction importante d'alerte et de dénonciation des violations des droits de l'homme. Le rapport Canivet (2000) souligne, à ce titre, que les organisations non gouvernementales locales, nationales ou internationales sont souvent les premières à attirer l'attention des autorités sur les violations de droits dans les prisons. Le commissaire européen aux droits de l'homme (CE, 2006) mentionne également que les ONG sont pleinement investies dans l'identification et la prise de conscience des problèmes.

En fait, de plus en plus d'ONG sont d'ailleurs explicitement associées en tant que source principale d'information à des institutions telles que l'ONU, le Conseil de l'Europe ou d'autres organes de contrôle auprès desquelles elles ont souvent un statut consultatif (Rodley, 1999). Ce statut consultatif auprès des institutions nationales et supranationales vient reconnaître aux ONG leur expérience, leur expertise et leurs réseaux de ressources humaines, de soutiens et de contacts. Le Comité européen de prévention de la torture agit et programme ses visites en grande partie sur la base d'informations fournies par les ONG. Dans certains pays, des ONG sont, parfois, associées ou même chargées de la formation en matière de droits de l'homme des agences de contrôle social formel telles que la police ou l'administration pénitentiaire.

Certaines ONG participent au processus d'élaboration des normes et jouent parfois un rôle moteur dans l'adoption de certains instruments internationaux ou nationaux. Kraiem insistait en 1978 sur le fait que cette assistance des ONG doit être sécurisée par l'ONU. Ceci a été fait, entre autres, par le biais de deux récents développements : l'adoption le 10 décembre 1998 de la *déclaration sur les défenseurs des droits de l'homme* qui reconnaît à chacun, individus ou groupes, le droit de promouvoir la protection et la réalisation des droits de l'homme et la désignation en 2000, d'une représentante spéciale du secrétaire général des Nations Unies pour les défenseurs des droits de l'homme.

De par leur implication, les ONG ont également un certain impact sur la transformation des termes et de la nature du débat sur les prisons même si celui-ci reste plus difficile à déterminer (Pouligny, 2002). Les citoyens militants regroupés en associations ou organisations non gouvernementales (ONG), ont une position irremplaçable grâce à la crédibilité acquise auprès des médias et du public, mais, également, grâce à la confiance qu'ils inspirent à ceux qui, comme les détenus, peuvent difficilement utiliser les recours officiels et publics. Les ONG agissent en collectant, analysant et transmettant des informations accompagnées souvent de suggestions ou « exigences de réaction » selon le ton adopté. Les moyens d'actions de ces ONG sont essentiellement informels et utilisent les libertés d'association, de réunion et de presse pour prendre à témoin l'opinion publique mondiale. La pression sur les gouvernements est d'autant plus forte que la démarche est relayée par les médias et par un réseau de militant qui sollicite les élus.

Toutefois, les ONG n'agissent pas uniquement par « réaction à chaud » sur certains événements ponctuels, mais elles entreprennent également des actions et des initiatives à long terme. En effet, Collet (2002) souligne que certaines ONG ont développé une telle expertise qu'elles sont à même de s'impliquer et de produire des contributions de qualités dans les négociations (parfois longues et techniques) auprès de diverses institutions nationales et supranationales. Nous avons pu relever que les ONG sont de plus en plus visibles dans les discours et les écrits des instances gouvernementales chargées des politiques pénales et carcérales ainsi que dans les principaux médias. Si elles disposent d'une grande visibilité et sont régulièrement consultées par les décideurs, il ne nous est cependant pas possible d'évaluer scientifiquement l'influence réelle notamment sur la transformation des termes et de la nature des débats ou dans l'avènement et le contenu d'une réforme. Pour Yalden (1997), « those non governmental warchdog… have been instrumental in leading prison reform campaigns around the world ».

V. Conclusion

Dans ce chapitre nous sommes entrées au cœur du concept de société civile tel que conçu par Gramsci. Nous avons analysé comment au moyen d'institutions non étatiques comme les associations et les ONG, les citoyens entrent en action avec l'État, les instances supranationales et les différentes composantes de la société politique. La prison semble bien être un domaine où le secteur associatif joue un rôle essentiel qui serait selon Darbéda (2000), « porteur de l'intérêt de la société civile au "peuple des prisons" ». Le concept de société civile se compose, en effet, de facettes multiples, celles de la société civile représentée politiquement, mais aussi celles de la société civile active sous d'autres formes. L'existence de ces groupes de citoyens illustre le fait que la défense des droits de l'homme n'est pas l'exclusivité des seuls juristes ou spécialistes, mais bien une cause civique où les citoyens ont un rapport de complémentarité et de contestation du pouvoir. Ce rapport s'exerce justement dans les failles ou faiblesses du contrat social tel que perçues par ces citoyens qui entreprennent alors d'agir. Les regroupements voient, en effet, le jour lorsque les citoyens constatent les carences des institutions politiques. Cette participation citoyenne se matérialise le plus souvent sous la forme d'implication au sein d'ONG ou d'associations qui, comme nous l'avons vu, possèdent souvent suffisamment de légitimité et de faculté de lobbying pour s'imposer comme entrepreneurs et parfois producteurs de normes. Que ces ONG ou associations voient leurs actions se concrétiser ou non au plan normatif, leur rôle croissant vient, sans nul doute, proposer une concurrence au modèle de démocratie représentative en prônant un système de démocratie participative. L'action des citoyens permet bien le passage de la notion abstraite de société civile à sa réalité concrète ou autrement dit par Sue (2003) de la représentation quantitative à la représentativité qualitative.

Les mécanismes étudiés dans ce chapitre appartiennent clairement au second niveau de présentation de l'État selon Bergeron ; celui de l'État contrôlé ou la politie. Il s'agit, en effet, du niveau inférieur du triptyque, celui d'en bas qui est la base des 2 autres puisqu'il est la société en tant que « politique », elle-même. Ce chapitre a démontré que les relations entre la gouverne et la politie, les institutions politiques et les citoyens, sont nombreuses, à la fois institutionnalisées ou informelles. L'analyse des actions des ONG a permis d'illustrer les activations descendantes et ascendantes entre politie et gouverne. Si, en effet, la représentation est la relation plus fréquente entre ces deux niveaux, la recherche entreprise indique que les citoyens exercent, par leurs actions, leur droit de regard et d'interpellation sur ce que font leurs représentants. Toutes les associations étudiées publient des rapports qui s'adressent à la société politique et aux institutions d'État directement ou indirectement par le biais des médias. Nous avons, en effet, mis en évidence la multiplicité des consultations d'ONG initiées par pouvoirs publics ainsi que la diversité des interventions spontanées initiées par ces associations. La sollicitation des ONG par les institutions politique vient soutenir leur raison d'être et appuyer leur légitimité en raison de leur proximité avec le terrain, leur réputation nationale et internationale ou encore la présence d'experts (Pouligny, 2002).

En tant que groupes de pression et organismes consultatifs, les associations étudiées constituent bien un des moyens d'actions préfonctionalisées identifiés par Bergeron. À ce titre, les associations et les regroupements de citoyens sont les principaux effecteurs des messages et des signaux émis par les citoyens, car ils constituent, en effet, un moyen d'actions politiques déjà opérationnel. Qu'elles soient consensuelles ou dissensuelles, par leurs conduites, les citoyens de la politie adressent via les contrôles citoyens des messages aux dirigeants de la gouverne. Selon Bergeron, ces messages se transmuent, via les habilitations ascendantes, en signaux de légitimation de l'État. Parmi les différents types de signaux de légitimation, les regroupements analysés adoptent des conduites politiques de participation par laquelle ils expriment des aspirations avouées constituant des signaux explicites ; des conduites d'opposition en véhiculant des objections décidées qui s'analysent en signaux implicites ; des conduites de contestation au moyen de dénonciations véhémentes qui constituent des signaux neutralisants et plus rarement des conduites de dissidence en formulant des accusations formelles et donc des signaux de légitimation conditionnels. Nous reviendrons dans le chapitre suivant sur ces diverses interactions et sur leurs enjeux en termes d'instrumentalisation de ces contrôles citoyens par l'État. Il semble dorénavant possible de mentionner que l'État tente souvent de canaliser la participation citoyenne. Dans un cas, celui des comités de citoyens canadiens, l'État est contrôlé dans des limites qu'il fixe lui-même et le seuil des habilitations vient illustrer la boucle de légitimation en descente-remontée identifiée par Bergeron.

L'approche interactionniste que nous avons retenue, nous a conduits à analyser les relations entretenues entre les regroupements citoyens et les institutions étatiques et supranationales, mais également les relations existantes entre les divers groupes citoyens. Sans entrer dans les détails de la nature de ces liens, il convient de mentionner qu'ils peuvent s'actualiser aussi bien par des influences sur la création et le fonctionnement des associations que des transferts d'expertise au plan factuel ou humain. Nous insistons sur le fait que tous les liens représentés dans ce schéma indiquent des actions conjointes existantes entre les divers organismes. Même si les actions conjointes qui unissent ces différentes entités peuvent être de nature occasionnelle et ponctuelle, il remarquable d'observer l'intensité du réseau de relations mises à jour. A l'aide des analyses systémiques telles que développées par Mucchielli (1998), Crozier et Friedberg (1977), nous avons mis à jour la complexité relationnelle existant à la fois entre les divers contrôles citoyens, mais également entre les ONG et les mécanismes de contrôle de type supranational, ombudsman, politicojudiciaire, éthique et déontologique. Les ONG sont au centre du réseau de contrôle par les liens divers qu'elles tissent avec les divers types de contrôle. Les ONG ont souvent un statut consultatif auprès des instances supranationales dont elles favorisent la création, la formation ou l'information. En France comme au Canada, les associations sollicitent et sont sollicitées par les parlements nationaux et les comités d'enquête dirigés par les juges. Les ONG canadiennes collaborent à certains projets communs avec les ombudsmans et les associations françaises contribuent directement au fonctionnement de la CNCDH et indirectement à la saisine de la CNDS par le biais des parlementaires lorsque celle-ci existait.

L'analyse de ce réseau étroit était pertinente pour l'étude de l'influence et l'impact des mécanismes de contrôle étudiés selon le concept de jeu développé par Crozier et Friedberg (1977). En appréhendant les phénomènes de relations et d'interdépendance, il nous est, en effet, possible d'analyser le contrôle citoyen comme une action organisée. Notre analyse de la construction de ces interactions et des systèmes de relations permet de mettre en évidence l'existence de réseaux de décisions et d'information. Assez souvent, les associations décident ensemble d'entreprendre des actions communes (lettres ouvertes) ou des stratégies complémentaires (utilisation de leur réseau de relations réciproques). Le cas du contrôle citoyen se prête donc bien à la conceptualisation du jeu comme instrument de l'action organisée se déroulant dans un contexte d'interdépendance stratégique (Crozier et Friedberg, 1977, Friedberg, 1993). Il apparaît d'autant plus clair que la capacité d'action et la possibilité d'obtenir des résultats pour les regroupements de citoyens reposent justement sur les négociations et la mise en œuvre conjointes de rapports de pouvoir (Friedberg, 1993). Des pressions exercées sur les décideurs ont, en effet, davantage de poids et d'impact quand elles émanent des diverses associations distinctes. Nous analysons donc le pouvoir de ces contrôles comme étant de nature relationnelle et, par conséquent, inséparable de la relation à travers laquelle il s'exerce. En retenant cette conception du pouvoir, nous ne pouvons que constater l'importance d'obtenir la coopération d'autres organismes pour la réalisation d'un projet. Sur ce point, le réseau de relations établi par ces contrôles citoyens donne un indice de l'influence et donc de la réussite de ces mécanismes.

CONCLUSION

L'État est-il objet, acteur ou obstacle au contrôle ?

I. L'ÉTAT DES LIEUX DES CONTRÔLES EN FRANCE ET AU CANADA

La France et le Canada sont deux pays où la question du contrôle prend forme sous des dimensions rhétoriques et pratiques. Dans les deux pays existent de nos jours de nombreux instruments d'affirmation des droits des personnes incarcérées à divers niveaux qu'ils soient internationaux, nationaux, provinciaux ou encore au sein même des institutions par le biais de règlements ou énoncés de mission. Le Canada présente, cependant, un niveau de normatisation et de législation nettement plus avancé que la France. Il semble, en effet, exister entre les deux pays un décalage important dans l'apparition, la consécration et le contrôle des droits des détenus. Au Canada, divers contrôles externes par des autorités ou organismes indépendants des services correctionnels ont été mis en place dès les années 70 tandis qu'en France, les mécanismes de contrôles ont, de façon générale, été instaurés à partir de la fin des années 80 et pour les plus récents au début des années 2000.

Le cas de la France se distingue dans un premier temps du cas canadien par l'existence de contrôles supranationaux supplémentaires. Cette spécificité issue de l'appartenance de la France au Conseil de l'Europe ne présente aucun équivalent au Canada. Il en résulte la soumission de la France et des prisons françaises à un contrôle judiciaire répressif (la CEDH) et un contrôle de visites préventives (le CPT). Relevons cependant que la ratification attendue du Canada au protocole additionnel à la Convention contre la torture des Nations-Unies viendra certainement soumettre la France et le Canada à un contrôle supranational commun (le SPT).

En étudiant les contrôles de type ombudsman développés en France et au Canada, nous avons surtout constaté l'écart existant entre les deux pays. Au Canada, les niveaux de gouvernement fédéral et provincial ont permis la mise en place d'un système dual où les pénitenciers fédéraux sont contrôlés par un ombudsman spécialisé et les prisons provinciales par des ombudsmans généralistes. En France, le Défenseur de droit et le Contrôleur général des lieux de privation de liberté interviennent en détention de façon distincte. Si les ombudsmans canadiens, déjà bien implantés, sont très actifs et intensivement sollicités par les personnes détenues, le cas français en est, encore, à ses débuts. Nous constatons toutefois que l'analyse de ce type de contrôles indique, pour les deux pays, un certain consensus sur la spécialisation nécessaire pour le travail de l'ombudsman en milieu carcéral. Qu'ils soient spécialisés ou généralistes, les ombudsmans assignent plus ou moins formellement des ressources spécifiques au traitement des plaintes des détenus et établissent, dans les faits, une certaine spécialisation en raison de la formation reçue et de l'assignation à un établissement de détention.

L'analyse des contrôles « politicojudiciaires » révèle l'existence de mécanismes de contrôle communs aux deux pays étudiés, mais dont les réalités et pratiques sont foncièrement différentes. En France comme au Canada, les parlementaires ont, de par leur mandat et de par des dispositions législatives précises, un droit d'accès et de contrôle des établissements de détention. L'exercice de ce droit n'est, cependant pas le même dans les deux pays puisque les parlementaires français sont depuis quelques années particulièrement actifs dans ce domaine, ce qui détonne avec l'absence d'intérêt et d'action de la part de leurs homologues canadiens. Depuis 2000, un certain nombre de députés et sénateurs français ont donné corps à ce contrôle au moyen de commissions d'enquête, réunions de travail, visites, prises de position et actions concrètes. Le fait que les parlementaires français soient davantage impliqués et parfois les seuls compétents pour saisir d'autres mécanismes de contrôle vient accentuer davantage la conception de ceux-ci comme des acteurs de contrôles réels en comparaison d'une conception davantage virtuelle et représentative pour les parlementaires canadiens. De plus, la spécificité française des contrôles politiques est davantage marquée par l'existence de commissions permanentes comme la Commission nationale consultative des droits de l'homme ou les conseils d'évaluation qui n'ont pas d'équivalent au Canada. En dépit de ces différences, il convient d'indiquer que dans les deux pays existent des contrôles politicojudiciaires ponctuels sous la forme de comités ou commissions. Ces commissions, de travail ou d'enquête selon les cas, sont, très souvent confiées à des juges renommés qui sont ainsi positionnés par le gouvernement comme mécanismes de contrôle ponctuel. D'autre part, les magistrats sont, en France comme au Canada, détenteurs d'un pouvoir de contrôle permanent. En effet, au Canada, la législation qui institue le droit de visite des parlementaires s'applique expressément aux magistrats, tandis qu'en France le Code de Procédure pénale précise le rôle attribué à certains magistrats dans le contrôle des prisons que ce soit dans le cadre de leur fonction quotidienne ou de leur implication dans les conseils d'évaluation. Dans les deux pays, nous avons constaté qu'en pratique, les magistrats exercent peu ou pas cette mission de contrôle permanent des établissements de détention.

L'étude des contrôles citoyens semblait initialement révéler le plus grand degré de similitudes entre la France et le Canada. Certaines ONG sont, en effet, internationales et exercent en principe un mandat commun dans les deux pays où elles ont des antennes nationales. Or nous avons rapidement constaté que leurs pratiques et leurs implications varient de façon importante au niveau national. Nos résultats indiquent, de plus, l'existence de regroupements et associations nationales et locales aux missions et activités spécifiques à chacun des pays étudiés. Au Canada, des comités de citoyens exercent au quotidien un rôle innovateur de conseillers, d'observateurs et contrôleurs des pénitenciers fédéraux qui n'existe pas en France. De façon synthétique, nous constatons, en effet, que la conception et le fonctionnement des contrôles citoyens diffèrent profondément d'un pays à l'autre. Si le principe de l'action citoyenne reste le même, les fondements et les manifestations de ceux-ci révèlent, selon nous, certaines spécificités nationales. Il semble bien que le contrôle citoyen en France est davantage revendicatif qu'il ne l'est au Canada. Que les raisons soient de nature culturelles, institutionnelles ou en encore situationnelles, il apparaît, en effet, que les actions des contrôles citoyens français mettent l'accent sur la mobilisation et la revendication critique au moyen de dénonciations et manifestations tandis que les contrôles citoyens canadiens privilégient la participation et le partenariat au moyen de consultations, mémoires et bénévolat. Les contrôles citoyens canadiens semblent inscrire leurs actions dans un climat de collaboration et une certaine confiance institutionnelle avec les autorités correctionnelles et ministérielles alors que leurs homologues français interviennent dans un contexte beaucoup plus tendu et conflictuel avec l'administration pénitentiaire et le gouvernement. Dans ce qui peut être analysé comme un lien de causalité, nous constatons alors que les contrôles citoyens canadiens sont davantage impliqués dans le milieu pénitentiaire auxquels ils ont souvent accès et sont perçus, à des degrés divers, comme des partenaires. Leurs actions semblent dirigées vers les détenus et les services correctionnels tandis que les contrôles citoyens français, qui n'ont souvent pas accès aux établissements, apparaissent eux centrés sur leurs interventions de pressions et d'influence auprès des autorités politiques. L'accent mis en France sur le lobbying politique explique certainement que les actions conjointes entre les diverses associations semblent davantage privilégiées qu'elles ne le sont au Canada.

À tous les niveaux de contrôle, les différences analysées entre la France et le Canada invitent à questionner les raisons possibles de celles-ci. Il peut être proposé que les divers contrôles s'adaptent en partie aux spécificités culturelles, économiques et politiques de chaque pays. Sans entrer dans une analyse géopolitique qui dépasserait le cadre de cette recherche, il semble notamment évident que les mécanismes étudiés adaptent la nature et l'intensité de leurs interventions à l'état de nécessité des établissements de détention. Le consensus existant sur l'urgence de réforme des prisons françaises et sur la qualité atteinte par le Service correctionnel du Canada explique en grande partie les différences observables dans l'intérêt et l'action des mécanismes de contrôles.

II. LE RAPPORT À L'OBJET CONTRÔLÉ : L'ÉTAT ET SES PRISONS

1. Les interactions État-contrôles

Les actions de contrôle sont en effet dirigées vers les établissements de détention, les administrations pénitentiaires, le ministère concerné et finalement l'appareil d'État dans son ensemble. Ainsi parmi les interactions entre l'État et les divers mécanismes de contrôles il est possible de distinguer les interactions initiées par l'État et celles initiées par les mécanismes de contrôle.

De façon générale, les organismes de contrôle sont proactifs et entreprennent d'eux-mêmes les diverses actions qui constituent leur contrôle. Nous avons, en effet, relevé la multiplicité et l'hétérogénéité des interventions spontanées des contrôles de niveau supranational, politicojudiciaire, citoyen et ombudsman. À titre d'exemple, les ONG prennent l'initiative d'actions diversifiées parfois discrètes, car basées sur leurs réseaux de connaissances, le travail de lobbying ou la double appartenance et parfois plus directes par le biais de revendications officialisées et d'interventions médiatiques. De façon plus globale, les actions des instances de contrôle envers l'État peuvent se différencier selon l'objectif de création, de fonctionnement ou d'impact du contrôle. Il convient de mentionner que si parfois les mécanismes de contrôle sollicitent l'État au sujet de leur propre contrôle, nous avons relevé que le plus souvent les organismes exercent ces pressions au sujet et au profit d'autres contrôles que le leur. Le tableau suivant illustre cette classification des actions spontanées des mécanismes de contrôles envers l'État et les administrations pénitentiaires.

Tableau 1 : Les actions spontanées des contrôles envers l'État et ses prisons

Actions spontanées des organismes de contrôle envers l'État et ses prisons		
la création du contrôle	**le fonctionnement du contrôle**	**l'impact du contrôle**
Pression pour reconnaître le besoin de contrôle	Pression pour coopérer au travail d'investigation du contrôle (accès, documents)	Pression pour répondre aux productions du contrôle
Pression pour adopter ou renforcer un contrôle existant	Pression pour rendre accessible le contrôle aux personnes concernées (saisine, correspondance)	Pression pour mettre en œuvre les recommandations du contrôle
Pression pour mettre en œuvre un nouveau contrôle	Pression pour fournir les ressources matérielles et humaines au fonctionnement du contrôle	Pression pour contrôler la mise en œuvre des recommandations du contrôle

Nos résultats indiquent également l'existence d'interactions qui sont initiées par l'État. Nous avons souligné à de nombreuses reprises que l'État est souvent l'instigateur des mécanismes de contrôle. De plus, indépendamment de son action de création du contrôle, l'État sollicite également les instances de contrôle lors des processus de consultations écrites ou orales ou encore dans la composition de groupes de travail. Nous relevons cependant que, si les instances de consultation sont assez fréquentes, ce sont bien souvent les mêmes organismes et les mêmes personnes qui sont sollicitées et consultées. Il existe bien, selon les pays et selon les périodes, des relations dominantes ou privilégiées entre l'État et certaines instances de contrôles. Pour d'autres contrôles, les relations sont parfois plus faibles, réduites voir même par moment absentes. Quelle que soit la nature ou fréquence de leur relation, État et contrôles cheminent ensemble et se rencontrent fréquemment. Les actions de contrôle visent, en effet, l'État et se positionnent selon les cas en amont, en aval ou de façon concomitante à l'action de celui-ci.

2. L'État conçu en 3 niveaux : l'apport de la théorisation de Bergeron à l'analyse des contrôles

Dans cette recherche, nous avons appliqué la présentation théorique de l'État établie par Bergeron (1993) à l'analyse des contrôles des établissements de détention. Cet auteur présente l'État en trois niveaux : l'État contrôlant, l'État contrôlé et l'État contrôleur. Il s'agit d'une articulation théorique qui permet de juxtaposer le social et le politique et de mieux cerner leurs communications, leurs échanges et leurs influences.

A. L'État contrôlant

La gouverne ou l'État contrôlant se compose des divers agents étatiques qui constituent les indispensables rouages du fonctionnement de l'État. Les contrôles politiques semblent bien se situer à ce niveau puisque les mécanismes étudiés font partie, le plus souvent, des éléments de l'appareil dynamique central de l'État. Les contrôles politicojudiciaires se composent, en effet, des divers agents étatiques (législateurs, juges, commissaires, consultants, fonctionnaires...) qui font fonctionner l'État même s'ils ne gouvernent pas tous au sens fort du terme. Les rapports de commissions royales composées de magistrats, les commissions d'enquête parlementaires, les avis de commissions permanentes transmis aux administrations ou au gouvernement, tous ces mécanismes ont des liens plus ou moins directs avec les quatre fonctions centrales de l'État contrôlant identifiées par Bergeron : gouvernement, législation, administration, juridiction. De plus ces divers contrôles ont bien comme objectifs d'intervenir sur l'impération et/ou d'exécution des normes. En fait, les règles produites par ces mécanismes de contrôle sont assez souvent des propositions de normes juridiques qui sont en même temps des déclarations de normes politiques (sur le sens de la peine ou la place des droits de l'homme par exemple).

Les ombudsman n'appartiennent pas au niveau de la gouverne puisqu'ils ne sont pas des agents étatiques qui contribuent au fonctionnement de l'État et ils n'exercent aucune des quatre fonctions centrales de l'État contrôlant qu'il s'agisse de gouvernement, de législation, d'administration ou de juridiction. Nous avons cependant analysé que le travail des ombudsmans s'effectue sur les divers degrés d'action de ces quatre fonctions étatiques. Les ombudsmans interviennent, en effet, sur ces différents registres puisque leur mission dans les établissements de détention les conduit à contrôler à la fois l'impération et l'exécution des normes. En appliquant la distinction faite par Bergeron, nous avons constaté de plus que l'ombudsman analyse et contrôle autant les règles principalement politiques produites par les fonctions de gouvernement et d'administration que les règles principalement juridiques produites par les fonctions de législation et de juridiction.

B. L'État contrôlé

L'État contrôlé ou la politie est le niveau inférieur du triptyque de Bergeron et se situe à la base des 2 autres. Les mécanismes de contrôle citoyen analysés dans cette recherche appartiennent clairement à ce niveau de présentation de l'État puisque la politie représente, en effet, la société qui se situe et se fonctionnalise donc par rapport au niveau de la gouverne. Nous avons démontré, en effet, que les relations entre la gouverne et la politie, les institutions politiques et les citoyens, opérationalisées ou informelles, sont nombreuses. L'analyse des liens entre les niveaux de contrôle citoyen et politique a bien permis d'illustrer les activations descendantes et ascendantes entre politie et gouverne identifiées par Bergeron. Si la représentation des citoyens par le politique est la relation plus évidente entre ces deux niveaux, les contrôles analysés indiquent que les citoyens exercent de façon conséquente leur droit de regard et d'interpellation sur ce que font leurs représentants. Tous les regroupements de citoyens étudiés publient des rapports qui s'adressent à la société politique et aux institutions d'État directement ou indirectement par le biais des médias. Nous avons, de plus, mis en évidence la multiplicité des consultations d'ONG initiées par les pouvoirs publics qui viennent s'ajouter aux diverses interventions spontanées de ces associations. La sollicitation des ONG par les institutions politiques vient, de façon plus évidente encore, démontrer l'importance de cette pénétration de la société civile, la politie dans la gouverne, la société politique.

De la même façon, les associations étudiées, en tant que groupes de pression et/ou organismes consultatifs, constituent bien un des moyens d'action préfonctionalisés identifiés par Bergeron. En ce sens, les regroupements de citoyens semblent bien se positionner comme les principaux effecteurs des messages et des signaux émis par les citoyens de la politie aux dirigeants de la gouverne. Les contrôles citoyens peuvent ainsi s'analyser selon la nature de ces messages qui, consensuels ou dissensuels, sont, en fait, des signaux de légitimation de l'État. Les regroupements étudiés adoptent, en effet, des conduites politiques de participation par laquelle ils expriment des aspirations avouées constituant des signaux explicites ; des conduites d'opposition en véhiculant des objections décidées qui s'analysent en signaux implicites ; des conduites de contestation au moyen de dénonciations véhémentes qui constituent des signaux neutralisants et plus rarement des conduites de dissidence en formulant des accusations formelles et donc des signaux de légitimation conditionnels.

Les ombudsmans n'appartiennent certes pas à l'État contrôlé ou la politie mais constituent cependant un outil aux mains de la société qui compose ce niveau de l'État. En sollicitant l'ombudsman pour intervenir en prison, l'État contrôlé (la société composée des détenus et des personnes libres) utilise, en effet, l'institution d'ombudsman pour interpeller et questionner l'État contrôlant (la gouverne). Si cette interpellation ne se fait pas au moyen des activations ascendantes puisqu'en effet l'ombudsman ne représente pas les détenus auprès de l'institution de l'État contrôlant, nous proposons que l'ombudsman puisse, néanmoins être analysé comme un moyen d'actions politiques et un effecteur des messages et signaux des citoyens. De plus, les messages et signaux émis par les ombudsmans envers l'État contrôlant ne sont pas exclusivement ceux des citoyens, mais également ceux qui émanent des ombudsmans eux-mêmes à l'issue de leur travail d'analyse. En effet, dans le cadre de sa mission, l'ombudsman intervient parfois de sa propre initiative et interpelle les institutions de l'État sur des problématiques qui ne sont pas quantitativement ou qualitativement celles que la société civile, à travers les détenus, met de l'avant. Il est donc possible d'analyser les messages que les ombudsmans adressent à l'État selon la typologie de conduites politiques de Bergeron. Nous dénotons alors que les ombudsmans adoptent rarement une conduite de contribution, mais plus fréquemment une conduite de participation puisqu'ils expriment des aspirations avouées constituant des signaux explicites de légitimation. Assez souvent, ils véhiculent envers les services correctionnels des objections décidées qui caractérisent la conduite d'opposition et s'analysent en signaux de légitimation implicites. Plus rarement, les ombudsmans ont envers l'institution qu'ils contrôlent des conduites politiques de type dissensuel. Certains rapports des ombudsmans provinciaux ou de l'Enquêteur correctionnel semblent bien constituer des messages des dénonciations véhémentes et donc des signaux neutralisants identifiés à la conduite de contestation. À de rares occasions, les ombudsmans adoptent une conduite proche de la dissidence en formulant des accusations formelles ou tout au moins des menaces d'accusations formelles qui se traduiraient donc en signaux de légitimation conditionnels. Nous relevons cependant que les ombudsmans étudiés n'adressent jamais aux services correctionnels des condamnations radicales qui caractériseraient la conduite de rébellion. Cet état de fait s'explique notamment par l'essence même de l'institution d'ombudsman qui serait remise en question par des condamnations qui viendraient émettre des signaux de légitimation retirés.

C. L'État contrôleur

L'État contrôleur appelé le régime, est, en fait, le niveau « d'en haut » qui surplombe les activités de la gouverne et réunit deux fonctions complémentaires : la légitimation et la sécuration[165].

Les contrôles supranationaux se situent à un niveau, qui à première vue, ne correspond pas aux trois niveaux de présentation de l'État faites par Bergeron (1993). Le caractère supranational de ces mécanismes les place au-dessus de l'État contrôlé, contrôlant et même contrôleur puisqu'il s'agit d'une entité supranationale qui contrôle l'État. Cependant, l'État est celui dont dépend entièrement la soumission à ce contrôle supranational puisque l'État contrôleur est celui qui décide (ou pas) de voter, signer, ratifier les instruments internationaux de contrôle. La réalisation des rapports soumis à ces contrôles, la mise en œuvre des recommandations faites par ces mécanismes et la publication de leurs rapports de travail dépendent également de l'État contrôleur. Ainsi, si l'État est bien l'objet du contrôle exercé par ces mécanismes, il n'en est pas moins le décideur et le maître d'œuvre de la

---

[165] Rappelons que la légitimation consiste à se justifier dans son milieu social tandis que la sécuration consiste à justifier son existence dans l'environnement international. Pour plus de précisions, nous renvoyons le lecteur au chapitre 1.

soumission, la réalisation et donc de l'effectivité de ces contrôles. L'action volontaire de l'État de se soumettre aux contrôles supranationaux s'analyse également dans le cadre des deux fonctions du régime. En effet, par son acceptation des contrôles supranationaux, l'État accomplit, tout d'abord, un acte de sécuration tourné vers l'extérieur. Signer les conventions et les protocoles et accepter les contrôles est bien, pour l'État, un processus autoprotecteur par lesquels il vise à affirmer et assurer son existence individuée dans l'environnement politique international constitué d'autres États. De plus, au niveau interne, ces mêmes actes, posés par l'État, viendront bien accomplir la fonction de légitimation puisqu'en agissant comme un État intégré aux instances supranationales et soumis à leur contrôle, l'État manifeste « un comportement directeur qui, auprès de ses membres humains et institutionnels, le justifie au moins juridiquement dans la totalité de son être politique et lui permet de durer dans son milieu social » (Bergeron, 1993, p87).

Les contrôles de type ombudsman et politique n'appartiennent pas au niveau de l'État contrôleur. Ces institutions de contrôle ne sont pas pour autant la création spontanée d'une entité inconnue, mais bien la résultante d'une action de l'État. Si telle commission ou tel ombudsman existe, c'est bien qu'ils sont habilités à le faire par l'État contrôleur lui-même. L'acte volontaire de l'État d'habiliter des organismes à contrôler ses institutions peut, donc, s'analyser comme un acte posé dans le cadre d'au moins une des deux fonctions du régime telles que conçues par Bergeron, la légitimation. En effet, au niveau interne, en acceptant l'existence de ces contrôles, l'État semble bien accomplir une fonction de légitimation qui le justifie auprès de la société civile et politique.

Les résultats de cette recherche indiquent que tous les contrôles entrent dans le triptyque de Bergeron à l'exception du contrôle ombudsman. Ce dernier, bien qu'extérieur aux trois niveaux, entretient cependant avec ces derniers des rapports étroits.

III. Le contrôle : un jeu relationnel aux multiples acteurs

1. Coexistence d'organismes, de méthodes et de légitimités

Dans un premier temps, l'analyse réalisée met à jour la diversité des contrôles existants. Si les mécanismes de contrôles sont, dans cette recherche, associés à différents niveaux, ils sont néanmoins tous uniques en raison de la diversité de leur mandat, de leur composition et de leur structure. Chaque contrôle opère selon une combinaison de méthodes et de ressources qui lui est propre. Il est cependant pertinent d'observer que les organismes étudiés utilisent bien souvent le même type de ressources et notamment la collecte de données empiriques et l'usage des médias. La plupart des mécanismes de contrôle ont, en effet, recours à des données empiriques récoltées directement par la réalisation de visites, d'observations de terrain, d'entrevues et d'auditions. Les données sont issues de sources primaires, mais également de sources secondaires comme le montre l'utilisation extensive de mémoires et témoignages d'experts. Nous relevons, de plus que si les méthodes sont similaires, les sources de ces données sont très souvent identiques puisque ce sont souvent les mêmes institutions, professions et personnalités qui sont sollicitées.

Les divers mécanismes de contrôles reposent sur des légitimités distinctes. Si le législateur puise clairement sa légitimité de contrôle dans son mandat de représentation du peuple, dans d'autres cas la source de légitimité oscille entre une légitimité de proximité et une légitimité scientifique. Les commissions et contrôles supranationaux assoient presque toujours leurs contrôles sur une légitimité d'experts qui, s'ils ne sont pas toujours des scientifiques, sont néanmoins reconnus en raison de leur profession ou spécialisation. Les contrôles citoyens ne disposent que rarement d'une légitimité scientifique, mais se centrent davantage sur une légitimité de proximité avec les détenus, leurs familles et le personnel. Les ONG ont une action légitimée le plus souvent par leurs interventions de proximité, parfois par la réputation scientifique des experts qui les composent. Quelques fois les associations réunissent ces deux légitimités. Il convient de relever que les deux types de légitimité ne sont cependant pas placés sur un pied d'égalité puisque les contrôles fondés sur une légitimité scientifique suscitent plus facilement la reconnaissance et la considération des institutions nationales et internationales. La légitimité de proximité est davantage questionnée selon la possibilité des mécanismes de contrôle d'accéder ou non aux établissements de détention et selon le niveau de connaissance du milieu pénitentiaire. Notons cependant que les organismes de contrôles légitimés par leurs actions de proximité sont tantôt perçus comme davantage objectifs et indépendants que les contrôles de légitimité scientifique en raison de leur connaissance du terrain et tantôt perçus comme moins objectifs et réalistes en raison de leur trop grande proximité.

2. Interactions multiples

Notre recherche nous a confrontées à une pluralité d'organisations et d'acteurs qui interagissent entre eux. Le recours aux analyses systémiques telles que développées par Crozier et Friedberg (1977) et Mucchielli (1998) nous a permis d'aborder l'aspect relationnel des organisations et acteurs concernés. Nos objectifs de recherche nous ont incités à porter attention aux organisations et à leurs acteurs, mais également aux interactions qui les unissent dans leurs actions. L'approche interactionniste retenue nous a donc conduits à analyser les relations entretenues entre les divers contrôles au sein de chaque niveau identifié, mais également entre les différents niveaux (supranational, ombudsman, politique et citoyen). Nous avons ainsi pu mettre à jour le réseau relationnel des organisations et acteurs concernés par le contrôle des établissements de détention.

Les divers mécanismes de contrôle ont assez peu de liens structurels les uns avec les autres, il n'y a en effet pas de lien de hiérarchie et très rarement des liens de coopération formalisés. Cependant, les contrôles présentés constituent un réseau étroit dont l'existence parallèle vient former une complémentarité riche et nécessaire à leur fonctionnement individuel. De nombreux liens plus ou moins formels unissent de façon régulière ou ponctuelle les différents acteurs des contrôles.

La complexité des relations entre les divers mécanismes étudiés apparaît tout d'abord au niveau des liens d'appartenances et rattachements institutionnels. Des juges et des parlementaires sont présents en France au sein de la CNDH, de la commission Canivet et des conseils d'évaluation et au Canada au sein de diverses commissions d'enquête ou d'étude. Certains membres des commissions d'enquête parlementaires font partie d'autres comités et les membres du CPT sont représentés dans la CNCDH. Les Comités de citoyens et les ONG peuvent parfois réunir des membres communs. De plus indépendamment de ces rattachements institutionnels, des transferts de personnel sont observables entre les divers mécanismes de contrôle.

Les relations ne se limitent pas à la présence de personnes appartenant à la même institution ou au même corps professionnel. Comme nous l'avons vu à de nombreuses reprises, les divers mécanismes se consultent et procèdent à des auditions les uns les autres dans le déroulement de leur travail. À titre d'exemple canadiens, une commission d'enquête parlementaire consultera toujours l'Enquêteur Correctionnel, les comités de citoyens et les ONG nationales. Les commissions parlementaires françaises ont, notamment, auditionné et/ou cité dans leurs travaux, des magistrats, le président de la commission Canivet, l'ancien président du CPT et le président de la CNCDH. Dans de nombreux cas, les travaux d'un organisme motivent un autre mécanisme à s'intéresser à la question des prisons et inspirent quelquefois les actions prises et les solutions proposées ; comme dans le cas de la commission Canivet. Dans les deux pays, il arrive en effet souvent qu'un même dossier fasse l'objet de l'attention de l'ensemble des mécanismes de contrôle à l'occasion de colloques, de consultations publiques, de lettres ouvertes ou de mémoires adressés aux décideurs. Parfois, les liens entre les divers mécanismes dépassent le simple échange d'idées et de compétences. Le sous-comité MacGuignan est à l'origine de l'implantation des comités de citoyens au Canada et le parlement français a participé à la création de la CNDS et l'élargissement de son champ de compétence à l'administration pénitentiaire. Dans certains cas, un organisme agit formellement et/ou informellement comme activateur d'un autre mécanisme de contrôle.

Sans entrer dans l'énumération fastidieuse de toutes les interactions analysées, il convient de mentionner qu'elles peuvent s'actualiser par des influences sur la création, le fonctionnement et l'impact des contrôles en matière de soutiens, de pressions, d'actions ou d'expertises. Nous avons insisté à de nombreuses reprises sur le fait que l'ensemble des liens observés indique à des degrés divers des actions conjointes existantes entre les divers organismes. Même si les actions conjointes qui unissent ces différents groupes peuvent être de nature occasionnelle et ponctuelle, l'intensité du réseau formé par ces interactions est relativement exceptionnelle. À des fins analytiques, le tableau suivant propose une classification des interactions entre les divers mécanismes de contrôle selon leur niveau d'action. Certaines interactions concernent, en effet, la création d'un mécanisme de contrôle, d'autres interviennent au niveau du fonctionnement du contrôle et finalement certaines interactions se situent au plan de l'impact du contrôle.

Tableau 2 : Les interactions entre les différents mécanismes de contrôle

Interactions au niveau de la création du contrôle	**Interactions au niveau du fonctionnement du contrôle**	**Interactions au niveau de l'impact du contrôle**
Idée ou inspiration du contrôle	Participation au fonctionnement du contrôle (membres conjoints)	Relais et médiatisation de l'existence du contrôle
Pression pour la création du contrôle (lobbying de création)	Initiation du contrôle (saisine)	Relais et médiatisation des productions du contrôle
Participation à la création du contrôle (travail de conception)	Pression pour l'exercice concret du contrôle (lobbying d'action)	Pression pour obtenir des autorités une réponse aux actions du contrôle
Pression pour l'adoption du contrôle (vote, signature)	Communication d'informations nécessaires au fonctionnement du contrôle (auditions, mémoires…)	Pression pour l'implantation des recommandations du contrôle
Formation initiale des acteurs du contrôle	Support matériel et financier au contrôle	Support à la mise en œuvre des recommandations du contrôle
	Actions conjointes avec le contrôle	
	Formation continue des acteurs du contrôle	
	Transfert de compétences (déplacement des acteurs et idées)	

Ce tableau illustre, en effet, le vaste spectre d'interactions des contrôles les uns avec les autres. Certes, tous les contrôles étudiés n'interagissent pas avec les autres de toutes les façons identifiées dans le tableau. Certains organismes de contrôle se spécialisent dans le lobbying d'autres mécanismes de contrôles et participent à la fois à leur création, leur fonctionnement et leur impact.

Toutefois, le plus souvent, les organismes interviennent ponctuellement sur l'un ou l'autre des trois volets d'interactions au sujet d'un niveau ou d'un mécanisme particulier de contrôle. Nous avons, de plus, relevé que le sens et l'intensité de ces interactions sont grandement variables selon les cas. Certains organismes de contrôle entretiennent des liens intenses tandis que d'autres ont des interactions faibles et ces interactions sont, selon les cas, à double sens ou au contraire à sens unique

3. Une complémentarité et interdépendance source d'influence et de pouvoir

Face au réseau d'interactions des divers mécanismes de contrôle, le concept de jeu développé par Crozier et Friedberg (1977) s'avère particulièrement utile pour appréhender les phénomènes de relations, de pouvoir et d'interdépendance des organismes étudiés. La complexité des relations prison-contrôle justifie, en effet, une approche interactionniste qui considère ces relations non pas de façon statique, mais évolutive et en connection avec les positions et les intérêts de chaque mécanisme. De plus, les niveaux micro et macro de relations négociées entre organismes de contrôle et administrations forment des structures dans lesquelles l'exercice du pouvoir mène à des rapports, des explications et des justifications spécifiques. Le concept de jeu nous permet ainsi de concevoir toutes ces relations comme l'instrument d'une action organisée. En effet, les interactions, de par les réseaux de décisions et d'information qu'elles forment, impliquent une action se déroulant dans un contexte d'interdépendance stratégique (Crozier et Friedberg, 1977, Friedberg, 1993). Notre analyse a justement fait ressortir le contexte d'interdépendance stratégique crée par l'action organisée des institutions et des acteurs du contrôle des établissements de détention[166].

Cette interdépendance existe dans les relations entre les divers mécanismes des divers niveaux étudiés. Nous avons démontré à des degrés divers comment des relations d'influences se tissent entre les divers mécanismes de niveau supranational : le CPT a servi d'exemple pour la création du SPT ; la CEDH utilise les rapports du CPT dans ses arrêts ; le CAT questionne les États au regard des rapports du CPT, etc. Au niveau des contrôles politiques, cette interdépendance est davantage marquée puisque les mécanismes dépendent souvent des uns et des autres pour leur création, leur composition, leur saisine ou leur fonctionnement. Quant aux contrôles citoyens, leur indépendance statutaire ne masque guère un fonctionnement qui est dépendant de relations ponctuelles ou durables avec les autres mécanismes et acteurs du contrôle. Les

[166] Si nous reviendrons sur cette interdépendance dans les relations entre l'État et les mécanismes de contrôle, nous insistons ici sur l'interdépendance des mécanismes de contrôle entre eux.

contrôles de type ombudsman semblent être les plus distanciés de ce contexte d'interdépendance des autres contrôles.

Très souvent, les mécanismes de contrôle ont des relations d'interdépendance au-delà des contrôles de même type ou de mêmes niveaux. Les frontières d'influence et d'action sont extrêmement perméables en raison des liens divers entre tous les contrôles. Citons par exemple l'interdépendance qui caractérise les relations que de nombreux organismes de contrôle supranational ou politique tissent avec les ONG. Dans bien des cas, ce sont, en effet, les ONG qui fournissent des informations cruciales aux comités parlementaires, aux commissions d'enquête, au CPT et au CAT. De cette façon, les ONG exercent leur mission de contrôle en servant de courroie de transmission et d'activation des autres contrôles. Nous relevons toutefois qu'assez souvent, les relations sont à sens unique ou tout au moins non égalitaires. Les ONG donnent beaucoup plus qu'elles ne reçoivent des autres types de contrôle qui bien souvent ne peuvent pas leur transmettre les constatations faites ou les résultats obtenus. Selon Friedberg (1993), il est, en effet, fréquent que cette notion d'interdépendance réfère à un rapport de négociation asymétrique entre des acteurs foncièrement inégaux dans leurs relations d'échange et de négociation. Dans les différents chapitres, cette inégalité transparaît dans les multiples relations existantes entre les divers acteurs du contrôle. Il suffit de rappeler que la position du CPT crée une situation inégalitaire dans ses relations avec les autres contrôles puisque ces derniers alimentent et appuient le CPT qui, pour sa part, ne peut procurer une quelconque réciprocité en raison de ses statuts. Le cas du CPT illustre cependant l'évolution possible du niveau d'interdépendance puisque ce mécanisme de contrôle fut, à ses débuts, hautement dépendant des ONG pour sa création, sa formation et son fonctionnement.

L'analyse de ces relations d'interdépendance n'est pas seulement utile pour mieux connaître chaque contrôle, mais s'avère pertinente pour apprécier la capacité d'action et la possibilité d'obtenir des résultats des mécanismes de contrôle qui reposent justement sur les négociations et la mise en œuvre de rapports de pouvoir (Friedberg, 1993). La plupart des contrôles étudiés étant dénués de pouvoir de contrainte, leur efficacité dépend principalement des négociations entreprises avec les acteurs pertinents. En situant comme Crozier et Friedberg (1977), l'exercice du pouvoir dans l'interaction, nous analysons ainsi le pouvoir des mécanismes étudiés comme une relation et non pas uniquement un attribut des acteurs.

De nature relationnelle, le pouvoir des contrôles est, donc, inséparable de la relation à travers laquelle il s'exerce. Selon cette sociologie de l'action organisée, le pouvoir réside alors dans la capacité de structurer l'échange négocié de comportement en sa faveur et d'obtenir la coopération d'autres personnes pour la réalisation d'un projet. L'analyse des contrôles supranationaux, politiques et citoyens révèle, en effet, à quel point, dans leurs relations de pouvoir, les mécanismes de contrôle se doivent d'obtenir la coopération d'autres acteurs pour atteindre leurs objectifs. En effet, les contrôles réussissent à réparer une injustice, créer une commission, susciter un débat public ou solliciter une prise de position du gouvernement à travers les relations qu'ils tissent avec les autorités pénitentiaires et gouvernementales, avec les médias et avec les autres mécanismes de contrôle. Au niveau des contrôles de type ombudsman, ce lien est encore plus évident puisque le pouvoir des ombudsmans est exclusivement de nature relationnelle. Leurs capacités d'action et de résultats reposent clairement sur les négociations et la mise en œuvre de rapports d'influence et de pouvoir. Dans le cas des ombudsmans comme pour tous les contrôles étudiés dans cette recherche, le pouvoir et la coopération sont bien des conséquences naturelles l'une de l'autre ce qui nous permet de proposer que les multiples interactions des contrôles témoignent déjà d'une certaine réussite de ces derniers.

Cette coopération des organismes de contrôle semble également remplir une fonction de justification réciproque (ou autojustification) qui est également source de pouvoir. Nous soutenons, en effet, que les divers liens qui unissent les mécanismes de contrôle créent une situation de renforcement de légitimité et de validité de ces contrôles. En se citant les uns les autres et en influençant la création et ratification d'organismes similaires, les organismes de contrôle viennent ainsi valider leur existence. Être impliqué dans la création de mécanismes comme le CPT, le SPT et d'autres mécanismes nationaux, a permis à une association comme l'APT à la fois de se positionner comme acteur crédible et de renforcer sa raison d'être. Il apparaît évident que, pour réussir, chaque mécanisme de contrôle vise à se fait connaître et reconnaître par les autres ainsi qu'à influencer et aider indirectement les autres acteurs. Qu'ils soient supranationaux, politiques ou citoyens, les organismes de contrôle valident également leurs fonctionnements réciproques en s'influençant à la fois sur le contenu de ce qui est contrôlé (définitions et normes) et sur comment le contrôler (formation et méthodes). De plus, l'aspect répétitif des recommandations et des conclusions des divers mécanismes de contrôles agit également comme une justification et validation réciproque de ceux-ci. En effet, le fait que divers contrôles formulent les mêmes constats et recommandations renforce naturellement la crédibilité et l'impact des mécanismes et des recommandations. Ces relations de coopération formelles ou informelles sont, donc, sources d'influence et de pouvoir et paraissent donc nécessaires à la réalisation d'un projet commun : la réforme du système pénitentiaire. L'ensemble des liens mis à jour illustre, en effet, un système complexe de renforcement de légitimité qui démontre la force du lien entre pouvoir et coopération.

IV. Le contrôle : quel diagnostic ?

En approchant le contrôle des établissements de détention sous le même angle que « le contrôle social », nous avons accédé à une vision d'ensemble des missions de contrôle explicites ou implicites, directes ou indirectes, étendues ou limitées. De cette façon, au-delà du contrôle de l'application et du respect du droit existant, nous avons analysé comment les mécanismes étudiés contrôlent également l'évolution et le perfectionnement du droit existant. Si nous avons constaté que les divers mécanismes étudiés sont souvent motivés par des considérations ayant trait aux droits de l'homme et aux besoins des détenus et de la société, ils présentent une volonté explicite ou implicite de voir mis en œuvre un changement des politiques pénitentiaires malgré l'instrumentalisation dont ils font l'objet.

1. Le concept et la signification du contrôle

Si les fondements juridiques et institutionnels des mécanismes des contrôles pouvaient facilement être appréhendés, l'identification des diverses idées supportant la nécessité de contrôler s'est avérée plus difficile. Les fondements idéologiques ou philosophiques ont dû faire l'objet d'un travail d'analyse plus théorique qui nous a notamment conduits à rattacher les contrôles aux théories du contrôle du pouvoir et du contrôle de l'État. À travers le discours des acteurs et les écrits des organismes de contrôle, l'idée que les institutions étatiques ont le devoir de rapporter, d'expliquer et de justifier les actions et les décisions prises apparaît sous-jacente à l'ensemble des mécanismes de contrôle étudiés.

A. Une conception souple du contrôle

La notion de contrôle a été appréhendée dans cette recherche avec beaucoup de souplesse. Notre compréhension de ce concept est allée au-delà des divers sens d'intensité graduée répertoriés par Bergeron (1993)[167]. Nous constatons d'ailleurs à l'issue de notre recherche qu'aucun de ces six sens n'aurait permis à lui seul d'appréhender le travail des divers mécanismes étudiés. De la même façon, la notion de contrôle nous est apparue plus flexible et pertinente que les notions de pouvoir, autorité, influence, régulation pour approcher les différentes facettes de notre problématique.

Ainsi nous avons adopté une conception du contrôle similaire à celle généralement employée dans le concept de contrôle social. Pour reprendre la définition de Cohen (1985), le contrôle social s'entend des moyens organisés

---

[167] Il identifie 3 sens en français (enregistrement, vérification et limitation) et 3 sens en anglais (limitation, direction et domination).

par lesquels chaque société répond aux comportements et aux personnes qu'elle regarde comme déviants, problématiques, préoccupants, menaçants ou indésirables. Cette notion réfère donc le plus souvent au contrôle exercé par des instances appartenant à l'appareil d'État sur ce qui lui est extérieur et qui est constitué par la masse des citoyens. En effet, comme le souligne Brodeur (1984), l'accent est fréquemment mis sur le contrôle orienté vers la régulation du corps social ainsi que sur ses outils répressifs parmi lesquels la prison. La prison a été principalement conçue et étudiée par les diverses disciplines et perspectives en tant qu'élément des organismes de contrôle social formel. Dans ce sens, Foucault (1975) analyse la prison comme outil de contrôle social, instrument aux mains du pouvoir pour réguler des comportements inadéquats et déviants et ainsi contrôler un groupe de la société.

En se détachant de ce premier sens de contrôle social, nous nous sommes intéressées au second sens du contrôle pour lequel il s'agit de l'appareil d'État que l'on s'efforce dans ses diverses composantes de soumettre à un contrôle. Par l'étude des divers contrôles auxquelles la prison peut être soumise, nous avons proposé une analyse du contrôle social exercé sur un outil clé du contrôle social. Brodeur (1984) constatait, à juste titre, que les législations sont plutôt orientées vers la régulation du corps social que vers celle des appareils de régulation du même corps et il en concluait que si le contrôle social est un fait, le contrôle de l'État est encore largement un souhait et un impératif vide dont les tentatives de réalisation sont encore assez inadéquates. Si, au sujet des prisons, nous rejoignons cet auteur sur les carences des législations et le caractère améliorable des réalisations du contrôle de l'État, nous nuançons cependant le bilan fait de ce contrôle. Les éléments recueillis et analysés dans cette recherche indiquent, en effet, que ce contrôle dépasse le cadre de souhait ou d'impératif vide et s'inscrit dans une réalité concrète quoique toujours perfectible.

B. Un contrôle centré sur le binôme réaction-prévention

Si nous avons appliqué notre conception du contrôle aux mécanismes analysés, il convient de rappeler que ces divers contrôles n'adoptaient pas tous la même compréhension et utilisation de ce concept. En se basant sur le mandat et les activités des différents organismes de contrôle, il nous est apparu pertinent de distinguer selon le type de contrôle exercé : les contrôles à visée préventive et les contrôles à visée réactive.

Le tableau suivant illustre la complexité de ce travail de classification. Le symbole • indique que le type de contrôle désigné est l'objet premier ou principal du mécanisme de contrôle. Le symbole ○ signale que le type de contrôle désigné est indirectement visé ou atteint par les activités du mécanisme de contrôle.

Tableau 3 : Les objectifs préventif et réactif des contrôles analysés

	Contrôle préventif	*Contrôle réactif*
CAT	●	○
SPT	●	?
CEDH	○	●
CPT	●	○
EC	○	●
Omb provinciaux	○	●
Médiateur	?	●
Parlementaires	●	●
Commission d'enquête	○	●
Commission de réforme/travail	●	○
Conseil d'évaluation	●	○
Juges	●	●
CNDS	○	●
CNCDH	●	●
CC	●	●
APT	●	○
AI	○	●
HRW	○	●
PRI	●	○
ACAT	○	●
FIDH	●	●
CR	○	
AFC	○	●
OIP	○	●
JHS	●	●
EFS	●	●
ASRSQ	●	●
ODD	●	●

Il nous est ainsi possible de constater que si certains organismes ont des objectifs à la fois préventif et réactif, la plupart concentrent leur mandat et leurs activités sur l'un des deux types de contrôles. Cependant, il est remarquable de constater que presque tous les mécanismes atteignent d'une façon ou d'une autre le caractère préventif et réactif du contrôle. Pour ne mentionner que quelques exemples, au niveau supranational la CEDH exerce un contrôle purement réactif tandis que le CPT, le CAT et le SPT visent eux un contrôle préventif basé sur des rapports et des visites. Notre analyse a cependant démontré que le contrôle au cas par cas de type réactif de la CEDH atteint, en fait, des objectifs préventifs de par la diffusion, la promotion et l'utilisation du travail de la Cour par la CEDH elle-même, mais également par les États et les autres organismes de contrôles. De la même façon, les activités essentiellement préventives du CPT prennent un caractère réactif quand elles s'inscrivent dans le cadre de visites ad hoc et de communiqués en réaction à certains événements ou encore quand elles sont reprises et utilisées par d'autres mécanismes de contrôle réactifs comme la CEDH, les contrôles politiques ou certaines ONG. Au même titre, de nombreux contrôles de type réactif atteignent une visée préventive dès que leurs activités impliquent la diffusion, la formation et la sensibilisation.

Il semble donc que la distinction entre objectifs et actions purement préventives d'un côté et purement réactives de l'autre ne fournirait qu'une compréhension limitée de la réalité du contrôle exercé sur les établissements de détention. Aucun mécanisme ne vise explicitement et implicitement un seul type de contrôle. Au niveau du contrôle des prisons, prévention-réaction semblent former un duo indissociable qui ne fait sens et réalité que si les deux sont compris et traités comme complémentaires. Le choix du concept large de contrôle nous a justement permis d'englober ces deux niveaux dans l'analyse et d'accéder à une vision d'ensemble des missions de contrôle explicites ou implicites, directes ou indirectes, étendues ou limitées.

C. Un contrôle qui s'étend au-delà du droit pour prendre en compte des principes humanistes

Cette étude trouve ses origines dans un questionnement de la place et du rôle des théories de "l'État de droit" dans le contrôle de l'État et plus précisément des prisons. En effet, nous nous intéressions à l'État de droit qui met en action l'État et le citoyen, la société politique et la société civile dans un rapport étroit entre le pouvoir et le droit. Selon cette approche, le droit n'est plus conçu uniquement comme un instrument de domination, mais comme un instrument du contrôle du pouvoir de l'État. Au-delà de la fonction instrumentale du droit, celui-ci devient ainsi un outil de contestation des abus du pouvoir et atteint alors une dimension symbolique de protection contre le pouvoir.

Le droit est, en effet, un élément central dans la mission de nombreux contrôles étudiés dans cette recherche. Les mécanismes supranationaux veillent au respect des conventions et traités internationaux. Au Canada, les comités de citoyens surveillent le respect du mandat des SCC et l'Enquêteur correctionnel contrôle le respect des droits en vigueur dans la *Charte canadienne des droits et libertés* et la *Loi régissant le système correctionnel, la mise en liberté sous condition et le maintien en incarcération, et portant création du bureau de l'Enquêteur correctionnel*. En France, les juges, les parlementaires et les diverses commissions veillent à ce que les autorités respectent les dispositions normatives législatives ou réglementaires. Les ONG internationales et locales exercent également leur mission de contrôle en se basant sur les législations existantes. En bref, le contrôle analysé dans cette recherche consiste souvent à surveiller si l'État et l'administration pénitentiaire respectent bien les normes internationales auxquelles ils sont soumis, les législations et réglementations nationales qui sont en vigueur ainsi que les règlements et directives qu'ils édictent eux-mêmes.

Indépendamment du contrôle de l'application du droit existant, les mécanismes étudiés contrôlent souvent la qualité et le contenu de la législation en vigueur. De façon plus ou moins explicite selon les cas, les contrôles tentent de modifier, créer et influencer les normes juridiques applicables aux personnes détenues. Le contrôle devient alors le contrôle de l'évolution et du perfectionnement du droit existant.

Finalement, le contrôle semble dépasser le cadre d'un contrôle de légalité qui ne s'intéresserait qu'au droit présent ou futur. Il ressort, en effet, des activités et du discours des acteurs des contrôles l'idée que les normes ne peuvent suffire à appréhender la réalité carcérale dans toute sa complexité. Le contrôle supranational exercé par le CPT ne s'inscrit pas dans un cadre normatif restrictif puisque son action n'est limitée par aucune norme préétablie ; ce qui lui permet de créer ses propres normes. Nous avons vu, également, que les contrôles de type ombudsman interviennent au-delà du droit positif pour englober les principes de justice, d'équité et de non-discrimination. Les contrôles politicojudiciaires et citoyens étendent également leur mission de contrôle à l'existence de conditions de détention humaines et justes. L'exemple le plus évident était le contrôle exercé en France par la CNDS qui contrôlait le respect de la déontologie entendue de façon large comme « la science des devoirs à la charnière du droit et de la morale ». Pour leur part, les ONG ne se cantonnent pas non plus à un cadre de contrôle délimité, mais exercent leur mission en se fondant sur les concepts souples de justice, d'humanisme, de contrat social, de citoyenneté et d'égalité. Il semble donc que ces contrôles ont vocation à dépasser les limites du droit et à s'exercer justement dans les faiblesses et carences normatives et réglementaires de l'institution contrôlée. Dans le cas des prisons, ce contrôle vise à s'assurer que si les personnes détenues sont privées de liberté, elles demeurent titulaires des deux autres éléments du triptyque français : égalité et fraternité.

2. Le contrôle comme ressource et outil de changement ?

A. Impact et limites des contrôles

Nous avons constaté que les divers mécanismes étudiés ont été créés avec des buts différents et donc des raisons distinctes de vouloir contrôler le système carcéral. Toutefois ces contrôles ont souvent en commun d'adopter des motivations ayant trait aux droits humains et à rendre le système plus réceptif et adapté aux besoins des détenus et de la société. Du mandat et des actions de tous ces contrôles ressort fréquemment la volonté de voir mis en œuvre un changement des politiques pénitentiaires. L'impact des mécanismes de contrôle peut consister à communiquer la nécessité d'un changement et parfois à initier la réalisation de ce changement. De plus, les mécanismes de contrôle servent de messagers pour relayer aux autorités les demandes de changement émanant de la base qu'il s'agisse des citoyens, des détenus ou du personnel pénitentiaire. Ainsi, dans bien des cas, un objectif explicite ou implicite de changement anime les organismes de contrôle à travers leur mission officielle ou officieuse de prévention et/ou de réaction.

Les organismes qui sont impliqués, spontanément ou à la demande de l'État, dans la mission de contrôle des prisons, font souvent face à des limitations conséquentes au niveau de leur fonctionnement et de leur impact. Indépendamment du fait que les ressources humaines et financières dont ils disposent sont parfois insuffisantes pour exercer un contrôle optimal dans des délais efficaces, la limite principale de ces contrôles réside dans leur absence de pouvoir de contrainte directe sur les administrations pénitentiaires. Le manque de pouvoir contraignant, mentionné par la littérature critique, est bien une réalité des mécanismes de contrôles. Les acteurs rencontrés évoquent, sur ce point, les difficultés qu'ils rencontrent pour faire en sorte que les administrations pénitentiaires et les États les écoutent, acceptent les critiques qu'ils leur adressent et mettent en place leurs recommandations.

En France, le Contrôleur est en place depuis peu et certains mécanismes tels que les conseils d'évaluation restent purement formels et sans pouvoir. Au Canada, les ombudsmans, l'Enquêteur correctionnel et les comités consultatifs de citoyens ne disposent d'aucune force contraignante et leur efficacité repose uniquement sur la considération et l'autorité morale attachée à leurs fonctions. Ainsi, nos résultats rejoignent ceux de Stern (1998) qui soulignait déjà que la réputation et l'efficacité de ces divers mécanismes restent variables. En fait, nous relevons que bien qu'il soit possible, dans les deux pays, de solliciter les nombreuses autorités investies, explicitement ou non, spontanément ou par l'État de la mission de contrôler les prisons, celles-ci font souvent face à des limitations conséquentes au niveau de leur fonctionnement et de leur impact. Pour la plupart de ces mécanismes, professionnalisme, conseils, recommandations et capacité de persuasion sont les principaux outils de leur influence et efficacité. Il résulte, en pratique, un impact variable et inégal selon les personnes impliquées, les thématiques abordées et la collaboration rencontrée de la part de l'administration pénitentiaire, du ministère et du gouvernement concerné.

Notre étude nous conduit à un certain positionnement critique vis-à-vis des contrôles étudiés. Il semble bien qu'aucun des contrôles – institutionnalisés ou citoyens – recensés dans cet ouvrage ne soit susceptible de remplir de façon satisfaisante les trois critères d'effectivité identifiés par Faugeron (1996b) : être indépendant de l'administration pénitentiaire ; être autonome dans leurs décisions et capable de faire appliquer leurs recommandations et finalement, être responsable devant une instance de contrôle des contrôles. Cependant, il convient, selon nous, se garder de juger trop rapidement les différents mécanismes de contrôle selon des critères multiples et figés. En effet, tous les mécanismes, rappelons-le, n'ont pas les mêmes objectifs, moyens d'action ni ressources disponibles. Les critères doivent également s'adapter aux spécificités politiques et culturelles de chaque pays et tenir compte de la manière dont le citoyen entre en relation avec l'État. Nous avons vu comment en France, l'esprit contestataire semble favoriser davantage l'action d'ONG militante comme celle de l'Observatoire international des Prisons tandis qu'au Canada, la culture de bénévolat rend possible l'action des comités consultatifs de citoyens.

Nous avons, de plus, relevé que si les contrôles étudiés se sentent limités dans l'impact de leur travail qui dépend, en fait, de la bonne volonté de l'administration pénitentiaire et de l'État ; ils acceptent ces limites qui s'apparentent dans une certaine mesure à celles du jeu politique. À ce niveau, les organismes de contrôle adoptent un positionnement qui leur est propre et qui se situe souvent aux deux extrêmes. Certains mécanismes évitent le jeu politique et prohibent tout contact avec le personnel pénitentiaire ou les membres des pouvoirs publics afin justement de garder une certaine distance et ne pas tenir compte de leurs difficultés. D'autres utilisent et exploitent pleinement les possibilités offertes par ce jeu politique, en interpellant directement les parlementaires, en jouant sur la concurrence des différents partis politiques et en exerçant des pressions pour que leurs rapports soient publiés. Les relations avec les États récalcitrants qui ignorent les interpellations et les rapports des mécanismes de contrôle sont parfois tendues. Dans le jeu politique qui est le sien, l'État tente parfois de délégitimer les contrôles en leur déniant publiquement crédibilité et expertise. D'autre part, les contrôles sont parfois utilisés stratégiquement par les autorités étatiques pour légitimer un changement déjà décidé pour des raisons politiques. Et finalement, l'État dénie parfois tout lien de causalité entre les recommandations des mécanismes de contrôle et la réalisation de certains changements concordant avec ces recommandations.

B. L'influence des contrôles sur le débat, les pratiques et les normes

Évaluer le pouvoir et le succès des contrôles en calculant le nombre de propositions qui ont mené à un changement de pratiques ou une réforme législative ne donnerait qu'une vision simpliste et limitée de l'influence des organismes étudiés et dénoterait une méconnaissance de la nature du travail de réforme du droit. Ces mécanismes ayant pour la plupart des enjeux à long terme, il apparaît plus riche d'évaluer leur réussite en fonction de la qualité, la pertinence et la sagesse des propositions formulées à la lumière des besoins de la société et sur ce point, le travail réalisé semble bien remarquable.

S'il est vrai qu'aucun mécanisme ne peut absolument tout contrôler, l'implication et la synergie de contrôles divers et complémentaires ouvrent, selon nous, la possibilité d'un réel débat de société sur les prisons et l'État. Au cours de ce débat, les acteurs du contrôle peuvent devenir les acteurs du changement. Il ressort, en effet, de cette recherche que les acteurs au sein de ces divers contrôles développent un discours critique, interviennent dans le débat public et à long terme participent ainsi aux mutations pénales.

La multiplicité des contrôles présente, il est vrai, les inconvénients de dispersion, mais offre en retour la possibilité à une plus grande diversité de citoyens et de professionnels de s'impliquer dans le contrôle des établissements de détention et, ainsi de participer au contrôle de l'État. Cette coexistence de mécanismes pluriels donne vie à un contrôle aux fondements, légitimités et expertises riches et diversifiés qui bénéficie au fonctionnement démocratique. Ainsi, les contrôles représentent des éléments de démocratisation des lieux de détention ou encore, selon l'expression d'Anderson (1973) des « badges of civilization ». Reposant sur le postulat démocratique de responsabilité de l'État devant le peuple, ils contribuent, en effet, à l'ouverture à la société et à la transparence du système carcéral.

En encourageant et en alimentant le débat sur la prison dans la sphère publique et dans les sphères spécialisées et gouvernementales, les mécanismes de contrôle jouent un rôle pédagogique et visent à anticiper d'éventuelles réformes, comportements ou façons d'approcher les choses. On pourrait en déduire que réfléchir et discuter des différents enjeux constituent, en fait, le seul objectif atteint par ces contrôles. Nous affirmons cependant que, si les réalisations concrètes des mécanismes de contrôle ne sont pas toujours atteintes ou perceptibles, le travail des contrôles résulte très souvent en l'élaboration de normes sur le « devoir-être » du milieu carcéral. Même si elles ne sont pas immédiatement instituées et appliquées, ces normes produites par les contrôles constituent néanmoins des points de repère normatifs particulièrement pertinents et utiles. Nous distinguons à ce stade l'action des contrôles au niveau l'élaboration, l'application et le contrôle des normes. Si les mécanismes ont souvent pour mandat officiel le contrôle de l'application et du respect des normes, notre analyse indique, en effet, une forte implication dans la construction de nouvelles normes et pratiques.

À des degrés divers, les contrôles des établissements de détention en France et au Canada procèdent à un questionnement du système pénitentiaire à la fois au niveau des idées, des pratiques et des normes. Ces mécanismes, bien que perfectibles, contribuent ainsi, de façon limitée, au respect des droits des personnes détenues en incitant de diverses façons et par différents moyens l'État, les administrations pénitentiaires et les individus à réduire l'écart existant entre les discours et les pratiques, entre le droit et la réalité carcérale, entre la situation actuelle et la situation idéale. Cette vigilance des mécanismes de contrôle illustre à la fois la dimension concrète et la dimension symbolique du contrôle en question.

3. Un contrôle instrumentalisé comme outil de légitimation ?

Si l'on doit se réjouir du contrôle des prisons mis en place, il convient toutefois de questionner les effets pervers qu'il peut engendrer, notamment ceux de légitimation des institutions contrôlées. En étudiant les évolutions normatives, Kaminski (2002) analysait déjà la reconnaissance des droits des détenus comme source potentielle de légitimation de l'institution et de l'État.

> …je ne crois pas que, lorsque l'État s'apprête à accorder ou reconnaît enfin des droits à une catégorie de personnes traditionnellement fragilisées par l'action étatique elle-même, cela soit le seul fruit de la lutte à l'arraché d'un groupe social, de ses militants et représentants. Loin de dénier les avancées considérables de la reconnaissance de droits substantiels ou procéduraux aux détenus, je pense que cette reconnaissance trouve son expression lorsqu'elle est susceptible de produire des effets fonctionnels et symboliques plus rentables pour le système étatique (en l'occurrence pour son administration pénitentiaire) que les modalités antérieures, disciplinaires et arbitraires, de la régulation carcérale (Kaminski, 2002, p.91).

L'auteur constate, en effet, que c'est dans le contexte de perte de légitimité de l'institution prison qu'apparaît le discours des droits à la fois comme force d'opposition à l'arbitraire, mais aussi comme source de légitimité nouvelle pour l'institution. Dans notre cas, la question se pose de savoir si, par le contrôle des prisons, l'on parvient réellement à exercer un contrôle sur l'État ou, si, bien au contraire, ce contrôle est récupéré aux mains de l'État à travers différentes institutions qui viennent ainsi prolonger sa domination ? Ces mécanismes deviennent-ils, sciemment ou à leur insu, une partie de la machine à légitimer l'emprisonnement ? Peut-on y voir une entreprise de légitimation réciproque croisée entre État, prison et contrôles dans une collaboration qui n'aurait d'autre but que de renforcer leurs légitimités respectives ? Finalement, ces contrôles sont-ils des acteurs du changement ou des outils de légitimation ?

Cette fonction de légitimation nous renvoie aux liens existants entre la politie, la gouverne et le régime. Les trois niveaux entretiennent, en effet, des rapports bidirectionnels, des habilitations qui réfèrent à l'idée que si les gouvernants ou les législateurs sont désignés par les citoyens au moyen du processus électoral et à un autre niveau si les conseillers, les commissaires et les administrateurs sont nommés ou affectés à une mission ou un service de l'État, c'est qu'ils avaient tous déjà été habilités à le devenir selon les dispositions du régime lui-même. Dans le cadre de nombreux contrôles analysés, l'État dit qu'il sera contrôlant tout en acceptant d'être contrôlé dans des limites que lui-même stipule. Ainsi il semble bien que comme l'analyse

Bergeron, le seuil des habilitations entre ces trois niveaux « confirme le sommet (le régime), rend possible l'animation du milieu (la gouverne) et annonce aussi, par l'implication de la boucle de légitimation en descente-remontée à travers tout le système, l'amorce des contrôles à la base (la politie). » (Bergeron, 1993, p100). Les contrôles étudiés marquent, donc, à la fois les limitations de l'État qui est contrôlé et les prolongements de l'État qui est, bien souvent, le maître d'œuvre direct ou indirect de son propre contrôle.

Les résultats de cette recherche indiquent, en effet, que si les mécanismes étudiés viennent contrôler et donc limiter l'État, leur existence et leur fonctionnement viennent également prolonger ce dernier. L'État s'engage souvent à la création et au maintien de ces contrôles dans le but de maintenir la confiance dans l'institution et ses décideurs ainsi que leur légitimité. De la même façon, l'État utilise les organismes de contrôle pour se justifier et se valider auprès des autres organismes de contrôle ou des instances internationales. Ainsi, au-delà des actions de dénonciation entreprises par les mécanismes de contrôle, il est possible d'affirmer que leur existence est bien une nouvelle source de légitimité pour l'État et ses prisons en les faisant paraître plus acceptables et respectables. Le fonctionnement des contrôles existants révèle également des enjeux de légitimation de l'État et de ses prisons. Tout d'abord, les mécanismes de contrôle peuvent, de par leur création, leur composition, leur fonctionnement et leurs limites, être plus ou moins institutionnalisés, intégrés et donc dominés et récupérés par la prison. Également, en contribuant par leur présence et leur travail à l'équilibre entre les personnes privées de liberté et l'institution, les contrôles participent à la survie du système dans son ensemble. Et finalement, les mécanismes de contrôle existants transmettent à la prison, institution d'État, des messages que nous analysons comme des signaux de légitimation tels que conçus par Bergeron (1993). Selon les perspectives et stratégies des acteurs des divers contrôles, ces signaux de légitimation sont latents, explicites, implicites, neutralisants, conditionnels ou encore retirés. Cependant, il convient de relever que cette institutionnalisation des contrôles n'émane pas uniquement d'attaques ou manipulations de l'État et des administrations pénitentiaires, mais semble également être un danger existant au sein même des organismes de contrôle. Si certains contrôles semblent directement instrumentalisés par les autorités au moyen de leur création, sélection et mandat, comme dans le cas des commissions ou des comités de citoyens, c'est avant tout dans leur fonctionnement interne que certains contrôles peuvent se retrouver réellement institutionnalisés. Le fonctionnement de certaines commissions d'enquête ou de surveillance, de certains comités de citoyens ou encore les carences d'actions de certains ombudsmans, magistrats ou parlementaires sont autant d'éléments qui font de ces contrôles des organismes potentiellement récupérables comme instruments de légitimation des établissements de détention et plus largement de l'État. Les enjeux d'instrumentalisation sont donc réels pour ces contrôle dont l'existence et le fonctionnement peuvent s'analyser comme une boucle de légitimation telle que conçue par Bergeron (1993).

En contribuant à l'équilibre entre les personnes privées de liberté et l'institution, les mécanismes de contrôle participent à la survie du système dans son ensemble et deviennent possiblement des outils ou médiums de légitimation de l'État et de ses prisons. À l'instar de Kaminski, nous relevons que, par la promotion du contrôle tout comme par la promotion du droit, l'État et les administrations pénitentiaires s'épargnent tout questionnement sur la raison d'être des prisons en privilégiant le débat sur les manières d'être de la prison. À travers le contrôle, l'attention se porte beaucoup plus souvent sur « comment la prison fonctionne ou devrait fonctionner » plutôt que sur « ce qu'elle est ou devrait être ».

4. Quelle place pour la société civile : représentation, participation ou sous-traitance ?

Légitimer l'État ou être à la source des changements de celui-ci est un questionnement qui s'ancre dans le rapport entre l'État et la société civile. Parmi les rôles et les conduites des citoyens en rapport au fonctionnement de l'État, la représentation est le modèle le plus fréquent. Cette représentation repose sur l'idée de substitution où quelqu'un prend place d'une personne qui ne peut ou ne veut pas être là. Au niveau de la gouverne, les personnes qui représentent les citoyens s'affairent dans l'intérêt présumé de ces derniers. C'est le cas des nombreux contrôles qui sont exercés non pas par les citoyens, mais des personnes qui interviennent directement ou indirectement pour, au nom de ou dans l'intérêt des citoyens (magistrats, experts, parlementaires, commissaires…). En effet, pour certains mécanismes, la délégation est explicite comme c'est le cas des parlementaires directement élus par le peuple tandis que pour d'autres, cette délégation est indirecte et résulte du fait que ces contrôles sont initiés, votés, composés ou redevables devant des autorités représentatives élues.

Cependant, cette délégation est un concept essentiellement abstrait, pour ne pas dire, comme Benasayag et Sztulwark (2002), imaginaire. La société est, en effet, composée d'individus difficilement représentables et le représentant est rarement face à un corps déjà constitué pleinement représentable. Dans le cas du contrôle des établissements de détention, la relation de représentation n'est pas, non plus, le reflet d'un objet préconstitué et le fossé existant entre société civile et représentation politique est régulièrement pointé du doigt. Il convenait ainsi de se pencher sur le fait que, bien que souvent réduits à l'état de représentés, les citoyens ont conservé le corollaire d'un droit de regard sur ce que font leurs représentants. Au-delà du contrôle exercé sur les établissements de détention au nom du peuple, nous avons, en effet, analysé d'une part l'activation des contrôles politiques par les citoyens et d'autre part l'existence d'un contrôle exercé directement par les citoyens. En passant de la représentation à la participation, des citoyens actifs interviennent sur la question des établissements de détention. Le plus fréquemment, cette action citoyenne s'exprime sous la forme d'implication au sein d'ONG ou d'associations qui possèdent souvent suffisamment une légitimité et un pouvoir d'actions qui les positionnent comme interlocuteurs des autorités et parfois comme entrepreneurs et producteurs de normes. Même si leurs marges d'action et d'impact sont souvent limitées, ces mécanismes citoyens donnent vie à un contrôle aux fondements, légitimités et expertises riches et diversifiés dont l'existence est caractéristique de tout fonctionnement démocratique. Cette « infiltration citoyenne » des contrôles illustre la dimension sociale (actualisée par la participation et l'implication) et la dimension politique (actualisée par la représentation) de la citoyenneté mise en action. Elle garantit la dimension citoyenne du débat sur les établissements de détention et participe à la démocratisation de la prison.

L'existence de ces contrôles citoyens ainsi que leur utilisation par les autres contrôles notamment supranationaux et politiques et par l'État, nous invite d'ailleurs à questionner les frontières entre d'un côté le contrôle étatique et politique et de l'autre le contrôle citoyen. A l'origine, le foisonnement d'associations et d'ONG dans ce domaine semble se justifier par une certaine défaillance de l'État et la nécessité d'un contre-pouvoir. A ce titre, le rôle accordé aux contrôles de type citoyen par les autres institutions de contrôle semble parfois très important, voire essentiel. À des degrés divers et à différents moments, tous les mécanismes de contrôles étudiés, à l'exception des ombudsmans, dépendent des ONG et associations pour défendre leur création ou leur maintien, fournir formation et informations et promouvoir leurs recommandations. En sollicitant leurs informations et expertises au sein de ses mécanismes de contrôle politique, l'État lui-même reconnaît l'existence propre et le rôle des contrôles citoyens tout en tentant parfois de les institutionnaliser et de les récupérer à son profit. L'importance qui leur est accordée par l'État et les autres institutions de contrôle oscille donc entre d'un côté la reconnaissance candide de la valeur de ces contrôles citoyens et de l'autre côté une certaine sous-traitance de leur propre mission de contrôle. Au-delà d'existences et de fonctionnements positivement complémentaires, il convient de s'interroger sur le fait que les ONG soient des palliatifs temporaires aux carences de l'État ou des partenaires permanents dont il ne serait plus possible de se passer.

…

Pour conclure, nous tenons à souligner le fait que la plupart des mécanismes de contrôles étudiés dans cet ouvrage, citoyens ou autres, se disent temporaires et voués à disparaître dès que l'État et les autorités pénitentiaires assumeront leurs responsabilités en respectant toutes les normes en vigueur. Ce souhait nous révèle tout d'abord une certaine conception de l'État. Ils nous confessent ainsi une foi légitimisante envers un État capable et responsable d'assurer un autocontrôle satisfaisant dans ses institutions de privation de liberté. De plus, en aspirant à disparaître quand le droit sera respecté, les mécanismes de contrôles semblent oublier un bref instant que leur vocation à la perfection des normes et des pratiques pénitentiaires, leur assure en fait une belle pérennité.

Bibliographie

Documents

ACAT. (2003). Visiter un lieu de détention en France : guide pratique. Paris : ACAT-France.

ACAT. (2004). Trente ans d'espoir, trente ans de lutte : Campagne détenus. Paris : ACAT-France.

ACAT. (2005a). Il reste 500 euros pour enquêter sur les bavures policières !. Paris : ACAT-France.

ACAT. (2005b). Rapport du CPT : des solutions pour une prison plus humaine. Paris : ACAT-France.

ACAT. (2005c). Transparence sous les tropiques : communiqué envoyé lundi 12 décembre à M. de Villepin, Premier ministre, M. Clément, garde des Sceaux et M. Sarkozy, ministre de l'Intérieur. Paris : ACAT-France.

ACAT. (2005d). Communiqué de presse : La France vers un contrôle effectif de l'interdiction de la torture sur son territoire (20 septembre, 2005). Paris : ACAT.

ACAT. (2005e). Lettre ouverte de l'ACAT-France à Monsieur Pierre Truche Président de la Commission Nationale de Déontologie de la Sécurité. Paris : ACAT-France.

AFC (2001). Collectif « Octobre 2001 » : Déclaration du 13 février 2001 à l'occasion du XXe anniversaire de l'abolition de la peine de mort en France.

Amnesty International. (1976). Rapport Annuel 1975-1976. Paris : Amnesty International.

Amnesty International. (1977a). Indonesie. Paris : Amnesty International.

Amnesty International. (1977b). Rapport 1977. Paris : Amnesty International.

Amnesty International. (1979). Rapport sur la peine de mort. Paris : Mazarine.

Amnesty International. (1983). Les assassinats politiques : Rapport sur la responsabilité des États. France : Éditions du Seuil.

Amnesty International. (1998). France excessive force : A summary of Amnesty International's concerns about shootings and ill-treatment. Paris : Amnesty International.

Amnesty International. (1999). United States of America: A visit to Valley State Prison for Women.

Amnesty International. (1999). USA : HIV-infected Prisoners threatened with Retaliation.

Amnesty International. (2001a). Rapport 2001. Paris : Amnesty International.

Amnesty International. (2001b). Surveiller et enqueter en matiere de torture et autres peines ou traitements cruels, inhumains ou dégradants et de conditions pénitentiaires. Grande Bretagne : Amniety International.
Amnesty International. (2002a). Rapport 2002. Paris : Amnesty International.
Amnesty International. (2002b). Letter to the Minister of Justice. Paris : Amnesty International.
Amnesty International. (2003). Rapport 2003. Londres : EFAI.
Amnesty International. (2004). Rapport 2004. Londres : EFAI.
Amnesty International. (2005a). France the Search for Justice: The effective impunity of law enforcement officers in cases of shootings, deaths in custody or torture and ill-treatment. Paris : Amnesty International.
Amnesty International (2005 b). Communiqué de presse : La France vers un contrôle effectif de l'interdiction de la torture sur son territoire (20 septembre, 2005). Paris : Amnesty International.
Amnesty International. (2005c). Rapport 2005. Londres : EFAI.
Amnesty International-Canada. (2004). Redoubling the Fight against Torture. Ottawa : Amnesty International.
Amnesty International-France. (2004a). Rapport 2004. Paris : Amnesty International.
Amnesty International-France. (2004b). Lettre ouverte au président de la république pour la signature et la ratification du protocole facultatif à la convention contre la torture. Paris : Amnesty International.
Anderson, S. (1973). Preface. T. L. Fitzaharris The Desirability of a Correctional Ombudsman . Berkely: Institute of Governmental Studies.
Anderson, S. (1981). The Corrections Ombudsman.
Anderson, S. (1969). Ombudsman Papers: American Experience and Proposals. Berkeley : Institute of Governmental Studies.
APT. (1995). La mise en œuvre de la CEPT : Bilan et perspective après 5 ans d'activités du CPT. Actes du séminaire du 5 au 7 décembre 1994 à Strasbourg. Genève : APT.
APT. (1997a). 20 ans consacrés à la réalisation d'une idée. Genève : APT.
APT. (1997b). Le Comité Européen pour la prévention de la torture : présentation. Genève : APT.
APT. (1998). L'Ombudsman : mécanisme national de prévention de la torture et mauvais traitements. Genève : APT.
APT. (1999). Le CPT : historique, mandat, composition. Genève : APT.
APT . (2000a). Newsletter N10 Genève : APT.
APT . (2000b). Newsletter N11 Genève : APT.
APT. (2002a). Guide de jurisprudence sur la torture et les mauvais traitements : Article 3 de la Convention européenne des Droits de l'Homme. Genève : APT.
APT. (2002b). Les normes du CPT en matière de détention par la police et de détention préventive. Genève : APT.
APT. (2002c). Modus Operandi du CPT. Genève : APT.
APT. (2003a). Newsletter N21 Genève : APT.
APT. (2003b). Newsletter N22 Genève : APT.
APT. (2003c). Monitoring Places of Detention : A Practical Guide for NGOs. Genève : APT.
APT. (2004). Monitoring Places of Detention : A Practical Guide. Genève : APT.

APT. (2005). Implementation of the Optional Protocol to the Convention against Torture and other Cruel, Inhuman or Degrading Treatment or Punishment (OPCAT) in Federal and other Decentralized States. Sao Paulo : APT.

Arbour L. (1996). Commission d'enquête sur certains événements survenus à la prison des femmes de Kingston. Ottawa : Ministre des Approvisionnements et Services Canada.

Archambault, J. (1938). Commission Royale d'enquete sur le systeme pénal du Canada. Ottawa : J.-O. Patenaude, O.S.I.

Archambault, J. (1987). Réformer la sentence : une approche Canadienne. Ottawa : Ministre des Approvisionnements et des Services Canada.

ASRSQ. (1992). Le risque du communautaire : Éléments d'histoire de l'Association des services de réhabilitation sociale du Québec. Montréal : ASRSQ.

ASRSQ. (2002). Porte Ouverte (Vol. XIII). Montréal : ASRSQ.

ASRSQ. (2003a). Rapport d'activités 2002-2003. Montréal : ASRSQ.

ASRSQ. (2003b). Porte Ouverte (Vol. XIV). Montréal : ASRSQ.

ASRSQ. (2003c). Porte Ouverte (Vol. XV). Montréal : ASRSQ.

Assemblée Nationale. (14 janvier 1998). Proposition de loi par M Chevènement portant création d'une commission nationale de déontologie de la sécurité N : 621.

Assemblée Nationale. (18 janvier 2000). Proposition de résolution de M Goasguen tendant à créer une commission d'enquête sur les conditions sanitaires dans les prisons françaises et plus particulièrement sur celles de la prison de la Santé N : 2078.

Assemblée Nationale. (18 janvier 2000). Proposition de résolution de Mme Boutin tendant à créer une commission d'enquête sur les conditions de vie des détenus N : 2079.

Assemblée Nationale. (21 janvier 2000). Proposition de résolution de Mm Hascoët tendant à la création d'une commission d'enquête sur l'état des établissements pénitentiaires en France, sur les conditions de vie des détenus et sur le respect des normes d'hygiène et de sécurité dans les prisons N : 2106.

Assemblée Nationale. (27 janvier 2000). Proposition de résolution de Mm Fabius tendant à créer une commission d'enquête sur la situation des prisons françaises N : 2118.

Assemblée Nationale. (2 février 2000a). Rapport fait au nom de la commission des lois par M. Forni N : 2125.

Assemblée Nationale. (2 février 2000b). Séance du 2 février 2000 sous la présidence de Mme Tasca.

Assemblée Nationale. (3 février 2000a). Séance du jeudi 3 février 2000 sous la présidence de M Ollier.

Assemblée Nationale. (3 février 2000b). Résolution créant une commission d'enquête sur la situation dans les prisons françaises N : 437.

Assemblée Nationale. (27 mars 2001). Séance du mardi 27 mars 2001 sous la présidence de M Roman.

Assemblée Nationale. (27 Juin 2001). Présentation des conclusions de la mission d'information sur la situation des prisons françaises.

Assemblée Nationale. (24 avril 2001). Proposition de loi par MM Floch instituant une Délégation générale à la liberté individuelle N : 3016.

Assemblée Nationale. (6 février 2002). Proposition de loi par M Hunault visant à instaurer un contrôle extérieur des prisons N : 3578.

Assemblée Nationale. (17 juillet 2002). Proposition de loi par le Président du Sénat relative aux conditions de détention dans les établissements pénitentiaires et a Contrôle générale des prisons N : 98.
Assemblée Nationale. (25 juin 2003). Proposition de loi par Mme Lebranchu sur la peine et le service public pénitentiaire N : 970.
Assemblée Nationale. (28 juin 2004). Proposition de résolution par Mme Zimmermann tendant à la création d'une commission d'enquête sur la situation des prisons françaises et les perspectives d'évolution des prisons et du système carcéral français N : 1706.
Assemblée Nationale. (21 juillet 2004). Proposition de loi par Mme Lebranchu portant création d'un contrôleur général des prisons indépendant N : 1769.
Aubert, B. (1999). Le traitement des personnes privées de liberté par une autorité publique française. Archives De Politiques Criminelles, 21, 111-130.
Badie, B. (2002). La diplomatie des droits de l'homme. Paris : Fayard.
Bank, R. (1999). The CPT in France. R. e. E. M. Morgan Protecting Prisoners : The Standards of the European Committee for the Prevention of Torture in Context (pp. 197-206). Oxford : Oxford University Press.
Becker, H. S. (2002). Les ficelles du métier. Paris : La Découverte.
Benasayag, M. et Sztuwark, D. (2002). Du contre-pouvoir. Paris : La Découverte.
Bentham, J. (1791). The Panopticon. London : T.Payne.
Berg, B. (1995). Qualitative Research Methods for the Social Sciences. Needham Heights: Simon and Schuster Company.
Bergeron, G. (1993). L'État en fonctionnement. Paris : L'Harmattan.
Bernheim, J. C. (1983). Rompre le silence. Québec : Boréal Express.
Bernheim, J. C. &. Brousseau, S. (2002). Les droits des personnes incarcérées : les règles, la réalité et les ressources. Montréal : Éditions du Méridien.
Brodeur, J.-P. (1984). La délinquance de l'ordre : recherches sur les commissions d'enquête. Ville LaSalle : Editions Hurtubise.
Cabanel, G.-P. (2000). Prisons:une humiliation pour la République. Paris : Sénat.
CAEFS. (2003). Submission of the Canadian Association of Elizabeth Fry Societies (CAEFS) to the Canadian Human Rights Commission for the Special Report on the Discrimination on the Basis of Sex, Race and Disability Faced by Federally Sentenced Women. Ottawa : CAEFS.
Canada. (1970). Loi concernant les enquêtes relatives aux affaires publiques et aux départements. S.R., c.154, art1. Ottawa : Canada.
Canada. (1992).Loi régissant le système correctionnel, la mise en liberté sous condition et le maintien en incarcération, et portant création du bureau de l'Enquêteur correctionnel. Ottawa : Canada.
Canivet, G. (2000). Amélioration du contrôle extérieur des établissements pénitentiaires. Rapport au garde des Sceaux. Paris : La documentation française.
Carroll, L. (1998). Lawful Order: a Case Study of Correctional Crisis and Reform. New York : Garland Publishers.
Carson, J. (1984). Rapport du comité consultatif chargé par le solliciteur du Canada d'étudier la gestion des établissements correctionnels. Ottawa : Solliciteur du Canada.
Cassale, S. (1995). Conclusion et suggestions du séminaire. APT La mise en œuvre de la CEPT (pp. 137-146). Genève : APT.

Cassese, A. (1989). A New Approach to Human Rights: The European Convention for the Prevention of Torture. American Journal of International Law, 83(1), 128-153.

CAT. (sans date). Fact Sheet N. 17, the Committee against Torture. Geneva: Office of the High Commissioner for Human Rights.

CAT. (1997). Deuxièmes rapports périodiques des États parties devant être soumis en 1992 : France (08-10-97) Genève : Bureau du haut Commissaire aux Droits de l'Homme.

CAT. (1998a). General guidelines regarding the form and contents of periodic reports to be submitted by states parties. Geneva: Office of the High Commissioner for Human Rights.

CAT. (1998b). Observations finales du Comité contre la Torture : France (27-05-98) Genève : Bureau du Haut Commissaire aux Droits de l'Homme.

CAT. (2000). Troisièmes rapports périodiques des États parties devaient présenter en 1996 : Canada (19-10-99). Genève : Bureau du Haut Commissaire aux Droits de l'Homme.

CAT. (2002). Quatrièmes rapports périodiques des États parties devant être soumis en 2000 : Canada (20-08-02). Genève : Bureau du Haut Commissaire aux Droits de l'Homme.

CAT. (2004). Cinquièmes rapports périodiques des États parties devant être soumis en 2004 : Canada (11-10-2004). Genève : Bureau du Haut Commissaire aux Droits de l'Homme.

CAT. (2005a). Troisièmes rapports périodiques des États parties devant être soumis en 1996 : France (07-11-2003). Genève : Bureau du Haut Commissaire aux Droits de l'Homme.

CAT. (2005b). Conclusions et recommandations du comité contre la torture concernant le troisième rapport périodique de la France. Genève : Bureau du Haut Commissaire aux Droits de l'Homme.

CAT. (2005c). Réponse du Canada à la liste des points : Présentation du 4ème et 5ème rapport au CAT. Genève : Bureau du Haut Commissaire aux Droits de l'Homme.

CAT. (2008). 1er rapport annuel du Sous-Comité pour la prévention de la torture et autres peines ou traitements cruels, inhumains ou dégradants. Genève : Bureau du Haut Commissaire aux Droits de l'Homme.

CAT. (2009). 2d rapport annuel du Sous-Comité pour la prévention de la torture et autres peines ou traitements cruels, inhumains ou dégradants. Genève : Bureau du Haut Commissaire aux Droits de l'Homme.

CAT. (2010). Observations finales du quatrième au sixième rapports périodiques de la France. Genève : Bureau du Haut Commissaire aux Droits de l'Homme.

CAT. (2013). 6ème rapport annuel du Sous-Comité pour la prévention de la torture et autres peines ou traitements cruels, inhumains ou dégradants. Genève : Bureau du Haut Commissaire aux Droits de l'Homme.

CAT. (2012). Observations finales du sixième rapport périodique du Canada. Genève : Bureau du Haut Commissaire aux Droits de l'Homme.

CE. (1987a). Convention de sauvegarde des droits de l'homme et des libertés fondamentales du 4 novembre 1950. Conseil de l'Europe.

CE. (1987b). Rapport explicatif de la CEPT. Strasbourg : Conseil de l'Europe.

CE. (1989). Règlements intérieur du CPT. Strasbourg : Conseil de l'Europe.

CE. (1993a). Protocole N1 a la CEPT. Strasbourg : Conseil de l'Europe.

CE. (1993b). Protocole N2 a la CEPT. Strasbourg : Conseil de l'Europe.

CE. (1993c). Proposition de recommandation relative à l'amélioration des conditions de détention en Europe présenté par Earl of Dundee N : 6775. Strasbourg : Assemblée Parlementaire du Conseil de l'Europe.
CE. (1995). Rapport sur les conditions de détention dans les États membres du Conseil de l'Europe par M. Franck N. 7215. Strasbourg : Assemblée Parlementaire du Conseil de l'Europe.
CE. (2003). Proposition de recommandation présentée par M. Hunault portant sur la situation des prisons et des maisons d'arrêt en Europe N 9729. Strasbourg : Assemblée Parlementaire du Conseil de l'Europe.
CE. (2006a). Rapport de M. Gil-Robles, Commissaire aux droits de l'homme sur le respect effectif des droits de l'homme en France suite à sa visite du 5 au 21 septembre 2005. Strasbourg : Bureau du Commissaire aux droits de l'homme.
CE (2008). Memorandum de Thomas Hammarberg, Commissaire aux droits de l'homme du Conseil de l'Europe, faisant suite à sa visite en France du 21 au 23 mai 2008, Strabourg ; CE
CE. (2006b). Recommandation du Comité des Ministres aux États membres sur les Règles pénitentiaires européennes. Strasbourg : Conseil de l'Europe.
CEDH. (2003). Document d'information : la Cour Européenne des Droits de l'Homme. Strasbourg : CEDH.
Cellard, A. (1997). L'analyse documentaire. Poupart et al La recherche qualitative (pp. 251-272). Montréal : Gaëtan Morin.
Céré, J-P. (1999). Le contentieux disciplinaire dans les prisons françaises et le droit européen. Paris : L'Harmattan.
Céré, J-P. (2001). Droit disciplinaire en prison. Paris : L'Harmattan.
Céré, J-P. (2006). La mutation du droit pénitentiaire. Mélanges en l'honneur du professeur J. Pradel. Paris : Cujas.
Cligman, O., Gratiot, L. & Hanoteau J.C. (2001). Le droit en prison. Paris : Dalloz.
CNCDH. (2003). Note sur le fonctionnement et l'organisation des travaux de la CNCDH. Paris : CNCDH.
CNCDH. (2004). Étude sur les droits de l'homme dans la prison. Paris : CNCDH.
CNDS. (2003). Rapport 2002. Paris : La Documentation française.
CNDS. (2004a). Rapport 2003. Paris : La Documentation française.
CNDS. (2004b). Rapport Spécial de la Commission nationale de déontologie de la sécurité du 26 mars 2004.Paris : République française.
CNDS. (2005). Rapport annuel 2004. Paris : La Documentation française.
Cohen, S. (1985). Visions of Social Control: Crime, Punishment and Classification. Oxford : Polity Press.
Cohen-Jonathan, G. (2002). La protection internationale des droits de l'homme : Europe. Paris : La Documentation française.
CGLPL, (2013). Rapport d'activités 2012. Paris : Dalloz.
Collet, B. (2002). Les ONG de défense des droits de l'homme aux Nations unies. Projet, (269), p.33-41.
Collet, B. (2003). Modes d'intégration nationale et mariage mixte en France et en Allemagne : a propos d'un processus de construction de comparaison internationale. M. &. S. J. Lallement Stratégies de la comparaison internationale (pp. p.233-248). Paris : CNRS Éditions.
Couvrat, P. (2002). Le regard du CPT. Revue De Science Criminelle Et De Droit Pénal Comparé, 1, 145-148.

CPT. (1990). 1èr rapport général d'activités du CPT (1990). Strasbourg : Conseil de l'Europe.
CPT. (1991). 2eme rapport général d'activités du CPT (1991). Strasbourg : Conseil de l'Europe.
CPT. (1993). Rapport au gouvernement de la République française relatif a la visite effectuée par le Comite européen pour la prévention de la torture et des peines ou traitements inhumains ou dégradants (CPT) en France du 27 octobre au 8 novembre 1991. Strasbourg : Conseil de l'Europe.
CPT. (1996a). Rapport au gouvernement de la République française relatif a la visite effectuée par le Comite européen pour la prévention de la torture et des peines ou traitements inhumains ou dégradants (CPT) en Martinique du 3 au 7 juillet 1994. Strasbourg : Conseil de l'Europe.
CPT. (1996b). Rapport au gouvernement de la République française relatif a la visite effectuée par le Comite européen pour la prévention de la torture et des peines ou traitements inhumains ou dégradants (CPT) en France du 20 au 22 juillet 1994. Strasbourg : Conseil de l'Europe.
CPT. (1998). Rapport au gouvernement de la République française relatif a la visite effectuée par le Comite européen pour la prévention de la torture et des peines ou traitements inhumains ou dégradants (CPT) en France du 6 au 18 octobre 1996. Strasbourg : Conseil de l'Europe.
CPT. (2001). Rapport au gouvernement de la République française relatif a la visite effectuée en France par le Comite européen pour la prévention de la torture et des peines ou traitements inhumains ou dégradants (CPT) du 14 au 26 mai 2000. Strasbourg : Conseil de l'Europe.
CPT. (2002b). Les normes du CPT. Strasbourg : Conseil de l'Europe.
CPT. (2002b). Interview of Silvia Casale, Chairperson of the CPT [Web Page]. URL http://www.coe.int/T/e/Communicati..._of_torture/e_InterviewCasale2.asp [2002, August 1].
CPT. (2003a). 13ème rapport général d'activités du CPT (2003). Strasbourg : Conseil de l'Europe.
CPT. (2003b). Rapport au gouvernement de la République française relatif a la visite effectuée par le Comite européen pour la prévention de la torture et des peines ou traitements inhumains ou dégradants (CPT) en France du 17 au 21 juin 2002. Strasbourg : Conseil de l'Europe.
CPT. (2003c). Rapport final du groupe de travail sur les méthodes de travail du CPT. Strasbourg. Conseil de l'Europe.
CPT. (2004a). 14ème rapport général d'activités du CPT (2004). Strasbourg : Conseil de l'Europe.
CPT. (2004b). Rapport au gouvernement de la République française relatif a la visite effectuée par le Comité européen pour la prévention de la torture et des peines ou traitements inhumains ou dégradants (CPT) en France du 11 au 17 juin 2003. Strasbourg : Conseil de l'Europe.
CPT. (2005a). 15ème rapport général d'activités du CPT (2005). Strasbourg : Conseil de l'Europe.
CPT. (2005b). Rapport au gouvernement de la République française relatif a la visite effectuée par le Comité européen pour la prévention de la torture et des peines ou traitements inhumains ou dégradants (CPT) en France du 13 au 20 décembre 2004. Strasbourg : Conseil de l'Europe.

CPT. (2012). 22ème rapport général d'activités du CPT (2011-2012). Strasbourg : Conseil de l'Europe.

Croix-Rouge. (1999). Convention entre la Croix-Rouge française et la direction de l'Administration Pénitentiaire. Paris : ministère de la Justice.

Croix-Rouge. (2000). Charte définissant les principes et objectifs entre la Croix-Rouge française et la direction de l'Administration Pénitentiaire. Paris : ministère de la Justice.

Croix-Rouge. (2004). Croix-Rouge française : actions en milieu carcéral Lettre N12-février 2004. Paris : Croix-Rouge

Crozier, M. & Friedberg, E. (1977). L'acteur et le système .Paris : Éditions du Seuil.

Dandurand, Y. (1977). Le Rapport du Sous-comité sur le régime d'institutions pénitentiaires au Canada – vu sous un autre angle. Crime Et Justice, 5(2), 103-109.

Darbéda, P. (2000). Contrôler les établissements pénitentiaires : un regard citoyen. Revue Pénitentiaire Et De Droit Pénal, (4), 535-554.

Davis, K. C. (1969). Discretionary Justice: A Preliminary Inquiry. Louisiana State University Press.

Défenseur des droits, (2012). Rapport annuel 2011. Paris : République Française.

Défenseur des droits, (2013). Rapport annuel 2012. Paris : République Française.

Delmas-Marty, M. (1982). Modèles et mouvements de politique criminelle. Paris : Économica.

Denzin, N. & Lincoln, S., (2003). Collecting and Interpreting Qualitative Materials. London : Sage Publications.

DeVilliers, P. (2000). En constante évolution : la Loi sur le système correctionnel et la mise en liberté sous condition. Ottawa : Chambre des communes Canada.

Dumont, H. (1993). Pénologie : Le droit canadien relatif aux peines et aux sentences. Montréal : Les Éditions Thémis.

Dupré, M. e. al. (2003). Introduction. M. &. S. J. Lallement Stratégies de la comparaison internationale (pp. p.7-22). Paris : CNRS Éditions.

Enquêteur correctionnel. (1973). Directive du Commissaire N 241 du 10 décembre 1973. Ottawa : Service canadien des pénitenciers.

Enquêteur correctionnel. (1974). Rapport annuel 1973-1974. Ottawa : Gouvernement du Canada.

Enquêteur correctionnel. (1975). Rapport annuel 1974-1975. Ottawa : Gouvernement du Canada.

Enquêteur correctionnel. (1976a). Directive du Commissaire N 240 du 10 mars 1976. Ottawa : Service canadien des pénitenciers.

Enquêteur correctionnel. (1976b). Rapport annuel 1975-1976. Ottawa : Gouvernement du Canada.

Enquêteur Correctionnel. (1976c). Rapport de l'enquête sur l'incident survenu à Millhaven le 3 novembre 1975. Ottawa : Canada.

Enquêteur correctionnel. (1977). Rapport annuel 1976-1977. Ottawa : Gouvernement du Canada.

Enquêteur correctionnel. (1978). Rapport annuel 1977-1978. Ottawa : Gouvernement du Canada.

Enquêteur correctionnel. (1979). Rapport annuel 1978-1979. Ottawa : Gouvernement du Canada.

Enquêteur correctionnel. (1980). Rapport annuel 1979-1980. Ottawa : Gouvernement du Canada.

Enquêteur correctionnel. (1981). Rapport annuel 1980-1981. Ottawa : Gouvernement du Canada.
Enquêteur correctionnel. (1982). Rapport annuel 1981-1982. Ottawa : Gouvernement du Canada.
Enquêteur correctionnel. (1983). Rapport annuel 1982-1983. Ottawa : Gouvernement du Canada.
Enquêteur correctionnel. (1984a). Rapport annuel 1983-1984. Ottawa : Gouvernement du Canada.
Enquêteur Correctionnel. (1984b). Rapport sur les allégations de mauvais traitements de détenus a l'établissement d'Archambault après les incidents du 25 Juillet 1982. Ottawa : Canada.
Enquêteur correctionnel. (1985). Rapport annuel 1984-1985. Ottawa : Gouvernement du Canada.
Enquêteur correctionnel. (1986). Rapport annuel 1985-1986. Ottawa : Gouvernement du Canada.
Enquêteur correctionnel. (1987). Rapport annuel 1986-1987. Ottawa : Gouvernement du Canada.
Enquêteur correctionnel. (1988). Rapport annuel 1987-1988. Ottawa : Gouvernement du Canada.
Enquêteur correctionnel. (1989). Rapport annuel 1988-1989. Ottawa : Gouvernement du Canada.
Enquêteur correctionnel. (1990). Rapport annuel 1989-1990. Ottawa : Gouvernement du Canada.
Enquêteur correctionnel. (1991). Rapport annuel 1990-1991. Ottawa : Gouvernement du Canada.
Enquêteur correctionnel. (1992). Rapport annuel 1991-1992. Ottawa : Gouvernement du Canada.
Enquêteur correctionnel. (1993). Rapport annuel 1992-1993. Ottawa : Gouvernement du Canada.
Enquêteur correctionnel. (1994). Rapport annuel 1993-1994. Ottawa : Gouvernement du Canada.
Enquêteur correctionnel. (1995a). Rapport annuel 1994-1995. Ottawa : Gouvernement du Canada.
Enquêteur Correctionnel. (1995b). Rapport spécial... au sujet de l'enquête sur certains incidents survenus à la prison de femmes en avril 1994 et du traitement des détenus par la suite. Ottawa : Canada.
Enquêteur correctionnel. (1996). Rapport annuel 1995-1996. Ottawa : Gouvernement du Canada.
Enquêteur correctionnel. (1997). Rapport annuel 1996-1997. Ottawa : Gouvernement du Canada.
Enquêteur correctionnel. (1998). Rapport annuel 1997-1998. Ottawa : Gouvernement du Canada.
Enquêteur correctionnel. (1999). Rapport annuel 1998-1999. Ottawa : Gouvernement du Canada.
Enquêteur correctionnel. (2000). Rapport annuel 1999-2000. Ottawa : Gouvernement du Canada.
Enquêteur correctionnel. (2001). Rapport annuel 2000-2001. Ottawa : Gouvernement du Canada.

Enquêteur correctionnel. (2002). Rapport annuel 2001-2002. Ottawa : Gouvernement du Canada.
Enquêteur correctionnel. (2003). Rapport annuel 2002-2003. Ottawa : Gouvernement du Canada.
Enquêteur correctionnel. (2004). Rapport annuel 2003-2004. Ottawa : Gouvernement du Canada.
Enquêteur correctionnel. (2005). Rapport annuel 2004-2005. Ottawa : Gouvernement du Canada.
Enquêteur correctionnel. (2007). Décès en établissements. Ottawa : Gouvernement du Canada.
Enquêteur correctionnel. (2008). Une mort évitable ; rapport sur le décès d'Ashley Smith. Ottawa : Gouvernement du Canada.
Enquêteur correctionnel. (2010). Rapport annuel 2009-2010. Ottawa : Gouvernement du Canada.
Enquêteur correctionnel. (2011). Rapport annuel 2010-2011. Ottawa : Gouvernement du Canada.
Enquêteur correctionnel. (2012). Rapport annuel 2011-2012. Ottawa : Gouvernement du Canada.
Esterberg K. (2002). Qualitative Methods in Social Research. Toronto: McGraw Hill.
Evans, M. D. (2002). Getting to Grips with Torture. International and Comparative Law Quarterly, 51(2), 365-383.
Evans, M., & Morgan, R. (1994). The Torture Committee Membership Issue. Journal of International Law, 5(2), 249-258.
Evans, M., & Morgan, R. (1998). Preventing Torture: A Study of the European Committee for the Prevention of Torture and Inhuman or Degrading Treatment or Punishment. Oxford : Clarendon Press.
Faugeron, C. (1996a). Le contrôle des prisons : rapport sur les questionnaires. Revue De L'Application Des Peines, décembre (20), 14-20.
Faugeron, C. (1996b). Introduction : Une théorie de la prison est-elle possible ? C. Faugeron, A. Chauvenet, & P. Combessie Approches de la prison (pp. 15-42). Montréal : Les presses de l'Université de Montréal.
Faure, P. (1999). Les relations des préfets avec les services de l'administration pénitentiaire et les établissements qui en dépendent. Paris : République française.
Fauteux, G. (1956). Rapport du comité institué pour faire enquête sur les principes et les méthodes suivies au service des pardons du ministère de la justice. Ottawa : Gouvernement du Canada.
Favard, J. (2000). Prisons. Répertoire Pénal Dalloz, septembre.
FIDH. (1999). Appel à un contrôle indépendant des prisons . Paris : FIDH.
FIDH. (2006). Le rôle de la FIDH. www.fidg.org
Fitzaharris, T. L. (1973). The Desirability of Correctional Ombudsman. Berkeley : Institute of Governmental Studies.
Floch, J. (2000). La France face à ses prisons. Paris : Assemblée Nationale.
Foucault, M. (1975). Surveiller et punir. Paris : Gallimard.
Fox, F. (1977). Réponse du Solliciteur Général relativement au rapport du sous-comité parlementaire sur le régime d'institutions pénitentiaires au Canada. Ottawa : Solliciteur Général Canada.
Friedberg, E. (1993). Le pouvoir et la règle. Paris : Seuil.

Frize, N. (2004). Le sens de la peine : État de l'idéologie carcérale. Clamecy : Éditions Lignes & Manifestes.
Fulmer, R. H. (1981). The Prison Ombudsman. Social Service Review, 55, 301-313.
Herzog-Evans, M. (1996). Le droit pénitentiaire : un droit faible au service du contrôle des détenus. C. Faugeron, A. Chauvenet, & Combessie. Philippe Approches de la prison (pp. 273-296). Montréal : Presses de l'université de Montréal.
Herzog-Evans, M. (1997). Le contrôle par le pouvoir judiciaire de l'exécution des peines. Le contrôle des conditions de détention dans les prisons d'Europe. Actes d'un Colloque européen tenu à Marly-le-Roi, France du 25 au 27 octobre 1996. (pp. 125-136). Paris : PRI.
Hodder, I. (2003). The Interpretation of Documents and Material Culture. N. K. a. L. Y. S. Denzin Collecting and Interpreting Qualitative Materials . Thousand Oaks : Sage.
HRW. (1993). The Human Rights Watch Global Report on Prisons. New York : HRW.
HRW. (1996). All too Familiar: Sexual Abuse of Women in U.S. State Prisons. New York : HRW.
HRW. (1999). Red Onion State Prison: Super-Maximum Security Confinement in Virginia. New York : HRW.
HRW. (2001). No Escape : Male Rape in U.S. Prisons. New York : HRW.
HRW. (2002). Human Rights Watch World Report 2002. New York : HRW.
Ivany, R.E. (1981). Readings on Ombudsmanship . International Ombudsman Institute.
Jackson, M. (2002). Justice behind the Walls. Vancouver/Toronto : Douglas and McIntyre.
Jacobs, J.B. (1980). The Prisoners' Rights Movement and Its Impact, 1960-80. An Annual Review of Research, 2, 426-470.
John Howard Society of Canada. (1998). Review of the Detention Provisions of the Correctional and Conditional Release Act. Kingston : JHS.
John Howard Society of Canada. (1999). Brief to the Standing Committee on Justice and Human Rights to the House of Commons : Review of the Correctional and Conditional Release Act. Kingston : JHS.
Kaminski, D. (2002). Les droits des détenus au Canada et en Angleterre : entre révolution normative et légitimation de la prison. dans Schutter, O. &. Kaminski, D. L'institution du droit pénitentiaire : Enjeux de la reconnaissance de droits aux détenus (pp. 91-112). Paris : L.G.D.J.
Kelly, M. (2000). Perspectives from the European Committee for the Prevention of Torture and Inhuman or Degrading Treatment or punishment (CPT). Human Rights Law Journal, 21(8), 310-306.
Laclau, E. (2000). La guerre des identités. Grammaire de l'émancipation. Paris : La Découverte.
Landreville, P. (1976). Les détenus et les droits de l'homme. Criminologie, 9, 107-117.
Lehalle, S. (2001). La défense des droits des détenus : Pratiques professionnelles et expériences des avocats en droit carcéral. Montréal : Université de Montréal.
Lehalle, S. (2005). La prison objet de contrôle social : le rôle de l'État et de la société civile en France et au Canada. Revue De Droit Pénale Et De Criminologie, 1213-1235.

Lehalle, S. Landreville, P. et Céré, J. P. (2005). Le Comité européen de Prévention de la Torture : Mécanisme de contrôle des établissements de détention. Canadian Journal of Criminology and Criminal Justice, 48(2), 97-124.
Lemire, G. (1993). Les enjeux théoriques contemporains de la libération conditionnelle. J. Pradel La condition juridique du détenu : travaux de l'ISC de Poitiers (pp. 55-71). Paris : Editions Cujas.
Lemonde, L. (1995). L'émergence et l'impact du droit carcéral. Montréal : Université de Montréal.
Lemonde L. (1996). L'impact du discours des droits des détenus et des normes d'équité sur le tribunal disciplinaire carcéral. Critical Criminology, 7, 75-106.
Lemonde, L. & Landreville, P. (2002). La reconnaissance des droits fondamentaux des personnes incarcérées : l'expérience canadienne. De Schutter Olivier et Dan Kaminski L'institution du droit pénitentiaire . Paris : L.G.D.J.
Ligue des droits de l'homme. (2001). Projet de loi relatif aux prisons : Lettre de la coordination Justice-Droits de l'Homme au Premier ministre. Paris : LDH.
Ligue des droits de l'homme. (2003). Qu'est-ce que la Ligue des droits de l'Homme ? Paris : L'Archipel.
Ligue des droits de l'homme. (2004). La chancellerie ne réponde plus. Paris : LDH.
Ligue des droits de l'homme. (2006). Le rôle de la LDH. www.ldh-france.org
Ligue des droits et libertés. (2004). Nous ne sommes pas plus en sécurité ; nous sommes moins libres. Montréal : Ligue des droits et libertés.
Lochak, D. (2002). Les droits de l'homme. Paris : La découverte.
Lock, J. (1689). An Essay Concerning Human Understanding. London : William Tegg.
Love, J. D. (1977). Rapport soumis par le comité du concept de l'ombudsman. Ottawa : Gouvernement du Canada.
MacGuigan. (1977). Rapport au parlement sur le régime d'institutions pénitentiaires au Canada . Ottawa : Canada.
Maguire, M., Vagg, J., & Morgan, R. (1985). Accountability and Prison: Opening Up a Closed Word. London : Tavistock.
Maran, R. (1999). International Human Rights in the US : À Critique. Social Justice, 26(1), 49-71.
Mathieu, G. (1993). Les droits des personnes incarcérées dans les pays de la communauté européenne. Thèse de doctorat. Faculté de droit et de sciences politiques d'Aix-Marseille.
Mayer, G. (2002). Le CPT : l'initiative du Conseil de l'Europe dans le domaine de la prévention des mauvais traitements de personnes privées de liberté. Jean-Paul Céré Panorama européen de la prison . Paris : L'Harmattan.
McDonell, G. (1914). Rapport de la Commission royale d'enquête sur les pénitentiaires. Ottawa : Gouvernement du Canada.
Médiateur de la République. (2005a). Le long cheminement des droits de l'homme. Médiateur Actualités, 6.
Médiateur de la République. (2005b). Convention entre le Garde de sceaux, ministre de la Justice et le Médiateur de la République. Paris : ministère de la Justice.
Médiateur de la République. (2005c). Expérimentation de l'intervention de délégués du Médiateur de la République dans les prisons : Un nouvel engagement pour faire avancer l'accès au droit. Paris : Direction du développement territorial.

Médiateur de la République. (2005d). Note a l'attention de M. le Médiateur de la République : Premier compte rendu de l'expérimentation "prisons". Paris : Direction du développement territorial.

Médiateur de la République. (2005d). Note a l'attention de M. le Médiateur de la République : Premier compte rendu de l'expérimentation "prisons". Paris : Direction du développement territorial.

Médiateur de la République. (2010). Rapport annuel. Paris : Direction du développement territorial.

Ministère de la Justice. (1994). Les règles pénitentiaires européennes et leur application en France. Paris : Administration Pénitentiaire.

Ministère de la Sécurité Publique. (2000). Évolution des politiques pénales et du discours à propos de l'emprisonnement au Canada et au Québec : de 1969 a 1999. Québec : ministère de la Sécurité Publique.

Morgan, R. (1996). Tortures et traitements inhumains ou dégradants en Europe : quelques données, quelques questions. dans C. Faugeron, Chauvenet Antionette, & Combessie Philippe Approches de la prison (pp. 323-347). Bruxelles : De Boeck & Lacier.

Morgan, R., & Evans, M. (1999). Protecting Prisoners: The Standards of the European Committee for the Prevention of Torture in Context. Oxford : Oxford University Press.

Morgan, R., & Evans, M. (2002). Combattre la torture en Europe : le travail et les normes du Comité européen pour la prévention de la torture (CPT). Strasbourg : Conseil de l'Europe.

Morgan, R., & Evans, M. (1994). Inspecting Prisons: The View from Strasbourg. British Journal of Criminology, 34, 141-159.

Morgan, R., & Maggs, C. (1985). Setting the PACE. Bath : Bath Social Policy Papers.

Mottet, C. (1995). Document préparatoire : La mise en œuvre de la CEPT : Bilan et perspectives après cinq ans d'activités du CPT. C. Mottet Actes du séminaire du 5 au 7 septembre 1994 a Strasbourg (pp. 9-30). Genève : APT.

Mottet, C. (1997). Le Comité européen pour la prévention de la torture, mécanisme international de supervision, interaction avec les autres acteurs de la prévention. Le contrôle des conditions de détention dans les prisons d'Europe. Actes d'un Colloque européen tenu à Marly-le-Roi, France du 25 au 27 octobre 1996. (pp. 137-146). Paris : PRI.

Mucchielli, A. (1998). Approche systémique et communicationnelle des organisations. Paris : Armand Colin.

Murdoch, J. (1995). Fonctionnement du CPT et élaboration de normes internationales. C. Mottet Actes du séminaire du 5 au 7 septembre 1994 a Strasbourg (pp. 115-120). Genève : APT.

Murdoch, J. (1999). CPT Standards within the Context of the Council of Europe. R. e. E. M. Morgan Protecting Prisoners : The Standards of the European Committee for the Prevention of Torture in Context (pp. 103-136). Oxford : Oxford University Press.

Murphy, G. (2005). Les organismes de réforme du droit. Ottawa : ministère de la Justice du Canada.

Nicolay, C. (1995). Cinq ans d'activités du CPT : et maintenant ? C. Mottet Actes du séminaire du 5 au 7 septembre 1994 a Strasbourg (pp. 53-62). Genève : APT.

Office des Droits des Détenus. (1981). Face a La Justice (Vol. IV). Montréal : ODD.

OIP. (sans date). L'Alerte : Guide pratique. Paris : OIP.
OIP. (sans date). L'Observation : guide pratique. Paris : OIP.
OIP. (1996). Le guide du prisonnier. Paris : Les Editions de l'Atelier.
OIP. (2000). Prisons : Un état des lieux. Paris : L'esprit frappeur.
OIP. (2005). Les conditions de détention en France. Paris : La Découverte.
OIP. (2011). Les conditions de détention en France. Paris : La Découverte.
OIP. (2012). Le nouveau guide du prisonnier. Les Editions de l'Atelier.
Ombudsman Colombie Britannique. (2003). Rapport Annuel 2003. Victoria : Bureau de l'Ombudsman.
Ombudsman Colombie Britannique. (2004). Rapport Annuel 2004. Victoria : Bureau de l'Ombudsman.
Ombudsman Manitoba. (2001). Rapport Annuel 2001. Winnipeg : Bureau de l'Ombudsman.
Ombudsman Manitoba. (2002). Rapport Annuel 2002. Winnipeg : Bureau de l'Ombudsman.
Ombudsman Manitoba. (2003). Rapport Annuel 2003. Winnipeg : Bureau de l'Ombudsman.
Ombudsman Manitoba. (2004). Rapport Annuel 2004. Winnipeg : Bureau de l'Ombudsman.
Ombudsman Manitoba. (2005). Lettre d'information sur l'implication de l'Ombudsman en milieu correctionnel. Document inédit.
Ombudsman Nouvelle Ecosse. (2004). Rapport Annuel 2004. Halifax : Bureau de l'Ombudsman.
Ombudsman Nouvelle Ecosse. (2012). Rapport Annuel 2011-2012. Halifax : Bureau de l'Ombudsman.
Ombudsman Ontario. (2000). Rapport annuel 1999-2000. Toronto : Bureau de l'Ombudsman.
Ombudsman Ontario. (2001). Rapport annuel 2000-2001. Toronto : Bureau de l'Ombudsman.
Ombudsman Ontario. (2002). Rapport annuel 2001-2002. Toronto : Bureau de l'Ombudsman.
Ombudsman Ontario. (2003). Rapport annuel 2002-2003. Toronto : Bureau de l'Ombudsman.
Ombudsman Ontario. (2004). Rapport annuel 2003-2004. Toronto : Bureau de l'Ombudsman.
Ombudsman Ontario. (2005). Rapport annuel 2004-2005. Toronto : Bureau de l'Ombudsman.
Ombudsman Ontario. (2012). Rapport annuel 2011-2012. Toronto : Bureau de l'Ombudsman.
Ombudsman Ontario. (2013). Rapport spécial « La loi du silence ». Toronto : Bureau de l'Ombudsman.
Ombudsman Saskatchewan. (2002). Locked Out: Special Report on Inmate Services and Condition of Custody in Saskatchewan Correctional Centres. Regina : Bureau de l'Ombudsman.
Ombudsman Saskatchewan. (2004). Rapport Annuel 2003. Regina : Bureau de l'Ombudsman.
ONU (2002). Press Release : Adoption of Optional Protocol to Convention Against Torture. New York : Assemblée Générale de l'ONU.

ONU (2003). Protocole facultatif se rapportant à la Convention contre la torture et autres peines ou traitements cruels, inhumains ou dégradants. New York : Assemblée Générale de l'ONU.

Oreja, M. (1988). Allocution d'ouverture à l'occasion du Séminaire consacré à la mise en œuvre de la Convention Européenne pour la prévention de la torture et des peines ou traitements inhumains ou dégradant. Revue Universelle Des Droits De L'Homme, 2(1), 1-48.

Othmani, A. (2002). Sortir de la prison : Un combat pour réformer les systèmes carcéraux dans le monde. Paris : Éditions La Découverte.

Ouimet, R. (1969). Rapport du comité canadien de la réforme pénale et correctionnelle. Ottawa : Imprimeur de la Reine pour le Canada.

Paillé, P. & Mucchielli, A. (2003). L'analyse qualitative en sciences humaines et sociales. Paris : Armand Colin.

Pédron, P. (1995). La prison et les droits de l'homme. Paris : L.G.D.J.

Platt, J. (1981). Evidence and Proof in Documentary Research 1: Some Specific Problems of Documentary Research. Sociological Review, 29(1), 31-66.

Ponroy, E., & Jacq, C. (1990). Etude comparative des Conventions des Nations Unies et du Conseil de l'Europe relatives à la torture et aux peines ou traitements inhumains ou dégradants. Revue De Sciences Criminelles Et Droit Pénal Comparé, 2.

Pouligny, B. (2002). Le rôle des Ong en politique internationale. Projet, 269, 16-24.

PRI. (1997). Le contrôle des conditions de détention dans les prisons d'Europe. Paris : PRI.

PRI. (2001). Making Standards Work: an international handbook on good practice. London : PRI.

PRI. (2013a). The Use and Practice of Imprisonment : Current Trends and Future Challenges. Discussion pape rat the side event of the 22th session of the Commission on crime Prevention and Criminal Justice, Vienna 22-26 April 2013.

PRI. (2013). The UN Bangkok Rules on Women Offenders and Prisoners: a short guide. PRI.

Protecteur du Citoyen. (sans date). Brochure : Connaissez-vous le Protecteur du citoyen ? Québec : Protecteur du Citoyen.

Protecteur du citoyen. (1985). Le respect des droits des personnes incarcérées. Québec : Assemblée Nationale du Québec.

Protecteur du citoyen. (1999). Rapport du protecteur du citoyen sur les services correctionnels du Québec. Québec : Assemblée Nationale du Québec.

Protecteur du Citoyen. (2002a). Rapport annuel 2001-2002. Québec : Protecteur du Citoyen.

Protecteur du citoyen. (2002b) Mémoire de la protectrice du citoyen sur l'avant-projet de loi intitulé Loi sur le système correctionnel du Québec. .URL . www.ombuds.gouv.qc.ca/fr/pu...me/systeme_correctionnel/index.htmwww.oci-bec.gc.ca/fmandate.asp [2002, July 11].

Protecteur du citoyen. (2002c) Press Release : Situation in Detention Centres Critical [Web Page]. URL www.ombuds.gouv.qc.ca/en/publications/communique/990125.htm [2002, July 11].

Protecteur du Citoyen. (2003). Rapport annuel 2002-2003. Québec : Protecteur du Citoyen.

Protecteur du Citoyen. (2004). Rapport annuel 2003-2004. Québec : Protecteur du Citoyen.
Protecteur du Citoyen. (2005). Lettre d'information et statistiques du Protecteur du Citoyen en milieu correctionnel. Document inédit.
Przeworski, A. &. T. H. (1970). The Logic of Comparative Social Inquiry. New York : Wiley.
République française. (1993). Réponse du gouvernement de la République française au rapport du Comite européen pour la prévention de la torture et des peines ou traitements inhumains ou dégradants. Strasbourg : Conseil de l'Europe.
République française. (1994). Rapport de suivi du Gouvernement français en réponse au rapport du Comite européen pour la prévention de la torture et des peines ou traitements inhumains ou dégradants (CPT) relatif a sa visite en France du 27 octobre au 8 novembre. Strasbourg : Conseil de l'Europe.
République française. (1998). Rapport de suivi du Gouvernement de la République française en réponse du rapport du Comite européen pour la prévention de la torture et des peines ou traitements inhumains ou dégradants (CPT) relatifs a la visite en France du 6 au 18 octobre 1996. Strasbourg : Conseil de l'Europe.
République française. (2001). Réponse au gouvernement de la République française au rapport du Comite européen pour la prévention de la torture et des peines ou traitements inhumains ou dégradants (CPT) relatif a sa visite effectuée en France du 14 au 26 mai 2000. Strasbourg : Conseil de l'Europe.
République française. (2004). Réponse du gouvernement de la République française au rapport du Comite européen pour la prévention de la torture et des peines ou traitements inhumains ou dégradants relatif à sa visite effectuée en France du 11 au 17 juin 2003. Strasbourg : Conseil de l'Europe.
République française. (2005). Réponse du gouvernement de la République française au rapport du Comite européen pour la prévention de la torture et des peines ou traitements inhumains ou dégradants relatif à sa visite effectuée en France du 13 au 20 décembre 2004. Strasbourg : Conseil de l'Europe.
Rodley, N. (1999). The Treatment of Prisoners under International Law. Oxford : Clarendon Press.
Rouget, D. (1995). Mise en œuvre des recommandations du CPT. C. Mottet Actes du séminaire du 5 au 7 septembre 1994 a Strasbourg (pp. 123-134). Genève : APT.
Rouget, D. (1996). La Convention européenne pour la prévention de la torture et des peines ou traitements inhumains ou dégradants. Un outil essentiel de promotion de la dignité des personnes privées de liberté. Les Cahiers De L'Institut Des Droits De L'Homme, 2, 17-32.
Rubin, H. &. Rubin I. (2005). Qualitative Interviewing : the Art of Hearing Data. Thousand Oaks : Sage.
Sauvé, R. (1977). La participation communautaire dans le domaine de la justice. Ottawa : ministre des Approvisionnements et Services Canada.
SCC. (1995). Mission des comités consultatifs de citoyens au sein du service correctionnel du Canada. Ottawa : SCC.
SCC. (1998). 50 ans de progrès des droits de la personne dans les services correctionnels fédéraux. Ottawa : SCC.
SCC. (1999). Comités consultatifs de citoyens : Rapport annuel 1998-1999. Ottawa : SCC.

SCC. (2000a). Les Comités Consultatifs de citoyens : Enoncé de Mission Ottawa : SCC.
SCC. (2000b). Comités consultatifs de citoyens : Rapport annuel 1999-2000. Ottawa : SCC.
SCC. (2002). Response to the 29th Annual Report of the Correctional Investigator 2001-2002. Ottawa : SCC.
SCC. (2003a). Directive du Commissaire 023 : Comités consultatifs de citoyens. Ottawa : SCC.
SCC. (2003b). Travailler ensemble : Les comités consultatifs de citoyens au sein du Service correctionnel du Canada. Manuel de ressources . Ottawa : SCC.
SCC. (2004a). Les services correctionnels au Canada : Manuel de référence pour les comités consultatifs de citoyens. Ottawa : SSC.
SCC. (2004b). Rapport de recherche : Les Comités consultatifs de citoyens au Canada. Ottawa : SCC.
SCC. (2004c). Comités consultatifs de citoyens : Rapport annuel 2003-2004. Ottawa : SCC.
Secrétariat d'État. (1981). L'ombudsman et les institutions similaire. Ottawa : Canada.
Sénat. (18 janvier 2000). Proposition de résolution de M Badinter tendant à créer une commission d'enquête sur les conditions de détention dans les maisons d'arrêt. N : 165.
Sénat. (20 janvier 2000). Rapport fait au nom de la commission des lois de M de Richemont sur le projet de lois, adopté par l'Assemblée Nationale, portant création d'une commission nationale de déontologie de la sécurité. N : 173.
Sénat. (25 janvier 2000). Proposition de résolution de Mm Arthuis tendant à créer une commission d'enquête sur la situation des établissements pénitentiaires en France. N:183.
Sénat. (8 février 2000). Rapport fait au nom de la commission des lois par M Othily. N : 209.
Sénat. (21 novembre 2000). Séance du 21 novembre 2001 concernant les conditions de détention dans les établissements pénitentiaires.
Sénat. (30 novembre 2000). Proposition de loi par MM Hyest relative aux conditions de détention dans les établissements pénitentiaires et au contrôle général des prisons. N : 115.
Sénat. (10 février 2000). Séance du 10 février 2000 concernant la création d'une commission d'enquête sur les établissements pénitentiaires.
Sénat. (17 avril 2001). Rapport fait au nom de la commission des lois par M Othily. N : 271
Sénat. (26 avril 2001). Séance du 26 avril 2001 concernant l'adoption des conclusions modifiées du rapport de la commission sur les établissements pénitentiaires.
Sénat. (26 avril 2001). Proposition de loi adoptée par le sénat relative aux conditions de détention dans les établissements pénitentiaires et au Contrôle général des prisons. N : 3029
Sénat. (1er juillet 2004). Proposition de résolution de M Masson tendant à la création d'une commission d'enquête sur la situation dans les prisons françaises et ses perspectives d'évolution. N : 397
Serverin, E. (2000). Sociologie du droit. Paris : La Découverte.

Shaw, S. (1995). Le rôle des ONG dans l'assistance et la promotion du travail du CPT. C. Mottet Actes du séminaire du 5 au 7 septembre 1994 a Strasbourg (pp. 65-70). Genève : APT.

Snacken, S. (1997). Les droits des détenus et le comité européen pour la prévention de la torture et des peines ou des traitements inhumains ou dégradants. Les Dossiers De La Revue De Droit Pénal Et De Criminologie : Position En Droit Et Droit De Plainte Du Détenu.

Snacken, S. (1997). Rapport de synthèse. Le contrôle des conditions de détention dans les prisons d'Europe. Actes d'un Colloque européen tenu à Marly-le-Roi, France du 25 au 27 octobre 1996. (pp. 157-164). Paris : PRI.

Sommier, I. (2003). Le renouveau des mouvements contestataires a l'heure de la mondialisation. Paris : Flammarion.

Spurk, J. (2003). Épistémologie et politique de la comparaison internationale. M. &. S. J. Lallement Stratégies de la comparaison internationale (pp. p.71-85). Paris : CNRS Éditions.

Stern, V. (1998). A Sin Against the Future: Imprisonment in the World. Boston : North-Eastern University Press.

Sturm, S. P. (1993). Lawyers at the prison Gates: Organizational Structure and Corrections Advocacy. University of Michigan Journal of Law Reform, 27:3, 1-129.

Sue, R. (2003). La société civile face au pouvoir. Paris : Presses de sciences politiques.

Tulkens, F. (2003). Droits de l'homme en prison : La jurisprudence de la nouvelle Cour européenne des droits de l'homme. Document inédit.

Tulkens, F. (2006). Droits de l'homme en prison : La jurisprudence de la nouvelle Cour européenne des droits de l'homme. Document inédit. (mise à jour d'une contribution antérieure).

Vagg, J., Morgan, R., & Maguire, M. (1985). Introduction : Accountability and Prisons. M. Maguire, J. Vagg, & R. Morgan Accountability and Prison: Opening Up a Closed Word . London : Tavistock.

Vagg, J. (1994). Prison Systems: A Comparative Study of Accountability in England, France, Germany and the Netherlands. Oxford : Clarendon Press.

Vailhé, J. (2001). La France face aux exigences de la Convention européenne des droits de l'homme. Paris : La Documentation française.

Van Zyl Smit, D., & Frieder, D. (1991). Imprisonment Today and Tomorrow. Deventer: Kluwer Law and Taxation Publishers.

Vasseur, V. (Paris). Médecin-chef a la prison de la Santé. Paris : le cherche midi éditeur.

Vigour, C. (2005). La comparaison dans les sciences sociales. Paris : La Découverte.

Weeks, K. M. (1973). Ombudsmen Around the Word. Berkeley : Institute of Governmental Studies.

Weeks, K. M. (1978). Ombudsmen around the World . Berkeley : Institute of Governmental Studies.

Wilson, C. R. M. (1993). "Going to Europe" : Prisoners' Rights and the Effectiveness of European Standards. International Journal of the Sociology of Law, 21, 245-264.

Wyner, A. J. (1973). Executive Ombudsmen in the United States. Berkeley : Institute of Governmental Studies.

Yalden, M. (1997). Report of the Working Group on Human Rights . Ottawa : CSC.

Articles de presse

Dedans Dehors de février 2004. La France carcérale condamnée.

Dedans Dehors d'avril 2004a. Réponse au CPT : circulez y'a rien a voir !.

Dedans Dehors d'avril 2004b. La CNDS se fâche.

Dedans Dehors de juin 2004. Rapport CNDS : des pratiques archaïques et médiévales.

Dedans Dehors d'août 2004a. Retour à la case prison : visites des parlementaires.

Dedans Dehors d'août 2004b. « Sortir la prison de l'exception juridique » : témoignages.

Dedans Dehors de décembre 2004. Médiateur en prison : ne pas payer de mots.

Dedans Dehors de février 2005. Dénouement de la prise d'otages de Moulins : déferlement de violences.

Dedans Dehors d'avril 2005. Sécurité avant tout ! le gouvernement répond à la CNCDH.

Dedans Dehors de juin 2005. Rapport CNDS 2004 : bavures carcérales en série.

Dedans Dehors de décembre 2005. Prisons : zones en attente de droits.

Dedans Dehors de février 2006a. Le CPT à la Réunion : des prisons en déshérence.

Dedans Dehors de février 2006b Prisons françaises : une intervention de l'ONU.

Dedans Dehors d'avril 2006. Acte I : états généraux de la condition pénitentiaire.

La Presse du 5 mai 2005. Le Canada reconnaît convenir à la convention contre la torture.

La Presse du 26 mai 2005. L'ONU se penche sur la détention arbitraire au Canada.

Le Canard Enchaîné du 4 février 2004. Prisons : Perben méprise les rapports qui le défrisent.

Le Devoir du 22 mai 2005. L'ONU reste muet sur l'isolement des jeunes dans les centres : rapport du Comité contre la torture.

L'Express du 30 mars 2000a. L'enfermement aveugle est contre-productif.

L'Express du 30 mars 2000b. Il faut faire entrer le droit en prison.

Le Monde du 26 juin 2000. Les députés découvrent l'inhumanité du système carcéral français.

Le Monde du 6 juillet 2000. Députés et sénateurs divergent sur les remèdes au mal des prisons

Le Monde du 27 février 2001. Le conseil d'orientation stratégique sur les prisons officiellement installé : Les parlementaires dénoncent leur mise à l'écart.

Le Monde du 26 avril 2001. Les sénateurs veulent améliorer le sort des détenus sans attendre le projet du gouvernement.

Le Monde du 2 juillet 2001. Une mission d'information parlementaire révèle les grandes lignes de la future loi pénitentiaire.

Le Monde du 19 juillet 2001. les droits des citoyens-détenus au cœur du projet de réforme pénitentiaire.

Le Monde du 6 mars 2002. Retardé à plusieurs reprises, le projet de loi pénitentiaire ne sera pas présenté en conseil des ministres.

Le Monde du 26 juillet 2002. Torture : l'ONU met son nez dans les prisons.

Le Monde du 29 janvier 2004. Surpeuplement, suicides, insalubrité en prison : l'accablant constat du Comité de prévention de la torture.

Le Monde du 18 mars 2004. La Commission nationale des droits de l'homme veut « sortir la prison de l'exception juridique ».

Le Monde du 18 juin 2004. Les parlementaires reviennent constater la dégradation des prisons.
Le Monde du 25 juin 2004. Commission d'enquête ou vote d'une nouvelle loi, les parlementaires en visite en prison réagissent.
Le Monde du 31 décembre 2004. L'administration pénitentiaire accusée de traitements indignes.
Le Monde du 15 février 2006. Pascal Clément juge « injuste » le rapport sur les prisons françaises.
Le Monde du 25 mai 2006. Une consultation sans précédent sur les conditions d'incarcération.
Libération du 27 octobre 1999. La justice rase les murs.
Libération du 15 février 2000. La prison, parlons-en.
Libération du 19 juillet 2001. Mauvais traitements : la France récidive, elle est à nouveau épinglée par le Comité contre la torture.
Libération du 26 juillet 2002. Torture : l'ONU met son nez dans les prisons.
Libération du 28 janvier 2004. « Traitements inhumains » dans les prisons françaises.
Libération du 29 janvier 2004. Rapport sur les prisons : Perben minimise.
Libération du 30 mars 2004. « Il est impératif d'instaurer un statut juridique du détenu ».
Libération du 21 avril 2004. Perben inaugure une nouvelle prison à Toulon.
Libération du 16 au 22 juin 2004. Chronique : Élus au parloir.
Libération du 23 juin 2004. Prisons : condamnation ferme et sans appel.
Libération du 22 septembre 2005. « Sauf en Moldavie, je n'ai vu de prison pire que ça ».
Le Nouvel Observateur du 28 janvier 2004. Les prisons françaises « inhumaines et dégradantes ».
Le Nouvel Observateur du 27 février 2004. Perben répond au comité anti-torture du Conseil de l'Europe.
Le Nouvel Observateur du 9 novembre 2005. Des médiateurs dans toutes les prisons.
Le Nouvel Observateur du 11 décembre 2005. Des associations réclament un « contrôle extérieur ».

Arrêts de la Cour européenne des droits de l'Homme

CEDH, 15 avril 1970, L'affaire grecque 3321/67 ; 3322/67 ; 3323/67 ; 3344/67
CEDH, 18 janvier 1978 Irlande c/ Royaume-Uni 5310/71
CEDH, 26 juin 1991, Letellier c/ France 12369/86
CEDH, 27 novembre 1991, Kemmanche c/ France (N1 et N2) 12325/86 ; 14992/89
CEDH, 27 août 1992, Tomasi c/ France 12850/87
CEDH, 4 décembre 1995, Ribitisch c/ Autriche 18896/91
CEDH, 25 juin 1996, Ammur c/ France 19776/92
CEDH, 17 mars 1997, Muller c/ France 21802/93
CEDH, 25 septembre 1997, Aydin c/ Turquie Recueil des arrêts et décisions 1997-VI
CEDH, 30 juillet 1998, Aerts c/ Belgique 25357/94
CEDH, 23 septembre 1998, I.A. c/ France 28213/95
CEDH, 28 juillet 1999, Selmouni c/ France
CEDH, 9 novembre 1999, Debboub alias Husseini Ali c/ France 37786/97

CEDH, 21 décembre 1999, Demirtepe c/ France 34821/97
CEDH, 20 juillet 2000, Caloc c/ France 33951/96
CEDH, 6 mars 2001, Dougoz c/ Grece Recueil des arrêts et décisions 2001-II
CEDH, 19 avril 2001, Peers c/ Grece Recueil des arrêts et décisions 2001-III
CEDH, 7 juin 2001, Papon c/ France Recueil des arrêts et décisions 2001-VI
CEDH, 24 juillet 2001, Valasinas c/ Lituanie Recueil des arrêts et décisions 2001-VIII
CEDH, 16 octobre 2001, Einhorn c/ France Recueil des arrêts et des décisions 2001-XI
CEDH, 15 juillet 2002, Kalashnikov c/ Féderation de Russie 47095/99
CEDH, 25 juillet 2002, Papon c/ France 54210/00
CEDH, 24 octobre 2002 Mastromatteo c/ Italie Recueil des arrêts et décisions 2002-VIII
CEDH, 14 novembre 2002, Mouisel c/ France 67263/01, Rev.Trim.Dr.Homm., 2003, obs J.P. Céré
CEDH, 27 novembre 2003, Henaf c/ France 65436/01, AJ Pénal 2004, p.78, obs J.P. Céré
CEDH, 27 janvier 2005, Ramirez Sanchez c/ France 59450/00, Rec.Dalloz, 2005, p.1272, note J.P. Céré
CEDH, 20 décembre 2005, Wisse c/ France 71611/01, AJ Pénal, 2006, obs J.P. Céré
CEDH, 12 juin 2007, Frérot c. France
CEDH, 16 octobre 2008, Renold c. France
CEDH, 9 juillet 2009, Khider c. France
CEDH, 20 octobre 2011, Payet c. France
CEDH 20 octobre 2011, El Shennawy c. France
CEDH, 20 octobre 2011, Alboreo c. France
CEDH, 3 novembre 2011, Cocaign c. France
CEDH, 19 juillet 2012, Ketreb c. France
CEDH, 25 avril, 2013, Canali c. France

Table des matières

L'HARMATTAN ITALIA
Via Degli Artisti 15; 10124 Torino

L'HARMATTAN HONGRIE
Könyvesbolt ; Kossuth L. u. 14-16
1053 Budapest

L'HARMATTAN KINSHASA
185, avenue Nyangwe
Commune de Lingwala
Kinshasa, R.D. Congo
(00243) 998697603 ou (00243) 999229662

L'HARMATTAN CONGO
67, av. E. P. Lumumba
Bât. – Congo Pharmacie (Bib. Nat.)
BP2874 Brazzaville
harmattan.congo@yahoo.fr

L'HARMATTAN GUINÉE
Almamya Rue KA 028, en face du restaurant Le Cèdre
OKB agency BP 3470 Conakry
(00224) 60 20 85 08
harmattanguinee@yahoo.fr

L'HARMATTAN CAMEROUN
BP 11486
Face à la SNI, immeuble Don Bosco
Yaoundé
(00237) 99 76 61 66
harmattancam@yahoo.fr

L'HARMATTAN CÔTE D'IVOIRE
Résidence Karl / cité des arts
Abidjan-Cocody 03 BP 1588 Abidjan 03
(00225) 05 77 87 31
etien_nda@yahoo.fr

L'HARMATTAN MAURITANIE
Espace El Kettab du livre francophone
N° 472 avenue du Palais des Congrès
BP 316 Nouakchott
(00222) 63 25 980

L'HARMATTAN SÉNÉGAL
« Villa Rose », rue de Diourbel X G, Point E
BP 45034 Dakar FANN
(00221) 33 825 98 58 / 77 242 25 08
senharmattan@gmail.com

L'HARMATTAN TOGO
1771, Bd du 13 janvier
BP 414 Lomé
Tél : 00 228 2201792
gerry@taama.net

www.ingramcontent.com/pod-product-compliance
Lightning Source LLC
LaVergne TN
LVHW011145061026
849535LV00003B/613